国家社科基金重点项目"'互联网+'战略背景下美国研究型大学慕课可持续商业模式的借鉴研究"(项目号：17AGL025)

国家社科基金丛书
GUOJIA SHEKE JIJIN CONGSHU

美国研究型大学慕课
可持续商业模式的借鉴研究

Reference Research on the Sustainable Business Model of MOOC
in American Research Universities

钱小龙 顾金春 等著

人民出版社

策划编辑：郑海燕
责任编辑：陈慧庚
责任校对：史伟伟
封面设计：石笑梦
封面制作：姚　菲
版式设计：胡欣欣

图书在版编目（CIP）数据

美国研究型大学慕课可持续商业模式的借鉴研究/钱小龙 等 著. —北京：
　人民出版社,2021.6
ISBN 978－7－01－023259－1

Ⅰ.①美… Ⅱ.①钱… Ⅲ.①高等学校-网络教学-商业模式-研究-美国
　Ⅳ.①G649.712

中国版本图书馆 CIP 数据核字（2021）第 049012 号

美国研究型大学慕课可持续商业模式的借鉴研究

MEIGUO YANJIUXING DAXUE MUKE KECHIXU SHANGYE MOSHI DE JIEJIAN YANJIU

钱小龙　顾金春　等　著

人民出版社 出版发行
（100706　北京市东城区隆福寺街 99 号）

中煤（北京）印务有限公司印刷　新华书店经销

2021 年 6 月第 1 版　2021 年 6 月北京第 1 次印刷
开本:710 毫米×1000 毫米 1/16　印张:25.5
字数:368 千字

ISBN 978－7－01－023259－1　定价:128.00 元

邮购地址 100706　北京市东城区隆福寺街 99 号
人民东方图书销售中心　电话（010）65250042　65289539

目　录

导　　言

　　作为教育领域的新兴产物,大学慕课具备了显著的多学科特性,因而从经济角度来进行分析是非常有趣的。不过,我们首先有必要了解大学慕课的发展历史和脉络,更有必要掌握大学慕课的主要特征、应用形态及其给学习者带来的诸多好处。在此基础上,我们可以在教育科学与经济学之间找到一个交汇点,以可持续发展理论和教育经济学理论为指导,深入剖析大学慕课的商业化运作。面对全球性慕课运动带来的巨大冲击,美国研究型大学发挥了关键性作用,采取了合适的商业模式来应用慕课平台和相关技术,并合理地解决了具体商业运作过程中的一些关键性问题。为此,我们有必要进行深入的研究和探讨,以期为构建我国大学慕课的可持续商业模式提供学习和借鉴。

第一节　研究背景

　　作为一项极具重要性的由国家主导实施的战略行动计划,"互联网+"已经被写入 2015 年的《政府工作报告》,并经李克强总理签批发布《国务院关于积极推进"互联网+"行动的指导意见》。李克强总理指出,"互联网+"行动计划是我国加快互联网推广应用的重大举措,对于引领中国经济发展新常态具有重大现实意义。从字面上看,"互联网+"表征为新一代的互联网技术,但从本质上看，却是新一代互联网技术与创新 2.0 相互作用共同发展的新经济形态，是一种代表先进生产关系的"互联网 2.0+创新 2.0"的经济创新模式。因此，开展"互联网+教育"不仅要变革以互联网技术为基础的学习方式和教学方式，同时还要发展创新"互联网+教育"的商业模式。在互联网时代知识传播方式发生变革的背景下，许多高水平大学，比如北京大学、清华大学以及上海交通大学等，在教育部的号召之下，纷纷建立了如"东西部高校课程共享联盟""学堂在线""好大学在线"这样的免费开放的慕课平台。然而，慕课平台的开发成本十分高昂。比如，Udacity 最初的报价为 200000 美元/门，针对新一代慕课（MOOC 2.0）的报价为 400000 美元/门；edX 的报价为 250000 美元/门，如果进行二次修改需再加 50000 美元/门；Coursera 允许大学独立开发课程，开发成本大约为 50000 美元/门，但进驻平台仍需支付数百万美元的费用（入场费、品牌运营费等）。[①] 在开发成本如此高昂的情况下，若不能开辟稳定的经费来源，那么慕课平台的可持续发展会成为问题。因此，在大学慕课项目中带有"等靠要"思想是行不通的，必须要为商业模式的转型升级与改革发展而努力。

2015 年，艾媒咨询发布了《2015 年中国"互联网+"教育研究报告》，该报告显示，2015 年中国在线教育市场规模达 1711 亿元，增长率为 35.4%，用户规模达 2.49 亿人，增长率为 45.6%。这些数据表明，中国的在线教育市场发展迅猛，而这种迅猛的发展势头在使得行业各细分领域不断深化的同时，也给本行业带来了剧烈的震荡，确定有效的商业模式已经成为重中之重。有效商业模式的探索一般在完成原始用户的积累之后进行。以慕课为代表的各细分领域期望通过推进社交化、电商化，以此完成更多 O2O 模式的链接，从而实现在线教育行业的持续稳定发展。管理学大师彼得·德鲁克（Peter F. Drucker）认为，企业竞争的核心实际上就是商业模式之间的竞争。其中商业模式是指

---

① Sarah Porter, *To MOOC or Not to MOOC: How Can Online Learning Help to Build the Future of Higher Education?* Waltham, MA: Chandos Publishing, 2015, pp. 11–13.

定义、传递和获取顾客价值的整个过程,这种全新的商业模式关注的是顾客价值及其持有的成本,而不仅仅是成本和规模。随着经济的信息化以及全球化程度的日益加深,社会各界人士已经意识到了商业模式的重要性。从理论研究的角度来看,通过对美国研究型大学慕课项目可持续商业模式的深入分析,了解其目标群体定位、产品或服务策略以及盈利方式运用,一方面有利于根据本国实际情况从理论上构建中国大学慕课项目的可持续商业模式,另一方面也可以为丰富"互联网+教育"商业模式的理论架构提供智力支持。从实践应用的角度来看,通过对美国研究型大学慕课项目可持续商业模式的学习借鉴,有利于推动我国大学慕课发展战略的变革,改革和完善当前大学慕课项目的商业模式,以更加科学和高效的方式推动我国大学慕课项目的实施,进而为促进"互联网+教育"商业模式的发展创新提供实践指导。

第二节　研究目的与意义

一、研究目的

本书从可持续发展的视角入手,通过对美国研究型大学慕课项目商业模式的整体分析,了解其目标群体定位、产品或服务策略、盈利方式运用等,并据此为中国大学慕课可持续商业模式的构建提供理论支持和实践向导,进而在国家实施"互联网+"行动计划的背景下推进"互联网+教育"商业模式的创新发展和引领中国经济发展新常态。具体的研究目标如下:

第一,细致了解美国研究型大学慕课的发展历史和现状,明确美国研究型大学慕课商业运作的现实基础和指导理念,掌握可持续商业模式的基本元素构成。

第二,全面调查美国研究型大学慕课可持续商业模式,掌握其客户细分、价值主张、渠道通路、客户关系、收入来源、核心资源、关键活动、重要伙伴、成本结构。

第三,归纳美国研究型大学慕课可持续商业模式的基本特征、一般规律、发展趋势和存在的问题,总结美国研究型大学慕课商业运作的策略体系。

第四,深入反思美国研究型大学慕课可持续商业模式的经验教学,结合中国实际情况提出策略性建议,为中国大学慕课可持续商业模式的构建提供理论指引和实践指导,服务于"互联网+"行动计划。

二、研究意义

现代管理学之父彼得·德鲁克认为,当今企业之间的竞争不是产品之间的竞争,而是商业模式之间的竞争。本书试图从可持续发展的角度入手,通过对慕课发展历程和慕课所面临的挑战与机遇进行深入分析,一方面探索如何从理论上构建大学慕课的可持续商业模式,另一方面全面解读可持续商业模式的主要特征和生成机制,并结合相关大学运用可持续商业模式的案例分析,以期寻找到符合中国实际、具有中国特色的大学慕课可持续发展之路。具体来说,本书具有以下几个方面的意义:

第一,从国家政策的角度来看,本书紧跟时代发展潮流,符合教育部高等教育改革和开放教育资源建设的相关政策与理念,通过深入挖掘和剖析可持续商业模式的主要特征与生成机制,从根本上掌握大学慕课发展的本质和内涵,能够为未来我国开放教育资源运动的政策制定和实施提供更高层次的理论指导。

第二,从知识发展的角度来看,大学的基本使命是知识的传承与创造,本书将通过深入分析面向可持续发展的大学慕课在担负知识使命中的突出价值和显著作用,并配以相关案例论证,为我国大学慕课商业模式的选择和调整提供借鉴,有利于我国大学有效地传播先进科学知识和教育思想,输出民族文化。

第三,从个人发展的角度来看,高等教育以育人为本,本书将通过理论阐释与案例分析相结合,论述大学慕课如何在可持续发展理念的作用下推进商业模式的变革从而更加有效地发挥其育人功能,促进先进教育教学理念的传播与推广,促进大学高等教育教学改革,提高高等教育教学的水平和层次。

第四,从社会发展的角度来看,慕课的开放性、自由性和共享性等特征意味着其能够发挥显著的社会服务功能,本书将深入挖掘大学慕课在构建理解与民主输出方面的潜在价值,通过具体案例说明可持续商业模式引入有利于大学慕课更加高效地构建崭新的社会服务平台和发挥社会服务功能,从而在一定程度上确立慕课的社会地位。

第五,从经济效率的角度来看,本书将基于可持续发展的要求,分析美国研究型大学慕课商业模式的运作机制和管理方式,以期为教育经费管理体制改革和引入社会竞争和志愿服务提供借鉴,也在一定程度上促进我国大学提高教育资源的利用效率,让普通的民众可以自由、平等地享受到优质高等的教育资源。

第六,从大学的角度来看,慕课可视为大学课程的一种类型,随着慕课发展的逐渐深入,可持续发展越来越受到人们的重视,因此研究慕课的商业模式对于大学来说至关重要。本书在推动我国大学慕课发展战略的转型方面,充分利用有限的教育经费和教育资源,以更加科学高效的方式推动我国大学的品牌战略构建,并在传播先进科学知识和教育思想、输出民族文化方面发挥更加积极的作用,为我国的强国战略服务。

第三节　研究对象与内容

一、研究对象

本书的研究对象是美国研究型大学。案例选择基于三个标准:第一,要求案例学校为国际开放课件联盟(OCWC)的会员机构,拥有较长的慕课运动历史和项目运作经验,并树立了良好的社会形象;第二,要求案例学校积极参与慕课建设与应用,与 Coursera、edX 和 Udacity 等主流慕课商业机构展开合作,发布大量得到用户广泛认可的高品质慕课,并获得来自美国国家科学基金会(National Science Foundation)和各类社会基金组织的长期资助;第三,要求案例学校的慕课商业模式初步判定为可持续的,主要依据是基于收支平衡的考量,即能够产生一定的利润或至少不会造成亏损。基于以上三个标准,可以选择的研究对象非常有限,本书选择哈佛大学、斯坦福大学、麻省理工学院、哥伦比亚大学、华盛顿大学、加利福尼亚大学伯克利分校、普林斯顿大学、威斯康星大学麦迪逊分校、芝加哥大学作为研究对象。

二、研究内容

第一,案例大学慕课的发展概况。从历史考察的角度全面梳理案例大学慕课的发展情况,包括案例大学的简要介绍、案例大学慕课的发展历史和发展现状,初步了解案例大学慕课的目标定位、课程体系和基本特征。

第二,案例大学慕课可持续商业模式的元素分析。以亚历山大·奥斯特瓦德(Alexander Osterwalder)的商业模式画布为原型,从客户细分、价值主张、渠道通路、客户关系、收入来源、核心资源、关键活动、重要伙伴、成本结构等九个方面来深入解析案例大学慕课可持续商业模式,掌握案例大学慕课的主要商业运作流程和架构。

第三,案例大学慕课可持续商业模式的策略阐释。以案例大学慕课可持续商业模式的元素分析为基础,分别从九个方面归纳总结案例大学慕课在商业运作中所采取的策略,进而更加全面细致地了解案例大学慕课可持续商业模式的特征和优势。

第四,案例大学慕课可持续商业模式的反思与启示。一方面,对案例大学慕课商业运作中存在的问题进行反思,探究问题发生的根源,并提出可能的解决方案;另一方面,总结出可持续商业模式的典型特征和一般规律,结合中国的实际,提出一系列推进中国大学慕课商业模式发展的创新策略与路径。

第五,大学慕课可持续商业模式的革新。面对大学慕课的发展困境和诸多挑战,创造性地构建由经济商业模式画布、环境生命周期商业模式画布和社会利益相关者商业模式画布组成的三层商业模式画布,并依据此新架构对大学慕课进行元素分析,为大学慕课的未来发展革新指明方向。

第四节　研究方法与限制

一、研究方法

本书是一种探索性研究,因此可以参考的前人的研究材料是非常有限的。在本书中,这种研究方法是通过寻找利益相关者行为之间的潜在关系来创建一个后验的假设,并寻找可以验证的模式和理念以便于作为未来研究的基础。作为一种定性研究,根据林肯和古巴(Lincoln 和 Guba)的观点,可以通过可信性(信赖研究发现的真理)、可迁移性(研究发现可以应用于其他环境)、相依性(研究发现保持一致和可重复)以及可认正性(保持研究立场的中立和反映真实的结果)来确保研究的确实性(Trustworthiness)。① 为了达到这个目的,本书采取了延长介入、持续观察、深度访谈、有目的取样、归纳分析、同行报告、案例分析、正反论证等多种定性研究方法。由于本书倾向于对发展趋势进行分析与预计,所以并不适合采用定量研究。通过对现有文献资料和媒体信息的分析与评价,可以发现当前有关大学慕课商业模式的争论焦点,而通过个体访谈和集体访谈(非正式讨论)可以深化对相关主题的理解,洞察大学慕课可持续商业模式的内涵与本质。对于来自案例大学不同学院和教师所开设的慕

① Yvonna Lincoln, Egon Guba, *Naturalistic Inquiry*, Newbury Park, CA: Sage Publications, 1985, pp. 291-293.

课课程,我们将根据内在动机和发展愿景的差异性进行分类,确保对每一个案例大学的慕课课程都有所了解,以便于全面反映大学慕课的建设与应用情况。同时,通过新闻信息和学术信息来客观地了解案例大学对于相关主题(包括经费投入和收益方式等敏感主题)的看法,避免由于信息渠道单一而影响研究的全面性。为了确保数据收集的可靠性和有效性,我们将通过在不同环境、群体、个人中收集数据,以及数据之间的相互验证来达到此目的。

二、研究限制

尽管对研究方法的运用进行了认真细致的设计和考量,但在实际过程中仍然存在一些难以避免的和偶发的问题,尤其是与研究范围和时间限制相关的问题。

(一)与研究文献相关的问题

探索性研究通常假定与研究主题相关的文献比较有限或根本没有,也缺乏一定的理论基础,但要了解大学慕课研究领域的真实情况却面临巨大的困难,这是由于这一新兴领域的诸多研究文献是以数字信息的形式存在,包括网络数据库、网络站点、社交媒体等,要在浩瀚的数据中发现可靠的研究文献异常困难。大学慕课建设与应用的短暂历史也意味着缺少深入可靠的高质量研究。在现实的研究中,有可能会将针对特定大学慕课项目的研究结果最大化,这种由部分替代全局的做法会导致无法真正地反映事情的本质,所得出的结论也可能不具有推广价值。

(二)与调查对象相关的问题

一般情况下,接受调查的对象人数越多、类型越多元,那么所得出的结果就会越可靠。在本书中,尽管已经极力遵循这一原则,但由于不少案例大学本身所开设的慕课课程不多,参与慕课建设与应用的人员也非常有限,所以研究结果的可靠性并不乐观。按照计划,本书会从教学和管理两个层面调查案例大学的相关人员以获取比较可靠的数据,但由于时间和人际关系方面的限制,无法按照分类分别对所有与大学慕课相关的管理者进行访谈。这意味着从每个案例大学所收集的数据资料是不均衡的,或者说并不是从每个案例大学都获得足够的数据资料,这导致所呈现的有关大学慕课的现状、问题以及对策建议存在很大的差异性。另外,不少调查对象对慕课了解得并不多,甚至根本没有使用过,那么他们所持的观点与已经使用过慕课的调查对象相比存在较大的差异,前者对慕课持消极和批评态度的会占据更大的比例,而后者由于在使用慕课过程中得到学生反馈的影响而更多地持积极支持的态度。

(三)与大学慕课项目相关的问题

由于主要的数据收集是在慕课项目运行过程中开展的,缺乏项目结束之后的反馈信息,因而会对研究结果的可靠性产生消极影响。事实上,由于只能与当前参与慕课项目相关人员进行交流,在撰写研究发现和总结的时候必须保持清醒,综合考虑各种因素,避免出现完全与实际情况相违背的研究结果。与项目结束之后的调查相比,项目运行中所获取的反馈信息会存在一定的偏差:第一,慕课教学严格的时间线设置和教学压力会在一定程度上影响被调查者的情绪,导致获取的反馈信息更为主观;第二,有关慕课的破坏性革新观念已经流行一段时间了,但要将此观念在被调查者心中扎根或者完全接受尚需一段时间;第三,受到调查时间的限制,接受访谈的对象也许根本无法全面细致地考虑慕课模式的复杂性和发展前景;第四,慕课的利益相关者大多是教育领域的人士,对于来自经济领域的商业模式也许根本不了解,也因此无法有效地回答有关问题;第五,本书是基于特定国家的大学慕课项目开展的,对于类似的大学慕课项目也许具有一定的参考意义,但对于更大范围的大学慕课类型就缺乏借鉴价值了。

第五节　相关概念界定

核心概念的界定是明晰研究脉络和制定研究框架的基础,本书涉及的核心概念包括研究型大学、大学慕课、商业模式、可持续商业模式和加利福尼亚大学欧文分校。

一、研究型大学

为了更好地组织和描述高等教育机构的差异性,美国卡内基教育促进基金会(The Carnegie Foundation for the Advancement of Teaching)从 1970 年开始制定卡内基高等教育机构分类标准(The Carnegie Classification of Institutions of Higher Education,简称"卡内基标准"),并于 1973 年发布了第一版的"卡内基标准",随后分别在 1976 年、1987 年、1994 年、2000 年、2005 年、2010 年,根据评价数据的更新和评价标准的完善出台了多个版本的"卡内基标准",而"研究型大学"的概念也就是在这些标准中被明确提出的。根据 2010 年版"卡内基标准",美国有三类研究型大学。其中,一类研究型大学为 108 所,占高校总数的 2.3%;二类研究型大学为 99 所,占高校总数的 2.1%;三类博士学位授予/研究型大学为 90 所,占高校总数的 1.9%。"卡内基标准"在全世界影响深远,不少国家以此作为参考来衡量本国的高等教育机构发展水平,制定了相关的研究型大学评价标准。在中国,研究型大学被视为科研实力最强的大学和中国高等教育的脊梁。教育部指出"985 工程"是我国政府为建设若干所世界一流大学和一批国际知名的高水平大学而实施的建设工程,而高水平大学就是中国的研究型大学,是培养拔尖创新人才的摇篮和实施科研创新的基地,应拥有一流的人才培养能力与一流的科学研究水平。因此,"985 工程"所包括的 39 所高校大体可以视为中国的研究型大学。

研究型大学是以高水平的科研成果和高层次的精英人才培养为目标,拥有齐全的基础学科门类,研究规模和研究水平居于前列,在社会进步、经济发展和科教兴国战略中起重要作用的大学。研究型大学与其他大学相比有着本质的区别。它是高等教育的核心环节和国家创新体系的重要组成部分,不仅拥有更高的教师满意度,其多元文化的教育环境、优质的生源及不断改善的公共形象也是其巨大的优势。美国斯坦福大学著名学者亚瑟·贝尼斯托克(Arthur Bienenstock)在联合国教科文组织高等教育论坛上所作的报告中清晰地阐述了研究型大学的关键特征。他认为研究型大学应该包括"忠于研究和教学工作的高质量教师、愿意学习和从事研究或高级专门技术的高质量学生、鼓励学术研究的氛围、能够有效执行研究和教学的设备、用于学校日常运作和教学的资金、用于研究工作的资金和基础设施以及高水平的领导力"。

通过分析研究型大学的特征可以发现,研究型大学完全有能力担当慕课运动的先行者和主力军。首先,研究型大学的师资力量强大,这些教师都是各自学科领域的优秀人才;其次,研究型大学有着先进的教学设施和良好的学术环境,为慕课的展开提供了良好的环境;最后,研究型大学能够获得政府机构、基金组织以及校友的资金支持,资金较为充足,能够应用于日常教学之外的慕课开发。因此,研究型大学可以从人力、物力、财力三个方面为慕课提供充分的保障。

因此,本书中的研究型大学是指符合卡内基标准的美国大学。基于研究型大学的特征和优势,将研究型大学作为大学慕课可持续商业模式研究的主要对象是必要和可行的。

二、大学慕课

在短时间内,大学慕课展现了其旺盛的生命力,体现出与以往远程学习形式完全不一样的特质,并演化为多种应用形态,为学习者带来许多前所未有的益处。

(一)大学慕课的显著特征

作为一种互联网时代的崭新教学形态,大学慕课并不是高等教育领域开展远程教学实践的第一次尝试。不过,与之前的函授教学、广播电视教学以及第一代网络教学相比,基于大学慕课的教学有着非同一般的特征,这使其甚至与第一代的网络教学也存在显著差异。

第一,大学慕课秉持自由、开放和共享的理念。学习者可以以几乎零成本的形式参与慕课学习,并且还不存在严格的入学要求、入学考试或者任何其他形式的入学限制,这可以看作是大学慕课平台提供非排他性服务的一种承诺。然而,这种独特性在第一代网络教学中并不鲜见,特别是以麻省理工学院的开放课件(Open Courseware)最为著名,该校开发了大量的文字和视频形态的课程,并通过互联网免费提供给大众。因此,在很大程度上大学慕课可以视为开放课件的一种历史传承,尽管大学慕课延续了开放课件的一些特征,但仍然具有独特性。

第二,大学慕课提供学习认证服务。在成功完成慕课学习任务之后,学习者可以获得一份结业证书,以此证明他们已经达到了对课程内容的最低理解水平。[1] 由于在整个学习过程中会按照规划组织多次各种类型的考试,所以结业证书是具有一定的科学性和可追溯性的。这一特征是开放课件所不具备的,因为开放课件只是通过 Web 1.0 技术提供文字信息和简单的视频信息,并不存在学习管理系统或知识管理体系。当然,传统的函授教育也能提供学习认证,但这种认证在获取方式、科学性和便捷性等方面是无法与大学慕课相提并论的。

第三,大学慕课能够实现有效的学习互动。在大学慕课平台中,学习者与平台之间、学习者与教师之间以及学习者相互之间都能进行互动,这些在线互

---

[1] Paul Belleflamme, Julien Jacqmin, "An Economic Appraisal of MOOC Platforms: Business Models and Impacts on Higher Education", *CESifo Economic Studies*, No. 1, 2016, pp. 148–169.

动旨在模拟传统的、面对面的高等教育中发生的现场互动。学习者与平台的互动是通过自动评分的测验和作业提交来进行的;学习者与教师之间的互动则得益于平台开发的人工智能程序,可以让一名教师从容面对众多的学习者;学习者之间的互动主要发生在虚拟学习社区、课程学习论坛以及同伴互助互评系统中。与此同时,作为一个高度开放灵活的课程学习系统,大学慕课并不排斥其他学习软件或学习活动的加入,并能有效将其融入体系之内。

(二)大学慕课的应用形态

从大学慕课应用实践来看,并不存在同质化的倾向,而是顺应社会的差异化需求出现诸多的变种。不过,就基本应用策略而言,主要存在两种大学慕课形态:第一种形态称为 xMOOC,它更强调平台与学生之间的自动互动;第二种形态称为 cMOOC,c 代表"Connectivist"(开放性关联)。这种形态以促进学生的学习经验为目的,更加强调学生之间的互动,而课程的内容则少部分地通过这种互动来传递。在本书中,我们感兴趣的是更加接近于 xMOOC 的大学慕课形态。首先,xMOOC 相较于 cMOOC 更加成熟。cMOOC 尽管看起来更加完美,但目前尚处于实验阶段,还没有实证研究能够证实这种大学慕课形态对学生学习进步的贡献。其次,xMOOC 相较于 cMOOC 更易实现。由于 xMOOC 像传统的高等教育机构一样注重知识的传播,它们更有可能以某种方式影响高等教育体系。最后,xMOOC 相较于 cMOOC 更具组织性。cMOOC 往往是教师与学生之间双边关系的结果,而 xMOOC 现在基本上是面向大量内容提供者可以访问的双边市场进行组织的,这种组织模式提出了值得研究的重要经济议题。

三、商业模式

尽管讨论商业模式的文献多如牛毛,但其基本概念仍然缺乏明确和清晰的定义。有学者认为,商业模式通常是指在价值网络中开展业务、创造价值和获取价值的方法。① 也有学者认为,商业模式只是作为市场设备、管理仪器和"烹饪食谱"的工具。还有学者认为,商业模式是将公司内部与公司外部的各种元素,包括客户方联系起来获取价值并将价值转化为货币的工作方式。② 数量繁多的解释使得商业模式的定义越发模糊不清,但商业模式的四个典型特征却由此更加明晰:"价值主张"是指由公司提供的嵌入在产品和服务中的价值;"价值网络"是指由客户、供应商、其他经济成员共同组织的关系网络;"价值获取"是指成本和利润流;"价值创造"与传递是指创造价值的核心活动、资源、渠道、技术和范式,以及价值分配或再分配的方式。

最近,一些学者开始寻求理解新商业模式的进化和动态性,但就研究进展而言这还是一个尚未开发的研究领域。③ 这种研究策略的转换考虑到了商业模式作为一种概念或工具,通常是和公司的革新与发展联系在一起的。不过,如果缺乏对于商业模式应用或终止过程的研究,那就无法理解商业和各种模式的进化对可持续发展所产生的实质性作用。一旦人们将研究方向投到商业模式的运作过程中,有关商业模式在商业转型中的角色便开始成为业界的研究热点,而非仅仅了解过程本身。在最近的经验性研究工作中,萨默(Sommer)提出了一种绿色商业模式,这是基于两个维度的转型:一是主要的商业逻辑,二是需要变革的内容和变革过程中所隐藏的内容(人们的心理模型、情感和实际行为)。④ 这种模式对于理解商业模式的关键元素非常有帮助,包括商业模式的战略架构、价值目标、价值创造、流程设计、技术交互等。

---

① Christoph Zott, Raphael Amit, "Business Model Design and the Performance of Entrepreneurial Firms", *Organization Science*, No. 2, 2007, pp. 181-199.

② Charles Baden-Fuller, Stefan Haefliger, "Business Models and Technological Innovation", *Long Range Planning*, No. 6, 2013, pp. 419-426.

③ Leona Achtenhagen, Leif Melin, Lucia Naldi, "Dynamics of Business Models-Strategizing, Critical Capabilities and Activities for Sustained Value Creation", *Long Range Planning*, No. 6, 2013, pp. 427-442.

④ Axel Sommer, *Managing Green Business Model Transformations*, London: Springer Science & Business Media, 2012, pp. 5-6.

由此,在一个融合的和相互联系的环境中,商业模式是指遵循一定的经济逻辑和规律,企业通过与其他不同系统(社会、经济、环境、国家)的交互作用将投入转化为产出,并创造价值的模型或范式。在本研究中,需要关注的商业模式事项包括:在面临转型的大环境下,商业模式是如何出现的? 一种新的商业模式是如何建立和运作的? 维持一种商业模式的运作需要满足什么条件? 这种商业模式的价值定位是什么? 是否清晰明确? 这种商业模式的运作能否实现预期的结果? 如何通过采取各种策略来实现商业模式的发展与革新?

四、可持续商业模式

为了应对不断增长的可持续发展要求,通过组织学习、吸收先进理念和采用科学方法,公司能够改善甚至变革现有的商业模式。鲁姆和卢什(Roome和 Louche)采用一种内部的视角,研究组织内部如何通过变革走向更加可持续的商业模式,并提出了积极构建一个围绕愿景的学习、协作与行动网络,合理安排从公司外部获取的新概念与新思想,以及详细说明一个重新配置网络架构的实施流程等三个建议。[①] 彼得·威尔斯(Peter Wells)基于案例的框架分析认为,如果要理解这种适应性和转换性的组织变革,需要对商业模式的基本架构、主要原则和组成元素进行细致的分析和深入探究。高蒂尔(Gauthier)和吉尔蒙(Gilomen)通过举例说明,理想的商业模式转换模型应该超越单个的组织机构,基于某个区域、某个行业,甚至整个经济体,形成一种协作性商业团体组织。此外,还有学者从不同的视角来分析和发展可持续商业模式,包括从标准商业模式的角度观察企业家主义(Entrepreneurialism)趋向在可持续商业模式中的体现、从系统动力学的角度分析可持续商业模式的运作机制、从可持续水平的角度探讨商业模式的多样性以及从系统论的角度阐述发生在公司

---

① Nigel Roome, C'eline Louche, "Journeying toward Business Models for Sustainability: A Conceptual Model Found Inside the Black Box of Organizational Transformation", *Organization & Environment*, No. 1, 2015, pp. 1-40.

和社会层面的价值创造。

根据当前的学术研究现状和相关理论文献回顾,可以提出可持续商业模式的定义。一种可持续商业模式能够帮助描述、分析、管理和交流以下内容:一个公司面对用户和其他利益相关者的可持续价值主张;如何创造和传播价值;如何在超越组织边界的情况下既能获取经济价值,又能保持或再生自然、社会和经济资本。换句话说,可持续商业模式是一种可以维护各利益相关者的价值主张,有效创造和传播价值,并能确保自然、社会、经济价值均衡发展的商业运作机制。在本书中,对于可持续商业模式的判断首先是基于收支平衡的考量,即至少要保证不会造成亏损或产生一定的利润。在此基础上,可持续商业模式还需要确保不会对自然环境和人类社会产生负面影响,且能够实现一定的环境价值和社会价值。

第一章　哈佛大学慕课可持续商业模式研究

当前教育正处于关键的转型时期。网络技术的飞速发展,使得全世界对知识的渴望变得更加热切。这对所有人来说既是机遇,同时也是挑战。正是在这种背景下,慕课应运而生。慕课的出现满足了全球日益增长的教育需求,同时突破了传统教育的固有问题,为教育的进一步发展提供了良好的契机,使得学习者无论何时何地都能够通过网络打开知识的大门。然而,作为一种新兴产物,慕课固然拥有传统教育所缺失的优势,但同时仍具有一定的不稳定性,其商业模式还不够成熟。作为数字领域的领头羊和美国名列前茅的研究型大学,哈佛大学的慕课发展速度较快,为本校教育质量的保持甚至提高以及优质教学资源的广泛传播作出了巨大的贡献,也从侧面提升了教授们的社会知名度。

第一节　哈佛大学慕课的发展概况

一、关于哈佛大学

哈佛大学(Harvard University)成立于 1636 年,是位于美国马萨诸塞州的一所私立常春藤盟校,也是世界上最负盛名的高等学府之一。该所大学拥有11 个学术单元(10 个学院和拉德克利夫学院高级研究学院)以及世界上最大的图书馆系统。目前,哈佛大学的学生总数达到了 36012 人。表面上看,哈佛大学的学费十分高昂,但是大学获得的巨额捐款使得它能够慷慨地为学生们提供资金上的帮助。哈佛大学成立至今,为全世界培养出了超过 37.1 万名学生,其中不乏优秀人才,在哈佛大学的众多校友中产生了 49 位诺贝尔奖得主、32 位国家元首以及 48 位普利策奖获得者。正是因为该校在学术上以及教学上的成就,使得它在全世界都有着较高的地位。在全球排名中,自世界大学学术排名(Academic Ranking of World Universities, ARWU)首次发布以来,该校就长期占据榜首的位置。在 2004 — 2009 年夸夸雷利·西蒙兹公司(Quacquarelli Symonds,QS)和《泰晤士高等教育》(Times Higher Education)合作一起公布的 QS 世界大学排名中,哈佛大学每年都名列第一。2016 年,《普林斯顿评论》(The Princeton Review)开展的一项民意调查显示,哈佛大学是美国第二大最常被学生和家长命名为"梦想中的大学"的学校。此外,世界声誉排行榜(The World Reputation Rankings)也连续七年将哈佛排在全球所有顶尖学府中第一名的位置。

二、哈佛大学慕课的发展历史

哈佛大学对于慕课的开发起先是较为保守的,所以一直没有采取较为积极的手段去开发自己的慕课平台。但随着时代的发展,先进的教学技术和新的教学方法逐渐地走入了人们的生活。为了保持甚至是扩大自身在教学方面的优势,使自己始终处于领头羊的地位,哈佛大学开始了对慕课的探索。

2010 年,哈佛大学开始启动网络公开课项目。该项目中包含 36 门课程的视频,全球学习者通过这些课程视频感受到了哈佛大学深厚的文化内涵。

2012 年 5 月,哈佛大学与麻省理工学院(Massachusetts Institute of Technology,MIT)合作创建了 edX 这样一个非营利性的网络学习平台。该平台的课程内容丰富,学习者可以通过这样一个平台接触到各种在线网络课程,同时该平台还会就学习者如何利用这个平台进行学习展开分析和研究。

在与麻省理工学院共同创建 edX 后,哈佛大学又创办了属于自己的网络学习平台——HarvardX,并组织了 HarvardX 教师委员会(HarvardX Faculty Committee),以便对哈佛大学慕课更好地进行管理。但是,此时的 HarvardX 还处于初步发展阶段,所以还没有专门的工作空间或工作室,也没有形成专业的运营能力或方案支持机制。

2013—2014 年是 HarvardX 发展的关键一年。在这一年的时间里,HarvardX 雇用了专门的员工,成立了 HarvardX 研究委员会(HarvardX Research Committee),拥有了自己的办公室,也掌握了一些基本的运营能力。2013 年 9 月,哈佛大学设立了掌管学习创新的副教务长(Vice Prost for Advances in Learning)这一职位。担任这一职位的相关人员的职责是制定课程开发指南并落实课程的开发。而首任掌管学习创新的副教务长则是著名的中国历史学家——包弼德(Peter K. Bol)教授。

2014—2015 年,HarvardX 稳定发展,并确定了将来两年的发展战略。

2015—2016 年,为了更深入地展开评估,并使学生更加系统地学习在线课程,哈佛大学又在 HarvardX 课程的基础上开发了 HarvardXPLUS 课程。这些课程的数量有限,且需要收取一定的费用。目前,不知出于什么原因,HarvardXPLUS 课程平台已经关闭。

三、哈佛大学慕课的发展现状

(一)哈佛大学慕课的课程开设情况

慕课课程开设的情况是衡量某个具体的慕课项目发展的重要指标。截至 2020 年 7 月,哈佛大学慕课课程总量达到了 864 门,这些课程由哈佛大学的文理学院、商学院、神学院等 11 个学院提供。从涉及的学科范围来看,这些课程可以分为 11 种课程,其中艺术设计方面的课程数量为 46 门,商业方面的课程数量为 133 门,计算机科学方面的课程数量达到了 50 门,数字科学方面的课程达到了 24 门。从费用来看,课程可以分为免费课程和付费课程,其中 88 门为免费课程,470 门为付费课程。从持续时间来看,有 0—2 周的课程、2—4 周的课程、4—8 周的课程、8—12 周的课程以及持续时间 12 周以上的课程。从难度来看,这些课程可以分为入门级课程、中等课程以及高级课程。

(二)哈佛大学慕课的收支情况

我们在衡量某个慕课项目商业模式的可持续性时,总会遇到这样一个问题:可持续涵盖的范围较广,以至于我们无法找到一个统一的衡量标准。但是,这并不意味着我们对此束手无策。经济价值是评判一个慕课项目能否可持续发展的基本标准,任何组织只有实现盈利才能够实现可持续发展。因此,我们就首先从哈佛大学慕课项目的成本和收入出发,探讨哈佛大学慕课项目的可持续性。据哈佛大学掌管学习创新的副教务长包弼德所说,当初在创建 edX 这个慕课平台的时候,哈佛大学和麻省理工学院各自出资了 3000 万美元,然而这 3000 万美元只是用于技术平台建设和初期运营,课程制作的费用还需要各个学校另行出资。一般一门课程的制作费用为 10 万美元到 20 万美元(不包括助教或辅导员岗位的费用),课程越长则需要的成本越高,反之,则相对低一些。为了保证课程的新鲜性,一般哈佛大学的慕课课程只会开设三轮。经过三轮的调整和改造之后,课程的质量就会达到较高的水平,这时哈佛大学就不会再投入资金。从收入来看,哈佛大学慕课的主要目的不是赚钱,但是仍然需要一个收入渠道。因此,当学习者需要和哈佛大学的授课教师进行沟通以便得到额外辅导,或是想要学习一些可以获得学分或认证证书的课程的时候,学习者就需要支付一些费用,这样,课程制作的经费问题就得到了解决。[1] 因此,从

---

[1] 张麒、刘俊杰、任友群:《哈佛"慕课"深度谈——访哈佛大学副教务长包弼德教授》,《开放教育研究》2014 年第 5 期。

成本和收入来看,哈佛大学慕课的收支是能够保持平衡的,哈佛大学慕课商业模式的可持续性较强。

（三）哈佛大学慕课的参与程度

为了更加全面地反映客户参与哈佛大学慕课的情况,主要从慕课平台的注册人数、点击量与视频播放量以及学习时间等方面来进行统计分析。根据HarvardX 平台公布的数据,截至 2018 年 6 月 29 日,已经有约 683 万人注册了该慕课平台,其中 72%的学习者为千禧一代,34%的学习者为教育工作者,67%的学习者为非美国人;从总点击量来看,HarvardX 的点击量已经达到了16 亿次,而课程视频的播放量达到了大约 21060 万次;从学习者的在线学习时间来看,该数目则是达到了约 1180 万小时,其中花在论坛交流上的时间达到了 648997 小时。以上数据表明,哈佛大学慕课客户的参与程度较高,且哈佛大学的慕课课程得到了全球各地学习者的青睐,这与该慕课课程的高质量以及部分课程的非营利性有着密切的联系。

第二节　哈佛大学慕课可持续商业模式的元素分析

根据慕课商业模式的元素组成,本章将从客户细分、价值主张、渠道通路、客户关系、收入来源、核心资源、关键活动、重要伙伴以及成本结构九个方面对哈佛大学慕课可持续商业模式进行具体的分析。

一、客户细分

客户细分指的是以哪种客户群为销售产品或提供服务的对象,筛选项具体包括客户的年龄、性别、兴趣以及消费习惯等。从哈佛大学慕课项目的运营状况来看,目前开发出来的慕课课程同时面向大众市场和小众市场,能够根据不同客户的需求呈现出不同的内容,也有不同的收费标准。总的来说,哈佛大学的慕课大致上包括面向大众市场的入门初级课程和面向少数人群的高级优质课程。

(一)面向大众市场的入门初级课程

哈佛大学开发的慕课大多数都通过 HarvardX 平台向大众市场传播知识。全球的学习者可以在这个平台上学习多种类型的课程(比如工商管理、计算机科学、环境科学等),从哈佛大学教授讲述的课程内容里学习到学术前沿的知识,接触到许多新的观点。目前该校面向大众市场开放的课程是入门初级课程。这些课程大多是免费课程。学习者在学习这些免费课程的过程中是不能和任课教师进行沟通的,在完成了免费课程之后也是不能获得一定的学分或者是认证证书的。但是这些免费课程的开放,确实在一定程度上促进了知识在全世界范围内的广泛传播,增加了人们接受高质量教育的机会,提高了哈佛大学校园内以及网络上的教学和学习的质量。

入门初级课程中少部分会收取费用,除了课程费用本身,如果学习者有如下这些要求也需要收费:第一,许多学习者发觉在学习的过程中仅凭观看教学视频以及与其他学习者展开讨论不能深入地理解所学的知识,他们需要和任课的教授或者是其他的教育工作者展开进一步的沟通。这时候学习者就可以支付一小笔费用用以向相关的教学者提出问题,并进行深入探讨。第二,有些学习者希望在完成一门慕课课程之后获得一定的课程证书,以便申请所在州或学区的专业发展学分或者是得到用人单位的青睐,这时候学习者就可以通过支付一定的费用来申请课程证书。在提交申请的过程中,学习者需要使用网络摄像头拍摄以及经过政府认证的照片 ID 来验证身份。课程不同,课程证书的费用不同。

（二）面向少数人群的高级优质课程

2016 年 9 月，哈佛大学公布了 HarvardX 虚拟教育平台的新成员——HarvardXPLUS 课程。该课程是哈佛大学对在线学习的重新构想，能带给学习者更高质量、更有吸引力的学习体验。HarvardXPLUS 课程涉及多种学科，一般每位学习者要花 8 周左右的时间，而每周在线学习的时间大概为 4—6 个小时，在这段时间内，学生可以进行阅读、浏览论坛、观看视频以及发表评论等。HarvardXPLUS 课程与一般的 HarvardX 课程相比有很大的不同。其一，课程质量得到了提高。学习者在学习这些慕课的过程中能够更加深入地学习所学知识，与任课教师或者是同学展开更加密切的交流，在完成了这些课程之后也能够获得哈佛大学的认证证书。其二，与一般的 HarvardX 课程的受众广泛相比，HarvardXPLUS 课程的学习者注册人数是有限制的，如果人数达到上限，那么就不再接受新学习者的加入。其三，HarvardXPLUS 课程是要收取一定的费用的。哈佛大学会在学习者注册这些课程的时候收取 200—500 美元的费用，当学习者完成了 HarvardXPLUS 课程后就可以获得相应的课程证书，每份证书的价格通常为 50—150 美元，而证书是一份两页的文件，这份证书中的内容会对学习者获得的技能以及知识等进行详细的描述。有了这些证书，对优秀人才感兴趣的雇主就会将目光投注在他们身上。其四，罗伯特·卢（Robert A. Lue）认为，收取费用会在经济上激励学生完成这一课程，所以HarvardXPLUS 课程的完成度比一般的 HarvardX 课程的完成度要高。根据哈佛大学学报《绯红报》（ *The Harvard Crimson* ）的数据，非付费 HarvardX 课程的参与者中只有 5%完成了课程的学习，而那些为了获得证书而支付费用的学生的完成率则达到了 59%。因此，虽然 HarvardXPLUS 课程比传统的慕课课程成本更高，但它对我们来说具有额外的价值。尽管不知出于什么原因，哈佛大学将 HarvardXPLUS 平台关闭了，但是 HarvardX 平台上的高级课程同样也能够给学习者带来优质的课程体验，同时这些高级课程大部分也需要收取一定的费用,收取的费用最便宜在 50 美元左右,最贵的甚至可以超过 3000 美元。

二、价值主张

哈佛大学慕课运营至今,已经形成了较为鲜明的价值主张,包括促进知识在全世界范围内的广泛传播、改善校内外的教学质量、满足来自职场的实际需求以及促进终身教育思想的进一步落实。

(一)促进知识在全世界范围内的广泛传播

HarvardX 平台的目标之一就是要在全世界范围内传播知识,成为一个国际化的慕课平台。当今世界自步入 21 世纪以来,全球化趋势越来越明显,世界日益成为一个整体,而全球范围的沟通交流也变得越来越密切。为了顺应全球化的潮流,哈佛大学开发了自己的慕课平台,将世界各地的优质课程资源整合在一起,制作了许多的优质课程,为知识在全世界范围内的广泛传播作出了巨大的贡献。哈佛大学慕课平台正在逐渐扩大它在世界上的影响力,它的国际化程度已经越来越高。截至 2018 年 2 月 10 日,已经有 194 个国家的学习者加入哈佛大学慕课的学习,其中 67% 的学习者都不是美国本地的学习者,发展中国家学习者的人数达到了 999037 人。

(二)改善校内外的教学质量

HarvardX 是哈佛大学众多项目中极重要的一项,它的目的是在校园、网络和其他地方提高教师的教学质量和学生的学习能力。为了实现这个目标,改善无论是校内,还是校外或者是在线课程的教学质量,哈佛大学在开发课程时十分谨慎。一方面,在开设一门课程前,参与授课的教授会与分管教育创新的副教务长一同讨论课程计划以及课程设计,然后副教务长会就讨论的内容来判断这门课程是否有开设的必要。只有经过分管教育创新的副教务长以及各学院院长的同意,才可以开设这门课程。另一方面,在课程实施的过程中,哈佛大学会在学习者学习了一段时间后进行问卷调查,然后根据他们的反馈对自己的课程不断地进行调整、改造,直到这门课程达到相对优质的水平为止。哈佛大学对慕课开发的严谨态度,是优质慕课课程的保证,也有助于改善校内外的教学质量。

(三)满足来自职场的实际需求

当今社会,步入职场并不等于学习的结束,甚至职场上所需要学习的东西要比以往在学校里所需要学习的东西更多。人们在工作的过程中往往会意识到自己已有知识的匮乏或者产生对新的相关知识的渴望,因此他们期望从各种各样的课程中学到一些知识以便进一步地充实自己、更好地完成工作,或者获得一些课程认证,使自己得到更多的工作机会或职位上的晋升。哈佛大学慕课的运营,满足了世界各地来自职场的实际需求。截至 2018 年,哈佛大学慕课的所有学习者中有超过 31 万人是全日制工作者,其中 34% 的全日制工作者从事的是教育行业。

(四)促进终身教育思想的进一步落实

1965 年 12 月,来自法国的保罗·朗格朗(Paul Lengrand)就终身教育思想发表了一份学术报告。在该学术报告中,他对过去传统的将人的一生截然分成学习阶段和工作阶段的做法提出反对意见,认为教育应该是贯穿于人的一生的。于是"终身教育"这一理念开始得到了人们的关注,并且人们也对终身教育的概念提出了不同的看法。目前最为大家普遍接受的概念是:终身教育是指人在一生中各个阶段所接受的各种教育的总和。HarvardX 平台 2018 年公布的哈佛大学慕课学习者年龄分布图显示,哈佛大学慕课的学习者的年龄范围大致为 6 岁至 81 岁以上,其中 26 岁至 30 岁的学习者人数最多,占总人数的 24.2%,而 60 岁以上各个年龄阶段的人数占总人数的 4.6% 左右。哈佛大学慕课的开发为有所需求的学习者提供了获得终身教育高质量的途径，促进了终身教育思想在新的时代背景下的进一步落实。

三、渠道通路

多元化的渠道通路可以吸引为数更多的、更多样化的慕课学习者。因此，哈佛大学通过 edX、HarvardX 以及哈佛大学与 GetSmarter 的合作等多个渠道通路发布自己的课程，以期扩大自己慕课的传播范围，获取、保持以及持续挖掘潜在客户。

（一）edX

2012 年 5 月，哈佛大学和麻省理工学院共同创建了 edX 这样一个慕课平台，其目的是要为全球的学习者和教学工作者提供一个非营利性的、可访问的、具有协作性的学习和教学平台。该平台主要致力于增加全球范围内学习者获取知识的机会，也是哈佛大学发布自己的慕课课程的重要平台。edX 为全球学习者提供互动在线课程和来自世界上最好的大学、学院和组织的慕课课程，具体包括生物学、商业、化学、计算机科学等多种学科类别的课程。截至 2020 年 8 月 22 日，哈佛大学在 edX 平台上线的课程有 140 门，项目有 14 个。哈佛大学除了在 edX 平台上发布自己的慕课课程外，同时还借助这个平台收集有关学生学习方式的数据、获得了有关数字化学习领域的最佳实践经验。edX 被看作是模块领域的先锋，而作为创始合伙人的哈佛大学及 HarvardX 同样也被认为具有创新性，因为它们建立了现在相对独立的 Broad 研究所和 Wyss 研究所。

（二）HarvardX 平台

HarvardX 课程除了可以发布在哈佛大学和麻省理工学院共同创办的 edX 平台上，同时也可以发布在 HarvardX 自己的官网上。HarvardX 和 edX 有着三个基本相同的目标,那就是:在全世界范围内增加大家受教育的机会、改善校园内外的教学和学习、通过教育研究来促进教学和学习。但是 HarvardX 不是 edX 的子公司,这两者是相互独立的个体。HarvardX 是一个独立的、由教师领导的组织,它支持哈佛大学的教职员工和学院去开发和创造新型的数字化学习内容,专注于改善校园教学,并通过应用 edX 的研究来促进教学和学习。HarvardX 有四大部门,其中最大的团队是课程设计部门,与教授紧密合作,将教授的知识以在线的形式传递出去,成员背景有出版社、博士生、教师、专家等。第二大团队是产品制作团队,主要是视频和音频制作人员。三是技术团队。与 edX 进行合作,一方面是对视频的加工,比如对视频进行特殊处理、添加注释;另一方面是对视频进行分类、搜集,创造一个大的资料库,学校的教师可以利用资料库进行教学。四是研究团队。主要工作是探索和设计更好的学习体验,通过搜集数据,研究学生如何学习以及学习过程中的交互信息,想办法优化学习体验。研究团队会搜集任何学生信息,包括个人信息、学习时间、回答问题的频次与时间、是否完成整个课程、上课是为了通过认证还是兴趣等。

(三)哈佛大学与 GetSmarter 的合作

GetSmarter 是一家在线教育公司,该公司与世界一流大学合作去选择、设计和提供优质的在线短期课程,并将重点放在学习收益上。学习者在成功学完所有课程之后,就可以获得相应的证书。事实上,88% 的 GetSmarter 校友在学习完这些课程之后都经历了各种形式的职位晋升,这就意味着 GetSmarter 培养出来的学生在全球市场上具有较强的竞争力。2017 年,哈佛大学与 GetSmarter 建立起了合作关系,共同创设优质短期在线课程。2020 年开设的课程包括历时 8 周的《网络安全:信息时代的风险管理》(*Cybersecurity*: *Managing Risk in the Information Age*)在线课程、《全球卫生服务》(*Global Health Delivery*)在线课程。GetSmarter 会在课程开设的过程中提供基于团队的学习、小组辅导和个人指导。参与者在完成所有课程后将获得 HarvardX 的认证证书。

四、客户关系

客户关系,实际上指的就是企业为了达到其经营目标,计划以何种方式与正在接受自己服务的客户建立起的某种联系。而有效的客户关系可以为企业吸引来更多、更稳定的客户群体。哈佛大学慕课建立有效客户关系的方式就是通过发挥评论区的功能来提高学习者的学习体验、开发出客户和市场真正需要的课程以及通过自控学习节奏为客户提供灵活的服务。

(一)通过发挥评论区的功能来强化客户的学习体验

教师与学生、学生与学生之间的面对面交流有助于保证教师的教学质量,促进学生社交能力的发展,但在线学习往往很难做到。哈佛大学慕课的教授在授课过程中不会回复学习者的邮件,也没有任何的沟通交流。为了强化学习者的学习体验,哈佛大学建立了专门的社区,学习者可以在社区中进行进一步的学习。例如,学习者可以在 ChinaX 课程的每个课程模块后设置的专门社区中研究课后习题,或者和其他学习者就某些问题展开讨论。为了讨论的有序展开以及保持讨论的意义,这门课程的学习者被随机分到一个个小论坛中,学习者在这些小论坛中可以与其他学习者进行交流,而且每次交流的人员不一。另外,为了调动起学生们学习的积极性,教授还会在每周的课程中对表现积极的学生进行点名表扬并对他们的问题进行解答。

(二)开发真正满足客户和市场需求的课程

信息化是当今时代的最大特点之一,计算机技术飞速发展,社会对计算机人才的需求急剧上升。为了满足社会对计算机人才的需求,哈佛大学开设了许多计算机科学方面的慕课课程。例如《CS50 课程之游戏开发概述》(*CS50's*

Introduction to Game Development）、《CS50 课程之了解科技》（CS50's Understanding Technology）。其中由大卫·J.马伦（David J. Malan）和科尔顿·奥格登（Colton Ogden）讲授的《CS50 课程之游戏开发概述》，通过讲座以及各种实践活动对各种童年时期的 2D 或 3D 游戏（例如《超级玛丽》《愤怒的小鸟》《塞尔达传说》等）展开研究，并总结出了这些游戏中的图像、动画以及声音等的使用原则。在课程结束时，学习者要自行编写几个游戏，加强对游戏设计和开发的基础知识深入的了解。而在大卫·J.马伦单独讲授的《CS50 课程之了解科技》这门课程中，学习者能够具体学到硬件、网络、多媒体、安保、编程以及网络开发方面的知识，这具有极高的意义。一方面，这门课程向那些还没有意识到自己正处于信息时代的学生简要地介绍了一些技术；另一方面，向那些每天和技术打交道却并不明白原理的学习者介绍了工作的原理，也为他们提供了一些解决技术问题的对策。这门课程填补了空白，使得学习者能够更有效地使用技术、排除故障，从而为将来的发展做好准备。

除了考虑市场的需求，哈佛大学慕课还充分考虑到了学习者的意见。哈佛大学在开设一门慕课之前会对学生进行问卷调查，从而了解学生对开设课程的要求或期望。另外，虽然哈佛大学的慕课一般只开设三轮，但是每轮课程开设之后，哈佛大学都会关注学习者给出的反馈，分析学习者对这些课程的满意程度以及给出的建议，然后据此进行改造，直到第三轮改造到较为优质的水平的时候才会停止。

（三）通过自控学习节奏为客户提供灵活服务

传统课程在授课时间、授课地点以及授课进度上有一定的限制，学习者必须要在特定时间及地点内达到教师所规定的学习进度。这对于那些希望通过工作剩余时间学习的全日制工作者来说较为不便，他们常常无法平衡工作与学习，使得这两者都无法有序展开，其完成质量可想而知。而哈佛大学慕课则克服了传统课程不灵活的这个缺陷，其所有慕课课程都可以由学习者本人来自主控制节奏,学习者可以根据自身情况在任何时间、任何地点、任何设备上学习哈佛大学的慕课课程,一般只要花几周就可以学完整个课程,不会花费学习者较多的精力,十分灵活、便利。因此,许多企业及个人都因为哈佛大学慕课的这个特点慕名而来。

五、收入来源

哈佛大学的免费慕课课程确实在全世界范围内吸引了许多客户,但为了保证慕课课程的持续发展,哈佛大学必须要获得一定的收入,至少要将课程建设的成本收回来。从多年的实践经验来看,哈佛大学慕课的收入主要包括从edX 平台获得的收入、额外辅导的费用、课程收费以及捐赠及拨款。

(一)edX 平台收入

edX 是慕课领域中更为注重学习、以学术为导向的平台,但它同时面临着创造收入的压力。为了保证 edX 平台的持续发展,该平台针对一些课程或项目以及加盟收取一定的费用。作为 edX 平台的初始创始人,哈佛大学自然也可以从中获益。

edX 为与其签订合作协议的大学提供了两种合作模式,不同的合作模式有不同的收费标准:第一种模式是"大学自助服务模式"(University Self-service Model)。在这种模式下,合作大学可以免费将 edX 平台作为自己的学习管理系统,在该平台上创建属于自己的课程,条件是课程收入的一部分必须要流向 edX 平台,每开设一门新的课程,edX 平台就会收取 5 万美元的费用(或者每门课程重复一次就收取 1 万美元)加上课程收入利润的 50%。第二种模式是"edX 支持的模式"(edX-supported Model)。在这种模式下,edX 平台担当的是合作大学的顾问以及伙伴的角色,能够帮助合作大学开发课程。根据协议,edX 平台会先收取 25 万美元的费用,一旦这门课程在 edX 平台上线,那么大学就可以保留 70% 的收入,剩余 30% 的收入则归 edX 平台所有。

另外,这些课程每重复一次,edX 平台还会收取 5 万美元的费用。

除了加盟费用,edX 的课程费用也是哈佛大学慕课的收入来源之一。2017 年,edX 开始发布其第一个在线硕士项目(Online Masters Program),该项目是与佐治亚理工学院(Georgia Tech)合作推出的,到目前为止已经有了较多的注册人数。同时,Class Central 的创始人和 CEO 达瓦·沙阿(Dhawal Shah)指出,edX 已经与麻省理工学院、澳大利亚国立大学(Australian National University,ANU)、罗彻斯特理工学院(Rochester Institute of Technology,RIT)、哥伦比亚大学(Columbia University)等 27 所大学合作开设了 43 门微型硕士课程(Micro Masters Program),这些课程的价格(1 门)从 540 美元到 1500 美元不等,中间价为 946 美元。

(二)额外辅导

哈佛大学开设自己的慕课主要不是为了营利,但是为了平台的持续运营,必须要开辟一条收入渠道。所以学习者虽然可以免费学习 HarvardX 课程,但是在此过程中教授课程的教师不会主动与学习者展开任何的沟通和交流,同时开设的助教岗位也不会太多。如果学习者想要在网上或者是当面就某些问题向教师进行提问或是提出自己的想法,那么他们就必须要为此支付一定的费用。按照这样的方式运作的话,只要有一部分学生支付额外辅导的费用,那么就能解决课程经费的问题。

(三)课程收费

哈佛大学在线课程分为免费和收费两种。免费课程的比重大约为 3/5,全世界的学习者都可以在这些课程中免费接触到许多学科最前沿的知识,与其他学习者沟通交流。但是为了提高慕课的完成度以及促进慕课的持续性发展,哈佛大学慕课课程中 2/5 以上的课程需要收取费用。哈佛大学的目标是大众教育,所以该校希望每个人都能够通过支付课程费用来分担部分成本。

但是在此之前,它们会优先考虑不收取课程费用或者是依靠捐赠来负担课程成本。不过学习者可以通过支付一定的费用来获得讨论、额外辅导或者与哈佛大学的教授面对面交流的机会。但是,它们并不是以赚钱为首要目标,而是想要有自己的收入渠道,以此保证平台持续运营。

付费课程主要包括学分课程(Credit)、签名证书课程(Verified Certificate)、首席证书课程(Premier Certificate)和学位课程(Degree)(目前平台上还未开设学位课程)。学分课程通常提供一个学期的课程,并有机会进行更深层次的接触,成绩合格者可以获取学术学分;签名证书课程表明学习者已经成功地完成了课程并验证了学习者的身份;首席证书课程为学习者提供额外的支持以及分享和反馈的机会,成功的学生可以获得非学分的哈佛大学品牌的证书。课程费用根据平台和选项(如认证和信用)而变化,比如哈佛大学学报《绯红报》指出,学习者要学习 HarvardXPLUS 课程首先就要在网上进行注册,创建一个自己的账号,HarvardXPLUS 是哈佛大学慕课中第一个要求缴纳注册费的项目,注册的费用大概在 200 美元至 500 美元之间。学习者在完成了 HarvardXPLUS 课程之后,可以获得相应的一份两页的认证证书,这些证书的价格通常在 50 美元到 150 美元之间。另外,与一些组织或企业合作定制的课程也会收费,比如沙特阿拉伯想用阿拉伯语来讲授 edX 的课程,则需要支付一定费用。

(四)捐赠及拨款

由于非营利性的经营理念,哈佛大学未吸引外部资金注入。它们的在线课程资金部分来源于捐赠,用于维持课程开发和日常运营。捐赠的形式包括资金、股份以及遗赠等。捐赠的方式也多种多样。各个捐赠者可以通过网络向 HarvardX 网络捐赠基金(HarvardX Online Giving Fund)献出爱心。为此,哈佛大学专门制作了一张网络捐赠表格,捐赠表格中会对捐赠者的信息做详细的要求,比如捐赠的数额、捐赠的频率、姓名、国籍、电子邮箱等。

各个捐赠者在确定捐赠后一定要仔细填好这张表格,然后校友与发展服务中心(Alumni & Development Services,ADS)会根据捐赠者所填表格的内容寄发一张收据。如果在网络上捐赠有所不便,那么捐赠者还可以联系校友与发展服务中心,然后确定捐赠的方式,校友与发展服务中心会在一周内受理。

除此之外,慕课的任课教师还可以从哈佛教学创新项目(Harvard Initiative for Learning & Teaching,HILT)那里获取一定的资金。哈佛教学创新项目的任务就是提高哈佛大学在教学与学习方面的创新度和卓越度,因此该项目会向教师提供补助,支持他们进行教学上的创新。2011—2020 年,哈佛大学教学创新项目共收到 1089 份资助申请,申请成功率为 29%,目前已有 312 个项目获得资助。

六、核心资源

核心资源,实际上指的就是企业为客户创造价值所必需的资源。这些资源包括人力、财力以及知识上的资源等。哈佛大学慕课拥有各种有形及无形的核心资源,比如学术声誉、一流师资、优质课程和资金来源等。

(一)学术声誉

哈佛大学是美国历史上最悠久的高等学府之一。世界声誉排名榜曾连续多次将哈佛大学列为世界上"六所超级品牌"(Six Super Brand)大学中的顶尖学府。普利策奖是用来表彰对美国新闻、文学和音乐的杰出贡献的奖项,每年颁发一次。自 1919 年以来,普利策奖已经 48 次颁发给哈佛大学的教职员工和学生。此外,哈佛大学共培养了 49 位诺贝尔奖得主和 32 位国家元首。另外,哈佛大学还通过多个平台向世界各地的学生免费开放慕课课程,树立了良好的社会形象。而这些学术上的声誉以及良好的社会形象,则属于哈佛大学慕课的核心资源,吸引来了更多的慕课客户。

（二）一流师资

哈佛大学的教师队伍由世界一流的学者组成,他们都充满了激情和好奇心,在哈佛大学任教期间继续自己的研究。学习创新副教务办公室(Office of the Vice Provost for Advances in Learning)在选择慕课任课教师的时候也十分严格。首先,所有任课教师都来自哈佛大学各个学院。这些任课教师必须要为哈佛大学的学术发展以及教学的高水平展开担起责任。其次,HarvardX 为希望加入哈佛大学慕课的教师设置了一个新的提案程序。所有申请加入的教师都必须先提交一个简短的意向书,如果意向书中提议的项目与 HarvardX 的既定目标相符,那么该教师就可以与 HarvardX 团队合作共同制定课程并且了解需要进行的工作。正是学习创新副教务办公室对任课教师的严格筛选,才使得哈佛大学慕课的师资力量十分雄厚,而雄厚的师资也属于哈佛大学慕课的核心资源,吸引了全世界范围内的诸多学习者的目光,使他们积极地加入 HarvardX 课程的学习中来。

（三）优质课程

作为世界三大慕课平台之一的 edX 平台的创设者之一,哈佛大学高度重视本校慕课课程的质量,也提出了相应的要求:第一,在课程内容方面,哈佛大学慕课的课程内容来自多个部门或平台(包括哈佛大学教育研究生院、哈佛肯尼迪学院、哈佛继续教育学院等),体现学科的多样性,反映哈佛大学各个学院优先研究的内容,同时也不局限于之前讨论过的话题,教师可以联系哈佛大学其他的教学成果开辟一个新的领域;第二,在课程目标方面,哈佛大学慕课课程必须要有明确的学习目标(包括在数量和质量上掌握特定的知识体系、学习技巧),并将这些学习目标与课程教学框架结合起来;第三,在教学对象方面,哈佛大学慕课课程必须要使得广泛的互联网用户加入慕课的学习,并给他们带来良好的学习体验;第四,在课程评估方面,哈佛大学慕课课程应该支持不同类型的评估,其中包括对学生的形成性评价、总结性评价以及对课程设计、教学工具等的评估。为了顺利地展开课程评估,哈佛大学慕课将会收集和保存所有有关课程和学生表现的数据,并将其在研究人员之间传播。在评估的过程中,个别学生的身份是保密的。正是哈佛大学对课程的严格要求保证了慕课课程的高质量。

(四)资金来源

哈佛大学慕课课程虽然大部分为免费课程,但是仍然有稳定的收入来源,而稳定的收入有助于慕课课程的持续展开。哈佛大学慕课的资金从空间上来看分别是来自校内和校外。校内的资金来自哈佛大学教学创新项目的赞助。慕课课程的授课教师可以申请经费、补助和基金,然后将这笔资金用在创新教学实验、开设新的慕课课程上。校外的资金分别来自学习者支付的费用以及相关人士的捐赠。学习者支付的费用一般包括收费课程的费用、认证证书的费用以及额外辅导的费用等。而相关人士的捐赠形式多样,既可以是网络上的资金捐赠,也可以是股份转赠等。各种资金来源保证了课程的展开,也促进了慕课课程质量的提升。

七、关键活动

关键活动,实际上就是指将企业的价值主张落到实处所必须采取的重要活动,具体包括生产、问题解决以及平台建设等。哈佛大学慕课的关键活动则主要由课程建设、学习支持和学习认证三部分构成。

(一)课程建设

课程建设是哈佛大学慕课项目得以开展的基础,只有成功开发出慕课课程才会在全球范围内吸引来学习者的目光。一般课程建设包括创建课程团队、确定目标客户、制定学习目标和策划建设过程这四个步骤。

第一，在创建课程团队方面，哈佛大学秉持着各学院教师自主报名的原则。哈佛大学各个学院的教师可以向学习创新副教务办公室提出申请，在申请的时候提交一份意向书并在这份意向书中简单介绍自己想要开设的课程，然后与学习创新副教务办公室进行沟通、商讨课程计划以及如何设计这些课程。该办公室会根据意向书以及商讨的内容再与申请教师所在学院的院长进行沟通，讨论这个课程是否有必要开设，若开设了这个课程对学院会有哪些影响等。如果讨论结果是一致同意开设这个课程，那么这个教师就可以担任哈佛大学慕课课程的任课老师。此外，哈佛大学慕课中也开设了许多的助教岗位，一般都是由哈佛大学的学生来担任。

第二，在确定目标客户方面，目标客户的确定有助于教学方法、教学工具、教学课时以及教学程序的设计。一旦明确了课程的目标客户，就应该针对目标客户的特点进行课程设计。哈佛大学慕课的学习者遍布全球，这些学习者所处国家或地区的官方语言大多并不是英语，而目前哈佛大学大多数的慕课课程都是以英语的形式呈现的。为了方便目标客户的学习，HarvardXPLUS 课程的每一个视频都经过了转录。只要学习者打开字幕功能，就可以在视频的右侧找到相关的文本。同步的转录可以让学习者跟上课程视频的节奏，他们可以通过点击文字记录定位到视频的特定部位，然后用这种方式来学习新的内容或者是进行复习。

第三，在制定学习目标方面，与传统课程一样，哈佛大学慕课会在课程设计的时候确定课程学习目标。以《CS50 课程之游戏开发概述》为例，大卫·J.马伦将这门课程的目标确定为如下几个：其一，学习者在课程中领会到游戏中对 2D 或 3D 图片、动画、音频以及文字等元素的使用原则；其二，学习者能够对游戏的设计和开发有较为深刻的理解；其三，在上完这些课后，学习者能够自己编写游戏程序。该课程学习目标既考虑到了学习者对知识的掌握，同时也注意到了学习者实践技能的发展，较为具体全面。

第四，在策划建设过程方面，哈佛大学慕课课程的策划既离不开任课教师的努力,同时也离不开学习创新副教务办公室。一方面,任课教师在设计课程的过程中会对课程目标、教学程序、教学时间表等做好详细的规划;另一方面,学习创新副教务办公室会与任课教师共同进行课程设计、开发课程模块,除此之外,该办公室还要考虑资金预算以及资金的具体分配等。

(二)学习支持

考虑到慕课客户群体的多样性以及遍布范围的广泛性,哈佛大学慕课建立了一定的学习支持机制,从而激发学习者的学习兴趣、促进学习者对相关知识的掌握。

一方面,哈佛大学建立了虚拟学习社区并且会开展一些讨论活动。HarvarX 课程用世界一流的课程内容将学习者联系在了一起,并且为这些学习者创建了一个虚拟的学习社区,学习者们可以在 HarvarX 网站上的部落格(Blog)畅所欲言,抒发自己在学习方面的感受,结识许多志同道合之人。比如《古代希腊英雄 24 小时课程》(*The Ancient Greek Hero in 24 Hours*)的参与者蒂姆·班克斯(Tim Banks)就分享道:"通过这节课程,我结识了许多的好朋友,现在我们经常会通过谷歌视频群聊(Google Hangouts)讨论古代世界。甚至我们还约定明年要一起来一场希腊研究之旅!"除了建立虚拟学习社区,哈佛大学慕课还会经常开展讨论活动。比如 ChinaX 课程所设置的课后习题论坛,这一模块的设置让生生、师生互动沟通变得尤为方便,一定程度上激发了学习者的学习积极性。

另一方面,为了帮助学习者高效且较为便利地完成课程的学习,哈佛大学慕课为学习者提供了很多选择项,学习者可以根据自己的节奏以及知识储备自由选择课程的互动程度以及进度。从参与程度上来看,哈佛大学慕课课程可以分为三种,即没有评论或互动的参与度低的课程、含有在线评估和互动式学习元素的参与度中等的课程、含有在线或当面评估以及互动式学习元素的参与度高的课程。从课程的难易程度来看,哈佛大学慕课课程同样可以分为三个等级：最简单的课程为概述课程，它所针对的是没有这方面知识基础的学习者；难度中等的慕课课程针对的是已经有一些基础，并且能够适应大学水平课程的学习者；而难度最高的慕课课程针对的则是具有特定专业知识或者是已经获得相关学士学位的学习者。

（三）学习认证

慕课的诞生为各个提供慕课的组织或机构以及接受慕课教育的学习者都带来了前所未有的机遇。提供慕课的组织或机构可以借这个机会促进自身在教育与科研方面的创新和发展，也可以提高自己在全球的知名度。而接受慕课教育的学习者也可以不受时间、地点等方面因素的限制，学习到各个顶尖教育组织或机构提供的课程，为自己今后在职业上的发展奠定基础。但是慕课平台如何在提供免费课程的同时获得一定的收益、学习者怎样证明自己完成了这些课程的学习以及慕课平台怎样验证学习者身份的真实性等问题都引起了各个慕课提供组织或机构的思考。为了解决这些问题，各慕课平台提供组织或机构开始采用学习认证的方式。哈佛大学慕课的主要平台是 edX，而学习者通过 edX 学习认证的表现就是获得该平台提供的认证证书。

学习者要获得认证证书需要采取以下步骤：首先，选择正确的课程。edX 课程包含无证书（No Credential）课程、可获得学分（Credit）的课程以及可获得签名证书的课程等多种课程，学习者要选择自己感兴趣的且在完成课程后能够获得认证证书的课程。接着，学习者在完成课程后可以提交一张自己用网络摄像头拍的照片或政府已认证的照片。edX 平台会对照片进行审核，并据此判定照片中是否是完成课程的学习者。除此之外，edX 还会考察学习者的表现。所以要想通过 edX 的考察，就必须要认真学习，做到观看每一节视频课程、积极参与讨论、完成每一项作业并且通过测试。只要学习者做到这些，那么就会收到认证证书。每一份认证证书上都会有一个"edX 认证"标志，这个标志表明该学习者独立学习课程并通过了测试。哈佛大学和 edX 平台都依靠这一机制获得了一定的收益,而这些收益会用在开设课程以及完善 edX 平台上。

八、重要伙伴

重要伙伴是指企业为了提高业务的可扩展性和效率而形成的战略合作伙伴关系。与这些重要伙伴合作有利于优化企业、降低风险和不确定性,也可以使企业获得特定的资源、展开特定的活动。对于哈佛大学慕课而言,重要伙伴指的是与其共同开发慕课平台、慕课课程的企业或组织以及合作发布慕课课程的平台,包括麻省理工学院、GetSmarter、iTunes 和 YouTube。

(一)麻省理工学院

麻省理工学院(MIT)是一所私立研究型大学,位于美国的马萨诸塞州。1861 年,在美国工业化快速发展的背景下,麻省理工学院正式成立。该校采取欧洲理工大学的教学模式,并且强调应用科学和工程方面的实验室教学。在这样的教学模式以及优质的教学环境下,该校培养出许多的顶尖人才。麻省理工学院官网显示,截至 2020 年 7 月,该校共培养了 95 位诺贝尔奖得主、59 位国家科学奖章(National Medal of Science)获得者、29 位国家科技创新奖章(National Medal of Technology and Innovation)获得者、77 位麦克阿瑟奖(MacArthur Fellows)获得者和 15 位图灵奖(A. M. Turing Award)获得者。除此以外,麻省理工学院还与哈佛大学合作共同创办了慕课平台——edX。哈佛大学学习创新副教务研究委员会(Research Committee for the Vice Provost for Advances in Learning)和麻省理工学院数字学习办公室(Office of Digital Learning)合作对这两所大学开设的慕课课程情况进行分析、总结,并发布报告。目前,已经发布的报告包括《HarvardX 与 MITx:两年开放网络课程研究(2012 年秋至 2014 年夏)》和《HarvardX 与 MITx:四年开放网络课程研究(2012 年秋至 2016 年夏)》等。

（二）GetSmarter

GetSmarter 是由山姆·帕多克（Sam Paddock）和罗布·帕多克（Rob Paddock）兄弟于 2008 年成立的一家在线教育公司。该公司与世界一流的大学合作,共同选择、设计和提供优质的在线短期课程,并将重点放在学习收益上。他们在以人为本的模式下,将技术与学术紧密结合,使全球的终身学习者能够获得由世界上最著名的学术机构认证的行业相关技能。2008 年,GetSmarter 发布了其与斯泰伦博斯大学（Stellenbosch University）合作开设的葡萄酒评估课程。到 2013 年,GetSmarter 已经帮助 3 万名已经加入工作的学习者获得了职业发展所需的技能。2016 年对 GetSmarter 来说是关键的一年。就是在这一年,许多国际大学开始与 GetSmarter 合作。哈佛大学也紧跟这些国际大学的步伐,并于 2017 年开始与 GetSmarter 合作,共同开发一些具有竞争力的高级在线短期课程。这些课程可以用于团队学习、小组辅导以及个人指导。课程学员在完成所有的课程学习后就可以获得 HarvardX 证书。

（三）iTunes

iTunes 是苹果公司在 2001 年 1 月开发的一个应用程序,它集多媒体播放器、媒体库、互联网广播电视台以及移动设备管理功能于一身。用户可以用它来播放、下载以及组织数字多媒体文件,而所有播放的内容必须要在 iTunes 商店购买。这款应用程序起初将重心放在音乐上,用户可以利用这个应用程序从 CD 中撷取歌曲。从 2005 年开始,苹果公司拓展了 iTunes 的核心功能,加入了视频播放、播客、电子书等功能,吸引了许多的客户。正是由于 iTunes 用户众多,便于哈佛大学慕课课程的推广与传播。于是哈佛大学在 iTunes 平台上发布了一些课程,比如《CS50 课程之计算机科学概述》（*CS50's Introduction to Computer Science*）以及《司法》（*Justice*）。

（四）YouTube

YouTube 是美国的一个视频分享网站,总部设在加利福尼亚州的圣布鲁诺。2005 年 2 月,三位前贝宝（PayPal）员工——乍得·贺利（Chad Hurley）、陈士骏（Steve Chen）、贾德·卡林姆（Jawed Karim）共同创建了这项服务。用户在 YouTube 上可以看到的内容包括视频剪辑、电视节目剪辑、音乐视频以及其他内容。从 2017 年 2 月开始,每分钟都有超过 400 小时的内容被上传到 YouTube,用户每天在 YouTube 上观看内容的时长达到了 10 亿小时。截至 2017 年 8 月,该网站被 Alexa Internet 网络流量分析公司评为全球第二受欢迎的网站。YouTube 上的大部分内容都是由个人上传的,但是也有一些官方机构（例如哥伦比亚广播公司、英国广播公司等）注册了 YouTube 账号并发布自己的内容。哈佛大学也在 YouTube 上发布了自己的 HarvardX 课程,这些课程涉及多个领域,包括计算机科学、科学、工程学、法律与政治等学科。

九、成本结构

成本结构指的是与上述八个元素相关的成本,一般可分为固定成本（如薪水、租金、水电费等）、可变成本等。本书则从慕课开发成本、慕课经营成本和成本缩减方式这三个角度来分析哈佛大学慕课的成本结构。

（一）慕课开发成本

慕课开发是每个慕课项目最为关键的环节之一。开设不同科目的慕课课程所需要的费用是不同的。一般来说,投入金额的数量会受到初期投资、教职工薪水、慕课的长度（例如 4 周或 12 周）、视频材料的时间长度、后期制作的费用以及现有设备等因素的影响。因此,慕课开发的费用很难预估,一般每门慕课课程的总开发费用大概在 40000 美元至 325000 美元之间,而哈佛大学慕课课程的开发费用大概在 10 万美元至 20 万美元之间,课程越长,所需的费用就越多。就初期投资而言,哈佛大学在 edX 平台上的投资达到了 3000 万美元,而且这不包括具体课程开发的费用,课程开发的费用要另外支付。就教职工薪水而言,所有哈佛大学慕课的任课教师都没有额外的薪酬,都是免费授课,但是为了课程的顺利进行,哈佛大学专门开设了助教的岗位,该校的学生可以担任这个职位,并凭借自己的劳动获得一定的薪水。而视频制作所花的费用通常是慕课开发的主要支出之一,制作高质量视频需要花费大概每小时4300 美元。

(二)慕课经营成本

慕课经营成本也是慕课成本结构中的一个重要部分,而经营成本也由多个部分组成。首先,教职工薪水是慕课经营过程中不可或缺的一部分。一般而言,教师、助教以及导师等经营慕课课程的费用大约在 10000 美元到 50000美元之间。但是 HarvardX 课程仅为助教提供薪水,旨在让每个课程在慕课平台上得以正常运作。其次,为了保持课程的新鲜性,持续吸引客户群体,哈佛大学会对自己的慕课课程进行改造,因此该校慕课的成本结构中还包含了课程改造的费用。哈佛大学的慕课课程总共开设三轮,每开设一轮都会根据学习者的反馈进行改造,而每一次的改造过程都会投入大量的资金。除了教职工的薪水以及课程改造所需的费用,哈佛大学还需要在合作伙伴以及市场推广等方面投入一定的资金。

(三)成本缩减方式

为了慕课课程的持续发展,哈佛大学在开辟慕课收入渠道的同时,还极具前瞻性地最大限度地降低了自己的成本。一般来说,降低成本的方式包括:使客户群体加入慕课的开发或是运作中;自己创设一个慕课平台,而不是将其外包给另一个机构的慕课平台;在慕课平台上使用开放资源软件,或是使用免费的互联网工具(比如社交媒体);使用高性价比的视频记录工具;等等。哈佛大学的做法有许多都与以上方法相契合。第一,哈佛大学与麻省理工学院合作开发了自己的慕课平台——edX,所以该校不用将自己的慕课发布在其他机构的慕课平台上,免去了外包费用。第二,edX 平台有自己免费的、开放资源的课程管理系统——OPEN edX,而这个课程管理系统可以为 edX 平台上的课程增色。除此之外,HarvardX 课程中的助教岗位并不是固定存在的,哈佛大学会根据具体的情况决定是否开设这个岗位。比如 ChinaX 课程为了将资金尽量用在课程的开发上,就没有开设助教这个岗位。

第三节　哈佛大学慕课可持续商业模式的策略阐释

一、满足客户需求,将大众市场与小众市场相结合

对于慕课来说,对客户群体进行细分,了解并满足客户的需求具有重要意义。除此之外,还要将大众市场与小众市场相结合,并使两者达到相对平衡的状态,不可顾此失彼。具体而言,哈佛大学慕课项目主要基于以下两种类型的客户需求。

第一,面向大众市场的入门初级课程。该课程涉及领域较为广泛,包括工商管理、计算机科学、环境科学、历史人文等多个学科。学习这些课程具有重要意义。首先,学习者在该类课程的学习过程中可以深化自己已有的知识并学习到新的学习策略。一位高中数学教师克丽丝·凯尔什(Kris Kelsh)在学习《CS50x:计算机科学概述》(*CS50x: Introduction to Computer Science*)课程并为自己教授的电脑科学课程做准备的时候这样说道:"我从 CS50x 课程那里得到了许多对我的课程有利的内容,同时我也很欣赏大卫·J.马伦教授用案例教学的方式。在这个过程中,我学到了很多的教学策略。"克丽丝·凯尔什打算在她的课程中插入一些解释不同互联网协议的课程视频,并像马伦教授

那样,故意在程序中输入一些错误,以帮助学生更好地理解应该如何调试以排除故障。另外,学习者还可以在学习 HarvardX 课程的过程中接触到许多新的观点。蒂尔·万伦楠(Teal VanLanen)认为,学生们在与其他的课程参与者互动的时候,不仅学习了课程呈现的内容,同时也在学习其他人的观点。这些互动让学习者深切地感受到了自己与世界之间的联系。除此之外,学习 HarvardX 课程还有助于学习者加入相应的国际团体,与全世界志同道合的人展开交流。比如,教师就可以通过 HarvardX 课程加入国际教师社团。49 位来自菲律宾的教育工作者就一起学习了《学习领导者》(*Leaders of Learning*)课程。来自不同学院和大学的教师们共同在线探索课程内容,并在三方会议期间进行了合作。他们也可以与理查德·爱尔摩(Richard Elmore)教授(学习期间与学生进行互动,并在毕业典礼上分享了视频信息)展开交流。最后,HarvardX 课程使学习者可以更为便利地追求职业上的发展。因为 HarvardX 课程全天候开放,很多课程都可以按照学习者自己的节奏展开,因此学习者可以根据自己的时间表安排学习进度。完成课程后,学习者还可以获得一份证书,并可用这份证书来申请所在州或学区的专业发展学分(Professional Development Credit)。

第二,面向少数人群的高级优质课程。HarvardXPLUS 课程针对的是对教学互动以及课程质量有更高要求的学习者,能够让他们与任课教师展开更加密切的联系或者是通过论坛、讨论等方式与其他学习者进行沟通,也能让他们学习到更加深入的内容、接受更加严格的考察。以 2016 年 9 月 28 日开设的《ChinaX 阅读俱乐部:五位小说家,五本小说,五种中国观》(*ChinaX Book Club:Five Novelists,Five Novels,Five Views of China*)为例。这门课程的费用为 195 美元,课程历时 8 周。这门课程的主讲人是哈佛大学东亚语言与文明系暨比较文学系爱德华·C.亨德森讲座教授王德威(David Wang),课程全部用英文教授。在这门课程中,五位世界知名的中国作家通过他们的作品分别介绍了现代中国五个方面的特点。余华引导学习者用十个关键词来理解中国政治;诺贝尔奖得主莫言以魔幻现实主义的形式介绍了中国的乡土文学;阎连科把中国的经济梦看作是一种最黑暗的嘉年华;哈金描述了中国男人和女人在寻找爱情的过程中所经历的情感之旅;而王安忆则通过以前一位上海小姐的冒险,记录了近代上海的跌宕起伏。课程内容丰富,从政治、伦理、文化以及性别的视角向学习者阐述了现代中国的特点,也让学习者在学习这门课程的过程中掌握了近代中国文明发生变化的解释方法以及文学文本与文化话语的分析方法,获得了优质的学习体验。

二、遵循 3R'S 宗旨,彰显价值主张

开放性平台 edX 的宗旨是把最好的教育资源传播到世界各地,遵循三个最重要的原则:向全世界提供免费的高质量的课程;将先进在线技术与传统大学的教与学相结合;通过长期的对于在线教育大数据的研究,达到更好的学习效果。而作为 edX 平台上课程内容的产出者,哈佛大学也有自己的在线教育平台——HavardX,其在线教育宗旨可以概括为 3R'S,即 Reach,面向全球学习者;Residential,加强大学线下教学与学习;Research,创造学习科学研究的机会。为了提升哈佛大学慕课的市场竞争力、保证哈佛大学慕课的可持续发展,该校通过以下方式彰显其价值主张:

第一,以全球学习者作为自己的目标受众。一方面,哈佛大学慕课根据全球学习者的需求开发课程,能够给全球学习者提供个性化的服务。为了了解学习者真正的需求,哈佛大学会在开设一门课程之前对学生进行问卷调查,然后根据他们反馈的意见开发满足他们需求的课程。学习者还可以根据自身情况选择适合自己的课程难度,自己控制学习的节奏。另一方面,哈佛大学不断完善并推广自己的慕课平台以便全球学习者能够更加便捷地接触到高质量的哈佛大学慕课课程。edX 平台是哈佛大学发布慕课的平台之一,自这个平台创设以来,哈佛大学和麻省理工学院一直在对 edX 平台的发展情况进行研究,并且发布相应的研究报告。这些报告中会对该平台的课程数量、学习者情

况进行汇报,并会预测未来 edX 平台的发展趋势,以便完善 edX 平台、提高该平台在全世界的知名度。同时哈佛大学还会针对自身的在线教育平台 HavardX 的发展情况进行研究,并总结近年来的发展情况。

第二,加强慕课课程与线下课程之间的联系,使这两者相互促进。哈佛大学慕课课程的开发离不开线下课程,很多慕课课程都是在原有线下课程的基础上发展而来的。所以只有保证线下课程的高质量,才能够促进优质慕课课程的展开。同时,线下课程的发展也离不开慕课课程的推动。慕课课程在教学内容、教学方法以及教学工具方面的创新反过来也会使线下课程受益,有利于本校师生的学术发展。

第三,对教师团队提出较高的要求,以此促进科学研究与创新。哈佛大学慕课的任课教师全部来自哈佛大学内部,他们的身上都担负着哈佛大学学术发展以及教学水平提升的责任。哈佛大学对申请授课的教师有着严格的审核过程。教师必须要提交一份简短的意向书,意向书中须注明教师所要开发的课程以及这门课程的特点和创新之处。在得到学习创新副教务办公室的同意之后,申请教师才可以正式成为这门课程的任课老师。正是对教师团队的高要求,促进了教师团队进行科学研究,从而达到教学上的创新。

三、结合多种渠道通路,吸引更多学习者

渠道通路的获得有助于挖掘潜在客户,而多种渠道通路的结合,可以扩大慕课的影响范围,吸引更多的学习者。哈佛大学慕课将多种渠道通路结合在一起,通过多个渠道向客户群体传递自己的价值主张。

第一,哈佛大学慕课充分运用了自己的慕课发布平台,而 edX 平台是发布课程的主要平台。作为世界三大慕课平台中的其中一个平台,edX 平台为全球学生提供了广泛的在线大学水平课程,截至 2020 年 7 月,该平台已经有超过 2000 万名学习者,同时有超过 120 个学校或组织加入 edX 平台,并且在

该平台上发布慕课课程。作为该平台的创始人之一,哈佛大学也充分利用了edX平台:哈佛大学慕课利用edX平台来收集学习者学习方式的数据;同时,HarvardX向edX联盟中的成员机构学习如何在快速发展的数字化学习领域实施最佳实践;另外,edX平台是慕课领域的先锋,作为创始人的哈佛大学就像"获得学分"一样,也被认为具有创新性。

第二,哈佛大学慕课充分利用了GetSmarter的合作开发平台。2008年,GetSmarter公司成立。自2016年开始,该公司与世界一流的大学合作,共同选择、设计和提供优质的在线短期课程。2017年,哈佛大学紧随斯泰伦博斯这些大学其后,也开始了与GetSmarter公司的合作,共同开设一些短期课程。完成课程的学习者可以获得HarvardX的认证证书。目前,哈佛大学和GetSmarter公司合作开设有《网络安全:信息时代的风险管理》《全球卫生服务》等在线课程。

第三,哈佛大学慕课努力营造了学习社区的人际传播平台。哈佛大学教育研究生院(Harvard Graduate School of Education)教授安德鲁·何(Andrew Ho)认为,慕课课程不像传统课程一样受到教室大小的限制。HarvardX学习社区遍布全球,并且具有多元化特征,其中包括终身学习者、渴望获取新技能的学习者以及教师等。每个学习者都可以在HarvardX的部落格分享自己的学习故事,结识新的朋友,并从这些新朋友身上获取新信息。

四、建立有效客户关系,拉近与客户的距离

有效的客户关系有助于企业拉近与客户的距离,吸引更多、更稳定的客户群体,从而实现其经营目标。为了建立有效的客户关系,哈佛大学采取了以下策略:

第一,通过多种方式形成双向互动关系。建立有效的客户关系需要企业和客户之间形成双向互动。而双向互动的方式多种多样,目前哈佛大学慕课主要是通过学习社区、论坛以及讨论等方式与客户进行双向互动。学习者可

以在 HarvardX 学习社区里分享自己的看法,一些 HarvardX 课程也会在课程模块后设置课后习题和讨论。这样,哈佛大学慕课与学习者之间就形成了双向的互动,有助于双方之间距离的拉近,在提高哈佛大学慕课课程质量的同时满足学习者的需求。

第二,通过个性化服务拉近与客户的距离。每个客户的需求因人而异,而要拉近与客户之间的距离,最重要的一点就是要有针对性地满足客户的需求。哈佛大学慕课的客户群体庞大,而每个人的需求又不尽相同,为了最大限度地为学习者提供个性化服务,哈佛大学将慕课课程的类别尽可能地细化,从学科领域、是否收费、难易程度以及互动程度等角度为学习者提供选择项。从学科领域来看,目前 HarvardX 课程涉及的学科包括艺术与设计、工商管理、计算机科学、经济学等;从是否收费来看,如果说学习者不要求与任课教师进行互动交流,那么就不需要收费,而如果学习者要求与教师沟通或者是获得课程认证证书的话,那么就需要收取一定的费用;从难易程度来看,目前开设课程的难度分为三个等级,分别是概述课程、中等课程和高级课程,课程难度逐渐加深。除了细化课程分类,哈佛大学慕课课程也由学习者根据自己的实际情况调节学习的节奏。

第三,通过明确教学目标、教学团队等使客户深入了解课程特征。哈佛大学会将每门 HarvardX 课程以及 HarvardXPLUS 课程的教学内容、教学团队的简介放在相应课程的网页上。比如《CS50 课程之游戏开发概述》课程的简介页面就阐述了这门课程的教学目标:学习者在课程中领会到游戏中对 2D 和 3D 图片、动画、音频以及文字等元素的使用原则;学习者能够对游戏的设计和开发有较为深刻的理解;在上完这些课后,学习者能够自己编写游戏程序。同时,页面还对这门课程的教学团队做了简单的介绍。其他课程的简介页面也都与此类似。学生在选择课程的时候,可以将这些页面作为自己的参考,然后结合自己已有的信息,衡量自己上这些课程的必要性。

五、稳定收入来源，拓展新的收入

虽然哈佛大学的慕课项目不以营利为目的，但是为了保证慕课的持续发展，哈佛大学运用多种策略，开辟了多个收入渠道，实现了成本与收益的基本平衡。该校采取的策略如下：

第一，哈佛大学将公益服务与增值服务相结合。公益服务与增值服务相结合指的是：一方面，哈佛大学慕课能够无偿为广大学习者提供大量的教育资源。学习者在 edX 平台上学习 HarvardX 免费课程的同时接触到来自世界各地的学习者，并从他们身上获取许多免费的讯息。另一方面，哈佛大学为了确保慕课项目的持续开展，通过向学习者收取课程认证证书费用以及注册费用等方式来获得一定的收入。

第二，哈佛大学将线上学习与线下培训相结合。线上学习指的就是学习者在 edX 平台上学习哈佛大学的慕课课程。而学习者在学习 HarvardX 免费课程的过程中，其任课教师不会主动与学习者展开任何的沟通或交流，在这种情况下，学习者若想向这些教师提出一些问题或者是自己的想法，就必须要支付一定的费用。与任课教师进行交流的途径有很多，既可以是在网络上联系，也可以与教师当面交流。这时候教师就可以对学生进行线下培训。将线上学习与线下培训相结合，使得这两者之间进行互补，哈佛大学慕课项目也可以获得稳定的收入来源。

第三，哈佛大学将平台收入与课程收入相结合。哈佛大学慕课的收入来源不仅限于慕课课程的收入，还有来自 edX 平台的收入。这也是哈佛大学相较于其他组织或机构的优势之一。由于拥有自己的慕课平台，哈佛大学就可以将从这个平台中获取的收入投入到慕课项目的建设中去。虽然 edX 平台是一个非营利性的慕课平台，但是仍然会从想要入驻以及已经入驻该平台的机构或组织那里获取一定的收入。哈佛大学将从平台获取的收入以及自己慕课课程本身的收入相结合，更加有利于慕课项目的持续发展。

六、充分利用已有核心资源，扩大核心资源

目前哈佛大学慕课已经拥有了较多能够为客户创造价值的核心资源，也对这些已有的核心资源进行了充分的利用。

第一，对教师资源的充分利用。众所周知，哈佛大学拥有优质的教师资源，许多教师都是资深学者。而 HarvardX 课程以及 HarvardXPLUS 课程的任课教师全部都是哈佛大学在课程研究上有所创新的教师。为了进一步激发教师开发慕课的积极性，使他们没有开发成本方面的后顾之忧，哈佛大学教学创新项目会为这些教师提供经费补助。

第二，对学校学术声誉的充分利用。哈佛大学是世界上最闻名的研究型大学之一，它不仅拥有一流的师资，同时也培养出了许多优秀的学子，比如美国前总统富兰克林·罗斯福（Franklin D. Roosevelt）。哈佛大学的学术成就有目共睹。在这种学术成就的吸引下，众多学习者对哈佛大学的慕课课程产生了极大的兴趣，并且希望能够在慕课课程学习的过程中获得与哈佛学子同样的教育资源。

第三，对优质课程的充分利用。哈佛大学慕课的许多课程实际上是直接取自哈佛大学的课堂，这也就保证了哈佛大学外部的学习者也能学习到和哈佛学子同样的课程。利用学校本身优质课程的做法保证了慕课课程的效率和效益。一方面，节约了课程开发的时间。任课教师只需要将学校课堂上所讲的内容进行一定的完善就可以直接作为慕课课程的内容。另一方面，这样做也保证了课程的质量。前期课程内容准备的时间缩减了，那么就可以在视频制作等方面花上足够的时间，保证课程无论是在内容上还是在形式上都呈现出较高的水准。

第四，对校友及其他相关人士的捐赠的充分利用。哈佛大学慕课核心资源还包括资金来源，而资金来源中重要的一项就是校友及其他相关人士的捐赠。为了方便校友及其他相关人士为哈佛大学捐赠一定的资金，哈佛大学还

专门成立了 HarvardX 在线捐赠基金,想要进行捐赠的人士可以在网络上填写哈佛大学在线捐赠表格(Harvard Online Giving Form)。除此以外,相关人士还可以通过现金或者是转移股份或其他资产的方式进行捐赠。通过利用这些校友捐赠的资金,哈佛大学慕课的物质资源得到了保证,因此这种争取资金的方式是非常有必要的。

当然,除了充分利用已有的核心资源,哈佛大学还在寻找更多其他的核心资源,并以此来促进哈佛大学慕课的持续发展。

七、保证关键活动有效展开,将价值主张落到实处

商业模式画布中主要将关键活动分为产品制造、问题解决以及平台或网络这几个类别。因此,为了更高效地推进哈佛大学的慕课项目,哈佛大学采取了严格对待课程建设、完善学习支持机制、明确学习认证过程等措施。

第一,严格对待课程建设,保证课程的质量。从课程团队的建设来看,虽说哈佛大学秉持着各学院教师自主报名的原则,但同时该校也会对申请教师是否具有开设这门课程的资格进行严格的甄别。而考察的依据就是申请开设课程的教师提交的意向书以及该名教师所在学院的意见。从课程的设计来看,哈佛大学的慕课课程严格根据目标客户群的特点,有针对性地满足客户的需求。从学习目标的制定来看,哈佛大学慕课与传统课程一样,会在课前就提出明确的课程目标。从策划建设过程方面来看,哈佛大学慕课课程的策划离不开任课教师以及学习创新副教务办公室共同的努力。

第二,完善学习支持机制,满足学习者的需求。为了提高学习者学习的效率,接触来自世界各地的教育资源,哈佛大学慕课开辟了专门的虚拟学习社区。学习者可以在这个虚拟学习社区中交流自己的想法,也可以获得珍贵的友谊。另外,HarvardX 采用并改进了一项名为 DALITE 的技术。学习者可以在这项技术的支持下开展非同步的同伴教学。在同伴教学的过程中,学生可以对最令人信服的观点进行反驳或者是维护,碰撞出思想的火花。除此之外,

为了满足学习者的需求,哈佛大学还为学习者提供了许多的选择项来筛选适合自己的课程。

第三,明确学习认证过程,促使学习者认真学习。学习者在完成了某门哈佛大学慕课课程后就可以进行学习认证。但通过学习认证必须要经过好几个步骤,学习者要先提交一张自己用网络摄像头拍摄的照片或政府已认证的照片。edX 平台会对照片进行审核,确认照片上的人是否是完成课程的学习者。除此之外,该平台还会对学习者的表现进行考察,比如观看视频的情况、在课程讨论时是否积极、每一项作业是否完成等。明确了学习认证的过程后,学习者就会有更多学习的动力,从而对自己严格要求。

八、维持与重要伙伴的关系,谋求更深度的合作

商业模式画布中形成伙伴关系的动机具体包括降低风险和不确定性、优化企业的商业模式以及使企业获得特定的资源并展开特定的活动。目前哈佛大学慕课的重要伙伴有与其共同开发慕课的平台、慕课课程的企业或组织以及合作发布慕课课程的平台,具体包括麻省理工学院、GetSmarter、iTunes 和 YouTube。

第一,通过与麻省理工学院合作降低自身慕课项目发展的风险和不确定性。麻省理工学院是哈佛大学重要的合作伙伴,这两所大学一起开发了 edX 慕课平台,共同承担该平台运营可能出现的风险,同时也共享从该平台中获得的收益。从麻省理工学院的实力来看,该校是一个非常值得信赖的合作伙伴。它采用欧洲理工大学的教学模式,并且强调在实验室中进行科学和工程方面的教学。在这样的教学模式的影响下,该校的师资力量雄厚,同时也为世界各地培养了众多的高端人才。从现在这两所学校的合作情况来看,双方已经建立了非常稳定的伙伴关系,麻省理工学院和哈佛大学还共同通过 edX 平台对学习者的学习情况进行研究,并发布研究报告,对当前注册该平台的人数、课程数量等进行总结,同时还会对未来该平台的发展作出预测。

第二,通过与 GetSmarter 公司合作来优化哈佛大学慕课的商业模式。

GetSmarter 是一家数字教育公司,该公司与世界一流的大学合作,共同选择、设计和提供优质的在线短期课程,并且将重点放在学习收益上。从 2017 年开始,哈佛大学慕课与 GetSmarter 公司合作,共同开发一些短期的在线课程,同时也获取一定的收益,有利于减轻哈佛大学慕课的成本压力或优化资本结构,这也成为哈佛大学慕课的一个收入来源。

第三,通过与 iTunes 和 YouTube 合作来获得特定的资源或展开特定的活动。iTunes 集多媒体播放器、媒体库、互联网广播电视台以及移动设备管理器功能于一身,具有数量庞大的客户群体。而 YouTube 是美国开发的一个视频分享网站,用户可以通过这个平台看到视频剪辑、音乐视频、纪录片以及电影预告片等内容。其客户不仅包括个人,同时也包括一些官方机构,范围遍及全世界。而与 iTunes 和 YouTube 的合作,不仅使得哈佛大学扩大了慕课的发布平台,同时也促进了哈佛大学慕课在全世界范围内的推广。在网络上推广哈佛大学慕课也是较为经济适用的一种方式。

九、优化成本结构,适当缩减成本

目前哈佛大学慕课的成本包括课程开发的成本以及课程运营的成本,而其中涉及的利益相关者包括任课教师、慕课平台、课程开发者等。哈佛大学慕课据此有针对性地优化自己的成本结构,适当缩减成本。

第一,提高任课教师的综合素质。哈佛大学慕课的任课教师有着较高的职业操守。他们热爱自己的教育事业及学术研究,愿意无偿地将自己在学术上的心得分享到世界各地,从而促进世界各地学习者知识水平的提升。此外,如果要缩减成本,哈佛大学慕课的任课教师就不仅要有丰富的专业知识储备,同时还要有扎实的教育学知识,具有较高的教学技巧,能够担任起学术专家以及教师的角色。为了保证任课教师能够克服这些技术上的困难,哈佛大学还有专门的机构提供视频编辑方面的帮助,比如霍瑟数字教学与学习工作室(Hauser Digital Teaching & Learning Studio)、继续教育计算机设备部门

（Division of Continuing Education Computer Facility）等。同时,哈佛大学慕课课程制作的费用中包括图片处理、音频、视频的拍摄以及编辑,所以为了尽可能地缩减成本,任课教师还要掌握这些技术,这样哈佛大学就可以尽可能地减少开发人员,降低开发成本。

第二,建立属于自己的慕课平台。一般的大学或组织在开发自己的慕课的时候都必须向某些慕课平台支付一定的费用,然后才可以在这个平台上发布自己的课程。而哈佛大学和麻省理工学院合作创办了属于自己的慕课平台——edX,这样就省去了发布课程所需要的费用,同时还可以从想要入驻edX平台的大学或组织那里收取一定的费用作为自己的资金来源,因此也适当地减少了课程开发所带来的资金上的压力。

第三,对资金进行合理预算。哈佛大学慕课项目接受学习创新副教务办公室的管理,所以在开设慕课课程的时候,学习创新副教务办公室会对资金进行合理预算。按照哈佛大学的规定,所有的慕课课程只开设三轮,每开设一次都会根据学习者的意见改造课程,并且投入较多的资金。这样的规定从总体上来看可以减少课程改造的费用,用相对合理的资金将课程调整到最佳的水平,保持课程的质量和新鲜度,这实际上也是对课程成本的一种优化。

第四节　哈佛大学慕课可持续商业
模式的反思与启示

一、哈佛大学慕课可持续商业模式的反思

（一）客户细分不够细致

企业在进行客户细分的时候一般会考察客户群体的年龄、性别、兴趣、消费习惯及其他因素,同时还会考虑自己为哪些客户创造价值、哪些客户又是最重要的。哈佛大学将自己的慕课具体区分为 HarvardX 课程和 HarvardXPLUS

课程,这两种课程的客户群体对学习体验有着不同的需求。HarvardX 课程的学习者一般都是免费学习慕课课程(有辅导和学习认证需求的学习者除外),而 HarvardXPLUS 课程的学习者学习的内容更为深入,与任课教师以及其他学习者之间的交流更为密切。这种对客户的细化看起来似乎十分简单明了,但是实际上过于简要,反而忽略了不同学习者的个性化需求。应该将哈佛大学的慕课课程进一步细化,以便满足不同学习者的需求,比如开设相关课程来满足学习者对于职场发展的需要以及知识增长的需求等。

（二）价值主张不够明确具体

价值主张是价值可以被传递、被承认的承诺,是客户对价值可以被传递以及体验的信仰。哈佛大学慕课的价值主张具体包括促进知识在全世界范围内的广泛传播、改善校内外的教学质量、满足来自职场的实际需求、促进终身教育思想的进一步落实。这样的价值主张看起来十分美好,在具体实施的时候也确实在一定程度上产生了效果,但是该价值主张似乎不够明确具体。而模糊的发展定向很可能产生负面影响。对于慕课开发机构来说,价值主张的不明确会降低机构的工作效率,使得这些机构偏离了教育和研究的使命,无法保证教学始终保持高质量,更不用说继续提高教学的质量了。对于慕课学习者来说,不明确甚至是错误的价值主张会使他们产生错误的观点。因此,哈佛大学应该不断通过慕课实践建立起一套清晰明确、正确无误的价值主张,然后通过多个渠道通路传递给慕课学习者。

（三）渠道通路的开发力度不够

为了尽可能地获取、保持以及继续挖掘潜在客户,哈佛大学慕课开辟了多个渠道通路(包括 edX、HarvardX、HarvardXPLUS 和 GetSmarter 等),并在这些渠道通路上发布课程。但是哈佛大学慕课课程的渠道通路主要的侧重点还是在 edX 平台、HarvardX 平台上,目前哈佛大学和 GetSmarter 合作开发的课程中,只有那些正在开课或者是将要开课的课程才可以出现在 GetSmarter 的官方网站,而那些已经结课的课程则不会再出现在该网站上。另外,发布在 iTunes、YouTube 上的课程屈指可数。由此可知,哈佛大学对于渠道通路的开发力度还不够,没有充分利用这些渠道通路发布课程,推广慕课。

(四)客户关系的深化不够彻底

有效的客户关系可以为企业吸引来更多、更稳定的客户群体,但是客户关系是否有效的评定依据不仅仅是客户群体数量的多少,更大程度上还是取决于是否与客户群体之间建立起良好的关系,产生紧密的双向互动。在这点上,哈佛大学慕课是欠缺的。而客户关系的深化不够彻底的原因有:其一,哈佛大学慕课的任课教师和学习者之间的互动是受到限制的。任何教师与学习者之间的沟通都必须要学习者支付一定的费用。这在一定程度上确实为慕课项目的开展开辟了一个收入来源,但是很多学习者会因为这项规定望而却步。其二,哈佛大学的慕课课程都是用英语的形式开展的,而慕课任课教师都是哈佛大学的教授,这对许多不精通英语的学习者来说是一种障碍,因而会出于语言上的障碍而羞于与教师进行沟通。其三,由于哈佛大学有些慕课课程是免费的,所以很多学习者并不珍惜这样的学习机会,没有将慕课学习看得很重要,这就导致学习者不愿意在与任课教师以及其他学习者的沟通上花费较多的时间,一旦学习者觉得这个课程会占用自己较多的时间或者是遇到一些困难的时候,就很可能会放弃哈佛大学慕课的学习。事实证明也是如此,根据哈佛大学学报《绯红报》2016 年的一项数据,免费 HarvardX 课程的完成率只达到了 5%。

(五)收入来源的拓展力度不够

虽然说哈佛大学慕课的开设不是为了获得一定的收益,但是为了该校慕课项目的可持续发展,哈佛大学也根据当前的市场形势和客户的需求采取了一系列措施来拓展收入来源,比如从 edX 平台那里获取加盟费用、针对需要一对一辅导的学生收取额外辅导的费用、针对一些需要认证证书来谋求职场发展的学习者开设 HarvardXPLUS 课程以及从校友或其他相关人士那里获得一定的捐赠或补助等。但显然仅靠这些来收取一定的费用是不够的,有些收入来源并不稳定。比如哈佛大学教学创新项目中为促进教学创新而向任课教师提供的补助就是不确定的。相关数据显示,2011—2020 年,哈佛大学教学创新项目共收到 1089 份资助申请,申请成功率为 29%。所以哈佛大学不能仅靠这些收入来源来开发和运作自己的慕课课程,仍要加大力度拓展更多、更稳定的收入来源。

(六)核心资源的管理仍需改进

哈佛大学慕课的核心资源具体包括学术声誉、一流师资、优质课程以及资金来源等,而师资管理则是核心资源管理中的重要一项。对师资的管理一方面指的是考察他们在学术上的成就以及教学上的创新,另一方面则指的是考察教师在工作上的积极性。目前哈佛大学慕课所有的任课教师均来自哈佛大学内部,所以优质的教师学术水平得到了保证。但是哈佛大学慕课的任课教师是没有薪水的,他们开发慕课是出自对学术研究的热爱以及对传播文化知识的热衷,所以这些任课教师具有较高的职业素养。但薪水的缺失在一定程度上确实会打消教师教学的积极性。一些在教学上有所创新的教师由于没有薪水,再加上高昂的课程开发成本以及慕课课程所占据的时间,所以打消了加入慕课课程的念头,或者是中途放弃了在哈佛大学慕课中担任任课教师。因此,哈佛大学应该针对教师的薪水及其他福利待遇方面进行一定的思考,从而鼓励更多的优秀教师投身到哈佛大学慕课的建设中来。

（七）关键活动的展开面临质疑

哈佛大学慕课的关键活动主要包括课程建设、学习支持和学习认证这三个部分。一直以来，哈佛大学慕课也将这三种关键活动实施得很彻底。但是近年来，有人对慕课的关键活动提出质疑。众所周知，慕课会搜集并分析学习者的大量信息。这些信息包括学习者的教育记录、学生时代的表现，甚至是这位学习者在登录慕课平台时以何种方式点击了什么内容。这种广泛搜集信息然后进行分析的方式被称作"大数据分析"。大数据能够存储大量的信息，即使是一些小细节也能将其保存并进行分析，然后据此了解消费者的个人偏好、收入发展的趋势等。哈佛大学慕课同样也运用了大数据分析。一方面，学习者在注册哈佛大学慕课课程时必须要创建一个用户名和密码，然后还要输入自己的关键信息，比如电子邮箱地址、全名、国籍、性别等；另一方面，哈佛大学慕课在对学习者进行学习认证时会利用大数据考察学习者讨论问题的积极性、学习进度以及作业的完成情况等，然后决定是否同意授予该学习者认证证书。这种方式有助于激励学习者认真学习，也有助于慕课对学习者的认证。但是这种大数据分析的方法在为考察学习者的学习情况带来便利的同时也带来了一些隐患，而正是这些隐患使其受到了人们的诟病。许多人认为这种运用大数据分析学习者的行为会侵犯学习者的隐私。

（八）重要伙伴的关注程度不够

目前，哈佛大学慕课的重要伙伴主要包括麻省理工学院、GetSmarter、iTunes 和 YouTube。这些重要伙伴或是与哈佛大学合作共同开发慕课平台及课程，或是在自己的平台上发布哈佛大学的慕课课程。这些合作都在一定程度上为哈佛大学慕课获得收益起到了作用。但是从它们的合作现状来看，哈佛大学似乎更多地将重心放在与麻省理工学院的合作上。这两所学校不仅合作开发了 edX 慕课平台，同时还共同针对 edX 慕课平台的运营情况进行研究并发布报告。而哈佛大学对其他合作伙伴关注度就没有这么高或者说是合作的深度还不够。哈佛大学与 GetSmarter 的合作从 2017 年才开始,而哈佛大学在 iTunes、YouTube 上发布的课程也为数不多。所以哈佛大学应该加深对其他重要伙伴的关注度,与它们形成深度合作,同时还应该寻求更多的重要伙伴,共同为提高业务的可拓展性和效率而努力。

(九)成本结构仍需进一步优化

哈佛大学慕课项目的成本具体包括慕课开发成本和慕课经营成本,而这两大类成本中又包括了许多复杂的开支。近年来,哈佛大学也采取了很多的措施对慕课项目的成本结构进行优化,比如免费聘用本校内部教师担任慕课任课教师、开发属于自己的慕课平台等,但是到目前为止还是没有达到最理想的状态。其中视频制作所花费的费用是慕课开发成本中主要的支出之一。据悉,制作一段高质量的视频需要花费大量的时间,视频时间的长短与任课教师所讲内容的容量有关,而每小时的费用大概为 4300 美元。哈佛大学可以以此为突破口,进一步优化哈佛大学慕课的成本结构。一般哈佛大学都会派自己专门的技术人员负责视频的剪辑,为了尽可能地减少教学所占的成本,哈佛大学可以尽可能地提高慕课任课教师的综合素质,使他们担任起教学工作者与技术人员的双重角色,这样也是一种对成本结构的优化。

二、哈佛大学慕课可持续商业模式的启示

2015 年,中国教育部在工作要点中首次明确提出"加大优质数字教育资源开发和应用力度,探索在线开放课程应用带动机制。加强'慕课'建设、使用和管理"。政策公布之后,许多高校都推出了自己的慕课平台或者是慕课课程,比如清华大学的"学堂在线"和上海交通大学的"好大学在线"。推出的这些慕课平台或者是慕课课程有的走的是公益化道路,而有的则走的是商业化道路。但是这两种道路都有一定的缺陷 一方面,完全走公益化道路运营慕

课,会使得慕课走不长远。因为慕课的制作成本不菲,若完全免费,那么就不得不面对慕课平台该如何生存下去的严峻问题;另一方面,完全商业化运营慕课又会使慕课的发展变了味道。所以我国可以像哈佛大学慕课一样以公益化和商业化两种运营形式存在,在公益化和商业化之间找到一个平衡点。而哈佛大学慕课的具体做法就是认证收费、HarvardXPLUS 课程收费等。

中国自 2014 年以来对在线教育的投资热度一直居高不下,因此在线教育平台的数量也一直呈上升趋势。但是当前在线教育平台在规模和数量上的扩大并不代表我国这项事业的成功,相反我们可能有时偏离了教育的使命。因此我们应该要保持理性,回归"教育"核心。要回归"教育"核心,就应该注重师资力量、开课标准等等多个方面。就师资力量来讲,我国的慕课平台应该选择较高水平的教师。在这方面哈佛大学慕课就做得十分到位。哈佛大学慕课的所有任课教师都是本校的教师,而且这些教师要想开发一门慕课课程还需要经过严格的审查。这样的做法就可以保证所有慕课课程的任课教师都具有较高的学术水平和教学水准,还可以极大地减少师资培养的成本。就开课标准来讲,哈佛大学开设一门课程之前首先会考虑市场和学习者的需求,然后学习创新副教务办公室会从多个角度进行思考,决定是否要开设这门课程。如果这门课程确实可以开设,该办公室还会和任课教师就教学设计等进行深度的交谈。所以我国的慕课平台还应该从师资力量、开课标准等多个角度保证自己所开设的慕课课程的质量,这样才会给学习者带来良好的学习体验。

作为慕课领域的积极实践者,哈佛大学慕课的成功经验值得我们学习。我们应该深入分析哈佛大学慕课项目可持续商业模式,了解其客户群体、价值主张、渠道通路、客户关系、收入来源、核心资源、关键活动、重要伙伴和成本结构,并结合我国的实际情况构建中国大学慕课项目的可持续商业模式,促进慕课项目的有效实施。

第二章　斯坦福大学慕课可持续
商业模式研究

作为慕课开发和使用的先驱,斯坦福大学(Stanford University)无论在慕课的规模扩大还是在学习的设计上都作出了卓越的贡献。如今,斯坦福大学在 Coursera 平台以及其本校的慕课平台"斯坦福在线"(Stanford Online)等各大平台上开设的课程已惠及几千万人。斯坦福大学的慕课发展非常迅速,其商业模式值得众人学习和借鉴。

第一节　斯坦福大学慕课的发展概况

一、关于斯坦福大学

斯坦福大学,成立于1891年,是一所世界著名的私立研究型大学,位于美国加利福尼亚州斯坦福市。该校共设有七个学院,包括商学院、法学院、医学院、人文与科学学院、工程学院、教育学院和地球、能源与环境科学学院。截至2020年7月,全校约有6994名本科生、9390名研究生和2276名教职员工。斯坦福大学以其学术实力而闻名于世界。该校与地处旧金山北湾的加利福尼亚大学伯克利分校共同构成了美国西部的学术中心。2016—2017年,斯坦福大学在世界大学学术排名、QS世界大学排名中均位列世界第二,在《泰晤士高等教育》世界大学排名、U.S.News世界大学排名中均位列世界第三;2017

年,在《泰晤士高等教育》世界大学声誉排名中位列第三。此外,它环境优美,被 MSN 列为全球最美丽的大学之一。因此它是很多家长和学生梦寐以求的大学。《普林斯顿评论》在 2013 年、2014 年、2015 年、2016 年和 2017 年进行的民意调查显示,学生们最常命名的"梦想中的大学"是斯坦福大学;另外,父母也经常将斯坦福大学命名为"梦想中的大学"。

二、斯坦福大学慕课的发展历史

2007 年,来自斯坦福大学专业发展中心(Stanford Center for Professional Development)的吴恩达(Andrew Ng)教授首次尝试慕课在线课程,尽管当时的技术比较落后,但是以录像形式播放的课程仍然吸引了数以百万计的学习者。该次课程试验的成功使吴恩达教授及由其带领的团队得到了激励,并在往后数年中坚持在线慕课技术的开发。直至 2011 年,由吴恩达教授领衔的四位教授再一次向公众免费开放三门课程,即《机器学习》《数据库简介》《人工智能导论》。这三门课程每门都有大约 10 万人注册学习。其中由塞巴斯蒂安·特伦(Sebastian Thrun)和彼得·诺维德(Peter Norvig,现任 Google 研发总监)联合开发的《人工智能导论》课程,在斯坦福大学的受欢迎程度一直都非常高,有许多学生甚至选不到课。为了让更多的学生学习这门课程,授课教师于 2011 年秋季学期将每次上课的视频传到了网上。结果大大出乎两位教授的意料,有 200 多个国家的 16 万人注册,并有 23000 人完成了课程的学习。慕课发展到此时,无论是其规模还是课程的设计或者技术都向前迈出了一大步。2012 年,斯坦福大学宣布向世界开放 13 门课程,包括解剖学、密码学、博弈论和自然语言处理等。2012 年 2 月,塞巴斯蒂安·特伦等人决定建立一个专门的网站推广这种形式的教学,并在这个网站上推出了两门免费课程,这个网站就是 Udacity 平台;4 个月之后,多门网络课程上线,这些课程一经推出就吸引了数十万在线学习者的目光。几乎同时,2012 年 4 月,吴恩达教授联同另一位达芙妮·科勒(Daphne Koller)教授紧随 Udacity 的步伐创立了 Coursera。随后,许多其他的慕课机构和平台,比如 edX、FUN、FutureLearn、NovoEd、iversity、J-MOOC 等如雨后春笋般涌现出来,大大促进了在线学习的进步。截至 2014 年年底,斯坦福大学的 145 位教师在三大平台上共开设了 246 门课程,其中有 94 门课程为斯坦福大学在校生提供的翻转课堂视频,51 门课程面向公众免费开放,26 门课程作为继续教育课程面向终身学习者开放。全球各个国家有超过 190 万人注册学习由斯坦福大学教员授课的慕课课程。从 2012 年秋季开始至 2013 年年底,所有注册的学习者在斯坦福大学慕课中的互动时间超过 400 万个小时。

三、斯坦福大学慕课的发展现状

(一)斯坦福大学慕课的收支情况

当我们谈及慕课的可持续性时,其影响因素涉及信息技术的应用、课程质量、自身建设运营、盈亏平衡等多个方面,其中能否盈利是其最主要也是最基本的影响因素。因此,了解慕课的收支情况至关重要。保证平台的正常持续运营是开展其他活动的重要基础,而想要确保平台的持续运营就必须要有免费优质的教育资源,这样才能谋求后续的收入。截至 2017 年 10 月底,斯坦福大学已经与超过 10 个平台合作,由 60 多位提供者提供了 250 多个学科、超过 5000 门课程。科尔曼(Colman)和乔丹(Jordan)的有关慕课盈亏平衡点的计算显示,只有一门慕课的注册学习者超过 10 万人,慕课平台才可通过销售慕课证书来获取利润。斯坦福大学开放的好几门课程的注册人数都远超过 10 万人,例如《人工智能导论》(*Introduction to Artificial Intelligence*)、《初创工程》(*Startup Engineering*)、《博弈论》(*Game Theory*)等;除此之外,斯坦福大学还可以通过"认证服务"这一商业模式来获得 6%—15% 的收入以及 20% 的利润。综上所述,从成本和收入角度上来做个大致的估计,斯坦福大学的慕课项目实现盈亏平衡甚至获得利润的可能性是非常大的。

（二）斯坦福大学慕课的参与程度

为了更加全面地反映慕课使用者的参与情况,本章主要从慕课的访问人数、注册人数、完成课程并开始新的职业生涯的比例进行统计分析。访问人数是指对课程进行浏览的客户,包括全日制在线课程学习者、所有利用闲暇时间来学习的学习者等,显然这个基数远远大于上述三种。注册人数指的是那些通过 Coursera 官方入口进行登记注册的学习者,要想有获得学分和申请认证的资格则必须先进行注册。完成课程并开始新的职业生涯的比例统计的是完成课程所需的所有任务,通过了测试从而获得学分的学习者占总人数的比例。

以 Coursera 创始人吴恩达的课程《机器学习》(*Machine Learning*)为例。截至 2020 年 7 月,该课程的访问人数超过了 1210 万人,注册人数超过了 343 万人,其中有 40% 的学生完成课程学习并开始了新的职业生涯。再以基思·德芙林(Keith Devlin)教授的免费课程《数学思维导论》(*Introduction to Mathematical Thinking*)为例。该课程的访问人数为 295869 人,注册人数为 288656 人,大约 44% 的学生完成课程学习并开始了新的职业生涯。从访问人数来看,斯坦福大学慕课获得的关注度比较高;从注册人数这一数字可以看出,斯坦福大学慕课的受欢迎程度在相对较高的水平上;从完成课程并开始新的职业生涯的比例来看,学习者较为积极地参加课程学习的相关活动,相较于 Coursera 的平均完成率低于 5%,其完成率是比较高的。总之,斯坦福大学慕课非常受欢迎,对于推动慕课的发展极具影响力。

第二节　斯坦福大学慕课可持续商业模式的元素分析

一、客户细分

斯坦福大学慕课项目同时面向大众市场和小众市场,满足不同客户的需求,拓展不同获取途径的客户。

(一)面向大众市场的基于 Udacity 平台的《人工智能导论》慕课

人工智能(AI)历史悠久,且仍在不断地发展和变化。人工智能技术的应用在我们的日常生活中越来越普遍。它可用于各种行业,比如游戏、新闻媒体、金融、机器人、医学诊断和量子科学等最先进的研究领域。斯坦福大学于 2011 年起开设的《人工智能导论》慕课实验课,被称为慕课历史上里程碑式的课程,该课程对于 Udacity 平台的推出也起到了推动作用。该课程重点介绍人工智能的基础知识,包括机器学习、马尔可夫链(决策过程、强化学习、隐藏模型和过滤器)、图像处理和计算机视觉、机器人和机器人运动规划、自然语言处理(NLP)和信息检索等。这门课程由知名教授塞巴斯蒂安·特伦和彼得·诺维德主讲,无论是否是斯坦福大学的学生都可以免费注册学习。根据统计,全球有来自 200 多个国家的学习者注册了这门课程,他们分散在世界的各个角落,如果没有互联网开放课程,他们中的绝大部分根本不可能接受到斯坦福大学的教育,由此可以显示出慕课课程带来的影响和震撼力。

(二)面向大众市场的基于 Coursera 平台的健康饮食慕课

随着生活水平的提高,人们越来越注重生活质量,也越来越讲究饮食。正所谓病从口入,饮食习惯在很大程度上影响着我们的健康。全球范围内的许多人都面临着肥胖症、Ⅱ型糖尿病等与肥胖相关的疾病的威胁,因此探索健康饮食策略是一件不容怠慢的大事。基于这一需求,斯坦福大学在 Coursera 平台上发布了《斯坦福食物与健康概论》课程。有力的证据表明,全球高加工食品消费量的增加、文化上的转变、人们饮食文化的变迁,导致可预防的慢性疾病高发。在该课程中,学员将获得一些知识和实践技能,有利于改善自己的饮食。该课程把讨论的重点从营养素转移到真实的食物以及我们消耗它们的情境上。到课程结束时,学习者应该能够清晰地区分有益健康和威胁健康的食物。此外,为了更健康的生活,该课程还努力提供令人信服的理由使人们回归简单的家庭烹饪。

(三)面向特殊群体的基于 NovoEd 平台的 LEAD 企业创新慕课

在激烈的市场竞争中,企业面临着许多环境条件随机变化的情况,由于条件的改变,企业将面临新的挑战与机会。一家企业想要在这样的背景下站得住脚,创新是个关键要素。具有创新能力的人自然能够为自身增添不少价值。因此,斯坦福大学基于 NovoEd 平台开发了"斯坦福大学 LEAD 证书:企业创新"课程,LEAD 代表"学习、参与、加速、破坏"。这些课程包括基础必修课程和选修课程。其中,基础必修课程包括《原则性和目的性领导》(*Principled and Purposeful Leadership*)、《批判性分析思维》(*Critical Analytical Thinking*)、《融资创新:价值创造》(*Financing Innovation:The Creation of Value*)、《战略领导》(*Strategic Leadership*)等。通过学习这些课程,学习者可以掌握核心领导能力,并掌握如何作出具有战略性和可行性的决策。另外,学习者还要选择五门选修课程,以此来加深对知识的理解和满足自己的特定兴趣、目标和业务挑战。这些课程包括自定进度的视频讲座、个人评估、基于团队的项目、全班讨论、持续的同伴以及教师反馈等,持续时间为一年。独特的 LEAD 体验创造了一个强大的学习循环,参与者、教师和课程主持人公开讨论、辩论、提问、挑战、评论、支持和分享;LEAD 在线学习模式具有全球化和个性化特点,注重协作和反馈;还可以使参与者能够立即将学到的知识付诸实践、接收反馈,然后进行迭代。通过选修课程,学习者将学习如何克服变革的组织障碍、如何应对组织变革的挑战和机遇等。因此,致力于推动变革并加速组织转型的专业人士、各大小型公司的领导者、正在组织内开展变革的领导者都很适合参与这些课程的学习。

二、价值主张

斯坦福大学慕课运营形成了比较鲜明的价值主张，包括发挥计算机科学领域的引领作用、满足生活的实际需求、实际应用与学术研究的结合等。

（一）发挥计算机科学先进领域的引领作用

斯坦福大学发挥计算机科学领域的引领作用，吸引了来自世界各地的大量学生、对计算机科学感兴趣的人以及其他想要提升自己技能的人，开创了慕课的先河。例如，斯坦福大学在 2011 年开设的《人工智能导论》慕课实验课，吸引了来自 200 多个不同国家的 16 万人注册，这门课程有助于 Udacity 平台的推出。除此之外，同年，斯坦福大学还基于 Coursera 平台推出了两门大型的免费在线课程《机器学习》《数据库简介》，其中《机器学习》课程推出后，总入学人数超过 100 万人。后来，《算法》专项课程、《概率树形模型》专项课程、《密码学》等计算机领域相关课程的推出纷纷吸引了大量学员。计算机科学作为一个先进的领域，其学术要求相对比较高，对学员来说能参与名牌大学的课程学习是一件无比幸运的事情。

（二）满足来自生活的实际需求

每当我们提到"学术"一词，都会觉得它的专业性很强，好像离实际生活很遥远。然而，事实并非如此。懂得生活同样是一门高深的艺术。根据马斯洛需要层次理论，最低层次的生理需要所包含的元素，通常对食物的需求是最为强烈的。我们的生活离不开食物，由此而产生的营养在健康领域占据重要的地位。斯坦福大学推出一系列相关课程以满足客户实际生活中的需求，如《斯坦福食物与健康概论》（*Stanford Introduction to Food and Health*）、《儿童营养与烹饪》（*Children Nutrition and Cooking*）、《感染的故事》（*Stories of Infection*）等。近几十年来，饮食文化的改变使得加工食品主导了我们的饮食摄入,特别是速食或者快餐在带来方便、节省时间的同时,也带来了诸如肥胖症和由饮食习惯引起的疾病等健康风险。这些课程旨在帮助参与者了解儿童和成人的饮食,从而增强健康意识,以及学会准备简单而美味的食物;激发学员持续地对简单的家庭膳食烹调的兴趣,真正从某种程度上帮助人们养成更为健康的饮食习惯,尽量减少在外面吃饭的次数;帮助课程参与者成为现在与未来领先的健康服务提供者、老师和家长。这些课程的平均评分都在 4.6 分以上(满分为 5 分)。

(三)追求实际应用与学术研究的结合

无论是在"斯坦福在线"平台上开发的与企业创新相关的《领先的创新》《战略驱动型创新的简单规则》《启动产品的创新策略》等慕课课程,还是与 NovoEd 平台合作开发的"斯坦福大学 LEAD 证书:企业创新"课程,追求学以致用,将学术研究与实际应用相结合是斯坦福大学慕课的一个重要特征。NovoEd 平台正在开发和更新许多令人兴奋的新功能,这将为 LEAD 证书计划的学生提供丰富的社交和协作体验。忙碌的专业人员将能够按照自己的进度学习,同时还与同行、教师和教练密切合作,开展团队项目和讨论。他们将即将学到的知识应用于自己组织的现实挑战,并与来自世界各地的同行进行互动。创新精神与能力极为可贵,深受企业家的重视。尤其对于管理者或领导者来说,创新是影响其工作绩效的关键因素,也直接影响到一个企业的发展。经过这类课程的学习之后,不仅可以提高与发展自己的职业技能,而且能在很大程度上证明自己的能力,非常有助于职业的发展。

三、渠道通路

斯坦福大学寻求多元化渠道通路,基于 Coursera、Stanford OpenEdX、NovoEd 等多种平台发布慕课课程,吸引广大客户群体,获得稳定的客户。

（一）斯坦福大学与 Coursera 的合作

Coursera 是目前世界上最大的免费公开在线课程项目，由斯坦福大学计算机系教授达芙妮·科勒和吴恩达共同创办。2011 年年底，斯坦福大学将 3 门免费课程（《人工智能导论》《数据库简介》《机器学习》）放在网上作为实验课，结果意外地发现课程注册人数超过 10 万人，吸引了来自世界各地的学员。于是在线教育公司 Coursera 诞生了。斯坦福大学作为 Coursera 的首批合作院校之一，在 2012 年向全球免费开放了 13 门课程，包括解剖学、密码学、博弈论和自然语言处理等，注册人数都超过 10 万人。由此可见，斯坦福大学对于慕课的起源与发展具有深刻的影响。Coursera 的每门课程都由世界上最好的大学和教育机构的顶尖教师讲授。课程包括录制的视频讲座、每周测验、月度项目、自动评分和同行评审作业以及社区讨论论坛等。此外，类似于 YouTube 的一些社交平台也被广泛应用于 Coursera 课程中。Coursera 慕课平台的功能完善，并且一直在不断地更新与改进，当然其基本功能还是不变的，这就使得斯坦福大学想要给任何地方任何人提供免费优质教育资源成为可能，体现了该校在教育变革中的巨大影响力。

（二）斯坦福大学自推平台 Stanford OpenEdx

作为慕课首批课程的发起者之一，斯坦福大学一直为人们津津乐道。为了推动在线学习的进步，斯坦福大学不仅于 2012 年推出了 Stanford OpenEdX 平台，还设立了在线学习副教务长（Vice Provost for Online Learning）来统筹协调在线学习的整体工作。Stanford OpenEdX 不仅是一个数字化内容传播平台，也是一个教学研究平台。作为一个内容传播平台，它极具灵活性，工作人员能够随时开发该平台上的新功能、新体验以供大家分享，并且教师还可以在此基础上得到构想和创新互动性的学习体验。作为一个研究型平台，该平台可供斯坦福大学的教师和教学设计者们对在线课程进行实验研究。当然，这种研究是可控的。除此之外,该平台也可以利用在线课程不断产生的教育数据来提高自身的教学水平、拓宽学生的学习环境。另外,斯坦福大学还与其他机构合作来促进 Stanford OpenEdX 教育的提升。斯坦福大学在 Stanford OpenEdX 上发布的课程涉及计算机科学、医学、生命科学等,使学习者能够根据自己的学习目标自由地选择相应的课程。

(三)斯坦福大学创办的 NovoEd

NovoEd 是一个提供大量在线公开课和小型线上私人学习课的营利性网站,由斯坦福大学的几位教授联合创办。学习者可以通过网站浏览到各种讲座视频从而学习到知识,而且该网站独特的卖点是学习者可以与来自世界各地的小团体合作以及互相递交安排作业。它是为现当代学习者设计的在线学习平台,是一个提供设计、维护课程以及强调学生之间的互动的学习网站,该平台的社交、合作和移动功能,让学习者更加投入,学习效果更加显著。NovoEd 能更有效地培训员工、客户和学生。NovoEd 平台上的课程致力于培养企业领导者、职业培训、企业创新等,其中主要以企业创新为主。以"斯坦福大学 LEAD 证书:企业创新"课程计划为例,该项课程计划为学生提供丰富的协作与社交体验,使他们将所学的知识应用到现实工作中,这有利于他们培养创新与团队协作的能力。

四、客户关系

良好的客户关系可以帮助企业成功实施战略、习得实践和技术,从而与客户之间保持着可持续利益的关系。斯坦福大学关注客户的自身利益与终身价值,通过进行社交学习和协作解决实际问题、网络研讨会、大数据分析等,与客户共同构建一个良好的、互利的和可持续的合作关系。

(一)通过与客户之间的协作来增进客户关系

实用性是慕课客户学习的一个重要因素,也是部分客户学习慕课的目的。

NovoEd 平台由斯坦福大学管理科学与工程学科副教授阿明·萨贝里(Amin Saberi)推出,以协作和团队学习为中心,主要以慕课为基础提供服务。斯坦福大学的 NovoEd 平台致力于通过社会学习和协作解决现实生活中的问题,并以此稳固与客户之间的长期关系。例如,参与《技术创业》课程的尖子生有机会与硅谷导师合作,向投资者展示他们的想法。2014 年 1 月,《退休和退休金金融》课程的慕课团队在斯坦福大学举行的一个研讨会上,争相展示他们对养老金改革的想法。类似这样的课程不仅注重传授学生知识和技能,更关注知识和技能在未来的应用。这种将学习知识和技能与实际问题相结合的学习方式更容易受到客户的青睐。一方面,学习的知识和技能对于客户来说比较有价值,且更符合客户的学习目的;另一方面,这些知识和技能可以帮助客户应对实际问题。该慕课的模式是将社交网络技术与在线学习相结合,第一次加入课程的学生会根据自己的兴趣爱好、学习经历和所处位置自行分组(少于 10 个人)。当团队一起工作时,每个团队成员被要求对他们的同事进行评价,并会告诉每个人的“团队排名”得分。在课程的后期,会要求学生们自行组建团队,这些分数可以帮助学生招募和组建团队。该模式不仅重视个人知识和技能的学习,更注重个人学习与团体学习的融合、小组之间的配合和相互协作。同时,该模式具有较强的社交性和团体性,先是客户与客户之间建立团队关系,再由客户团队与企业进行联系,使企业与客户之间的关系变得更加紧密并且构建一个长期可持续的客户关系。

(二)通过开展课堂讨论来增加客户学习体验

慕课的交互性是影响客户学习的重要因素,通过开展课堂讨论(COURSETALK)来优化客户的学习体验。COURSETALK 是一个在线的课程讨论交流功能区,允许学习者撰写课程评论并查看其他学习者撰写的评论。学习者可以在在线课程页面上撰写评论,评论在课程及相关页面中都可见。只有注册课程的学员才能留下课程评论。在学习慕课的过程中,客户除了学习课程内容之外,还有一些困惑和难题需要专业导师的指导,也需要与同学进行交流,这也是直接影响客户学习体验的重要因素。通过开设网络课堂讨论可以为学生与学生、学生与老师之间的学习交流、探讨以及解惑提供良好的环境。网络课程讨论的一个关键特征是其互动元素,是实时提供、接收和讨论信息的能力。同时,确保尽可能多的学生可以同时进行交流,从而促进课程讨论论坛或社交媒体中进行富有成效的讨论。不同学生都能掌握相应的知识和技能、形成相应的思维,且每个人都需要与其他人不断互动。客户还可以在 COURESETALK 中对课程的内容、讲师和供应商进行星级评分,评比分数可以帮助其他客户进行筛选,也可以对课程供应者提供一些建议,从而提高慕课的品质。除此之外,COURSETALK 还设有一个课程追踪器(Course Tracker),该功能设置在课程讨论区及评论区旁,客户可以通过课程追踪器添加课程,所有的课程可以分为正在学习的课程和登记的课程,被追踪课程的更新状态会即时地反馈给客户,这样客户就可以及时地学习到课程。客户还可以对感兴趣的课程添加书签,系统会根据客户添加的书签推送相关的课程。因此,斯坦福大学开设网络课程讨论的功能,可以极大地改善客户的学习体验并提高其满意度。

(三)设定自定义课程满足客户真正的需求

不同的学生在学习课程时的定位不同,目标也就不同,而且许多课程主题是模块化和独立的,这样就会影响客户的选择,因而不能直接满足客户当前的需求。斯坦福大学通过把免费在线产品的课程分解成"迷你课程",客户可以根据自身的需求对"迷你课程"进行自定义,拼装成一套适合自己需求的课程。斯坦福大学工程学院院长和计算机科学与电子工程詹妮弗·维多姆(Jennifer Widom)教授就把《数据库入门课程》分解成了 14 个小型课程;所有"迷你课程"都以视频讲座或视频演示为基础,其中包括视频内测验、独立测验和自动检查的交互式编程练习。而且 14 个小型课程还根据客户的需求划分成三个板块,分别是基础板、扩展板和综合板。客户可以根据自己的学习定位和需求来组建课程,所有这些课程都是由客户自由选择的。斯坦福大学将这些课程材料重构为一系列"迷你课程",以及以不同方式组装"迷你课程"的各种建议途径。这些"迷你课程"给了客户更多的选择,客户也可以无限期学习该课程。

五、收入来源

虽然公益性是慕课吸引广大学习者的主要原因之一,但是慕课的开发需要大量资金。想要维持其长期可持续运营,稳定的收入来源非常重要。目前斯坦福大学慕课的收入主要是来自认证证书、业务拓展、基金组织。

(一)认证证书

斯坦福大学的主要合作伙伴是 Coursera 平台。Coursera 平台是目前世界上最大的慕课平台,其注册人数超过 1000 万人。Coursera 推出过很多种付费服务,现在看来其中最有效果的是认证证书,该服务每月能够为 Coursera 带来超过 100 万美元的收入。学习者在课程里选择"签名追溯"(Signature Track),支付 30—70 美元不等的费用,达到课程要求后就可以获得认证证书。认证证书比完成声明更具可信力,在求职时可能更有说服力。Coursera 还增加了可以进行签名追溯的课程数量。目前,70% 的即将开课的课程已启用此选项。未来越来越多课程不再免费提供成绩认证,认证证书会成为确认课程完成的唯一选择。斯坦福大学教育水平和学校声誉不断提高,其在 Coursera 上发布的课程也非常受欢迎,学生们渴望获得其证书以提升自身价值。因此,认证证书是可靠的收入来源。

(二)业务拓展

虽然认证证书是一项可靠的收入来源,但仅靠认证证书可获得的收入是非常有限的,因此还需要拓展其他吸引客户的途径,以期为客户带来利益的同时也带来得以维持平台正常运营的收入。斯坦福大学创设的 Udacity 平台中有一项业务是帮助学习者实现由学生到就业的过渡,该平台可以免费匹配学习者与公司,但公司想要获得学习者的就职资料、简历等信息就需要向平台付费。这个业务极具现实意义,一方面,学生可以借此花费比较少的精力找到比较适合自己的工作岗位;另一方面,公司通过较低的费用就能聘用到比较优质的员工,这在很大程度上促进了企业的发展。此外,学分的通用性为人们带来了极大的便利。完成课程的学习者会被授予斯坦福大学学分,并且体现在官方大学成绩单中,最终还可获得斯坦福大学的学位。作为美国的一所一流大学,斯坦福大学无疑是为人们所信任的,大量学生想学习该校的课程。完成该校慕课的学习者可以获得斯坦福大学的证书,包括经认可的学位证书和专业成就证书。另外,学习者还可以在斯坦福在线高中进行学习,完成课程后可获得在线高中文凭。这些证书、文凭等都为社会所认可,可作为学习者的能力证明凭证,有利于学习者学业或职业的发展。

(三)基金组织

根据著名科技博客 Allthings Digital 的报道,Coursera 项目获得了克莱纳-珀金斯风险投资公司(Kleiner Perkins)和恩颐投资公司(New Enterprise Associates)合伙人共计 1600 万美元的资助。[①] 一直以来,斯坦福大学深受盖茨夫妇的喜爱,比尔和梅琳达·盖茨基金会(Bill & Melinda Gates Foundation)在斯坦福大学有超过 30 个研究项目,比如通过研究免疫系统来探寻世界上最可怕疾病的治愈方式,通过研究美国高等教育来帮助低收入学生获得在大学中学习的机会。作为一个独立的联邦政府机构,美国国家科学基金会专门负责为各个科学与工程领域中的基础研究和教育提供资助。随着时间的推移,该领域的很多项目得到了外部的支持。而且为了维持在线项目,斯坦福大学

---

① Wang Ying, Zhang Jinlei, Zhang Baohui, "MOOC: Characteristics Analysis Based on Typical Projects and Its Enlightenment", *Journal of Distance Education*, No. 4, 2013, pp. 71-74.

逐渐提供一些低价但非免费的课程以帮助人们提升职业生涯。总而言之,外部研究经费、基金会的捐赠以及低价的课程费用等途径同样是斯坦福大学慕课项目的收入来源。

六、核心资源

作为慕课的领头羊,斯坦福大学拥有大量有形和无形的核心资源,例如丰富的实践经验、较高的学术声誉、较为完整的资源体系和架构、优秀的师资和精品课程。这些都是慕课项目能成功开展的重要因素。因此,本节分别从学校资源和学院资源两个方面进行分析。

(一)学校资源

斯坦福大学慕课一直处于创新的前沿,创造了改变信息技术、通信、医疗保健、能源、商业及其他领域的关键技术。与此同时,通过有效的教育和实践、数字化教育技术,该校积极推进社区建设和集体行动。通过慕课让斯坦福大学教师有机会与更多学者分享他们独特的专业知识,通过释放在线学习的创造力为世界各地的学习者提供高质量的教育体验。由于慕课具有免费和开放共享的特性,每年都会有超过 14000 名学生参加斯坦福大学的校内及在线课程以丰富他们的知识储备和职业生活。该校慕课以新的方式为社会教育和公益事业作出了贡献,并获得了大众的青睐和信任。经过长期的努力,斯坦福大学慕课获得了更多媒本、政策制定者、私营企业和终身学习者的关注。因此,斯坦福大学于 2012 年 6 月启动了由在线学习副教务长提供的"种子补助"计划,该计划为 85 个以上教师为主导的项目提供资金。最初的种子资助为慕课和翻转课堂的发展提供了支持,但随着时间的推移,也开始给那些新探索的数字教学和学习领域的项目提供鼓励和支持。慕课的开展需要大量的资金,这是推进慕课的必要条件。斯坦福大学自身强大的经济实力完全可以为慕课项目支付大量资金,但是为了慕课的持续发展,外部的经费补助是不可或缺的。从另一角度来说,外部的资助也是对慕课开展的认可和表彰,更是对开发人员、教学人员和管理人员极大的鼓励和支持。

(二)学院资源

斯坦福大学拥有工程学院、继续教育学院和商业研究院等学院带来的大量资源,为校园内外的学习者提供了终身学习的机会,也为全球社区的学习者带来了便利,使他们能够接受在线教育。通过斯坦福在线平台,该校提供了82个硕士学位课程、235个在线研究生证书课程、80个在线专业课程以及252个在线学分研究生课程。同时,该校通过开发免费在线课程、在线研究生证书和专业证书、高级学位和高管教育课程,促进学校教师及其研究的延伸和有意义参与。另外,斯坦福大学还帮助不同年龄、地区和背景的学习者为生活和职业生涯中的许多阶段做好准备。例如,斯坦福工程学院开设的《密码学》(*Cryptography*)、《博弈论》等课程就受到广大学习者的欢迎;斯坦福继续医学教育中心(Stanford Center for Health Education)通过为医生和其他医疗保健专业人员提供有关医学、新医学技术和生物医学研究进展方面的循证培训,改善患者护理的问题;斯坦福继续研究与成人学院分享学校丰富的教育资源,构建了一个充满活力的学习社区,以此获得智力探索和交流的乐趣。斯坦福大学根据不同的需求开设不同的在线课程,为社会贡献了极大的利益,这些学院资源必然会成为核心资源。

七、关键活动

关键活动包括实现价值主张的活动、维护客户关系的活动、拓展市场途径的活动、获得收益的活动等。斯坦福大学慕课项目的关键活动主要分为三部分:课程建设、学习支持、学习认证。

（一）课程建设

慕课课程的质量、内容、语言等各方面都极为重要,直接影响到其受欢迎程度,进而影响慕课的运营。为了保证课程的质量,斯坦福大学对课程的建设过程进行了详细的规划。斯坦福大学拥有非常丰富的教育资源和经验,且一直注重教师的发展、教育的探索和创新,自然而然地在创设课程过程中也能合理分配工作,确保课程建设的科学有序展开。

首先,建立课程团队。有效且顺利开展课程建设工作离不开团结协作、分工明确的团队。斯坦福大学的慕课几乎都是由相关管理人员、技术人员以及不同学科领域的专家、教学人员等共同合作完成的。例如,基于 Coursera 慕课平台发布的《斯坦福食物与健康概论》课程呼吁全世界人士形成健康意识,该课程的创设团队由医学、社会科学、生命科学、数学等学科的教学人员以及专家组成,这样才能确保课程的科学性、系统性和可靠性,吸引更多社会人士参与到学习中来,从而扩大客户群体。

其次,确定目标客户。在课程建设团队建立好之后,就应该开始寻找目标客户,以便于整个课程建设工作围绕目标客户的特征、需求展开。课程的整体设计需要考虑内容、语言、难度等,便于与目标客户的现有知识以及不可避免的客观因素相适应。客户来自不同国家,语言障碍是一项避不开的客观因素。例如,斯坦福大学为了满足非英语客户群体的需求,大多数慕课课程都配有不同语言的字幕。同时,不同年龄的客户都可根据自己的学习目标参与到课程的学习中来。

再次,确定学习目标。只有确定了学习目标,才能进行课程材料的选择或创建。而且学习目标的明确有助于实现课程价值,使课程真正满足客户的需求。以基于 Stanford OpenEdx 上发布的《保持健康》(*Staying Fit*)课程为例,该课程的主要目标是教育学员养成健康的饮食习惯、塑造健康的身体形象,并鼓励他们将学到的信息应用到自己的生活中。为学生提供有依据的、可访问的和负担得起的工具,以指导他们如何长期保持健康。健康对于我们每个人来说都是最重要的,一切自我实现都建立在健康的基础之上。该课程吸引了大众的眼球,具有实用性。

最后,策划建设过程。相较于传统课程,建设一门慕课更具复杂性。在开设慕课课程之前需要进行时间规划、撰写目标、选取或创建材料、录制视频、编辑作业、建立讨论区等。除此之外,在真正开课之前还需要进行试验、测验以确保课程得以正常且稳定地运营。斯坦福大学慕课的主要特点就是模块化、结构化、系统化。

(二)学习支持

慕课本身的规模很大,其客户群体来自世界各地,具有不同年龄和背景。因此,设计一些学习机制来提高学习者的兴趣、改善学习体验、完善学习效果是很有必要的。

一方面,通过同伴互评进行大规模人工评分。例如,由斯科特·克莱默(Scott Klemmer)主讲的在线人机交互课程强调了学生的设计工作。要大规模地对这些设计进行评分,需要课程中的每名学生为分配给他们的几个设计排序,然后合并所有学生的排序以得到一个更全面的排名。有趣的是,其中某些设计也有专家(例如,校园中该课程的助教)做了评分。由于这些评过分的设计现在也嵌在整体排名中,因此可以通过比较学生提交的设计与专家评估过的设计的排名,来确定学生提交的设计的分数。虽然这个系统并非无懈可击,但它确实提供了一种有趣的模型,用来将专家评价注入主要基于同伴互评的模式中。①

另一方面,注重学生学习的互动性。善于与他人互动的学生,其学习效率更高,学习效果也更好。斯坦福大学通过建立虚拟学习社区和开展讨论活动,

_____

① Zhang Yuxian,"Learning Evaluation in MOOC",*World Education Information*,No. 9,2015,pp. 11-18.

来加强学习者之间的沟通交流。为了进一步完善课程的学习，客户不仅可以互相讨论与课程学习相关的话题，还可以评价并反馈使用过程发现的问题。广泛的讨论与沟通无疑为学习效果和课程质量的改善带来了极大的好处。

（三）学习认证

慕课的开放性给大学机构带来了便利，使其整个课程体系都能以在线的方式呈现给客户，也促进了优质教育资源的共享。此外，这种模式轻易地辐射到那些原本无法接受优质高等教育资源的一大群用户，成千上万的学生不需缴纳学费或只需缴纳少量费用就能参与到名师开设的慕课课程当中，这是令人振奋的，计算机科学家科勒称这为"高等教育的真正民主"。然而，对于大学机构而言，虽然慕课的本意是提供免费的课程，但是考虑到慕课的长期可持续性的运营时，收益是最首要的问题，只有保证带来足够的资金才能维持慕课平台的长期发展；对于学习者而言，该如何证明自己所学的知识技能，并以此提高自身的竞争优势也是一个重要问题。Coursera 是斯坦福大学最主要的合作伙伴，其 2012 年提出的签名追溯，也就是完成课程相关活动并且付费即可获得证书的机制，满足了大学机构和学习者双方的需求，因此其认可度是很高的。

八、重要伙伴

重要伙伴是指能够使商业模式运作起来的合作商和供应商，分为非竞争者的战略伙伴、竞争者的战略伙伴、供应商与采购商之间的关系。对于斯坦福大学而言，其重要伙伴属于非竞争者，包括 Coursera、Udacity、NovoEd 等平台。

（一）Coursera

Coursera 是世界上最大的慕课平台，是斯坦福大学的两位教授达芙妮·科勒与吴恩达共同创办的营利性在线教育公司，免费在网络上提供公开课程。

截至 2020 年 7 月,Coursera 与来自 28 个不同国家或地区的 213 个合作伙伴进行合作,平台上的课程数量超过了 4300 门,其中计算机科学类课程数量达到了 668 门,商业类课程数量达到了 1095 门。作为 Coursera 的创立者和首批合作院校,斯坦福大学无论是在投入资金还是在提供课程上,都为其贡献了不少力量。这两者的合作为教育技术带来了革新,有助于实现其为来自世界各地的更多人提供优质高等教育的使命,也促进了全世界开放与优质教育资源的共享。

(二)Udacity

2011 年,斯坦福大学提供的免费计算机科学课程《人工智能导论》发布后获得了令人惊艳的成绩,来自全球 200 多个国家的 16 万人注册了此课程,之后不久 Udacity 开始正式运营。Udacity 是由塞巴斯蒂安·特伦、大卫·史蒂芬(David Stavens)和迈克·索科尔斯基(Mike Sokolsky)创立的营利性教育机构,主要提供慕课课程,尤其是计算机科学课程。Udacity 最初专注于提供大学式课程,现在更侧重于专业人士的职业课程。它推出的"纳米学位"(Nanodegree)计划是一项付费凭证计划。不管学习者是有具体职业目标,还是想学习一门特定技能,这些项目都能帮助他们获得更美好的前程和生活。塞巴斯蒂安·特伦先生对学习者说:"你是一个聪明的人,但你所掌握的技能不足以适应当前的就业市场,或者不足以让你找到自己想要的工作。我们不能把你变成诺贝尔奖获得者,但我们能做的就是帮助你获得这些技能。"[1]斯坦福大学人工智能博士杰克·卢西尔(Jake Lussier)在 Udacity 担任产品主管,他研究的主要领域之一是机器人。他从教于纳米学位项目,深受学习者的喜爱与信任。Udacity 旨在帮助参与者学习未来所需的技能,挑战实战项目,获得行业知名企业的认可,并在职业上有所发展。

---

① Manjoo,Farhad,"About Udacity",*The New York Times*,No. 1,2015,pp. 9-16.

（三）NovoEd

NovoEd 的社交、移动和协作功能可以为学习者提供更加有效、更有吸引力的学习体验。它的界面设计现代化、直观且易于使用，满足数字原生代的高期望。NovoEd 的特点包括可以在客户的所有设备上按需，随时随地提供；强调通过实践来学习；与学习小组和项目团队协作学习；强大的报告和管理能力。斯坦福大学教授查克·埃斯利（Chuck Eesley）的研究表明，学习者以团队的形式进行在线学习更具吸引力，以团队形式完成课程的人数大约是个人学习的 16 倍。因此，这种团队协作的学习还是很有效的。斯坦福大学商学院与 NovoEd 合作，在 NovoEd 平台上提供"斯坦福大学 LEAD 证书：企业创新"。LEAD 证书代表"学习、参与、加速、改革"，将为高管提供战略业务工具和技术，以加速其组织的变革和转型。该计划旨在培养领导力，为那些高管带来了很好的学习机会，以提升自己以及使组织朝更好的方向发展。斯坦福大学与 NovoEd 的合作进一步地体现了其在培养企业领袖方面的卓越成就，满足了社会的需求。

九、成本结构

斯坦福大学慕课商业模式的成本结构包括慕课管理成本、慕课开发成本。以《数学思维导论》课程运营数据为例进行分析。

（一）慕课管理成本

斯坦福大学在慕课项目开展过程中，需要一些人员对慕课进行管理和维护。参与慕课管理的人员有继续教育院长、在线学习副教务长、策划总监和行政助理等。这些人员都是斯坦福大学教育研究生院的全日制在职员工，他们的工作包括了慕课管理，因此斯坦福大学无须雇用大量的新员工去管理慕课，所以这部分成本占比相对较小。但是，除了日常工作管理人员以外，慕课还需要有一些专业管理人员。例如,斯坦福大学前任校长约翰·亨尼西(John Hennessy)在2012年夏季创建了在线学习副教务长的同时还聘请了约翰·米切尔(John Mitchell)教授为管理者。约翰·米切尔是一位计算机科学家,长期研究编程语言和计算机安全。他还致力于研究网络安全和隐私问题,肩负着将可疑隐私问题表达为可编程算法的艰巨任务。由于慕课是在线的,因此需要相关专业的专家来参与管理。根据薪酬统计,聘用约翰·米切尔教授一年需要约135000美元。除此之外,一旦课程上线后,还需要一组导师和管理员对相关课程进行定期检查与维护、在线问题答疑,同时也会产生一部分管理费用。

(二)慕课开发成本

斯坦福大学慕课开发成本与其他慕课构成相似,主要包括了慕课设计开发、制作和实行。这整个过程的主要成本是慕课教学人员的时间成本、聘用录制和视频处理的相关人员以及慕课教学过程中助教的成本等。主要参与人员有专业教学人员、课程设计人员、技术人员,其中专业教学人员与课程设计人员可以为同一个人,这取决于教学人员个人的职业素养。例如,斯坦福大学的基思·德芙林在制作Coursera数学思维导论课程过程中,既是教学人员,也是课程设计人员,其制作过程花费数百个小时,其中自付费用为35000美元,然后由斯坦福大学的部门负责支付服务费用。该课程的第二次运行花费了5000美元的生产服务费用。慕课从开始设计到实施,除了教学人员的薪酬以外,还有一部分技术人员的薪酬。在制作慕课的过程中,还需要一些相关技术人员在技术方面上提供支持。主要的技术人员有灯光师、摄影师、视频后期处理师以及处理专利版权问题的相关律师。对于斯坦福大学而言,相关学院都具有录制设备,这就省去了一部分租赁设备的费用,所以只需支付相应技术人员的薪酬和设备维修费。

第三节　斯坦福大学慕课可持续
商业模式的策略阐释

一、多角度考虑客户细分：较为全面地挖掘市场

从斯坦福大学的慕课开发经验来看，从多角度寻找客户并将大众市场与小众市场综合起来一并考虑，对于慕课开发带来的收益是非常重要的，应根据不同客户群体的不同需求相应地提供满足客户需求的慕课，同时小众市场也不可忽略。总的来说，斯坦福大学的慕课项目类型可分为以下几种。

第一，面向计算机爱好者的计算机科学课程。计算机的发展给人们带来了不少便利，无论是在生活上还是在工作上，都为人们带来了一场令人为之赞叹的变革。计算机一直处于不断的发展中，其科学技术也越来越先进。因此，计算机科学课程极为重要，提供这类课程旨在为那些计算机爱好者提供免费或廉价的优质教育资源的学习机会，更好地发展他们的职业技能，同时鼓励更多的人发挥才智去发掘新的东西，为计算机领域贡献出自己的力量。以《人工智能》课程为例，它吸引了大量学习者入学。现如今，人工智能是一个热门话题，越来越多的人投身其中做研究，它也将为我们带来进一步的便利。除此之外，斯坦福大学还提供《机器学习》《算法设计与分析》《密码学》等课程。

第二，面向企业管理层的企业创新课程。这类课程主要是面向那些企业领导，培养其领导力，以便于在多变市场环境中占据竞争优势，促进企业的发展。以商学院提供的"斯坦福大学 LEAD 证书：企业创新"计划为例，该计划包括关于金融、战略和批判性思维的基础课程，而另外五门是进一步学习的单独选修课。这些课程使学习者将所学知识应用到现实的挑战中。斯坦福大学非常重视企业精神，注重培养创业思维，其学生中很多都自己创立了公司。

第三,面向专业人士的高管教育课程。这类课程虽然针对的是特殊的专业人士,但其发挥的作用也是不容小觑的。一方面,这些课程满足了高管对专业且高质量的课程指导的需求;另一方面,这些课程有利于提高学校的声誉,进而增加入学人数、提高生源质量。

第四,面向大众群体的健康营养课程。这类课程与实际生活息息相关,也是针对肥胖症以及预防肥胖带来的相关疾病提供的。一方面,可以引起人们对健康的重视,带领学习者一起了解引起肥胖的原因、健康饮食搭配、简单家庭烹饪等;另一方面,可以激发学员对家庭烹饪的兴趣,拥有更健康的生活。例如,斯坦福大学提供的《斯坦福食物与健康概论》《儿童营养与烹饪》《保持健康》等课程,满足了大众的实际生活需要,体现了实用性。

二、价值主张注重实用性: 真正为客户服务以提升市场竞争力

为了获得在市场上的竞争优势,斯坦福大学树立很好的社会形象、拉近与客户之间的距离、发挥知识的实用性,有效地彰显了其价值主张,从而提升了自身的市场竞争力。

第一,斯坦福大学有着卓越的学术成就,并凭借这些成就获得了社会的高度认可与信任。享有一流大学声誉的斯坦福大学拥有很强的学术实力,无数来自不同国家和地区的人渴望拥有在这个学校学习的机会。而且该校一直在不断地进行教学研究,同时也非常重视学习者的感受,不断努力寻找适合学习者的学习模式。由此,其学术实力得到了人们的高度认可,有利于扩大在线学习人数的规模。

第二,斯坦福大学从与人们息息相关的生活角度入手来拉近与客户的距离。许多学习者学习慕课不是为了学术研究,为使这类学习者也能从中获益,斯坦福大学发布了最为接近生活的一类课程,如《斯坦福食物与健康概论》《儿童营养与烹饪》等,这类课程根据实际生活的需要安排课程材料,普及健康生活知识,真正造福于客户和社会。

第三,斯坦福大学商学院注重培养企业领袖,发挥知识在现实挑战中的实际作用。商学院重视培养企业精神、企业创新、领导力等,这也是该校的特色领域之一。为了学习者得到更好的学以致用的学习体验,商学院提供精心设计的"斯坦福大学 LEAD 证书:企业创新"计划,让学生以团队的方式来学习。学习者通过完成团队项目来亲身体验以获得更有效的学习效果,参加过该计划的学习者应该都能感觉到其针对性,能够获得更好的学习体验。

三、多样化的渠道通路：既积极参与合作又自推慕课平台

拓宽渠道,在多样化平台上提供慕课项目,才能使价值主张更加全面以及更为广泛地传递给广大客户群体。斯坦福大学不但最早与 Coursera、Udacity 合作,而且还自己推出平台,包括 Stanford OpenEdx、NovoEd。不同的平台会带给学习者不同的学习体验,提供多样化的平台拓宽客户群体,同时从多样化平台中找出最有效的方法以改善他们的在线体验,这样才能吸引更多的客户。

第一,充分运用 Coursera 平台发布慕课项目。Coursera 的诞生离不开斯坦福大学,它是该校计算机科学课程实验的产物。Coursera 是目前世界上最大型的慕课平台,具有极高的声誉。作为 Coursera 的首批合作院校,斯坦福大学凭借自身的财富实力投入大量的资金,为其作出了很大的贡献。将 Coursera 作为其传递价值主张的主要渠道通路,提供不同类型的课程,包括人文社会科学、自然科学、医学、数学、生命科学等。这体现了斯坦福大学的教育价值,也满足了社会的要求。

第二,积极运用 Udacity 提供专业化课程。斯坦福大学在学术上享有盛誉,计算机领域是其突出课程之一。Udacity 推出的"纳米学位"计划能够帮助学习者找到更好的工作,有利于其职业发展。选择 Udacity 作为合作方,在很大程度上稳定了那些想发展自身专业技能、即将步入职场的客户群体。

第三,提升学习体验的自创平台 Stanford OpenEdx、NovoEd。为了更进一步并且从多方面了解客户的学习模式,斯坦福大学运用多样化的平台来提供课程,以更好地改善学习体验。Stanford OpenEdx 既是一个数字化内容传播平台,也是一个教学研究平台,它使学习者的学习更具互动性,能够提高教学水平以及拓宽学习环境;NovoEd 是一个营利性平台,在为顾客的职业发展提供帮助的同时也为自身带来利润以维持慕课的正常运营。其现代化的设计以及协作式学习等特点使学习者的学习更加有效率且更具吸引力。

四、进一步深化客户关系:既为客户带来终身价值又提升自身价值

客户关系是由客户细分而来的客户群体与组织机构的关系。深化客户关系,在给客户带来终身价值的同时也给组织机构自身带来价值的提升。

第一,增强互动性以深化客户关系。传统的客户关系一般都是单方向的,具体分为了解用户、对用户进行分类、获取反馈等,而且用户之间都是独立的个体,没有交集。虽然这种方式是可行的,在一定程度上也能产生效果,但相比之下,双向的互动交流产生的效果更佳。斯坦福大学通过学习讨论区、团队协作性学习、网络研讨会、社交媒体等手段来增加互动性,不仅能够更深入了解客户的需求与学习体验,也使他们的学习效果更佳。

第二,从学习者角度提供服务以深化客户关系。不同的用户类型因有着不同的背景、文化程度、语言等客观条件而产生不同的需求。斯坦福大学根据学习者类型的实际情况提供服务,包括面向大众的且不限文化背景的健康营养课程、面向即将步入职场的就业者提供的职业培训以及发展技能课程、面向计算机爱好者的计算机科学类课程等。这样,客户就能感受到其服务的真诚之处,真正为客户着想,使客户对其充满信任与认可。

第三,注重形象宣传以深化客户关系。斯坦福大学集学术、财富实力于

一身,向慕课投入大量资金,通过多种不同的平台发布课程进行试验,也让客户在不同平台上感受不一样的服务,学习体验多样化。这一切都是为了更好地发展慕课项目,打造自身品牌,增强客户对组织机构的信任感与忠诚感。

五、增加收入来源:增值服务、业务拓展、营销策略相结合

根据斯坦福大学慕课的运营情况,运用多种可行的策略来增加收入,不仅实现了收支平衡,还获取了额外的利润,是可持续发展的典型案例。

第一,公益服务与增值服务的整合。慕课的一大特征在于其免费性,斯坦福大学遵循这一宗旨,提供大量的免费在线教育资源,同时也通过认证证书,主要是 Coursera 上的认证证书的增值服务,获得可靠的收入。虽然这只是部分收入,但它是一种比较稳定可靠的收入,可以维持正常运营。

第二,利于学生发展的业务拓展。斯坦福大学创设的 Udacity 平台中有一项业务是实现由学生到就业的一个过渡,该平台免费为学生向一些公司进行就业推荐匹配,但公司想要获得学员的就职资料、简历等信息,就需要向平台付费。低廉的费用就能使雇员与雇主双方找到其所需,避免了不少找工作的盲目性,也增加了学生对其的认可度,可以改宽心地学习,省了找不到适合自己的工作之类不必要的担心。

第三,专项课程与对职业发展有利的课程计划的整合。一方面,专项课程可增加学分认证费用,相对来说难度大点,有难度进阶,有些课程分为初级、中级以及高级,因为这类课程是需要学习者有一定的知识储备的;另一方面,专门为学员的职业发展或者培养领导力而设计的课程计划需求量很大,而且学员以低价就可获得。这也为斯坦福大学带来了收入。

第四,线上学习与线下辅导的整合。斯坦福大学拥有大量优质的在线教育资源,同时其师资队伍强大,各领域都有着杰出的专家。将线上免费学习与线下指导对接有助于更好地帮助学生学习。

六、努力扩充核心资源：充分挖掘潜在的资源

斯坦福大学的核心资源有限，扩充核心资源对于促进其慕课的可持续发展很重要，应挖掘潜在的资源，增加在市场的竞争力。

第一，提高教师的信息技术素养。一门慕课的开发需要一个大团队的协作才能完成，包括技术支持、管理支持、视频的制作等。斯坦福大学开发的慕课平台的 UI 界面易于使用且较为直观，教师可以通过提高自身的信息技术素养来独立完成慕课的开发，资金补助的形式相较而言经济可行很多，降低了慕课开发的成本，进而增加竞争优势。

第二，加大宣传力度，扩大社会影响力。为了吸引更多的学习者参与慕课的学习，斯坦福大学广泛运用各种平台站点发布课程。除了主要平台 Coursera 之外，还在 Udacity、Kadenze、NovoEd、Stanford OpenEdx 等网站上发布慕课课程；在 YouTube 视频网站、美国苹果公司的 iTunes U 上也发布了大量免费在线视频；并利用报纸和杂志的形式对斯坦福大学慕课的开发情况进行访谈。这一系列的宣传为斯坦福大学赢得了广大社会人士的信任与关注，对于扩大用户规模是非常有益的。

第三，充分利用雄厚的师资力量。该校的教授和专家们合作开发慕课并进行试行，得到了惊人的结果。例如，2011 年发布的《人工智能导论》课程被称为是慕课的里程碑。可见其对慕课的起源与发展的影响之大。另外，该校的教授创立了最具权威的慕课平台——Coursera、Udacity、NovoEd。他们致力于在多样的平台上发布慕课课程，更多地了解学习者的学习模式，从而更好地为学习者服务。这些成就有效地彰显了斯坦福大学慕课的竞争优势。

第四，获得外部的支持。慕课的宗旨是免费性，其运营方式不可能完全以商业的方式存在，因此获取外部的资金支持来维持运营是很有必要的，如基金组织的支持：比尔和梅琳达·盖茨基金会、美国国家科学基金会；风险投资公

司的资金注入；企业的支持等。这些外部支持为斯坦福大学慕课运营提供了有力的支撑。

七、更有效地推进关键活动：注重课程质量、学习体验和学习认证

对于斯坦福大学而言，为了更有效地推进关键活动，该校采用了创新课程建设、完善学习支持以及学习认证等策略。

第一，创新课程建设，不断推陈出新。斯坦福大学极其重视课程质量，边开发慕课边进行教学研究以提升教育水平，开发出质量更高的慕课课程。从开发的慕课来看，最能体现其价值主张的有计算机科学课程、健康营养课程、职业发展课程。这三种课程分别对应的特点是先进性、实用性、发展性，其需求量是很大的。这样一来，该校慕课赢得稳定的客户群体和可观的课程费用就是自然而然的事了，这样才能在竞争市场中获得优势，立于不败之地。

第二，完善学习支持，使用户的学习体验更具吸引力。无论是先进领域的计算机科学课程，还是健康营养课程，都是由该校在教育领域具有多年经验的教授或专家来授课，专业性更强，学习者也对课程质量更加信任。此外，NovoEd 产品的设计现代化，注重职业发展、企业培训、高管教育等，使学习者的学习体验更加有效且更具吸引力。

第三，采取学习认证以获得稳定收入。斯坦福大学在全世界范围内享有较高的学术声誉，因而很多来自不同国家和地区的人都渴望能够在这个学校里进行学习。采用学习认证的方式满足了学习者的这一需求，他们可以以很低的成本获得学习机会并得到学位证书。而且，斯坦福大学在社会上的认可度很高，学习者可以凭此获得一份好的工作。因此，学习认证是一种可靠稳定的收入渠道。

八、非常重视重要伙伴：积极合作与开放合作

对于斯坦福大学慕课项目而言，其重要伙伴分为以下三种：外部平台，如Coursera；基金组织；自创平台，如 Stanford OpenEdx、NovoEd。

第一，积极与 Coursera 合作。慕课项目运营的可持续性离不开稳定的合作伙伴，更重要的是要进一步深化合伙关系，发展成重要伙伴。斯坦福大学的两位教授创立了 Coursera，并且斯坦福大学成为 Coursera 的首批合作院校，为其投入了大量资金，该校慕课的可持续运营也从中获益良多。

第二，拓展与基金组织的合作。虽然 Coursera 是斯坦福大学的主要合作伙伴，但为了增强其慕课项目的可持续性，外部的资金支持也是很重要的。例如，比尔和梅琳达·盖茨基金会、美国国家科学基金会的资助就大大减轻了慕课项目运营的经济压力。

第三，吸引更多的合作伙伴共同完善 Stanford OpenEdx、NovoEd 平台。斯坦福大学创立的 Stanford OpenEdx、NovoEd 慕课平台也在开放引进更多的合作伙伴，共同完善这些平台，给学习者带来更有用的服务，最终实现共赢。

九、成本结构尽可能优化：采用多种方法以降低开发成本

斯坦福大学已建立了一套较为完善的开发慕课所需的基础设施与硬件设备，因此优化成本结构应主要从慕课课程开发的成本入手。

第一，加强对教师的培训，提高教师的信息技术素养。通常慕课的开发需要开发人员、管理人员、视频制作、技术支持、后期测试等共同参与，其成本比较高。因此，需要对教师进行培训，主要是教育教学知识与技能的培训和信息技术培养的培训。一方面，教育教学知识与技能的培训可以使教师们熟悉教学设计的流程，减少不必要的麻烦；另一方面，信息技术素养的培养可以使教师掌握一些技术，如视频制作、音频编辑和图片处理等。这在很大程度上减少

了开发人员的人数,降低了开发成本。

第二,注重课程开发的规模经济。规模经济是指生产总体的单位成本随生产规模的扩大而减少,即扩大生产规模来降低总成本。从斯坦福大学的慕课项目来看,其专项课程以及部分课程分为一系列由易到难的子课程,增强学习者的适应性,有利于保证学习者的学习效果。这些课程开发过程使用了统一的标准、流程等,大大减少了开发成本。

第三,开发需求量大的课程。以斯坦福大学提供的"斯坦福大学 LEAD 证书:企业创新"计划为例,该计划旨在培养高管、培养领袖力、对企业进行创新,因此深受高管的喜爱。另外,有助于发展技能及职业发展的课程同样也很受在职者的欢迎。这些需求量相对大的课程能为斯坦福大学带来可观的收入。

第四节　斯坦福大学慕课可持续商业模式的反思与启示

一、斯坦福大学慕课可持续商业模式的反思

(一)多样化的渠道通路存在不确定性

斯坦福大学积极寻找渠道通路,在众多平台上发布课程进行试验找出最有效的方法,以改善在线教学,实现收入的多元化。斯坦福大学的主要合作伙伴 Coursera 以及自创平台正在积极吸引合作伙伴,但仍然存在不确定性。例如,大牌教授突然改变对慕课的热情,转而持观望态度。美国《高等教育纪事》刊文指出,普林斯顿大学社会学教授米切尔·邓奈尔(Mitchell Duneier)已经决定不再开设他在 Coursera 上的"社会学引论"慕课。[1] 慕课的兴起时间

---

① Wu Wangwei,"The Cold Thinking of 'MOOC Hot'",*Fudan Education Forum*,No. 1,2014,pp. 1–11.

短,越来越多的人开始质疑其会对传统教育产生的冲击、是否真正对学生的学习有益等问题。因此,渠道通路的拓展还未能实现完全开放。

(二)客户关系的深化效果与现实产生较大差距

良好而稳定的客户关系对于斯坦福大学来说极为重要,直接影响其慕课项目的开展与运营。然而,实际情况令人失望。一方面,慕课学习无限制门槛,其注册者多,完成率低,退学率高。由于慕课是一种零成本的学习资源,因而吸引了众多学习者注册,但因此注册者没有"成本—收益"顾虑,对待课程的认真度比较低,因为完成与否都不会有什么看得见的损失。以《人工智能导论》课程为例,有16万注册人数,但只有差不多2万人完成了课程。另一方面,课程内容的趣味性、讲授方法的多样性等也有待提高。斯坦福大学的其他慕课项目也正面临着这个问题,客户关系的深化的效果还很有限。

(三)重要伙伴的关注有待加强

Coursera 是斯坦福大学最主要的合作伙伴。目前,其慕课项目的运营情况还不错,但仅依靠这一个合作伙伴是不够的。斯坦福大学凭借自身的财富与学术实力自创了几个慕课平台,如 Stanford OpenEdx、NovoEd、Udacity。之所以提供这么多平台,是因为斯坦福大学想寻找最有效的方法来提升在线学习的效果,并且搜集学习者的学习模式以提高他们的在线学习体验。实际上,这也存在着风险性,毕竟单方面付出的能力是有限的。例如,2012 年 8 月中旬,由于课程的质量达不到标准,Udacity 平台中的一门《离散数学》课程就被取消上线,尽管该课程的授课教师为此已经花费了 45 小时录制时间和 3 小时(一讲)准备时间。这一例子也为慕课机构敲响警钟,即在课程开发之前应该先制定好课程质量标准以避免不必要的损失。更好的办法就是寻找更多的合作伙伴,汇聚更多的智慧,使慕课项目的开发运营在市场竞争中立于不败之地。

（四）价值主张的体现尚需明确

一个组织机构所主张的价值至关重要,但能否真正将价值主张传递给客户这个问题有待解决。例如,斯坦福大学提供的健康营养类课程——《斯坦福食物与健康概论》,是否会有点夸大在饭店吃饭的危害,给那些不得不在外饮食的工作者带来不必要的担心而对其身体健康造成威胁。毕竟有些饭店的卫生是达标的,而且人体有一定的抵抗力。再者,计算机科学课程和有关企业创新的课程等在一定程度上起到引领潮流的作用,其所传递的价值主张是否正确也很重要。这可能会给学习者带来消极的影响,认为传统课程已经没有必要了。因此,斯坦福大学应该更加清晰、明确自己的价值主张,并通过科学高效的渠道传递给客户。

（五）客户细分的考虑实际上很有限

斯坦福大学的客户细分从表面上看似乎是满足了不同客户的不同需求,但其实并非十分乐观。真正能为其带来慕课运营收入的只有培养领导力的企业创新课程以及发展专业技能的计算机科学类课程。实际上,这两者都是为寻求职业发展者而提供的课程,并没有很大的差异。斯坦福大学走在科技与创新的前沿,注重计算机能力与创新能力的培养,因而其课程偏向于这两大类课程,而这些课程的学习是需要学习者原先有一定知识储备的,相对来说,普及性没那么高。

（六）收入来源的扩大不太乐观

慕课项目发展的可持续性在很大程度上取决于其收支能否平衡甚至获得额外利润。斯坦福大学灵活采取各种策略以扩大其收入来源,积极提供需求量较大的课程,比如面向旨在追求发展技能的客户群体提供一些计算机技能课程、面向高管专门制定的培养领导力与创新能力的课程等。这些课程因其实用性强和需求量大的特点都在一定程度上为斯坦福大学带来了收入,但由于慕课的发展既是机遇,又是挑战,它在给人们带来便利的学习机会和低价高质量的教育资源的同时也面临着与传统高等教育之间的严峻的挑战。越来越多的教授或专家质疑廉价甚至免费的慕课会给传统的高等教育带来冲击,而传统教育具有不可替代性、互动性强等优点。因此,慕课是一把双刃剑,其所带来的最终效果取决于它的可持续性发展。

（七）关键活动的推出面临质疑

斯坦福大学的关键活动由课程创建、学习支持、学习认证组成,三者的主要表现形式为大规模教学活动,表面上看起来这些活动蛮不错,但实际上效果却面临质疑。事实上,采用同伴互评、学习论坛等方式来提高师生、学生之间的互动性的效果并不是很乐观。这种方式需要学生具有高度的自主性与积极性,而那些比较被动的学生可能从未参与过互动;好的观点或评论可能被埋没。此外,对于学习认证,只有少部分人能完成课程并获得学分。慕课的学习者有一部分只是出于新鲜好奇而注册课程,最终半途而废。以《人工智能导论》这门课程为例,16万注册者中最终只有2万人完成了课程。

（八）核心资源的整合有待改进

斯坦福大学开发的慕课项目或者自创的慕课平台所需的经费大部分来自其自身的投资,虽然短期来看,该校的慕课项目能够凭借自身的经济实力来维持正常运营,但随着慕课项目的不断发展与完善,需要的资金也在增长,长期下来,外部的支持发挥着非常重要的作用。因此,斯坦福大学也应寻找更多的外界支持,建立合作伙伴关系,一起承担风险与分享收益。此外,内部技术人员与教学人员的衔接性有待加强以便于工作的对接,节省慕课开发时间成本。

（九）成本结构的优化尚需努力

斯坦福大学慕课项目目前已形成了一套较为完整的开发慕课所需的基础设施和工具，其慕课开发的成本主要来自教学人员。教学人员同时扮演着教学设计者、课程讲授者、教学支持者等多种角色，有时甚至还扮演着信息技术支持者。这一系列角色集中于一身多少会让教学人员感到疲惫，甚至有退缩的念头，况且他们的薪资收入也没有提高很多，这些都会在很大程度上影响其工作积极性和效率。尽管斯坦福大学也已经在采取一些手段进行成本优化，降低慕课项目开发成本，但效果并不显著，仍需作出进一步的努力。

二、斯坦福大学慕课可持续商业模式的启示

随着互联网在我国的高度普及，越来越多的国人趋向于使用互联网学习，互联网教育正在迎来最好的时代。中国大数据分析公司易观在北京发布的《中国互联网教育平台专题分析 2018》报告中显示，2017 年中国互联网教育市场规模达到 2502 亿元人民币，同比增长 56.3%。该报告称，2017 年中国互联网教育市场规模涨幅巨大，互联网教育行业的发展势头强劲，教育 O2O 的融合发展正在加速。而有效的商业模式是其发展的目标，即维持在线教育发展的可持续性以及稳定性。

慕课的迅速崛起使得研究其商业模式成为当下紧要事务。为积极应对慕课带来的对传统教育的革新，在中国，一些高水平的高校也纷纷建立起免费开放的慕课平台。例如，清华大学主办的"学堂在线"，上海交通大学主办的"好大学在线"和"中国大学 MOOC"等。不过，由于慕课在中国的起步稍晚，以及作为新兴事物，其商业模式尚未成熟，慕课平台很难长期维持运营。而国外类似斯坦福大学这些权威高校的慕课运营经验相对较为丰富。一方面，从实践角度来看，其多元化投资主体并存和盈利模式、客户群体定位、丰富多样的教学模式、社区化学习体验等一系列方式，能够在一定程度上有效缓解我国开发

慕课项目过程中资金短缺这一主要问题,同时还可以增加用户黏性;另一方面,从战略层面来看,其慕课发展的战略规划,即对慕课进行系统科学的规划与设计,有利于推动我国慕课在战略目标、战略思想、战略举措上的发展,从而提高市场占有率。此外,相关学者认为,国内的知名高校应该起到带头作用,除了要积极推进慕课的建设外,还可以利用国内外的慕课平台来推广我国优质的在线课程,以此扩大高校的知名度,并在此基础上进一步提升各高校的国际影响力;而对于其他高校来说,可以利用开放教育资源来转变传统的教学理念,通过对大学课程和教学进行改革来提升人才培养的质量。① 因此,我国应该根据国外成功经验并结合中国的实际情况,改革与创新慕课项目运营机制,建立一套适合我国的商业模式推动慕课运动的发展。

---

① Wang Lihua,"The New Development of MOOCs in America and Its Enlightenment to China", *Journal of Higher Education Managemen*, No. 5, 2014, pp. 39-40.

第三章　麻省理工学院慕课可持续
商业模式研究

麻省理工学院由威廉·巴顿·罗杰斯（William Barton Rogers）在 1861 年创立，是美国马萨诸塞州剑桥市的一所私立研究型大学，被认为是世界上最负盛名的大学之一。其在教学和科研上的成就有目共睹。同时，该校还是慕课研究方面的领头羊，其慕课商业模式极具学习价值。

第一节　麻省理工学院慕课的发展概况

一、关于麻省理工学院

麻省理工学院由五大院系和一所学院构成，其中涵盖了 32 个学术部门。该大学在早期为响应美国日益增长的工业化进程，采用了欧洲大学的模式，并强调实验室指导。在第二次世界大战和冷战期间，麻省理工学院的研究人员参与了开发计算机、雷达和惯性制导方面的工作。在过去的 60 年里，麻省理工学院的教育学科已经超越了物理科学和工程学，扩展到生物学、脑科学、经济学、哲学、语言学、政治科学和管理等领域。在 2013 年的 QS 世界大学排名中，麻省理工学院被认为是世界上首屈一指的大学。其在物理科学和工程学领域的教育研究久负盛名,其中该校工程学院在各种国际和国家大学排名中多年来名列第一,在全球顶尖大学的排名中也是个中翘楚。麻省理工学院是美国著名大学协会(Association of American Universities,AAU)的成员,也是阿姆斯特丹高级都市解决方案研究所(AMS Institute)的创始人。更值得一提的是,麻省理工学院的在籍学生、毕业生因获得多种奖项而享誉世界。截至2020年7月,该校共培养了95位诺贝尔奖得主、59位国家科学奖章获得者、29位国家科技创新奖获得者、77位麦克阿瑟奖获得者以及15位图灵奖获得者。除此之外,由麻省理工学院的校友所创办的公司,其总收入与世界第11大经济体相当,为学校营造出强大的创业文化氛围。

二、麻省理工学院慕课的发展历史

早在2000年那个网络全盛的时期,麻省理工学院就开始试图在这个电子化学习领域寻求自己的价值。2002年,受开放源码(Open Source)和开放访问运动(Open Access Movements)的启发,基于简单而又富有创新的动机,麻省理工学院推出了"开放课程"(Open Course Ware,OCW)项目,该项目要做的就是将教室里使用的所有资源放到网络上,以此来实现创立OCW的初衷和目标。通过免费提供课堂讲稿、习题、教学大纲、考试以及大部分在线课程的授课内容,麻省理工学院可以实现免费在线共享其几乎所有的课程,但没有任何课程的正式认可。即便支持和主持该项目的费用很高,但仍有许多大学于2005年加入OCW,成为其中的一员。目前OCW中包括超过250个学术机构,提供至少6种语言的内容版本。通过这样的学习平台能让2亿多的学生共享麻省理工学院提供的优质教学资源,这实在是一项了不起的壮举,这也让OCW成为共享文化的先驱者。通过这一平台可以让更多的学生了解麻省理工学院这座学术殿堂,也可以培养出更多高素质的专业人才。

为了能在全球范围内提供接受高质量教育的机会,加强校园教育,并通过研究促进对教学和学习的理解,麻省理工学院于2011年12月19日正式宣布实施 MITx(在全球通过 edX 提供的在线课程被称为 edX 上的 MITx)计划,MITx 最初包括三大组成部分:开发和提供大型开放式在线课程;研究新兴数字学习工具的有效性;开发一个开放源码平台以提供大型开放式在线课程。在麻省理工学院计算机科学和人工智能实验室的阿加瓦尔(Anant Agarwal)教授的指导下,麻省理工学院开始进行 MITx 初始课程和平台的开发。2012 年 5 月 3 日,开放平台组件被分拆成 edX——由麻省理工学院和哈佛大学共同拥有的非营利性机构,负责平台的开发和创建一个提供慕课的领导机构联合体,最大限度地为有互联网连接的人提供高质量的在线学习机会。教授阿加瓦尔被任命为 edX 的首任主席。同年 9 月,MITx 推出学习者根据相关的跟踪记录,显示已成功完成课程要求就可以获得一份成绩证书,只需支付少量费用即可,但不提供学分或学位认证。2012 年 11 月 20 日,MITx 计划成为麻省理工学院数字学习办公室的组成部分,其中还包括了麻省理工学院的开放课程、教育创新和技术办公室和学术媒体生产服务。材料科学学院教授桑贾伊·萨尔马(Sanjay Sarma)被任命为麻省理工学院数字学习办公室主任,计算机科学学院教授艾萨克·庄(Isaac Chuang)担任副主任。MITx 的课程主要是由各学院及教职员录制并上传至 edX 平台的。课件平台的开源性促使其他大学也陆续加入并添加了自己的课程内容。同时 MITx 与 OCW 两者互为补充,共同发展。MITx 还支持具有可扩展性学习技术和数字学习研究的实验,较传统的开放课程,MITx 更多地加入了互动环节和课程开发工具。

三、麻省理工学院慕课的发展现状

麻省理工学院推出的在线课程 MITx 依托 edX 平台,为全球的教育者和学习者提供了一系列高质量、高标准的专业课程,以供大规模的学习、借鉴与交流。在过去的 5 年里,MITx 已然发展成为创新数字学习领域的领导者,紧接着还推出了 MITx 微硕士项目,这使得全世界的学习者都可以加入麻省理工学院硕士课程的在线学习。面对如此迅猛的发展趋势,适时地停下脚步总结过去、分析现状,无疑对慕课的长足发展有着重要的意义。

(一)课程发布和学习参与的累积数量呈上升态势

截至 2020 年夏,麻省理工学院已经在 edX 平台上开发并推出了 196 门独立的 MITx 课程,这些课程使得全世界的学习者都有机会受到高质量的教育,并使麻省理工学院的教师能够极大地扩展他们的教育影响力。2012 年,麻省理工学院的教师们在 edX 上发布了他们最初的 MITx 课程,通过这种方式学习的学习者可以获得相关的课程资料,按照指定的时间提交作业并自动收到反馈,以及在讨论板块与其他老师及学习者进行互动交流,同时能够在某些课程中使用互动工具来加强学习的效果,而且完成学习并达到标准的学生可以获得一份认证书。在 2016 年取消免费认证的服务之后,认证目的型学习者(以获取最终的课程认证为目的的学习者)、探索型学习者(有针对性地对慕课内容进行筛选并学习的学习者)和参与型学习者(选择课程并进行系统学习的学习者,一般不带有强烈的认证目的)的数量都有下降的趋势,但总体来看,自课程发布以来,无论是课程数量,还是学习参与度方面,其发展呈逐年递增的态势还是显而易见的。

(二)参与者的背景和意图呈异质多样化

《Harvardx 与 MITx:四年开放网络课程研究》(*Harvardx and MITx:Four Year of Open Online Conrses*)中显示:2012 年秋至 2016 年夏,MITx 的 161 门课程中,占比 16% 的课程是与计算机相关的学科,52% 的课程属于科学、技术、工程和数学类学科。此类课程设置类型导致 MITx 的女性参与者占比相对较低,均值仅为 20%。同时因为课程的专业性、技能性相对较强,学习者的年龄呈年轻化,学历也相对较高,其中教育工作者是活跃的慕课参与者。通过对 101 门 MITx 课程调查研究可以发现,这一群体的参与度非常高,32% 的受访者自称"是"或"曾经是"一名教师。此外,这 537726 名参与者中,有 54% 的学习者表示有意获得证书,16%的学习者最终获得了证书,也有10%左右的参与者并没有强烈的目标意识,这也是其中途退误的原因之一。

理论与实践相结合是麻省理工学院一直秉持的教学理念。MITx的出现为互动和实践提供了新的渠道和机会,同时也将麻省理工学院关于学习科学的主导思想落到实处。随着参与者对MITx课程要求的不断提升,以及在发展过程中不足之处的不断凸显,MITx依然有条不紊地发展着,可见其遵循的商业发展模式值得我们学习和研究。

第二节　麻省理工学院慕课可持续商业模式的元素分析

一、客户细分

考虑到麻省理工学院为了产生一定的社会影响而开发MITx,它所拥有的客户类别通常有两种,尽管这两者之间可能有所重叠。一种是那些想要购买商品和服务的客户,另一种是想要支持产生社会影响并受益于潜在影响的客户。准确进行客户细分对于理解MITx商业模式至关重要。

(一)面向大众市场的多元化慕课平台

基于edX平台上的麻省理工学院慕课课程主要面向全世界的学习者、教育者及教育机构,并试图从三个方面发挥力量以打破教育面临的障碍。第一,MITx为世界各地的人们提供麻省理工学院课程的在线教学,并为有能力的学习者提供获得学习认证的机会。第二,它将给所有的教育机构提供包括MITx所在的开源软件基础设施。第三,世界各地的教育工作者通过MITx课程获得一流的教学经验,学习新颖的教学模式,汲取先进的教学理念。

同时,校园MITx平台也在麻省理工学院的本科和研究生课程中被广泛使用,其中涵盖了在线课程的视频、文本、评估、互动元素和复杂的自动评分程序。每学期大约有 30—50 门在校课程使用校园 MITx 平台。同时,这一平台在师生中的使用率超过 90%。针对在校学生,部分课程通过在线学习同样可以获得学分。除此之外,还可对在教室和实验室学习和探索的内容进行加强和巩固,并配合 OCW 提供的资源来增强学生对在校课程的学习体验,从而使教学者能将更多的时间花在创新教授材料的方法上,以及增加与在校学生的额外互动时间。

(二)立足小众市场的辐射型课程体系

麻省理工学院以其在计算机科学、物理科学和工程军事学方面的教育和研究而闻名世界。在慕课课程的开发过程中,该校充分利用学校的专业特色、雄厚的师资力量和丰富的教学资源,开设出了一系列高水准的流行课程。通过跟踪参加多门课程的参与者,可以揭示出课程领域的网络。根据研究可以发现,计算机科学课程是慕课课程网络的"中心"。与科学、历史、健康等其他学科相比,麻省理工学院的计算机科学课程占比最大,并将更多的参与者带到其他学科领域。例如在 MITx 课程中,最受欢迎的是《计算机科学和 Python 编程导论》(*Introduction to Computer Science and Programming Vsing Python*)及《计算思维和数据科学导论》(*Introduction to Computational Thinking and Data Science*)课程,这是首例由双系列课程组成的科目,包括使用 Python 介绍计算机科学和编程以及计算思维和数据科学的简介。这两个系列课程可以帮助学习者处理相关的棘手问题。相当一部分学习者把这两门课程的学习作为进一步深造的敲门砖,进而带动麻省理工学院相关系列课程的使用和发展。

由于参与这些课程的学习者的背景结构有差异,因此 MITx 所设置的课程难度重点在于广度而不是深度。从这一角度来看,它们不是增值课程,而是一种具有挑战性和严谨性的基础课程。基于麻省理工学院重点课程的品牌效应,通过 MITx 为参与者提供一个高质量的专业性课程,从而使他们对于如何使用计算来实现职业生涯目标有一个清晰准确的认识和规划。

(三)针对教育工作者的多样化服务项目

为了进一步提升 MITx 为全球和校内参与者提供数字化学习策略的水准,数字化学习办公室和麻省理工学院咨询委员会要求采取多种发展及运作模式,以增加参与者选择的多样性和灵活性。因此,MITx 提供了两种课程上载的模式:选择探索式和 MITx 板块模式。部分教师想在平台上尝试一些新的东西,但又不想尝试长模块或多个模块,这样就可以选择探索式的课程模式;反之,若想要依托 edX 平台分享课程,以供全球使用,就可以选择 MITx 板块模式。采用这种模式的课程一般持续时间较长,系统性较强。无论采用何种模式,麻省理工学院都会提供 2 万美元到 10 万美元不等的补助金,以鼓励更多的教师参与进来,并不断进行探究与创新。两种模式必须提交相关的提案,并由麻省理工学院的一名或多名教员负责监督。所有的课程发布者都必须签署相关的协议,并贯彻到整个运作过程中去。其中,首席教员必须提交一份总结学生具体情况的报告,并在课程结束后的两个月之内提供所有项目指标的结果。除此之外,针对 MITx 板块模式还有一些特别的规定,比如,主要的教员通常会参与到整个项目中;必须确定一个部门的项目协调员来监督项目,以期与部门的规模相适应。经验表明,部门协调员的参与极大地提高了项目的完成率和成功率。同时数字学习办公室还提供培训、跨部门论坛以及他们参与的日益增长的数字学习社区。另外,主要教师被要求必须出席 MITx SIG(特别兴趣小组)活动,从他们的项目中获得重要的经验。

二、价值主张

价值主张是为满足客户的需要而提供的产品和服务的集合,一般通过诸如创新性、执行力、定制服务、设计特色、品牌或地位、价格、可访问性、便利性和可用性等多种元素来体现。麻省理工学院慕课的价值主张如下。

（一）技术创新下的课程特色升级

通过调查与考察各专业委员会的意见，麻省理工学院设计了"8.02TEAL+x"课程模式。技术支持下的主动学习能有效使用同伴指导，集体解决问题，以及增加课堂上师生之间的互动，从而促进更好地学习。这些元素以一种或多种方式存在于人们所说的"翻转课堂"上，帮助学生们为课堂做好准备。这项工作对于学生来讲一直都是一个挑战，即便运用技术支持下的主动学习这一方式，学生的课前作业也都是教科书上指定的阅读材料和手写回答一两个开放式问题的组合，然后由助教给予评分。由此可见，这个系统的作用并没有真正发挥。在与MITx平台相结合之后，作业从"阅读摘要"开始，链接到教科书中的适当章节。同时，麻省理工学院还设计了MITx Component来提供即时反馈，并且还包括答案的详细分析过程，便于学生通过自己先尝试来测试他们对阅读材料的理解，并有效针对问题出现的根源作出必要的分析和调整。将此类创新技术与MITx相结合，实现了两者的优势互通，大大提升了MITx的课程特色，成为MITx持续发展的有效模式之一。

（二）多元途径下助力圆梦麻省理工学院

每个人通往成功的路径是不同的，而麻省理工学院在线学习平台的出现成为很多慕课参与者生命中的关键节点。例如，部分参与者通过学习MITx上的创业在线课程并取得优异的成绩，从而获得了参加麻省理工学院全球创业训练营（MIT Global Entrepreneurship Bootcamp）的资格。这是一项针对学员的校园培训，集训的强度较高，参与者可以通过这次培训更多地、更深入地了解麻省理工学院，激发出更多的探究欲，因此有相当一部分学习者将这一集训作为进入麻省理工学院学习的"跳板"。从MITx到Bootcamp，再到麻省理工学院，该在线学习平台帮助更多参与者完成人生的完美蜕变。此外，麻省理工学院的供应链管理专业最先采用"微硕士项目"这一新的教育认证项目，为世界各地的学习者提供了一种获取和展示供应链管理领域专业知识的方法。此外，获得"微硕士学位"的学生有机会在麻省理工学院攻读硕士学位。现在，昆士兰大学和科廷大学成为 MITx 微硕士项目的合作大学。报名和完成 MITx 微硕士项目认证的学生将获得在这些机构的认可并获得进行硕士学位学习的机会。对于学习者和学校来说，这都是一个令人兴奋的机会。

（三）关注教学问题和教学设计增强竞争性

麻省理工学院清楚地认识到，MITx 和其他慕课一样面临着很多的挑战，比如低完成率及学生评估等问题。为了提升学校的竞争力、更好地直面挑战，该校更多地关注教学问题和教学设计。麻省理工学院正在使用行为主义的方法来进行在线学习，主要是基于斯金纳的思想和研究。长时间的授课仍然是校园教育学的核心部分，但校园里提供了额外的"魔法"（非正式的、经验式的学习和与教师的密切接触），很多人认为这对在线学习者来说是不切实际的。事实上，在网上创造这种额外的"魔法"是完全可能的，只是它需要基于良好的教育原则来进行优质的课程设计。因此教育工作者的潜在贡献对麻省理工学院慕课教育的研究将产生巨大的影响。麻省理工学院的数字学习办公室在麻省理工学院举办的 MITx 重大利益团体活动中表彰了慕课教学和学习的获奖者，他们致力于通过数字课堂更好地吸引世界各地学习者的教育工作成为麻省理工学院鼓励发展新慕课方法和技术的一部分。

三、渠道通路

向目标客户提供其价值主张需要通过一定的渠道来实现。有效的渠道有助于公司以快速、高效的方式来实现自身的价值主张，通常可以通过自己的渠道、合作伙伴的渠道或两者的组合来实现这一目标。MITx 通过创建自有慕课平台，充分利用学习的开放课程以及不断地拓展重要外延来实现慕课课程在国内国外、校内校外及线上线下的顺利衔接。

（一）创建 edX 平台并以此为依托

麻省理工学院与哈佛大学共同创建了一个大型开放式在线课程平台——edX。2011 年 12 月，edX 推出了 MITx 学习平台，并开发为开源性软件，同时 edX 宣布在 2013 年夏之前开放源代码，允许其他学校在 edX 网站上开设课程，建立在线学习软件，授课视频的互动体验。除了教育课程外，该项目还将用于研究学习和远程教育。edX 上的第一门课程最初于 2012 年 3 月由 MITx 提供。迄今为止，麻省理工学院在 edX 上已发布及将要发布的课程共计 196 门，每门课程所具有的功能选项包括课程概述、课程计划、讲师介绍、证书展示及课程反馈。页面上也有对课程时长、发布机构、课程类型等的简单介绍。此外，Facebook、Twitter 等社交链接也应用广泛，用于课程分享及讨论等。

（二）MITx 与 OCW 相辅相成、互为补充

麻省理工学院于 2002 年创立了第一个概念 OCW 网站，为全世界提供了麻省理工学院超过 2100 节课程的讲座、笔记和材料。到 2007 年 11 月，OCW 完成了几乎整个麻省理工学院课程的最初出版，涵盖了 33 个学科，超过 1800 门课程。2012 年，已经有超过 1.25 亿人访问该网站。截至 2020 年 7 月，该网站已经有 2400 门课程和 5 亿的访问者。每门 OCW 课程都包含了某些类型的指导，如教学大纲、课堂讲稿、阅读清单、日历以及学习活动、课后作业、测验或考评。无论你是选择从头到尾学习一门课程，还是只专注于某一部分内容，都可以按照自己的节奏来安排。除此之外，每门慕课课程都可以通过链接快速找到在 OCW 中所对应的相关课程及资源。从某种意义上来讲，相对于 MITx 所设置的部分实时传授的课程形式，OCW 所提供资源的丰富性、全面性及长时性，更有助于 MITx 的学习者进行深入学习，或者用以更新和巩固原有的知识结构。从另一角度来看，OCW 的资源优势也为 MITx 赢得了更多的在线学习客户。根据相关数据，麻省理工学院的开放式课程网站自 2002 年推出至

2017 年已经有来自世界各地的近 2 亿人访问了该网站,而这其中的 350 万名学习者(75%来自美国以外的国家)自 2012 年推出 edX 平台以来,就已经签署了 MITx 课程。另外,参与者还可以利用额外的资源来帮助他们取得成功,丰富独立学习者的生活,提升 MITx 在全球的影响力。

(三)MITx 重要外延的不断拓展

麻省理工学院和哈佛大学共同创立了 edX。Open edX 是 edX 课程的开源平台,教育工作者可以扩展这个平台来构建能够满足他们需求的学习工具。开发人员可以为 Open edX 平台提供新功能,以实现在世界范围内建立一个蓬勃发展的教育和技术专家社区的目标,共同分享创新解决方案,造福各地的学生。通过 Open edX 平台,更多的学校加入 edX,也可以促使学习者更多更深入地了解 edX 这一平台上的慕课课程,尤其像 MITx 这样的世界知名大学发布的课程。中国以清华大学为首的"学堂在线",正是得益于此。此外,麻省理工学院依托 edX 平台,与来自世界各地的许多不同类型的组织合作,其中包括学术机构(从大型研究型大学到理工学院和文理学院)、非营利性机构、国家政府、非政府组织和跨国公司。edX 为其合作成员提供了各种技术、营销和教育服务培训,以及高层次的程序管理、学习者技术支持、课程策略、设计、构建、运行和数据分析等方面的咨询。相同客观环境下,学习者在选择慕课课程时,会更多地选择熟悉的平台,心理学上称之为"首因效应"。因此更多的参与者选择 edX,就意味着 MITx 的知名度会得到进一步的提升,MITx 所要传递的价值主张也可以得到更多了解和践行的机会。

四、客户关系

任何群体为了保证其价值主张的顺利实现,从而确保自身的生存和成功,都必须确定他们想要和客户群体建立的关系类型。MITx 从服务对象的角度出发,正确定位了所要维护的客户关系类型,并依据不同的类型作出相应的努力。

(一)MITx 参与者信息保护的规范化

随着 MITx 课程的不断发展,由此产生的丰富的、有价值的数据信息也越来越多地受到教育研究者们的关注。研究发现,通过 MITx 收集的大量数据能够促使教育研究人员更好地理解学习者是如何学习和使用技术的,同时还能促进校内和网上的有效教学,从而引入新一代的学习工具,创建一个连续的教育创新循环。当然,通过相关政策实现对参与者信息和数据的规范化保护也显得尤为重要。

截至 2014 年,edX 平台的 MITx 课程目前有超过 120 万名注册者,并产生超过 9.97 亿条的数据记录。麻省理工学院收到了数十份提取数据的申请,外界对数据的浓厚兴趣使其产生了巨大的压力,也令其意识到要立即采取行动来填补相关政策的真空状态,解决机构利益的问题。麻省理工学院的数字学习办公室在这一任务中扮演着关键的角色,数字学习办公室一方面提供数据和分析以供小组的讨论研究,另一方面帮助建立和完善麻省理工学院在线学习数据和隐私的政策,确保 MITx 在线参与者的信息数据得到有效和规范的保护。

(二)实现 MITx 参与者需求的多元化

根据参与动机和目的,大致可以将 MITx 课程的参与者分为认证需求型、快速探索型和深入学习型三大类。认证需求型的学习者以证书认证为目标,因为获得一份有机构标志的权威认证证书,可以增加学习者的就业机会。另外,这份证书可以轻松方便地使用,比如直接添加到简历中或是在领英(LinkedIn)中发布。当然对学习者自身来讲,认证证书也可以给自己一个额外的动力去完成课程,同时依靠认证证书来资助全球各地的免费教育,以实现非营利性机构的使命。快速探索型的学习者对于课程有着更强的针对性,理解得也更为透彻。这类学习者通常能够针对自身的薄弱环节或者弱势课程,有选择地进行课程搜索和学习,MITx 提供的板块模式更便于此类学习者的操作。对于深入学习型的参与者,系统全面地学习课程是他们的目的,MITx 上的相关课程的材料和内容,还会在麻省理工学院的开放课程中得以丰富和拓展。此外,MITx 部分课程在规定时间结束后,虽然所有的功能和材料都不能继续提供,课程内容也不会更新,但依然允许学习者探索课程内容并继续学习,这在一定程度上保证了参与者慕课学习时间上的最大弹性。

五、收入来源

无论什么组织或企业,收入来源都是其需要思考最多的问题。一般来讲,获得收入的方式主要包括资产出售、使用费用、订阅费用、贷款/租赁/出租、许可费、经纪费、广告费等。麻省理工学院作为最早的慕课发起者之一,对如何在资金收入上保证 MITx 稳中求新地持续发展下去这一问题有着独特的理解和操作,其收入来源除了证明掌握课程材料的认证费用之外,基金会、公司和个人也将会提供支持。

(一)认证课程

对于一个非营利性的慕课平台来说,要实现可持续、高质量发展,收入来源是整个运营过程中不得不去考虑的问题。根据不同的客户需求,麻省理工学院在 edX 平台上推出了有特色的权威认证课程,这也是 MITx 的重要的收入来源之一。

专业认证课程是由行业领袖和顶尖大学设计的一系列课程,旨在建立和提高取得成功所需的关键专业技能,帮助学习者在工作中脱颖而出,取得成功。微硕士项目是由顶尖大学开设的一系列研究生课程,为特定的职业领域提供系统而深刻的学习,并得到了许多公司和企业的认可。学生可以向提供微硕士项目的学校提交申请,如果被录取,可以进入学校攻读硕士学位。此外,MITx 宣布在 edX 平台上推出完成相关模块或课程的新证书,这一项目被称为"X 系列"（XSeries），对慕课的指导和认证比单独的课程更广泛，这一项目在一定程度上也定义了慕课的前景。每个 X 系列课程由麻省理工学院的教员开发，并由他们的学术部门监督。学习者可以根据自己的需求，选择不同认证项目的课程，以供应链和物流管理专业为例，一般认证需要花费约 150 美元，而参加微硕士项目认证课程的花费约为 1350 美元。

（二）基金组织

MITx 的正常有效运作仅仅依靠认证课程的收入来维持是远远不够的，许多社会基金组织也加入进来，并且逐渐成为 MITx 商业模式中不可或缺的收入来源。例如 Lumina 基金会致力于为所有人提供高中以上水平的学习机会。Lumina 设想了一个很容易操作的体系来提供公平的结果，并通过不拘一格的认证方式满足了国家对人才的需求。因此，Lumina 为支持微型证书程序的创建和交付使用提供了资金。另外，劳拉和约翰·阿诺德基金会（Laura and John Arnold Foundation）通过支持 edX 平台的发展来提升 MITx 及其他合作机构的发展态势，并增加了可供学习者使用的高质量课程的数量。同时，比尔和梅琳达·盖茨基金会也提供资金帮助开发 edX 平台上的慕课课程，并与社区学院合作，尝试着与翻转课堂相结合。比尔和梅琳达·盖茨基金会一直致力于在全国范围内对线上线下的学习进行创新。麻省理工学院还收到了一位希望保持匿名的校友的贡献——1.4 亿美元的非限制性基金的承诺，这些基金可以支持研究所的教育和研究任务的任何方面，这也使麻省理工学院在数字学习方面的工作取得进展，并能够抓住机会，为学习者重新创造教育模式，并创造出 MITx 为全世界的学习者提供一流的教育机会和资源。

（三）业务拓展

麻省理工学院将尖端知识、实用框架和解决方案等结合在一起，以帮助企业和专业人士获得新的数字学习能力，从而开辟出 MITx 收入来源的又一条通路。与麻省理工学院展开的合作可以帮助企业识别和评估适合企业业务需求的员工能力和设计方案。然而,网络学习的某一模式并不适合所有人,因此MITx每天都在尝试和创新,并提供个人和组织的定制项目,以满足不同的需求,解决他们的商业挑战。比如,麻省理工学院曾经推出了其第一个定制的数字学习项目,同时还向《财富》100强公司提供了一个大数据的定制部分,为它们的学生提供了更强的学习和跟踪。

六、核心资源

为了维护、支持和发展业务,一个组织必须要为客户创造他们需要的资源。这些资源可以是人力、资金、内部硬件资源等多个方面。对于MITx,我们可以从学校和学院优势来对核心资源进行了解和探究。

(一)学校资源

麻省理工学院的使命是帮助学生获取科学、技术及其他领域的知识和教育,在21世纪更好地服务于国家和世界,为人类的发展而不断地努力。自1861年成立以来,麻省理工学院一直坚持发展科学、技术和相关领域的知识和教育,始终秉持与现实世界密切联系的教学和研究原则。150多年来,麻省理工学院在教学、工程和科学研究等多个领域不断进步。许多进步甚至可以改变世界。麻省理工学院的研究领域遍及科学技术的各个角落。在人文素养方面,麻省理工学院为学生、教职员工、研究人员和科学家提供了世界一流的学术和管理资源,以此来增进世界对麻省理工学院的了解以及学习者对世界的了解,继续为国家和世界的教育事业服务。麻省理工学院崇尚一种包容的文化,支持并学习其社区中存在的不同技能和观点,支持学生的成长,欣赏不同的生活经历。同时麻省理工学院坚持通过教育和技术服务于当地社区和世界。从广泛的社区服务,到学生、教师和员工的支持,再到开放课程、MITx和edX的教育活动,麻省理工学院继续让奇迹绽放在人们周围。正因为该校兼容并包的教育理念和享誉中外的学术成就，MITx 在技术支持、课程建设及资源管理等方面有了更深层次的发展。

(二)学院资源

为了确保 MITx 团队为发展全球在线课程或模块提供了生产和支持，数字学习办公室资助了一些项目，并建立了自己的慕课平台，如在 edX 上的 MITx、开放课程及校内 MITx，同时 MITx 数字学习实验室为教员和课程团队提供了工具、培训和实践机会。数字学习办公室通过广泛的实验，在许多方面使研究成果从前所未有的大量在线数据中得到了升华。此外，在课程建设方面，数字学习办公室与开发新的评估技术、模拟和全球教育模式的研究小组密切合作。例如，数字学习办公室与霍华德·休斯医学研究所的麻省理工学院生物学教育集团合作，让学生体验生物模拟，努力鼓励混合式学习在世界范围内推行。这些努力为校园里的学生带来了最好的在线学习、电脑游戏和交互式模拟方面的体验。我们还通过在 edX 上的 MITx 向全世界范围的用户提供这些技术。例如，在 2014 年，数字学习办公室帮助克里·伊曼纽尔(Kerry Emanuel)教授对地球大气研究进行了复杂的模拟，并在 edX 上发布了《全球变暖科学》(*Global Warming Science*)课程。在政策的制定和导向上，数字学习办公室工作人员在机构中扮演着关键的角色。同时，数字学习办公室工作人员还帮助领导 MITx 和制定麻省理工学院的在线学习数据和隐私政策。此外，麻省理工学院还推出了在线教育政策倡议，由桑贾伊·萨尔马教授和凯伦·威尔科克斯(Karen Willcox)教授共同主持。在线教育政策倡议部分由纽约卡耐基基金会资助，旨在增加关于在线教育及其影响的全国性讨论。数字学习办公室是数字学习计划和在线教育的中心资源。它就像一个社区，教师可以在此合作和分享数字学习经验，为 MITx 提供教学和技术咨询以及丰富的工具和资源，以确保平台资源的规范性、专业性和创新性。

七、关键活动

MITx 在发展的过程中,不断实现既定的价值目标并萌生新的价值主张。在这一过程中所执行的重要活动就是所谓的关键活动。如课程开发与学习管理,数据信息的合理利用与管理以及技术支持与维护等,总体来讲可以概括为课程建设、学习支持和学分认证三个部分。

(一)课程建设

《第五项修炼》的作者彼得·圣吉(Peter Senge)曾说过:"唯一可持续的竞争优势是比竞争对手更强的学习能力。"MITx 在不长的发展期内,始终走在教育理念的最前沿,不断尝试新的教学方法,提升教学技术水平,推陈出新,成为慕课发展过程中的引领者和风向标。为了将 MITx 的优秀资源服务于更多的学习者,麻省理工学院通过 edX 平台创建了高中课程,以此来弥合与大学之间的差距。麻省理工学院通过 edX 提供特别设计的预备课程来帮助学习者成功进行知识储备。这些课程涵盖了从英语和写作到微积分、生物学、统计学和计算机科学等各个学科,为世界各地的学生提供了机会,让他们可以获得优质的课程和材料。教师还可以整合课程材料、翻转课堂、增加课程内容。同时为了增强学生对相对抽象概念的理解,MITx 还推出 Mathlet 这一精心设计的、具有高度交互性的免费 JAVA 小应用程序。

此外,针对大学生和自学者,MITx 采用了多样化的认证课程项目,为学习者提供更多的课程选择。例如,麻省理工学院宣布启用一种新的数字时代的学术证书——微硕士,它可以在 edX 上通过对供应链管理专业课程的成功完成来获得。微硕士项目的启用将会以一种新的方式来构建麻省理工学院的专业硕士课程。世界范围内的学习者可以通过 MITx 在网上学习第一学期的课程。那些在每门课程中表现出色,并在随后的考试中取得优异成绩的学生,就可以获得微硕士的认证。这一认证将大大增加他们学习完整硕士课程的机会,其间有一个学期的校内学习阶段。

同时,麻省理工学院以其敏锐的洞察力以及通过专业科学的数据收集和分析能力,在 edX 平台推出一系列紧贴时代脉搏的职业课程,并引领学习者们走在社会需求的最前沿。例如,麻省理工学院数字学习办公室、计算机科学和人工智能实验室和麻省理工学院的专业教育引入了《应对大数据的挑战》这样一门慕课课程,让学习者思考如何收集、存储、分析并将大数据应用到特定的领域中。任何一个商业用户与数据交互的企业都需要麻省理工提供的大数据课程。商业用户渴望大数据和分析工具,但如果不能分辨数据中的精华和糟粕,他们可能会因此作出不恰当的决定。完成麻省理工学院的大数据课程是商业用户需要把握的重要一步。在职业管理方面,数字学习办公室与麻省理工学院斯隆管理学院合作,在 MITx 中推出《创业 101:谁是你的客户》课程,以供成千上万的大学生和有抱负的企业家学习。同时,通过课程学习情况挑选出一批学员参加校园的创业训练营,其主要内容是通过课堂学习和团队合作制定出一种商业发展模式,并将其推荐给一个投资者小组。这是一种历史上只有麻省理工学院的本科生和研究生才能获得的经验。超过 1/4 的训练营参与者正在努力推进课程以加速实现梦想的步伐。《创业 101:谁是你的客户》已经被翻译成西班牙语、汉语和土耳其语,后续课程《创业 102》也已经启动。

(二)学习支持

大量教育研究表明,有效使用同伴指导、集体解决问题以及课堂上师生之间的有效互动都能带来更好的学习效果。这些元素都以某种形式存在于人们所说的翻转课堂中,从某种意义上说,将一节课从传统的讲授变成了技术支持下的主动学习时,就开始了翻转课堂。设想将技术支持下的主动学习和 MITx 平台结合在一起又会碰撞出什么样的火花呢? 以"8.02TEAL+x"为例,将所有作业问题编码到 MITx 平台,通过 MITx Component 来提供即时反馈,使学生能够及时检查他们的中间答案和最终答案。如果正确,系统会用绿色的检查标记,反之则是红色标记。正因为反馈的迅速与及时,学生才能对错误的属性和根源保持最大限度的关注。此外,MITx 平台允许学生互相分享他们的注解,并提供新的观点和见解,同时,还可以链接到"Piazza"这样一个在线论坛。在这个论坛里,学生可以相互提问与作答,最大限度地实现生生互动。

此外,MITx 采用创新的方式阐释抽象化的概念来丰富学习行为并培养深层次的理解能力。"MIT+K12"视频是一个针对 STEM 领域的教育媒体项目,旨在激发学习者的好奇心和对学习的热爱。K12 创建基于媒体的创新的学习经验,为视频促进学习提供最佳实践,并授权麻省理工学院社区与世界分享他们对 STEM 的热爱。它以原创数字媒体和现场节目为主,通过在现实世界的研究和演示中创建内容,激发人们的好奇心,并通过严格和深入地展示 STEM 概念,来促进 STEM 文化和机构的发展。这一技术被广泛应用于 MITx 的课程中,一方面优化了相关课程质量,赋予了课程更多的独特性;另一方面扩大了 MITx 对年轻人的影响,能够有效地将他们的学习成果传达给零技术基础的学习者,激励那些有志成为科学家和工程师的年轻人不惧挑战、迎难而上。虽然 K12 已经停止了日常运营,不再提供外展计划,但所有的视频仍将免费提供。

(三)学习认证

1. 通用学分

麻省理工学院与康涅狄格公共网络学院的特许州立查特尔奥克学院(Charter Oak State College)合作,为学生提供一个独特的机会,即将在 MITx 以及其他 edX 课程中完成的学习内容转化成学分。这一伙伴关系将为所有的学生提供一种易于承担的、灵活的方式来获得大学学分,记录下他们所付出的努力及成就,并颁发学位。报名参加已认证课程并以 65% 或更高的成绩通过该课程学习的学生,仅需支付少量的费用(通常按 100 美元/学分计算)便有资格获得州立查特尔奥克学院的学分。

2. 系列认证

从 2013 年秋季开始,MITx 提供新的 X 系列课程,旨在探索怎样的课程可以通过慕课进行深度讲解以及更好地了解学习者对于认证类型的兴趣所在。麻省理工学院的电气工程和计算机科学的两名教授曾说:"X 系列课程允许我们的部门重新构想在我们的学科中为数字环境教学的构建块。"每一个 X 系列课程将覆盖相当于 2—4 个传统的校内课程内容,并需要 6 个月到 2 年的时间来完成。与之前的 MITx 产品相比,《计算机科学的基础》和《供应链和物流管理》的 X 系列课程序列是由更短、更有针对性的模块组成。麻省理工学院交通与物流中心的执行董事克里斯·卡普莱斯(Chris Caplice)表示:"我们希望更多地了解学生的价值。"他和交通与物流中心的教职员工一起,正在开发《供应链基础》X 系列课程,并希望学员和雇主最终能发现该系列课程证书在专业发展方面所具有的价值。从 2014 年春季开始,X 系列课程序列将使用 edX 的新 ID 验证过程,为证书提供身份验证的附加价值。这个新的 edX 功能通过网络拍照来确认学生身份,支付适当的费用即可提供可链接的在线证书。

3. 数字化学历

在麻省理工学院最初提出的微硕士计划中,顶尖的供应链管理研究生项目是第一个通过 MITx 创建的微硕士课程。截至 2017 年,已经有超过 5000 名学员成功完成了供应链管理五门必修课程中的至少一门。2016 年 12 月,MITx 在数据、经济和发展政策方面启动了第二个微硕士项目,其他项目也在考虑之中。此外,还有多所大学通过 edX 在线平台提供微硕士课程。即使学习者缺乏很多传统的应用要求,包括 GRE 成绩,甚至是本科学位等,但是在微硕士项目中,这些不会成为追求更高学历的阻碍。

八、重要伙伴

重要伙伴关系主要是指为确保组织或企业能够同时实现其商业及非商业目标而出现的供应商、支持者、共同的创造者和拥护者等群体。为了优化运营和降低商业模式的风险,组织通常会培养买方和供应商之间的关系,以便可以专注于它们的核心活动。MITx 在发展的过程中,其重要伙伴的类型主要是支持者和共同的创造者,包括哈佛大学、Modern States、昆士兰大学和科廷大学等。

(一)哈佛大学

哈佛大学致力于实现在教学、学习和研究方面的卓越成就,培养了许多在全球范围内具有影响力的领导者。哈佛大学的教师们从事教学和研究,以推动人类知识的边界。哈佛大学除拉德克利夫高级研究所外,还有 12 个授予学位的学院。哈佛大学成立于 1636 年,是美国最古老的高等教育机构。迄今为止,该校已经为全世界培养出了超过 37.2 万名校友,其中不乏优秀人才。2012 年,哈佛大学和麻省理工学院一起,各自投资 3000 万美元创建了 edX 平台,为世界各地的大学和机构提供高质量的课程。例如,《形象化日本(1850 — 1930):西化、抗议、现代性》(*Visualizing Japan* (*1850s—1930s*): *Westernization* , *Protest* , *Modernity*)是麻省理工学院与哈佛大学合作开发的课程,由两所大学的历史学家共同教授。课程带领学习者以一种新的方式来审视日本历史。

(二)Modern States

Modern States 教育联盟是一个致力于使任何人都可以接受高质量大学教育的非营利性机构。它所遵循的基本原则是"接受负担得起的教育是尊重对待每个人的哲学的基础"。

Modern States 的最初项目是免费的,是为了让学生在没有学费和课本费用的情况下获得一年的大学学分。Modern States 与在线学习平台 edX 合作,并为 edX 提供了资金,以完成 30 多个高质量的新生大学课程的开发。这些课程由一些世界顶尖大学和教授讲授,包括在线课程、测验、测试和其他功能。教科书和材料也免费在线提供。这些课程的目的是帮助学生们完成一系列的测试。这些测试是由大学理事会提供的，主要包括美国"先修课程项目"（Advanced Placement, AP）或"大学水平考试计划"（College Level Examination Plan, CLEP），涵盖了历史、计算机科学、数学、英语和经济等多个科目。美国大学理事会的数据显示，2000 多所传统学院和大学已经为通过先修课程和大学水平考试的学生提供学分。学生们可以参加一门课程或多门 Modern States 上的课程来通过先修课程或大学水平考试。这样，在他们进入传统大学后，便可以有整整一年的学分，同时 Modern States 也希望能为学生提供课程辅导和大学入学辅导的链接，使 Modern States 成为大学的跳板。

（三）昆士兰大学和科廷大学

MITx 是首批加入微硕士项目的平台。通过深入的学习和最终的 Capstone 考试，学习者可以继续攻读硕士学位。昆士兰大学和科廷大学成为这一项目的重要合作伙伴。昆士兰大学商务、经济与法律学院的行政院长、商学院的执行院长安德鲁·格里菲思（Andrew Griffiths）表示："通过麻省理工学院的微硕士项目，将供应链管理引入 UQ 业务硕士，给我们的学生提供了新的灵活性和更低的成本，我们很高兴能与麻省理工学院合作，为全球 MITx 供应链管理学员提供另一条通往大学硕士学位的道路。"科廷大学副校长德博拉·特里（Deborah Terry）教授表示："微型者的概念反映了一种选择，它将吸引越来越多的学生来提升他们的技能。"麻省理工学院在供应链管理方面的实践已经取得了令人难以置信的成功，科廷大学很高兴能与麻省理工学院合作为全球在线学习者提供一个途径。

九、成本结构

与社会企业商业模式的其他元素一样，成本结构需要考虑到商业运作和产生影响所需要的成本。对 MITx 而言，对内容创造、媒体制作、工具开发、兼职助教、专家引进等方面都是必须考虑的成本支出。按照类型总体归纳为人员配置成本、产品制作开发成本、教育研究成本及运营成本。

(一)人员配置成本

在 MITx 的研究开发过程中,优秀的专业团队是必不可少的元素之一。教学设计理所应当地成为这一过程中的核心,除了优秀的教师团队之外,还需吸引其他领域的专家来解决其他类型的问题,比如 MITx 的版权、平台的技术支持等。此外,MITx 的高层管理人员和营销团队将参与到 MITx 的制作、开发和推广的各个阶段。因此,要顺利地创建高品质的慕课课程,科学进行人员配置的成本核算是成功推进 MITx 商业模式发展的重要一步。

(二)产品制作开发成本

目前慕课的开发成本大有不同,加拉格尔(Gallagher)和加勒特(Garettzai)在网络公开课中指出,慕课开发的成本从几百美元到几万美元不等。在这里,我们考虑到最初制作慕课的成本,我们基于这样一种假设,即它需要大约 100 个小时的工作来生成内容,平均成本在 1.5 万美元到 5 万美元之间。[①] 同时还应注意到,由于知识产权问题,在慕课中不能使用专有的内容,例如从书中获得的图形,因此需要以合适的格式重新生成。在此分析中考虑的成本可能比实际成本低很多。

MITx 在实证研究的基础上,研究了视频教育决策对学生参与的影响。因此,MITx 对产品制作的要求更高,成本投入相应地也会更多。在慕课学习模式中,如果学生要在学习中取得成功,就需要调动他们的积极性。一个由几个小时的录制视频组成的课程很难达到这个目的,因为观看视频是一件被动的事情。使用视频来传递主题内容在慕课中很常见。在这些情况下,为了完成

---

① Elizabeth L.,Burd Shamus P.,Smith Sorel Reisman,*Exploring Business Models for MOOCs in Higher Education*,Innov High Educ,2015,pp. 37-49.

核心内容的传授,MITx 应该合理地制作和使用课程视频。因此,MITx 大量投资前期的课程计划和后期的视频制作,提供模块化的短小视频,同时还在视频教程中添加了支持重播与跳播的功能。除了以上的措施,在视频块之间进行插值测试似乎改善了保持学生与教学视频的接触这一功能。MITx 之所以能提供一流的、高质量的慕课课程,大量投入资金重视产品的制作与开发是不可忽视的原因之一。

(三)教育研究成本及运营成本

深入而有意义的学习主要通过三种学习互动形式来实现,即教育者与受教者之间的互动、受教者与受教者之间的互动以及受教者与教育影响之间的互动。在数字化学习领域,教育者与受教者之间的互动比率仅为千分之一。在这样的情况之下,即便有可能进行有意义的学习,其可能性也是微乎其微的。从这一层面上来看,如何支持学生、促进学习和评估学生,是在教学研究过程中应该被关注的问题,解决的办法就是进行深层次的教育研究、创新教学方式和活动、丰富教育资源以及更有效地利用同伴互动来促进有意义学习。

除了前期的产品研发和制作之外,之后的运营推广也是 MITx 成本的一部分。一些学者在报告中表示对于较大的慕课、博客和 Wiki 需要大约 300 个小时的时间来更新大约 10 周的内容和信息。同时,该报告还指出,慕课运营期间可以产生超过 600 页的评论。网络博客和其他媒体指出,美国的一些员工正在享受每轮慕课 1 万美元的津贴。因此,综合各因素考虑,单门慕课的运行成本区间在 25000—60000 美元。[①]

---

① Elizabeth L.,Burd Shamus P.,Smith Sorel Reisman,*Exploring Business Models for MOOCs in Higher Education*,Innov High Educ,2015,p. 45.

第三节　麻省理工学院慕课可持续
商业模式的策略阐释

一、以特色课程和前沿课程获取不同客户的信任

由表3-1中的数据可知,MITx开设的课程种类较为广泛,社会科学、人文科学和自然科学领域均有涉猎,从而满足学习者的各种需求。从微观层面上来看,MITx在课程的设置上依靠麻省理工学院的优势及特色,开设了一系列流行课程。从表3-1中也可以看出,MITx上的管理类学科、工程类学科及物理学课程数目相对较多,从一定程度上可以看出这些特色课程在世界范围内的影响力之大。此外,麻省理工学院在行业分析师加特纳(Gartner)提供的数据的影响下,对数据科学、分析和数字学习应用程序等领域的发展充满了信心,并将这些领域看作是"未来的引擎"。亚马逊、Netflix和谷歌为麻省理工学院提供了舞台。现在似乎每个组织都意识到平台收集的数据对于商业发展具有很大的潜力,因此越来越多的组织希望能将数据转化为商业价值。此外,数据的扩散导致了对数据科学家工作的需求程度不断上升。然而,随着对数据科学家的需求持续增长,专业技能的差距也越来越大。麦肯锡(McKinsey)的一项研究表明,在2018年,美国可能面临超过50%的供需缺口,以及对深度分析人才的需求也会严重失衡。麻省理工学院紧跟时代潮流,通过对数据进行科学分析和研究,瞄准前沿职业的方向,将线下的数据分析课程通过MITx推广出来,比如数据科学基础课程,将由麻省理工学院教授与数量分析有限公司董事共同授课。

表 3-1　MITx 课程设置类型与数量统计

课程类型	课程数目
建筑类	5
艺术文化类	5
生物与生命科学	16
商业与管理	42
化学	7
交流	5
计算机科学	34
数据分析	23
设计类	9
经济与金融	21
教育与教师培训	13
电子科学	11
能源与地球科学	3
工程类	77
环境研究	4
健康与安全	2
历史学	6
人类学	7
语言学	1
文学	1
数学	26
医学	4
音乐	1
哲学与伦理学	4
物理学	47
科学类	26
社会科学	22

二、以技术优势和创新理念传播独特的价值主张

作为慕课课程发起者之一,麻省理工学院也同样肩负着促进慕课发展的重要使命。无论从 MITx 自身的发展,还是从整个慕课发展的趋势来考虑,依托技术优势,传播创新理念才是 MITx 立于不败之地的根本所在。麻省理工学院于 2016 年成立了数字技术奖(Digital Technology Awards)来表彰数字技术的创新和研发人员。由数字学习办公室、本科教育学院院长和研究生教育学院的办公室共同赞助,该奖项旨在激励麻省理工学院的社区接受数字技术,并开发新的应用,改善课堂教学和学习。这一举措大大激发了研发团队进行创新和发展的积极性。正如教育学院数字化学习主管谢里尔·巴恩斯(Sheryl Barnes)所说:"在麻省理工学院进行了如此多的创新教学,这些奖项可以有效地颂扬教师的创新者,同样也激励了其他教师,促使更多的奇迹发生。"

第一,以技术带动发展,彰显优势力量。麻省理工学院审时度势,成立了数字学习办公室来为学校的教师、课程团队、工作人员和学生提供教学支持服务和培训,并对将技术融入教学和学习过程加以指导和实施。比如,在设计在线、校内或混合体验时,需要考虑如何为目标受众和环境制定一个最佳的设计方案。教学设计是一个系统的过程和方法,数字学习办公室可以帮助课程团队在关键的设计问题上作出决策,例如如何创建清晰的课程,如何利用模块化制定可衡量的学习目标,如何利用在线工具来确保丰富和有趣的数字化学习体验,以及如何理解在线学习者的行为和动机。以实例和其他资源为基础,总结了教学与学习的主要研究性实践。

第二,以理念促进发展,把握创新契机。MITx 团队基于研究总结了一些发现,比如定期检索有助于回忆和记住知识[1];学生的先验知识可能是正确的,也可能是不完整的或者错误的。如果先验知识存在误解,学生可能会抵制

---

[1]　Henry L. Roediger, Andrew C. Butler, "The Critical Role of Retrieval Practice in Long-term Retention", *Trends in Cognitive Sciences*, Vol. 15, No. 1, 2011, pp. 20–27.

或忽略与之相抵触的新信息等。这些发现有助于学生学习,无论是课堂还是在线学习,甚至包括对教学的影响。因此基于研究理论形成新的发展理念,便有了检索实践和前后测试。MITx 课程里采用的创新式教学框架,比如"首要教学原理""四要素教学设计""主动性学习"等就包含了以上提到的基于研究的学习成果。此外,MITx 创造性地成立了多样化的认证项目,以先进的理念为学习者开辟出多元化的成功之路。

第三,以团队保证发展,实现全面护航。为了支持学院的使命——让数字化学习成为麻省理工学院的首要任务,数字学习办公室创建了一个新的数字化创新学习者社区,名为"MITx 数字学习实验室"。从性质上来看,它是数字学习办公室和麻省理工学院学术部门之间的合作项目,目的是实现在校园内外使用数字化学习的合作和创新。数字学习实验室的成员成为各部门的数字化"学习大使",作为数字学习办公室和学术部门沟通或倡议的主要联络人,包括与教师直接合作来指导和支持部门进行数字学习策略,以及与其他同事合作来建立和发展数字化学习项目。他们还开展一系列探讨,帮助在麻省理工学院和全球范围内推进教学和学习的创新研究。

三、以自有平台和拓展平台占据丰富的渠道通路

为了实现真正意义上的大规模,并把 MITx 的价值主张传递给更多的学习者,仅仅依靠麻省理工学院自身开发的 edX 是远远不够的,积极开拓并辅以多样化的渠道通路是实现 MITx 价值的关键。在运用自身慕课平台 edX 的同时,积极利用并开发多种合作渠道,如校园 MITx、OCW、Open edX、学堂在线等,拓宽了 MITx 的慕课项目客户群。

第一,依托 edX 强强联手,引领慕课发展方向。作为知名的慕课商业平台之一,edX 一直努力坚持,力求走在数字化学习发展的最前沿。edX 自 2012 年创建以来,一直致力于为世界各地的用户提供顶尖大学和机构开发的高质量课程。迄今已经有超过 120 个全球合作伙伴,其中不乏世界领先的大学、非

营利性组织和机构。此外,MITx 除了将优质的课程共享给了全球的学习者,还通过 edX 这样一个强大的平台来进行实验,研究如何将 MITx 运用于校园课程,探索学生如何学习,以及教师如何才能最好地使用各种新颖的工具和技术来教学。

第二,全面提升开放资源质量,建立高质量慕课资源门户。麻省理工学院的开放教育资源网站以其全面、丰富、优质的教育资源共享,广泛地被国际教育工作者和学习者所访问,数据显示开放教育资源网站每月接收访问的次数超过了 200 万次。这些访问者来自世界各地,其中有超过半数来自北美以外地区。其中,高中预备课程——"Highlights for High School"是麻省理工学院开放课程的一个网站,为高中教育者和学生提供开放的教育资源,其中包含了专为高中和麻省理工学院收集的资源而设计的材料,这些课程可以被高中学生有效利用,让更多的学习者认识麻省理工学院,了解麻省理工学院,为 MITx 赢得更多的客户群体;同时,优质丰富的教学资源提升了学习者对麻省理工学院的认可度,也为 MITx 的客户来源拓宽了渠道通路。

第三,借助 Open edX 平台,创造性地拓宽 MITx 建设及运营思路。麻省理工学院深知慕课的成功绝不仅仅在于实现大规模的免费在线课程这一目标,只有在百舸争流的大环境中另辟蹊径,探寻一条有特色的、可持续的、有创造性的发展路子才是王道。通过 Open edX,可以让更多高等院校的教育工作者和技术人员建立独具特色的学习工具,并为平台提供新的功能,为各地的学生创造创新的解决方案。"海纳百川,有容乃大",MITx 的研发团队可以根据不同国家、不同院校的设计思路及特色进行深入研究,捕捉到更多的灵感,从而拓宽了 MITx 建设及运营思路。

四、以私密性保护和个性化服务构建良好的客户关系

慕课的意义在于自由、平等、开放,而真正成功的慕课,其评价标准绝不仅仅如此。如何实现慕课的长期可持续发展成为麻省理工学院慕课项目的核心

问题。以高质量的慕课课程来维护好现有客户群体,并通过对客户信息的规范保护及个性化服务来构建良好的客户关系类型是实现 MITx 可持续发展的重要举措之一。

第一,重视客户信息及隐私的规范保护,以提升 MITx 的社会影响程度。伴随着慕课的风靡,对所产生的大量数据如何充分利用并恰当保护这一议题,麻省理工学院主持了为期一天的大数据和隐私问题研讨会,由白宫共同发起,这是美国前总统奥巴马在美国情报收集会上发表讲话的 90 天回顾数据隐私政策的一部分。由此可见,麻省理工学院对于客户隐私及信息的保护给予了足够的重视,也为此提升了 MITx 在全球的社会影响力。哈佛大学教育研究生院的副教授和哈佛大学研究委员会的联合主席安德鲁·何说:"公开的在线课程学习所收集的数据对研究有很大的价值,通过共享这些被识别的数据来表明我们可以保护个人信息,同时仍能对在线学习的工作进行可复制的研究。"为此,MITx 一方面以促进学习的研究及慕课的创新发展为目的,对数据加以利用研究;另一方面,时刻注意对学习者信息的保护,并坚持以联邦教育权利和隐私法的相关规定为准绳加以约束。麻省理工学院电气工程和计算机科学和物理系的教授艾萨克·庄说:"这一步骤为我们打开了一扇通往更复杂的分析的大门。"麻省理工学院的数字学习办公室、哈佛大学和麻省理工学院的机构研究小组为这一工作的贯彻实施作出了贡献。

第二,提供个性化服务课程,以满足参与者多样化需求。首先,针对商业方面的需求,edX 专门开辟出商业板块——EdX for Business,基于这一平台,MITx 的学习者可以通过学习管理系统直接访问高质量的课程;同时,MITx 通过 edX 平台,面向各大企业推出与职业密切相关的课程类型,如信息技术类课程、数据分析类课程、商业管理类课程等。另外,很多公司开始通过 edX 上的相关慕课课程来进行招聘,并通过对应课程的学习来调整员工的工作岗位及提高他们的岗位适应能力;与此同时,三种不同的认证课程更是满足了学习者的不同需求,尤其针对职业规划的"专家认证项目",由行业领先的专家提供一系列与工作技能相关的课程,帮助学习者更快更好地适应相关领域的技能要求。其次,针对深度学习者来讲,很多人都希望有进一步深造的机会。微硕士项目是由顶尖大学提供的一系列研究生阶段课程,该课程在特定的专业领域为学习者提供深度学习,并与特定的学校合作,提供硕士学位学习的途径。最为典型的就是 MITx 的物流供应链管理专业,该专业中就包含了与昆士兰大学和科廷大学的合作。

五、以课程品质、社会声誉和营销策略保障收入来源

对于 MITx 来讲,通过提升课程品质、巩固社会声誉和运用多种营销策略,为这一免费的慕课课程提供了稳定的收入来源。

第一,重视课程品质的提升,拓宽慕课收入的来源途径。基于传统讲座式传授模式的基础上,麻省理工学院在教学措施与手段上进行了大胆的尝试与实践,比如设计出了 TEAL 仿真框架(The TEAL Simulation Framework,TEALsim)这类开源性教育软件工具,其开发和发布的部分资助来自美国国家科学基金会和戴维斯教育基金会。TEAL 仿真框架是一种环境,通过使用集成的核心服务,来实现对物理和数学概念的模拟创建、展示和控制,主要包括用户界面组件、可插拔的应用程序"外观"模板、HTML 浏览器、简单的音频支持、可视化工具、实时 3D 呈现以及一个定义良好的仿真模型。这一技术的实施,一方面在很大程度上提升了麻省理工学院慕课课程的品质,依靠独特的教学优势拓宽了客户面,另一方面也保障了收入来源。

第二,关注社会声誉的巩固,引领慕课的前沿发展。麻省理工学院自成立之日起,一直是一所以教育创新为动力和目标、以解决实践问题为手段、立足基础科学的高等学府,为世界的繁荣与发展作出了不竭的努力。今天,这种精神仍然引领着麻省理工学院的发展,在教育学生以及如何塑造新的数字学习技术方面,麻省理工学院一直竭尽所能,以期能够惠及全世界数以百万计的学习者们。除此以外,麻省理工学院的校友们也通过创办一系列的公司向世界

传递着新的理念。研究显示,截至 2014 年,麻省理工学院校友已经启动了 3 万多家活跃公司,创造了 460 万个就业岗位,年收入约 1.9 万亿美元。从某种程度上来看,麻省理工学院校友团体作出的贡献相当于世界第 11 大经济体。这在一定程度上巩固并促进了麻省理工学院社会声誉的发展,更加树立了社会与世界对该校的信心,同时吸引了更多的社会慈善团体及基金组织为该校的发展提供更多的物质与精神支持。

第三,采用多种营销策略,实现收入来源多样化。除了不断进行课程的探究和创新,MITx 还针对不同学习者的需求进行了调查和研究,并陆续推出了面向深度学习者的 X 系列课程项目、面向专业学习者的微硕士项目及面向职场需求的专业认证项目。一方面,最大限度地带动相关专业学科的发展,正如 MITx 通过 edX 平台建立了校内慕课一样,可能一些参与者通过 MITx 学习的课程并不能满足自身的需求,这就需要支付一定的费用进行课程的拓展和深化,以保证知识的系统性和全面性;另一方面,MITx 通过一系列的慕课训练营,吸引学习者加入 MITx 课程,通过与麻省理工学院全面深入的接触了解,许多的学习者渴望成为一名麻省理工学院学子。正如斯洛伐克的学生雅各布·胡迪克(Jakub Chudik),他非常喜欢挑战自己。他通过 edX 找到了 MITx,在完成了《创业 101:谁是你的客户》和《创业 102》课程的学习之后,胡迪克申请麻省理工学院全球创业训练营并被顺利录取。集训之后回到斯洛伐克,胡迪克回想了自己的经历,决定申请麻省理工学院,不久就被机械工程专业录取。从某种意义上来讲,MITx 在商业模式的发展过程中采取了多种营销手段,在扩大客户群体的同时,也加大了相关系列课程的需求量,这在一定程度上实现了 MITx 运作过程中相应收入的增加。

六、以学校资源及部门资源作为业务运作的核心资源

核心资源是实现 MITx 可持续发展的重要元素之一,如何将其功能发挥到极致是 MITx 发展过程中不断思考的问题。

第一,学校的国际影响力是 MITx 运作与发展的坚强后盾。首先,麻省理工学院在全球的影响力为学校的教育和科研发展争取到更多的资金支持。其次,一流大学以其前沿的教育教学理念、丰富的教师教育资源、先进的教育教学手段及完善的教育科研管理为 MITx 的建设及运营提供了权威的指导。最后,麻省理工学院的在线开放课程与 MITx 相辅相成,凭借在线课程丰富的资源储备、专业的课程讲解和系统的课程设置,为 MITx 吸引了大批高层次、高学历、高要求的学习者。由此可见,能否充分地运用好作为核心资源之一的学校资源,直接影响着 MITx 的发展前景。

第二,部门的专业性是 MITx 运作与发展的全面保障。数字学习办公室的使命是通过创新使用数字技术,在麻省理工学院和全球各地改变教学和学习的模式。数字化学习办公室包括教育技术人员、教学设计专家、视频制作专家、知识产权专家、数字学习专家和项目经理等,彼此之间通力合作,创造高质量的数字学习经验,促进信息共享。同时,麻省理工学院的数字学习办公室为 MITx 提供资金、技术和管理方面的支持,并为希望理解和利用新技术的教员们提供信息和资源。同时,麻省理工学院鼓励和支持进行数字化学习的教学、工具和成果的研究,并提供 MITx 成功交付 edX 课程的经验、工具、支持计划、设计及创建的一系列相关培训。

七、以课程、学习和认证为主要抓手来推进关键活动

关键活动在 MITx 的发展过程中承载了实现价值主张的主要任务,其中涵盖了产品的制造、利用和价值体现。因此,为了促使更加高效地推进关键活动,MITx 从课程建设、学习支持和分类认证等方面进行了加强与完善。

第一,创新开发课程,紧随时代步伐。MITx 在课程开发与建设方面,坚持不断地推陈出新,并利用多种资源进行补充和强化。麻省理工学院在开放课程中收集了大量高品质的课程视频及教学资料,其中专门开设了针对高中生的预备课程,结合了 MITx 中的入门课程,并且通过 Modern State 的同侪互助,

为预备课程的学习及新生生活方面的事项提供了有意义的指导,从而实现了从中学到大学的无缝衔接。此外,MITx特别注重课程的实用性和前沿性。通过对数据的有效收集和科学分析,结合自身的专业优势,为全球的学习者开设了"数据运用""职业管理类"等热门课程。同时在课程页面中,对相关职业的岗位及企业都进行了系统化的介绍,使所有的学习者对自己的专业选择,乃至日后的求职规划都有了清晰的认识。更值得一提的是,MITx部分课程的开设不再仅仅受缚于理论层面的传授与深化,同时对实践层面的提升也给予了最大限度的关注。

第二,结合多种技术手段,高效优化学习支持。慕课在经历了轰轰烈烈的发展之后,越来越多的局限性逐渐凸显出来,MITx也不例外。尤其是师生之间的沟通及互动成为发展过程中的最大软肋。麻省理工学院经过长期探索与研究,将TEAL主动性学习理念与MITx相结合,一方面提升了学习者的积极性及学习行为的有效性,弥补了数字化学习中师生脱离的鸿沟;另一方面,MITx的及时反馈功能大大改善了教师教学及学生学习的效率,提高了单位时间的利用率。另外,MITx结合了K12视频对STEM领域的抽象化概念进行了更好的阐释,同时也激励了年轻的学习者直面挑战,为慕课的发展注入更多的生命力。

第三,采用分类认证方式,满足多种学习需求。MITx的认证课程主要分为三类,包括X系列认证、微硕士项目和专业认证项目,以此来满足深度学习者、学历提升者以及职业规划者的不同的学习需求。其中X系列认证是探讨如何在各种类型的认证中,通过公开课的形式深度理解相关科目并更好地理解学生兴趣的方式,为MITx的课程开发团队重新设想教学中的基块结构。每一个X系列覆盖的课程相当于2—4个传统校园课程的内容,并需要6个月到2年的时间来完成。与之前的MITx产品相比,《计算机科学的基础》和《供应链基础》(*Supply Chain Fundamentals*)的X系列课程是由更短、更有针对性的模块组成的,这是任何校园课程都无法比拟的。麻省理工学院还以微硕士项目这种新的方式来构建麻省理工学院的专业硕士课程的一部分。在世界范围内所有访问 edX 的学习者都可以在网上学习相关课程,那些在每门课程中表现出色,并且在随后的全面考试中取得优异成绩的学习者,就可以获得一份微硕士项目证书,接下来的一个学期有机会在校园里完成硕士课程,这一举措将大大增加学习者进入高等学府进修的机会。此外,MITx 推出的专业认证课程为那些有就职需求的个人和有岗位培训需求的企业提供了专业而又系统的帮助。

八、以强强联手和优势互补为主要途径来确定重要伙伴

所谓"众人拾柴火焰高",MITx 在发展的道路上,总离不开携手并进的合作伙伴。无论是在资金及资源上合作共享,还是在理念上和技术手段上的相互借鉴,都为 MITx 的长足发展提供了强大的精神动力和智力支持。

第一,全方位的强强联手助力 MITx 的发展。麻省理工学院与哈佛大学强强联手,建立了自己的慕课平台——edX。除此之外,麻省理工学院与哈佛大学在课程的开发与建设中也有合作。通过创立高质量的课程和分享一流教育资源以及科学高效的慕课管理,由 edX 平台推出的一系列课程深受学习者的青睐。同时,基于麻省理工学院和哈佛大学在国际上的影响力,全球超过 120 所顶尖大学及教育机构被吸引过来,成为 edX 的合作伙伴,从 MITx 的发展角度来看,大量优秀教育理念及教学设计、方法和手段的共享,为其积聚了更多的发展动力,并注入新的生命力。

第二,盟友平台的加入缓解了 MITx 发展的尴尬。一直以来,慕课课程的高退学率现象始终无法真正得到解决。而课程学习的认证无法转化为学分是造成这一局面的主要原因之一,MITx 也不例外。Modern State 向 edX 提供资金来完成 30 多门高质量的新生大学课程的开发,为学生提供辅导。正因为如此,MITx 在发展过程中,许多尴尬的局面才得以真正的缓和。根据大学理事会的数据,学生们在参加了一门或多门课程后通过了先修课程或大学水平考

试,那么在他们进入传统大学后便可以有整整一年的学分,Modern State 通过先修课程和大学水平考试,已经为 2000 多所传统学院和大学的学生提供学分。在学分的转化方面,Modern State 成为大学的跳板;同时,这一平台也可能为那些离开传统美国大学体系的学生提供一个关键的"回路"。

第三,高等学府的合作拓宽了 MITx 的发展空间。麻省理工学院为了寻求更多的发展途径,通过 edX 推出了微硕士项目,尤其在物流供应链专业中的应用,MITx 通过与其他高等学府的合作,创造了一种新的硕士培养模式。这一项目的推行为寻求机遇的学习者提供了一个难得的机会。其中,昆士兰大学和科廷大学在这一项目中的贡献尤为突出,提供了学习者更多的选择机会。住在摩洛哥的穆罕默德·马布查说道:"发现 MITx 微硕士项目是一种改变生活的经历。""如果不是 edX,我从来没有想过要上 MITx 的《供应链和物流管理》课程! 这个证书将帮助我扩展在物流和供应链方面的知识,并获得一个可靠的证书来推进我的事业。同时也帮助我实现了申请麻省理工学院硕士学位的梦想。我相信 MITx 微硕士项目已经给世界各地的人,尤其是发展中国家的人以希望,实现在美国顶级学府继续深造的梦想。"高等学府在微硕士项目中的加盟促使着新的培养模式的建构,使得 MITx 在学习者中的认可度和流行程度大幅度提升。

九、以合理调配和科学运营为主要手段来优化成本结构

MITx 在坚持可持续发展的过程中,除了平台初创时,麻省理工学院和哈佛大学各投资 3000 万美元用于平台的建设与运营之外,课程的制作(一门约需 10 万美元至 20 万美元)、教授的授课费、助教的岗位费等正常支出,也需要一大笔经费来支付。怎样来维持这样一个非营利性的慕课平台,并实现其可持续的发展是麻省理工学院亟待探究和解决的问题。

第一,合理调配,优化成本结构。MITx 的人力资源配置(见表 3-2),以内部晋升和外部招聘的方式相结合。外部招聘有利于丰富整个团队的"学缘

结构",使得对团队视野的开阔和灵感的激发不至于止步不前;而内部的晋升则有利于提升员工的工作积极性,同时很多专家及技术人员都参与了在线开放课程的设计与研发,因此积累了非常宝贵的经验,人才的内部流通促使各成员能很快地适应整个团队的工作节奏,减少了团队之间以及各成员之间的磨合时需,两种模式的结合大大提高了团队的工作效率,同时优化了成本结构。

表 3-2 MITx 人员配置模式

职位	聘用形式	备注
知识产权协调员	外部聘用	新职位
教育技术专家	外部聘用	新职位
MITx 拓展经理	外部聘用	新职位
数字化学习副院长	内部晋升	新职位
技术产品经理	内部晋升	新职位
高级教育技术专家	内部晋升	新职位

第二,科学运营,拓展收入来源。麻省理工学院与哈佛大学联手创立edX,并通过此平台吸引众多的顶尖学府加入进来,成为三大知名慕课巨头之一。其丰富的专业课程及教学手段受到了世界各地学习者的青睐。数字学习办公室发布的《麻省理工学院 2014—2015 年校长报告》指出,MITx 在edX 平台上通过 ID 认证和私人定制课程获得了 130 万美元的总收入,除去edX 的开销费用之后,实现了 96.2 万美元的净收入。同时,从慕课平台的运营管理,到课程的开发制作,再到后期的数据收集与分析和策略的制定与规划,麻省理工学院有着一整套成熟的理念和经验,在此基础上萌生出的创新与发展显得更加顺理成章,同时也为拓展 MITx 的收入来源奠定了扎实的基础。

第四节　麻省理工学院慕课可持续商业模式的反思与启示

一、麻省理工学院慕课可持续商业模式的反思

（一）课程设置的实效性有待提高

MITx 的课程都设有"课程回顾"（Course Review）板块，用于学习者对课程设置与教师讲授的内容进行反馈及建议，从理论上来讲，一方面可以使其他的学习者对课程有更多直观的了解；另一方面有利于麻省理工学院的慕课团队积累丰富的第一手资料，以便给慕课的运行及管理提供更多的信息。但事实并非如此。在一项调查中有数据显示，部分学习者认为这一举措毫无意义，这也解释了为什么课程回顾的参与度不高。因此，想要从课程回顾的反馈中得到有价值的信息似乎不太可能。如果做不到正确合理利用，课程回顾也是形同虚设。此外，MITx 的互动反馈还十分有限。即便采用了 TEAL 的形式，就 MITx 本身的功能来讲，还是无法成功弥补这一不足，MITx 短时间内无法取代基于互动的传统课堂模式。

（二）在线教育的公平性有待强化

2012—2015 年，超过 2500 万人参加了慕课课程，其中 39% 的学习者来自发展中国家。虽然这种教育机会的民主化是值得庆祝的，但麻省理工学院和斯坦福大学的一组研究人员最近发现，慕课所能提供的福利并没有在全球范围内得到公平的传播。在 MITx 的部分课程中，由于政治原因导致慕课课程在某些国家成为盲区，人们甚至将这种差异归咎于宽带接入的缺乏或英语水平的限制等。麻省理工学院教学系统实验室的执行主任、麻省理工学院数字化学习办公室的研究科学家贾斯汀·赖克（Justin Reich）解释道："我们教育

体系中的核心问题是不平等。很多情况下有很多很棒的学习机会,但它们并没有被公平地分配。"

(三)学习者的注册管理有待加强

和许多慕课一样,MITx 也同样面临着学习者"半途而废"的现象,究其原因在于学习者的自身素养和学历层次都在不断地提升,从而并不再过多地执着于任何特别的认证需求;此外,课程的内容设置和技术应用也没有太多的亮点,或者与学习者的期望值存在相当大的差距,也是造成高退学率的又一原因。针对这一现象,MITx 还需要不断地探求如何科学合理地对学习者的注册进行管理,以及如何从课程设置和技术手段的应用等方面进行强化,来保证MITx 稳定的客户群体及收入来源。

二、麻省理工学院慕课可持续商业模式的启示

MITx 的使命是支持自由、公开、扩张性的发展,在全球范围内为有学术能力的学习者提供有质量的课程,在交付麻省理工学院的校园项目时支持使用数字学习工具和技术以及通过从 MITx 学习者收集的数据来进一步了解新兴数字和可扩展学习中的最佳实践环境。通过对 MITx 可持续商业模式的研究,对中国慕课的发展有重要的借鉴作用。

首先,立足国情,将慕课的发展与民族特征相结合。慕课的发展必须要跟本国的国情相结合。众所周知,在中国的客观环境下,推广慕课首先要保证起码的宽带接入率,而发展中的经济实力对于慕课的硬件需求还有待进一步提高。其次,主观思想的影响也是我国慕课发展中不可忽视的问题。国人受传统思想的影响颇深,导致大比例接受开放式教育的进程远滞后于欧美国家。正是这几种因素使得国人对于课程设计开发、慕课平台的创建管理及运营和后期的数据收集分析等重视程度大打折扣。七因为相关意识不强而导致了在人力、物力及财力等方面有很大的差距。

其次,在多元视角下促进慕课运营模式的多样化。纵观国内几大慕课,其针对的客户群体大多是学校及教育机构。即便有为数不多的慕课平台推出了以职业为导向的慕课课程,乃至引进了一部分企业伙伴,如"慕课网",但真正将慕课与企业合作的运营模式贯彻彻底,并从课程研发到专业认证形成完整体系的寥寥无几。因此,慕课运营模式的多样化是中国慕课需要共同关注的问题之一。另外,部分慕课平台发布的课程多偏冷门,如"MOOC 中国",即便是前沿课程的发布及大规模的资源共享,其涉及面也仅局限于国内,资源的覆盖程度有待提升,如"爱课程网"等。从实践层面来看,MITx 的商业模式虽然也并非尽善尽美,但作为慕课的发起者之一,其所积攒的经验及策略有很多值得我们学习和借鉴的地方,有利于进一步促进全球范围内的数字化教学,为中国慕课的发展与创新提供切实有效的指导性策略。

第四章　哥伦比亚大学慕课可持续商业模式研究

久负盛名的"常春藤盟校"哥伦比亚大学（Columbia University in the City of New York）是美国精英大学中进行慕课建设的先行者，哥伦比亚大学的慕课发展迅速，为其优质教育资源在全球范围的传播和学校声誉的提升发挥了重要作用，同时在慕课的商业运行模式上具有鲜明特色且取得了显著成效，其慕课的可持续商业模式具有较强的借鉴意义。

第一节　哥伦比亚大学慕课的发展概况

一、关于哥伦比亚大学

哥伦比亚大学（其前身为纽约学院）成立于 1754 年，英国国王乔治二世（George Ⅱ）于 1754 年通过皇家特许、钦定学校名称为"王家学院"。① 1896年，该校正式更名为哥伦比亚大学，是纽约州最古老的大学，也是美国第五大高等教育机构和美国大学协会 14 个创始成员之一。② 2020 年，该校在 U.S.

① 葛巧云：《哥伦比亚大学》，《中国高校师资研究》2001 年第 4 期。
② Dikran Kassabian, *Massive Open Online Course*（*MOOCs*）*at Elite, Early-Adopter Universities: Goals, Progress, and Value Proposition*, Pennsylvania, 2014, p. 82.

News 世界大学综合排名为第 7 名,现有 3 个本科生学院和 13 个研究生学院,共有学生 27450 余人。学校的文理学院、新闻学院、教育学院、国际公共事务学院、医学院、法学院、商学院和艺术学院都在世界名列前茅,其新闻学院颁发的普利策奖是美国文学和新闻界的最高荣誉。截至 2017 年 12 月,哥伦比亚大学校友和教职员工中一共有 82 人获得过诺贝尔奖,著名校友中包括了 3 位美国总统、5 位美国开国元勋、9 位美国最高法院大法官、20 多位在世的亿万富翁、29 位奥斯卡奖获得者、29 位州长、45 位奥林匹克冠军等。

二、哥伦比亚大学慕课的发展历史

哥伦比亚大学在其使命宣言中承诺:"在最高水平上推进知识和学习,并向世界传达其努力的成果。"①这一承诺与他们重视开放的传统保持一致,这种开放、共享的文化有助于为哥伦比亚大学建设和使用慕课奠定基础。20 世纪 80—90 年代,哥伦比亚大学专门设置了新媒体教学和学习中心、哥伦比亚视频网络这两个办公室,以期通过新媒体、新技术服务于大学教育改革、在线视频资源制作和在线课程学分等。② 2000 年,哥伦比亚大学投资成立了独立运营的企业——费思姆(Fathom),费思姆依靠哥伦比亚大学著名教授讲授"在线课程"收费。③ 2012 年,哥伦比亚大学教师委员会在线学习小组奥哈洛兰(O'Halloran)教授向教师委员会提交了"建议进入慕课以维护大学品牌并学习如何在自由的市场上竞争"的报告。随后,哥伦比亚大学建立了新的在线学习顾问委员会(Faculty Advisory Committee on Online Learning),以推进有效利用现代教学技术来提高学习。2013 年 7 月,哥伦比亚大学任命斯里·斯

---

① Dikran Kassabian, *Massive Open Online Course(MOOCs)at Elite, Early-Adopter Universities: Goals, Progress, and Value Proposition*, Pennsylvania, 2014, p. 83.

② Dikran Kassabian, *Massive Open Online Course(MOOCs)at Elite, Early-Adopter Universities: Goals, Progress, and Value Proposition*, Pennsylvania, 2014, p. 85.

③ Dikran Kassabian, *Massive Open Online Course(MOOCs)at Elite, Early-Adopter Universities: Goals, Progress, and Value Proposition*, Pennsylvania, 2014, p. 89.

里尼瓦森(Sree Sreenivasen)为首任首席数字官(CDO),CDO 成为哥伦比亚大学推进并服务慕课与其他在线学习融合的"交流枢纽"。2013 年 11 月,哥伦比亚大学与 Coursera 正式合作,首批上线的慕课课程由 8 位教师提供,共 10门①,旨在"为世界贡献知识,通过技术改善校园教学并展示哥伦比亚大学的优质课程和优秀教师"。在首批 10 门课程取得成功后,哥伦比亚大学进一步推进艺术与科学学院、医学院、巴纳德学院(Barnard College)和师范学院(Teachers College)的知名教师向世界提供慕课的工作。2014 年 3 月,哥伦比亚大学与 edX 合作,开始提供"从人文到科学领域的课程",其首门课程是哥伦比亚大学普利策奖得主埃里克·方纳(Eric Foner)教授的《内战与重建》(*The Civil War and Reconstruction*)。哥伦比亚大学在 edX 上的慕课被称为 ColumbiaX,主要包括由顶尖教师提供的微硕士课程、X 系列课程、专业证书项目以及个别课程等。此外,哥伦比亚大学也积极探索基于 Canvas 网络的自学课程。哥伦比亚大学也为教师和研究人员提供了许多途径用以传播和分享课程资源,包括在线课程管理系统(Course Works)、维基空间(Wikispaces)等。当前,哥伦比亚大学教务处将为每个慕课提供高达 25000 美元的资金支持,同时新媒体教学和学习中心将在教学设计、媒体制作和软件开发方面提供咨询和服务。哥伦比亚大学慕课建设、管理体系如图 4-1 所示。

三、哥伦比亚大学慕课的发展现状

(一)哥伦比亚大学慕课的现状特征

截至 2020 年 7 月,据慕课主要平台 edX 和 Coursera 的统计,哥伦比亚大学目前在 Coursera 平台上共有 21 门课程,在 edX 平台上共有 42 门课程,涵盖了历史学、经济学、医学和工学等学科领域,其中大部分课程是免费的,但是如

---

① Dikran Kassabian, *Massive Open Online Course(MOOCs)at Elite, Early-Adopter Universities:Goals, Progress, and Value Proposition*, Pennsylvania, 2014, pp. 86-87.

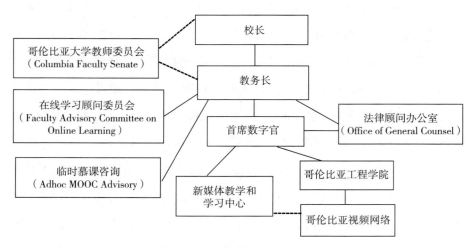

图 4-1　哥伦比亚大学慕课建设、管理体系示意图

果希望获得经过验证的证书则需要额外支付费用。另外,哥伦比亚大学的一些继续教育课程正在使用(或试用)Canvas 平台,该平台的 Canvas Network 提供了简易与灵活的功能,教师们可以基于该平台选择慕课或者其他更小的在线课程模式。从哥伦比亚大学慕课的制作和内容来看,主要表现出以下三个方面的特征:首先,哥伦比亚大学的在线举措相互协调;其次,学校的每个利益相关者可以相互沟通;最后,所有在线计划都与地处纽约的教育使命和校园社区相一致。

(二)哥伦比亚大学慕课的收支情况

2012 年是慕课发展的"过热期",但当前慕课已处于"成熟期"和"幻灭期"。针对这种情况,很多大学开始重新审视慕课的发展战略,而对于慕课平台来说,只有拥有可持续的收入才能够保障平台的运营,进而才能不断地为学习者提供免费、优质的教育资源。① 但是在衡量慕课商业模式的可持续性时,标准不一、内容广泛,暂时还不能找到一个统一、有效的测量办法。从现实情

---

① 许涛:《MOOCs 的商业模式及其盈亏平衡研究》,《现代教育论丛》2015 年第 2 期。

况来看,在经济层面能否实现可持续发展是大学慕课建设最基本的要求。哥伦比亚大学慕课制作与交付的成本主要包括参与慕课制作的教师、管理人员和教辅人员的工资,慕课视频、录像的制作费,交付平台的合约金,针对计算机代码自动分级、虚拟实验室、模拟或游戏化等特殊功能的制作费等。根据哥伦比亚大学师范学院菲奥娜·奥朗(Fiona M. Hollands)和布朗大学德瓦亚尼·提尔塔利(Devayani Tirthali)对慕课生产和交付进行的成本分析,每个慕课的总成本(含开发、设备和管理)为 38980—325330 美元。哥伦比亚大学专业研究学院教育技术的副主任迈克尔·J.塞纳莫(Michael J. Cennamo)指出,哥伦比亚大学 2013 年在 Coursera 上线的 8 门慕课课程的总成本约为 311840—2602640 美元,而全球共有 410909 人访问,12281 人完成所有学习并获得成绩证明。由菲奥娜·奥朗教授的研究得知,每名学员的平均费用为 74 美元,① 其慕课项目累计收入达 908794 美元。因此,哥伦比亚大学慕课开发总成本与总支出基本上保持平衡。

(三)哥伦比亚大学慕课的参与情况

迈克尔·J.塞纳莫指出,自 2013 年 2 月第一门慕课《自然语言处理》(*Natural Language Processing*)在 Coursera 上线以来,哥伦比亚大学的慕课课程吸引了数以万计的参与者。仅仅一年时间,全球共有 410909 人注册了哥伦比亚大学的慕课课程,这些课程中的演讲视频被观看超过 500 万次、被采用超过 60 万次,创建了超过 26000 个讨论帖子。为了更加全面地反映客户参与哥伦比亚大学慕课学习的情况,哥伦比亚大学新媒体教学和学习中心尝试从慕课的注册人数(Browsers)、取样人数(Samplers)、活跃人数(Auditors)和完成人数(SoA Earners)来进行统计分析(见表 4-1)。截至 2014 年 1 月,哥伦比亚大学 2013 年

---

① Fiona M. Hollands, Devayani Tirthali, "Resource Requirements and Costs of Developing and Delivering MOOCs", *The International Review of Research in Open and Distributed Learning*, Vol. 15, No. 5, 2014, p. 125.

在 Coursera 上线的 8 门慕课,全球有 410909 人访问,95791 人进入课程学习第二周,44012 人坚持学习至最后一周,12281 人完成所有学习并获得成绩证明。因此,无论是从注册人数与完成人数,还是从活跃人数与完成人数的对比来看,哥伦比亚大学的慕课项目在全球的受欢迎程度始终保持在较高水平。

表 4-1　2013 年学生参与哥伦比亚大学慕课学习情况统计表

课程名称	注册人数 (Browsers)	取样人数 (Samplers)	活跃人数 (Auditors)	完成人数 (SoA Earners) (w/distinction)
自然语言处理(Natural Language Processing)	64117	15042 23%的注册人数	6442 10%的注册人数	1160(908) 2%的注册人数
金融工程与风险管理(Financial Engineering and Risk Management)	108708	19608 18%的注册人数	9856 9%的注册人数	2809 3%的注册人数
MOS 晶体管(MOS Transistors)	25896	5563 21%的注册人数	2724 11%的注册人数	94 0.4%的注册人数
病毒学Ⅰ:病毒如何发挥作用(Virology I: How Viruses Work)	38124	13724 36%的注册人数	5360 14%的注册人数	1615(1042) 4%的注册人数
货币与银行经济学I(Economics of Money and Banking Part I)	50697	18016 36%的注册人数	1621 3%的注册人数	2450 5%的注册人数
货币与银行经济学Ⅱ(Economics of Money and Banking Part II)	15313	4882 32%的注册人数	3336 22%的注册人数	1952 13%的注册人数
大数据教育(Big Data in Education)	46607	6111 13%的注册人数	3591 8%的注册人数	638(570) 1%的注册人数
金融工程与风险管理I(Financial Engineering and Risk Management Part I)	61447	12845 21%的注册人数	5665 9%的注册人数	1563 3%的注册人数
总计	410909	95791 23%的注册人数	44012 11%的注册人数	12281(2520) 28%的活跃人数 13%的取样人数 3%的注册人数

第二节　哥伦比亚大学慕课可持续商业
模式的元素分析

根据商业模式画布的元素组成,本节将从客户细分、价值主张、渠道通路、客户关系、收入来源、核心资源、关键活动、重要伙伴、成本结构九个方面对哥伦比亚大学慕课的可持续商业模式进行分析。

一、客户细分

(一)基于 Coursera 平台面向大众市场的专业化课程

为了满足潜在客户在职场竞争方面的学习需要,哥伦比亚大学自 2013 年开始与 Coursera 合作开发面向大众市场的专业化课程(包括录制的视频讲座、学习社群的主题讨论和同行评议作业等),致力于让任何人在任何地方都可以从世界顶尖大学学习。当课程参与者完成一门课程时,他们会收到一份可共享的电子课程证书。如哥伦比亚大学面向寻求职业发展的建筑行业专业人士(工程师与建筑师)在 Coursera 平台上开发了《建设项目管理与规划》(*Construction Project Management and Planning*)课程,该门课程重点指向现实情境中建设施工全过程(计划、协调与建设)的知识与技能。具体来看,本门课程包括《建设项目管理》(*Construction Project Management*)、《施工计划》(*Construction Scheduling*)、《工程造价估算与成本控制》(*Construction Cost Estimating and Cost Control*)和《建筑金融》(*Construction Finance*)四个课程单元,旨在推进建筑行业工程师与建筑师的职业能力发展。

(二)基于 edX 平台面向分类市场的人文与科学课程

除了与 Coursera 平台合作外,2014 年 3 月,哥伦比亚大学与 edX 合作开始提供"从人文到科学领域的课程"。截至 2020 年 7 月,哥伦比亚大学在 edX 平台上共有 42 门课程或项目(ColumbiaX),其中哥伦比亚大学师范学院提供的教育、健康、领导力和心理学方面的课程一直名列全美前茅。具体来看,这些课程可以概括为微硕士课程、X 系列课程、专业证书项目以及个别课程(Individual Courses)四种类别,其中微硕士课程和 X 系列课程根据客户的潜在需要既可以是独立课程,也可以是组合课程,微硕士课程的鲜明特征是课程内容通过行业顶级公司验证,潜在客户可以根据需要自由选择,也可以自由选择每门课程的学习时间与地点,同时完成课程学习既可以获得由行业顶级公司验证的证书,也可以申请学分,进而追求哥伦比亚大学的硕士学位;X 系列课程中涵盖了《数据科学与语境中分析》(*Data Science and Analytics in Context*)、《内战与重建》等水平高、挑战性强的课程;专业证书课程是由哥伦比亚大学与行业领导者共同设计开发的,旨在培养或提高其在公司财务、数据科学应用、医疗保健领域所需的关键技能的系列课程;个别课程是针对部分特殊群体开设的教育或培训课程,如为帮助退伍军人顺利由军队过渡到大学,并帮助他们最大限度地获得成功而开设的《学生退伍军人大学研究》(*University Studies for Student Veterans*)课程。

(三)基于 Canvas Network 面向大众市场的自学课程

哥伦比亚大学的 Canvas Network 课程是由一些顶尖教师提供的自学课程。具体来看,这些自学课程主要是基于 Canvas 这一学习管理系统,为全球超过 1800 万高等教育者、K-12 学习者和职场用户提供的学习课程。该课程具有免费性、开放性与简易性的鲜明特征:一方面,创建者在建设课程时旨在促进教育的开放性、创新性和实验性,任何具有课程地址的人都可以在课程发布后查看课程内容,免费性、开放性是其典型特征;另一方面,该课程基于 Canvas 这一学习管理系统,而 Canvas 是具有强大功能的课程导入工具,因此,简易性与便利性也是其显著的特色。如哥伦比亚大学开发的基于 Canvas

Network 的《协作知识》(*Collaborative Knowledge*)、《企业风险管理的五大风险》(*Five Killer Risks of Enterprise Risk Management*)与《全球人力资本的趋势》(*Global Human Capital Trends*)等课程。参与课程学习和制作教授课程的要求都相对开放,任何对相关领域感兴趣的人都可以参与学习,符合"两年制、四年制院校,K-12 学校与地区,学术伙伴联盟"等其中一个条件就可以按要求制作课程,而且整个学习过程完全由学习者自定(保证每周不低于 2 小时),同时在学习过程中基于 Canvas 系统实施课堂互动、课程评价和用户体验调查等。

二、价值主张

从运营情况来看,目前哥伦比亚大学慕课已经形成了鲜明而富有特色的价值主张,具体包括以下三个方面。

(一)追求哥伦比亚大学教育世界和传播知识的使命

250 多年来,哥伦比亚大学一直是全球高等教育的领导者,其学术研究的核心是"致力于吸引全世界最优秀的人才,追求更多的人类理解,开拓新的发现并服务社会"。基于此学术研究的核心,哥伦比亚大学慕课建设过程中首要的价值目标是"让哥伦比亚大学的教师能够在更多的地方将教育经验传授给更多的人"。正如哥伦比亚大学新媒体教学和学习中心主任马蒂兹(Matiz)教授所说的,"哥伦比亚大学像其他大学一样致力于广泛传播知识"。他表示,世界各地的人都对哥伦比亚大学的教师和教育经验感兴趣,慕课提供了一种"分享我们的课堂体验"的方式。哥伦比亚大学微生物与免疫学系文森特·拉卡涅洛(Vincent Racaniello)教授说:"大学不应该局限在教室里,而是可以通过这种方式(即慕课)来教导全世界。"[1]哥伦比亚大学其他热衷慕课

---

[1]　Dikran Kassabian, *Massive Open Online Course*(*MOOCs*)*at Elite*,*Early-Adopter Universities*:*Goals*,*Progress*,*and Value Proposition*,Pennsylvania,2014,p. 100.

建设的教授也赞同这一观点。

(二)通过新的学习平台以改善校园学习体验

长期以来,哥伦比亚大学一直拥有开放的办学传统,而在线技术的发展给传统的大学教育带来了重要影响,一方面在线技术为教师们创造了跨越时空的数字化教学环境;另一方面也给传统大学教育带来了潜在的威胁。哥伦比亚大学在慕课建设的过程中,注重搜集在新的学习平台上教师与学生的学习经验,进而改进传统校园课堂和现行网上的教育教学。正如文森特·拉卡涅洛教授所说:"开发一个好的慕课可能会使你成为一个更好的老师,因为你必须努力完善你的讲座以便它们能被更广泛地理解。"在他的授课过程中,来自学生讨论的帖子促使他为讲授视频添加更多注释,因为学生会为不确定图表或图表的某一部分激烈讨论。同时,这些改进的教育经验已被纳入现在哥伦比亚大学的校园课堂。哥伦比亚大学计算机学院的迈克·柯林斯(Michael Collins)教授说:"慕课鼓励你在教学过程中重新评估你的教学方式,这对于传统校园课堂有非常积极的影响。"哥伦比亚大学新媒体教学和学习中心马蒂兹教授从质量监控的角度也谈到了"哥伦比亚大学的慕课被全世界许多学习者看到和听到时所带来的意想不到的好处——他们的评论和建设性的反馈,从这些参与者那里得到的反馈就像拥有数千人的质量保证小组。"[1]

(三)推广与延续哥伦比亚大学的品牌声誉

哥伦比亚大学是全球高等教育的著名品牌,作为慕课的早期采用者,推广与延续哥伦比亚大学的品牌声誉,维持其在高等教育领域的卓越地位是其又一价值追求。正如文森特·拉卡涅洛教授和迈克·柯林斯教授都相信慕课对于大学的声誉是有利的。哥伦比亚大学工程与应用科学学院的加鲁德·延加

---

① Dikran Kassabian, *Massive Open Online Course(MOOCs)at Elite, Early-Adopter Universities: Goals, Progress, and Value Proposition*, Pennsylvania, 2014, p. 101.

（Garud Iyengar）教授和师范学院的瑞安·贝克（Ryan Baker）教授认为，"美国甚至全球高等教育正在发生深刻的变革，通过建设慕课，可以为哥伦比亚大学招收全球最优秀的学生产生积极影响"[1]。瑞安·贝克教授也进一步描述了如何通过慕课，让更多的人了解哥伦比亚大学的学位课程并帮助建立这些课程的声誉。

三、渠道通路

多元化的渠道通路的开辟有助于获得稳定的客户群体，因此哥伦比亚大学与 Coursera、edX、Kadenze 等合作发布和运营慕课。多元化的渠道通路不仅稳定了部分数字学习客户群体，而且吸引了大量传统学习客户群体。

（一）哥伦比亚大学与 Coursera 的合作

2012 年 11 月，哥伦比亚大学和 Coursera 签署了向全球提供慕课的协议，2013 年在 Coursera 平台上完成并发布了首期 8 门课程，包括《自然语言处理》《金融工程与风险管理》《MOS 晶体管》《病毒学 I：病毒如何发挥作用》《货币与银行经济学 I》《货币与银行经济学 II》《大数据教育》和《金融工程与风险管理 I》，其中第一批的三门课程由工程学院推出，之后微生物学院、巴纳德学院和师范学院共开设了五门课程。目前，哥伦比亚大学在 Coursera 平台上发布了 21 门课程。此外，YouTube 和 Blackboard 数位教学平台在 Coursera 平台的慕课中也应用广泛，有的甚至会基于这些站点而建立课程学习小组。Coursera 通过提供有关课程的整体描述、课程学习的技术辅导、使用该平台的帮助文件等，来支持学生的学习。正是与 Coursera 平台的合作，使得该校得以发扬开放的传统，并在世界开放教育资源运动中占据领先位置。

---

① Dikran Kassabian, *Massive Open Online Course（MOOCs）at Elite, Early-Adopter Universities: Goals, Progress, and Value Proposition*, Pennsylvania, 2014, p. 102.

（二）哥伦比亚大学与 edX 的合作

2014 年 3 月，哥伦比亚大学宣布与由哈佛大学和麻省理工学院共同创立的非营利性在线学习平台 edX 合作。① 教务长约翰·科茨沃斯（John H. Coatsworth）指出："我们将提供从人文到科学领域的课程。正如前文提到的《内战与重建》是第一门与 edX 合作的，他之所以选择与 edX 合作，是因为他希望自己的课程能够永远向公众免费开放。根据新媒体教学和学习中心从 edX 平台对《内战与重建》收集用户数据来评估用户体验，其中"认为自己对内战有着'强烈'理解的参与者在课程结束时达到了 70%，认为自己对内战有着'弱'理解的参与者由 31% 下降到 1%"。由此可见，方纳教授的《内战与重建》给学员们带来了良好的用户体验。

（三）哥伦比亚大学与 Kadenze 的合作

Kadenze 成立于 2015 年，是一家营利性公司，得到了包括普林斯顿大学在内的 18 家机构的支持，汇集了来自全球顶尖大学的教育工作者、艺术家和工程师，在艺术和创意技术领域提供世界一流的教育。该平台的目标是以每个人都能负担得起的价格教授创造性的艺术和科学。目前，哥伦比亚大学在 Kadenze 平台上的课程有《声音设计的实验基础》（*Experimental Foundations for Sound Design*）等。该课程通过对哥伦比亚大学艺术家兼教授塞思·克卢特（Seth Cluett）介绍的实验工作室实践的历史、理论和技术进行考察，用当代声音设计项目丰富用户的音色调色板。

四、客户关系

想要维持客户群体的稳定，就需要进行有效的客户关系管理。哥伦比亚

---

① Dikran Kassabian, *Massive Open Online Course*（*MOOCs*）*at Elite*, *Early-Adopter Universities*: *Goals*, *Progress*, *and Value Proposition*, Pennsylvania, 2014, p. 92.

大学在慕课商业模式推广过程中极其重视有效客户关系的维护,一方面通过增加在线学习课程的覆盖面,以吸引越来越多的终身学习者;另一方面专注于学生课程学习体验,开发更受学生欢迎的商务领域课程。

（一）增加在线学习课程的覆盖面,以吸引越来越多的终身学习者

哥伦比亚大学在建设慕课的过程中,一方面,注重客户类型的划分,将目标客户人群分为传统的寄宿学生（Traditional Residential Students）、传统有限距离的住宿学生（Traditional Residential Students with Limited Distance）、有限居留的远程学生（Distance Students with Limited Residency）、传统距离的学生（Traditional Distance）四种类型,并且根据客户类型的差异而采用不同的教学方法与技术平台,将受众、技术和教学进行细致的组合;另一方面,慕课是哥伦比亚大学在线教育的重要组成部分,哥伦比亚大学注重慕课第三方供应平台与学习管理系统的融合,使得第三方供应平台能够包含传统学习管理系统的功能（如在线讨论、文档托管等）,也可以让教授们更容易地将现有的课程建设成为慕课。总之,无论是将受众、技术和教学进行细致的组合,还是注重慕课第三方供应平台与学习管理系统的融合,其最终目的都是增加哥伦比亚大学在线学习课程的覆盖面,进而吸引越来越多的终身学习者。

（二）专注于学生课程学习体验,开发更受学生欢迎的商务领域课程

强化客户体验是有效的客户关系管理的重要途径,而哥伦比亚大学更是创建以用户为导向、专注于学生学习体验的数字环境来维持在线学习的客户关系。一方面,充分依托第三方平台与学习管理系统的大数据监控与分析技术,如超过90%的在线学生表示"他们返校的主要动机涉及职业发

展",最受欢迎的学习领域是商务,其市场份额占据在线学生的34%,是第二大受欢迎的领域(健康)的两倍。基于此大数据的监控与分析,哥伦比亚大学充分发挥其固有的学科优势和处于纽约地区的社区优势,在Coursera与edX平台上开设了14门经济领域的慕课课程。另一方面,哥伦比亚大学慕课建设的支持者都认同"教师对使用什么技术以及如何使用技术的选择取决于教学设计的决策",其本质是强化技术的应用以帮助教师更好地进行教学实践,进而使学习更具吸引力、个性化和有效性,根本的落脚点还是专注于学生的学习体验。因此,在这14门慕课的建设与运营过程中,最优秀的教师、专门的讨论区、独特的视频功能、在线测验和快速播放等都在不断地强化学习者的学习体验。

五、收入来源

慕课以其免费、开放的特点吸引了众多客户。但是由于设计与开发慕课需付出不菲的代价,因此为了强化慕课的可持续性,慕课开发者必须想方设法赋予完成慕课的经济价值。从哥伦比亚大学的实践经验来看,该校的慕课项目主要通过雇主认可的证书、学分认证和广告收入等方式来获得有效的收入来源。

(一)雇主认可的证书

当前,哥伦比亚大学无论是基于Coursera平台的专业化课程,还是基于edX平台面向分类市场的课程,其中很大一部分都是为了满足在职人士专业进修或满足当前职业资格认证的需要。如哥伦比亚大学的专业证书课程是由哥伦比亚大学与行业企业共同设计开发的系列课程,旨在提高学习者在公司财务、数据科学和金融与医疗保健领域等方面的关键技能。其鲜明的特征是与行业顶级公司共同设计与开发课程,潜在客户完成课程即可以获得一个有价值的证书。然而,这种通过行业顶级公司验证的专业证书课程除了要求学习者付出相应的时间完成课程学习、进行在线研讨和课程评价外,还需支付一定的费用。正如有关研究表明"超过90%的在线学生返校的主要动机涉及职业发展",而类似这样经过行业顶级公司验证的专业证书课程很受学生的欢迎,同时也成为哥伦比亚大学慕课的主要收入来源之一。

(二)学分认证

哥伦比亚大学基于 edX 平台的课程除了获取雇主认可的证书外,还有一部分课程与传统的学位课程相互贯通,如哥伦比亚大学的微硕士课程是专为"顶尖职业"(人工智能、商业分析)而设计的研究生课程,潜在客户可以根据需要自由选择,完成课程即可以获取一个有价值的证书,也可以申请学分,进而申请哥伦比亚大学的硕士学位。另外,哥伦比亚大学与 Coursera 平台合作开发的 21 门慕课,参与者完成一门课程会收到一个电子课程证书,其中很大一部分电子课程证书可以进行学分认证,而通过课程学习来获取学分认证的费用成为哥伦比亚大学慕课的又一主要收入来源。

(三)广告收入

除了雇主认可的证书和学分认证外,目前慕课平台提供机构(非营利性的慕课平台机构除外)的盈利模式正在逐步探索中,随着慕课的进一步普及与应用,慕课平台机构根据自身的发展策略开发出了企业广告这一新的盈利渠道。哥伦比亚大学在推进慕课可持续运行的过程中也在逐步探索增加广告收入,如考虑建立一个数字研究中心,数字研究中心除了指派工作人员为在线教学提供内容、协助教授数字化课程和将在线内容交付平台机构外,数字研究中心也期望通过收取私有平台上发布的涉及哥伦比亚大学内容的版税,或从网上发布的内容(例如点击广告到哥伦比亚 YouTube 频道)收回广告费,进而成为拓展哥伦比亚大学慕课收入的又一渠道。

六、核心资源

(一)社区资源

哥伦比亚大学深刻认识到地处纽约的特殊性,其所有的在线计划都可以与处于优势的地理位置相联系。纽约是美国人口最多的城市,也是公认的"世界之都",直接影响着全球的经济、金融、媒体、政治、教育、娱乐与时尚。哥伦比亚大学地处纽约曼哈顿岛的上西区,是纽约州最古老的大学。早在2012年,哥伦比亚大学发布的全球倡议报告就指出,"努力将哥伦比亚大学令人印象深刻的全球影响力与其刚刚萌芽的慕课计划相结合",报告进一步指出:"远程教育提供了增加收入的独特机会,并将我们的覆盖范围扩大到哥伦比亚以前的范围以外的受众。"当前,哥伦比亚大学的毕业生在慕课方面除了协助学校实现其可持续发展目标之外,还致力于通过一些重要在线社区平台以促进哥伦比亚大学在教育、研究和社区参与的多方面发展。

(二)学校资源

当前,哥伦比亚大学的在线活动(包含慕课)正在全球范围内有机地增长,这也正是其人才培养、科学研究、社会服务和国际合作方面的自然延伸。另外,哥伦比亚大学拥有一所著名的师范学院,该师范学院是美国第一所也是最大的教育研究院,作为学校制定重大决策的主要参与者,哥伦比亚大学师范学院正积极参与研究当前教育面临的核心问题,尤其是将在学校实践和政策方面给予决策者重要的决策咨询。随着慕课的产生和兴起,师范学院的许多著名研究者也积极关注这一领域,并提出了许多具有开创性的研究成果,这些都为哥伦比亚大学慕课商业模式的可持续发展积累了重要的资源。

（三）学院资源

从哥伦比亚大学内部关于慕课制作与管理的组织架构来看,主要是哥伦比亚大学各个二级学院在努力开发慕课,其中继续教育学院和工程学院是最重要的核心力量。在当前慕课制作与管理的组织架构中,一方面,学校的工作大部分都是在首席数字官、新媒体教学和学习中心等部门的指导和协调下进行;另一方面,各个学院根据各自的独特优势和实际需要建设在线课程,这种相对分散的组织结构使各个制作团队能够彼此独立运作,也使在线课程计划更加灵活机动,从而使其能对慕课的核心组成部分作出快速反应。因此,这种在学校相关部门的技术指导与服务支持下,由二级学院独立开发慕课更能体现专业性和个性化。

七、关键活动

关键活动是指企业使商业模式运作起来必须从事的最重要的事情。哥伦比亚大学的慕课建设是一项综合性的可持续商业项目,关键活动主要包括课程建设、客户覆盖和用户体验。

（一）课程建设

课程建设是实施慕课项目过程的关键。哥伦比亚大学在推进慕课建设的过程中制定了一系列规范的流程以确保课程的高质量。如哥伦比亚大学教务长办公室发布的《索取建议书:慕课——2018 年春季》(*Request for Proposals*: *MOOCs-Spring* 2018),集中体现了哥伦比亚大学对卓越教学的承诺。

第一,明确申请慕课建设的基本条件。首先,申请者必须是全职教师;其次,慕课的主题必须是 edX 或 Coursera 现有主题之外的主题内容;最后,在课程建设的过程中能够对课程设计、媒体制作、宣传推广等活动认真地进行规划与协调。

第二,明确学校慕课建设的支持策略。一方面,教务长将为每个立项建设的慕课提供高达 25000 美元的资金支持;另一方面,哥伦比亚大学新媒体教学和学习中心将为每个立项建设的慕课提供教学设计、媒体制作和软件开发等方面的咨询服务和技术支持。

第三,明确慕课课程的目标与要求。每个项目申请除了包括为什么这个课程适合作为慕课开发、本课程将如何吸引多元化的全球观众、课程将以何种方式发展、用什么教学方法、如何利用慕课课堂环境平台或其他功能、初次发布后两年内重复发布的预期频率应该是怎样的等内容,还应包括完整的教学大纲、详细的课程描述、推广课程的营销思路、课程建设的初步预算等。

第四,明确课程建设的时间节点。与传统课程注重独立性与私密性的特点相比,慕课建设更具复杂性和开放性,虽然哥伦比亚大学在开发和建设慕课方面积累了丰富的经验,但是每个慕课项目依然需要教师及其团队付出大量的时间和精力,从课程设计、媒体制作、权利许可到宣传推广,这一过程将持续一年甚至更长的时间。因此在项目开始之前就必须更加精细化地设计任务完成时间表,同时在课程真正投入运营之前还需保留足够的时间进行反复调试。

(二)客户覆盖

哥伦比亚大学在建设慕课的过程中,力求其慕课内容能够在更广范围内覆盖至所有阶层。一方面,注重客户类型的划分,将目标客户人群分为传统的寄宿学生、传统有限距离的住宿学生、有限居留的远程学生和传统距离的学生四种类型,每个课程根据客户类型的差异而采用不同的教学方法与技术平台,将受众、技术和教学进行细致的组合,同时哥伦比亚大学继续教育学院针对传统学生开始提供的夏季高中课程应该尽可能地在课程内容上覆盖所有的阶层;另一方面,哥伦比亚大学与康奈尔大学、宾夕法尼亚大学和耶鲁大学等高水平大学合作提供慕课,旨在实现各院校充分利用现有资源互动合作,实现优势互补。总之,无论是寻求客户类型的细分还是强化与其他高校的合作,都是为了使哥伦比亚大学慕课的课程内容能够更广范围地覆盖至所有阶层。

（三）用户体验

慕课的用户体验就是用户在学习慕课后的主观感受，良好的客户体验是有效客户关系管理的重要前提。哥伦比亚大学在推进用户体验的过程中主要从两个方面入手：一方面，强化 Coursera、edX 和 Kadenze 等第三方平台的支持，充分依托第三方平台、学习管理系统的大数据进行监控与分析，选取最受欢迎的教师，设立师生互动讨论区，强化在线视频、在线测验和快速播放等功能，进而不断改善用户的学习体验；另一方面，组织、协调新媒体教学和学习中心、哥伦比亚视频网络等一起为哥伦比亚大学的慕课制作服务，并利用新技术（如交互式数字教科书）来增强学生的课堂体验，确保哥伦比亚大学慕课实现对其卓越教学的承诺，进而推广与延续哥伦比亚大学"在最高水平上推进知识和学习，并向世界传达其努力的成果"①的品牌声誉。

八、重要伙伴

重要伙伴是指能够使商业模式运作起来的供应商和合作商，可以分为基于非竞争者的战略联盟、基于竞争者的战略伙伴、开发新商业的合资公司以及采购商与供应商之间的关系。对于哥伦比亚大学的慕课项目而言，重要伙伴的类型主要包括 Coursera、edX 和 Canvas Network。

（一）Coursera

Coursera 是 2012 年 1 月由斯坦福大学吴恩达教授和达芙妮·科勒教授联合创建的一个营利性的教育科技公司。② 2012 年 11 月，哥伦比亚大学和

---

① Dikran Kassabian, *Massive Open Online Course*（*MOOCs*）*at Elite, Early-Adopter Universities*: *Goals, Progress, and Value Proposition*, Pennsylvania, 2014, p. 87.

② 董晓霞、李建伟：《MOOC 的运营模式研究》，《中国电化教育》2014 年第 7 期。

Coursera 签署了向全球提供慕课的协议。2013 年,哥伦比亚大学在 Coursera 平台上完成并发布的首期 8 门课程,包括《自然语言处理》《金融工程与风险管理》《MOS 晶体管》《病毒学I:病毒如何发挥作用》《货币与银行经济学I》《货币与银行经济学II》《大数据教育》《金融工程与风险管理I》。同时最新的 Coursera 平台也提供了包括在线视频测验、点对点评分、师生互动讨论等在内的个性化功能。作为久负盛名的常春藤盟校成员,哥伦比亚大学选择与 Coursera 合作,为在全球范围推广优质教育资源与降低高等教育成本作出了自己独特的贡献。

（二）edX

edX 创建于 2012 年,是由哈佛大学与麻省理工学院共同出资组建的非营利性在线学习平台。[①] 2014 年 3 月,哥伦比亚大学宣布与 edX 合作。其中第一门课程是由普利策奖获得者德威特·克林顿与历史教授埃里克·方纳制作的《内战与重建》,该课程获得了良好的用户反馈。截至 2020 年 7 月,哥伦比亚大学在 edX 平台上共推出了微硕士课程、X 系列课程、专业证书课程和个别课程四种类别,共计 42 门课程。其中哥伦比亚大学师范学院所提供的关于教育、健康、领导力和心理学等方面的课程一直名列全美最佳。当前,为进一步提高课程参与和提升用户体验,edX 将原版 edX 和斯坦福大学 Class2Go 整合成新的学习管理系统,以便更好地播放教学视频、扩展在线学习空间。

（三）Canvas Network

Canvas Network 是美国教育技术公司 Instructure 旗下基于 Canvas 学习管理系统的在线开放课程平台,其使命是"促进教育的开放和创新"。Canvas Network 平台最大的特征是包容、开放与灵活。而哥伦比亚大学的 Canvas Network 课程是由一些顶尖教师为全球超过 1800 万高等教育者、K-12 学习者

---

① 董晓霞、李建伟:《MOOC 的运营模式研究》,《中国电化教育》2014 年第 7 期。

和职场用户提供的自学课程。Instructure 运用开放、灵活、稳定和自然的云技术开发 Canvas Network，从而使基于该平台的学习能够在不同的情境下进行。Canvas Network 的合作伙伴采用的课程形态包括两种，即大规模在线开放课程和包含更多交互的小型在线课程。而这两种课程形态是在同一平台上开展的，所以学习者可以在这两者之间进行无缝对接。

九、成本结构

哥伦比亚大学慕课的成本主要由管理成本和开发成本两部分组成。成本在很大程度上取决于参与慕课建设的人员数量，以及在多大程度上由"内部执行"。一方面，在哥伦比亚大学的慕课建设中，参与慕课管理的职位有首席数字官和首席法律顾问莫里斯·马蒂兹（Maurice Matiz）、工程与应用科学的副院长贝丽尔·艾布拉姆斯（Beryl Abrams）、新媒体教学和学习中心主任和艺术与科学学院院长大卫·马迪根（David Madigan）。由于这些管理职位的工作人员都是哥伦比亚大学的全日制在职员工，慕课管理属于他们的常规工作之一，因而这部分的成本相对有限。另一方面，除了管理人员以外，参与慕课制作的团队主要是负责内容开发的教学人员（主题专家）和负责技术开发的技术人员，其中教学人员包括主题专家（Subject Matter Except）、教学设计师和教师（Instructor），当然有时候可以一人担任多重角色；而技术人员主要包括制片人、编剧、摄像师、动画设计师、摄影师、讲词提示操作员、研究助理、图书管理员等。根据菲奥娜·奥朗和德瓦亚尼·提尔塔利对慕课生产和交付的成本分析，每个慕课的总成本（包括设施、设备和管理费用）为 38980—325330 美元，其中哥伦比亚大学师范学院持续 8 周的慕课课程的成本是 38980 美元。[①] 关于不同机构慕课成本的比较如表 4-2 所示。

---

① Fiona M. Hollands, Devayani Tirthali, "Resource Requirements and Costs of Developing and Delivering MOOCs", *The International Review of Research in Open and Distributed Learning*, Vol. 15, No. 5, 2014, p. 120.

表 4-2　美国四家单位的 MOOC 生产和交付成本估算①

学校	MOOC 类型	MOOC 时长（周）	每个 MOOC 的总成本（美元）	每个完成者的成本（美元）
哥伦比亚大学师范学院	基于行为主义的慕课（XMOOC）	8	38980	74
曼尼托巴大学	基于关联主义的慕课（CMOOC）	12	65800—71800	—
美国自然历史博物馆	基于行为主义的慕课（XMOOC）	4	104620	272
美国中西部大学	基于行为主义的慕课（XMOOC）	5—8	203770—325330	—

第三节　哥伦比亚大学慕课可持续商业模式的策略阐释

一、平衡客户细分：基于客户需求开发面向分类市场的慕课

从哥伦比亚大学建设慕课的经验来看，明确客户群体并依据客户的潜在需求开发慕课对于提高其经济效益至关重要。具体而言，哥伦比亚大学的慕课课程主要分为以下几种：

第一，面向顶尖职业的研究生课程。哥伦比亚大学在 edX 平台上建设的微硕士课程是专为顶尖职业（人工智能、商业分析）而设计的研究生课程，其鲜明的特征是通过行业顶级公司的验证，潜在客户可以根据需要自由选择学

---

① Fiona M. Hollands, Devayani Tirthali, "Resource Requirements and Costs of Developing and Delivering MOOCs", *The International Review of Research in Open and Distributed Learning*, Vol. 15, No. 5, 2014, p. 120.

习课程,也可以自由选择何时、何地完成课程学习。同时,完成课程即可以获取一个由行业顶级公司验证的证书,也可以选择学分认定,进而申请硕士学位。

第二,面向在职员工的专业证书课程。面向在职员工这一庞大的客户群体,哥伦比亚大学开发了专业证书课程,如哥伦比亚大学面向积极寻求职业发展的建筑行业专业人士(工程师与建筑师)在 Coursera 平台上开发的《建设项目管理与规划》课程;另外,哥伦比亚大学与行业企业共同设计开发旨在提高公司财务、数据科学在金融与医疗保健领域的应用等方面的关键技能的系列课程。

第三,面向部分特殊群体的预备课程。哥伦比亚大学在建设慕课的过程中,除了关注面向大众市场的微硕士课程和专业证书课程外,也没有忽视小众市场的需求。如哥伦比亚大学为帮助退伍军人顺利由军队过渡到大学,并帮助他们最大限度地获得成功,进而开发了《学生退伍军人大学研究》课程。另外,为帮助中学生完成对于大学的"非神秘化"(Demystify)过程,哥伦比亚大学以 STEM-UPP 项目为例,开发了面向中学生市场的大学预备课程。

二、彰显价值主张:传承教育世界与传播知识的核心使命

价值主张是商业模式画布中最为核心的内容之一,哥伦比亚大学在推进慕课建设与运营过程中形成了鲜明而富有特色的价值主张。

第一,传承教育世界的核心使命。哥伦比亚大学慕课建设的首要价值目标是"将哥伦比亚大学教师的教育经验传递给更多地方的更多人"。正如哥伦比亚大学新媒体教学和学习中心主任马蒂兹教授所说:"哥伦比亚大学像其他大学一样致力于广泛传播知识。"他表示,世界各地的人都对哥伦比亚大学的教师及其教育经验感兴趣,而慕课提供了一种"分享我们的课堂体验"的方式。[1]

---

[1]　Dikran Kassabian, *Massive Open Online Course*(*MOOCs*)*at Elite*, *Early-Adopter Universities*: *Goals*, *Progress*, *and Value Proposition*, Pennsylvania, 2014, p. 101.

第二,推广大学品牌声誉。哥伦比亚大学作为慕课早期的采用者,推广与延续哥伦比亚大学的品牌声誉,维持其在教育领域的领导地位是其开发慕课的又一价值追求。正如文森特·拉卡涅洛教授和迈克·柯林斯教授都相信慕课对于大学的声誉是有利的。瑞安·贝克教授也进一步描述了如何通过慕课让更多人了解哥伦比亚大学新的学位课程,并帮助建立这些课程的声誉。

第三,合理运用三大价值准则。为了在激烈的市场竞争中获得相对优势,除了以上价值目标追求外,还需合理运用"卓越运营、客户亲密和产品领先"的三大价值准则。2013年,哥伦比亚大学任命斯里·斯里尼瓦森为首任首席数字官,其职责是扮演慕课与其他在线学习的"交流枢纽",同时学校的工作大部分都是独立于首席数字官、新媒体教学和学习中心等部门之外,并由信息技术中心的教学与学习应用部门负责维护慕课的制作与管理,而哥伦比亚大学的职业研究学院(继续教育学院)在与客户保持良好互动关系方面也发挥了重要作用。

三、提升渠道通路:多元渠道通路培育稳定的客户群体

为了将价值主张全面地传递给客户,商业组织要在开辟主体渠道通路的同时,追求渠道通路的差异化、多元化。哥伦比亚大学的做法正体现了这一点。一方面,哥伦比亚大学坚持以 Coursera 与 edX 为主要的慕课发布平台;另一方面,哥伦比亚大学积极寻求与 Canvas Network、CourseBuilder、Blackboard 和 OpenClass 等学习管理系统的合作,既有效地培育了稳定的数字学习客户群体,也吸引了大量的传统学习客户群体。

第一,充分利用 Coursera 与 edX 平台发布慕课。Coursera 与 edX 是大型慕课商业平台的杰出代表,哥伦比亚大学与 Coursera、edX 开展了紧密的合作,分别于 2012 年 11 月和 2014 年 3 月与两家平台公司签署了向全球提供慕课的协议。2013 年,在 Coursera 平台上完成并发布了首期 8 门课程。截至 2020 年 7 月,哥伦比亚大学在 edX 平台上共有 42 门课程。哥伦比亚大学将

Coursera 与 edX 作为传递其慕课价值主张的主要渠道是非常明智的选择。一方面,功能完善的 Coursera 与 edX 平台延续了一几年来哥伦比亚大学开发、开放的办学传统;另一方面,通过与大型商业平台合作,哥伦比亚大学将更多的注意力集中在内容质量的提升上,而不是在服务的提供上。

第二,积极拓展与 Canvas Network 的深度合作。除了充分利用 Coursera 与 edX 平台外,哥伦比亚大学正积极拓展与 Canvas Network 的深度合作(特别是继续教育学院的课程),Canvas Network 是基于 Canvas 学习管理系统的在线开放课程平台。哥伦比亚大学的 Canvas Network 课程是由一些顶尖教师提供的自学课程,其最大的特征是包容、开放与灵活。通过这个平台,教师、学生和机构可以选择慕课或其他在线课程以进行更多的互动。哥伦比亚大学与 Canvas Network 的深度合作,可以更广泛地丰富其课程提供方式,扩大在线计划的覆盖面,吸引越来越多的终身学习者,从而更有效地传递哥伦比亚大学慕课的价值主张。

第三,充分利用地处纽约的校园社区资源。哥伦比亚大学深刻认识到其地理位置的重要性,并力求将其研究、教学与纽约市巨大的社区资源联系起来。哥伦比亚大学地处纽约曼哈顿岛的上西区,是纽约州最古老的大学。哥伦比亚大学将纽约市作为校友特定的外联工具的能力是独一无二的,当前哥伦比亚大学正通过一些重要在线社区平台与纽约市大学更广泛的教育使命保持一致,以促进哥伦比亚大学教育、研究和社区参与等多方面使命,进而不断加强哥伦比亚大学的品牌吸引力。

四、深化客户关系: 基于客户需求与课程体验以维护客户关系

客户关系是组织机构根据客户细分和特定客户群体所建立的关系类型。[①] 哥伦比亚大学通过增加在线计划覆盖面与专注于学生课程体验,来有

---

① 钱小龙、盖瑞・马特金:《加州大学欧文分校慕课商业模式的客户关系解析》,《现代远距离教育》2017 年第 4 期。

效促进客户关系的维护。

第一,通过增加在线学习的市场细分以扩大客户覆盖面。哥伦比亚大学在建设慕课的过程中将目标客户人群分为传统的寄宿学生、传统有限距离的住宿学生、有限居留的远程学生和传统距离的学生四种类型,并在此基础上根据客户类型的差异而采用不同的教学方法与技术平台,将受众、技术和教学进行细致的组合,注重将慕课第三方平台与学习管理系统融合,通过为客户提供更为精准的服务而提高客户的满意度和忠实度。

第二,通过专注学生的学习体验来维护在线学习的客户关系。哥伦比亚大学充分依托第三方平台(edX、Coursera 等)与学习管理系统的大数据监控与分析技术,使其帮助教师进行最好的教学实践,从而使学习更具个性化和有效性。从哥伦比亚大学的办学实践来看,坚持创建以用户为导向、专注于学生学习体验的数字环境来维护在线学习的客户关系,进而在满足客户群体实际需要的同时共同创造经济价值和社会价值。

五、拓展收入来源:培育增值服务以增加有效的收入来源

为了强化慕课的可持续性,哥伦比亚大学通过雇主认可证书、学分认证、辅导服务等方式积极培育增值服务,以获得更多有效的额外收益。

第一,满足职业资格认证的电子证书。基于在职员工专业进修的现实需求,哥伦比亚大学与行业领导者共同设计开发公司财务、数据科学应用等专业证书课程。这种通过行业顶级公司验证的专业证书课程要求学习者除了要完成课程学习、在线研讨和课程评价外,还要支付一定的费用,这种雇主认可的证书成为哥伦比亚大学慕课的主要收入来源之一。

第二,贯通传统学位课程的学分认证。哥伦比亚大学与 Coursera 平台合作开发了 21 门在线开放课程,潜在客户完成一门课程获得的电子证书可以与校内学位课程相互贯通。如哥伦比亚大学专为顶尖职业(人工智能、商业分析)而设计的微硕士课程既可以获得电子证书,也可以申请学分而追求完整

的硕士学位,这种通过课程学习来获取学分认证的费用便成为哥伦比亚大学慕课的又一主要收入来源。

第三,拓展盈利新渠道的企业广告。哥伦比亚大学在推进慕课可持续运行的过程中也在逐步探索增加广告收入,如通过收集私有平台上发布的关于哥伦比亚大学内容的相关版税或者从网上收回广告费,版税和广告收入已经成为哥伦比亚大学拓展收入来源的创新策略之一,也成为实现其慕课可持续发展的重要手段。

六、扩大核心资源:通过三类资源强化现有竞争优势

第一,充分挖掘优秀的教师资源。哥伦比亚大学是美国第五大高等教育机构,也是久负盛名的"常春藤盟校"的成员之一。优秀的教师是其保持高质量的重要前提和首要基础,教师们也希望能够通过慕课不断扩大他们的影响。正如计算机学院的迈克·柯林斯教授所言:"作为一名教师,我的动机是通过我的研究和教学产生影响,在世界上做好事。"病毒学教授文森特·拉卡涅洛谈到了他多年来利用技术实现吸引全球学习者的实验,他表示:"在处理了30年的病毒之后,他想回报一些东西,并帮助教育更多对此感兴趣的人。"[1]因此,优秀的教师资源成为哥伦比亚大学实现其慕课可持续发展的重要资源。

第二,灵活运用潜在的学院资源。从哥伦比亚大学慕课制作与管理的组织架构来看,主要是哥伦比亚大学二级学院在努力开发慕课,其中继续教育学院和工程与应用科学学院(The School of Engineering and Applied Science)是最重要的核心力量,同时工程与应用科学学院也是哥伦比亚大学视频网络团队(CVN)的所在地。另外,微生物学院、巴纳德学院和师范学院也充分依托学院的优势及需要建设在线课程,这种在学校相关部门的指导与服务下,由二级学院独立开发的慕课更能体现专业性与个性化,也有助于进一步彰显哥伦比

---

① Dikran Kassabian, *Massive Open Online Course (MOOCs) at Elite, Early-Adopter Universities: Goals, Progress, and Value Proposition*, Pennsylvania, 2014, p. 95.

亚大学慕课项目的竞争优势。

第三,有效发挥学校的社区资源。一方面,慕课建设需要寻求多种来源的经费资助,尤其是来自官方和半官方社会组织的支持。哥伦比亚大学位于纽约市曼哈顿岛的上西区,其所有的在线计划都可以与地处纽约的校园社区相联系,位于"世界之都"的区位优势有利于其多方面拓展慕课建设的经费来源渠道。另一方面,哥伦比亚大学的毕业生在慕课方面除了协助学校实现其财务发展目标之外,校友们也致力于通过在线社区平台以促进哥伦比亚大学实现其在教育、研究和社区参与等方面的使命。

七、推进关键活动：课程质量、客户覆盖与用户体验

第一,哥伦比亚大学在慕课开发与建设过程中特别关注内容的提供,通过制定一系列的规范制度以确保课程的高质量。从教师申请慕课建设的基本条件、学校慕课建设的支持策略、慕课建设的目标追求,到课程建设的时间节点等,都进行了规范和明确,以确保哥伦比亚大学慕课能够实现其对卓越教学的承诺。

第二,哥伦比亚大学在慕课的开发与建设过程中注重寻求客户类型的细分,也在不断强化与其他著名高校的合作,从而确保其慕课内容能够实现更广范围的覆盖。一方面,将目标客户人群分为传统的寄宿学生、传统有限距离的住宿学生、有限居留的远程学生和传统距离的学生四种类型,并根据客户类型的差异而采用不同的教学方法与技术平台;另一方面,积极寻求与其他类型的高校的沟通交流,积极寻求高校之间的优势互补与合作贯通。

第三,良好的客户体验是获取客户信任、稳定客户关系的重要着力点。哥伦比亚大学在慕课开发与建设过程中特别重视改善用户的实际体验。既通过遴选最受欢迎的教师、设立讨论区、在线测验和快速播放等途径,也通过第三方平台的大数据分析技术,注重学生使用习惯、课堂反馈和改进建议的数据搜集,进而采取有针对性的改进措施,不断地强化用户的学习体验。

八、关注重要伙伴：深化与第三方平台和社区资源的沟通协作

第一，深化与第三方平台的合作。为了确保哥伦比亚大学慕课项目的可持续性，既要形成良好稳定的战略合作伙伴关系，又要形成合理互利的风险共担机制。从哥伦比亚大学当前慕课的建设情况来看，Coursera、edX 和 Canvas Network 等第三方平台是其重要的合作伙伴。在这近 6 年合作的过程中，哥伦比亚大学有效利用 Coursera 平台最新的个性化功能，同时基于 edX 平台积极建设 ColumbiaX 课程，充分发挥第三方"教学平台"的特定优势，与 Coursera、edX 和 Canvas Network 等第三方平台建立了长期稳定的伙伴关系。

第二，注重与社区资源的联系。哥伦比亚大学所有在线计划都可以与纽约市更广泛的教育使命和校园社区相协作，充分利用校友资源的优势，广泛拓展哥伦比亚大学的慕课。如哥伦比亚大学的毕业生在慕课方面除了协助学校实现其财务发展目标之外，校友还致力于通过一些重要在线社区平台以促进哥伦比亚大学教育、研究和社区参与的多方面使命。另外，詹姆斯·瓦伦蒂尼（James Valentini）院长认为，在线学习也可以帮助缩小校友与在校学生之间的差距。

九、优化成本结构：多方协同、多种策略降低课程开发成本

长期以来，哥伦比亚大学一直具有开放的办学传统，早在 20 世纪 80—90 年代，哥伦比亚大学就专门设置新媒体教学和学习中心和哥伦比亚视频网络两个办公室，期望以此来支持新媒体和新技术服务于教育教学。而常规慕课的成本主要由管理成本和开发成本两部分组成。当前，哥伦比亚大学在慕课建设方面已经建立了完善的基础设施、积累了一定的制作经验，也通过多方协同、多种策略来降低课程开发成本。

第一，提高项目参与教师的专业素养。慕课制作过程中最核心的关键人物是教师。学校需要加强对教师的教师职业技能培训，提高其教师专业技能，

以致能够将主题专家、教学设计师和教师三种角色合二为一,进而减少开发人员数量,降低开发成本。

第二,除了降低参与慕课生产过程的人员数量外,哥伦比亚大学还通过充分挖掘内部资源来降低开发成本。如哥伦比亚大学在学校范围内不断加强对教师文字编辑、音视频制作等方面的技术培训,加强对第三方平台的相关制作标准和要求的解读和讲解,从而不断挖掘内部人员承担更多技术人员的职责,降低课程开发成本。

第四节　哥伦比亚大学慕课可持续商业 模式的反思与启示

一、哥伦比亚大学慕课可持续商业模式的反思

(一)客户细分的平衡尚需努力

从表面上看,哥伦比亚大学依据客户的潜在需要开发不同的慕课,使得客户细分在一定程度上达到了平衡。但在实际运营过程中,面向顶尖职业的研究生课程和面向在职雇员的专业证书课程更受欢迎,在课程学习过程中,潜在客户也可以根据需要自由选择(学习内容、学习时间和学习地点),且完成课程就可以获得一个有价值的证书或通过课程学习来获取学分认证,而这些费用便成为哥伦比亚大学和第三方平台的主要收入来源。在这种经济利益的驱动之下,这两种课程正慢慢融合成一类课程,与之相对应的原来相对平衡的客户细分逐渐被打破,原先的差异性课程逐渐向相似性课程转变。另外,与哥伦比亚大学合作的每一个第三方平台各自具有独特的优势,但是当前这些第三方平台的特征与优势没有得到充分的展现。因此,如何依托第三方平台的特征与优势,进一步平衡不同客户群体的现实需要,逐步实现慕课内容提供方、第三方平台与客户群体等多方的共赢尚需进一步努力。

（二）价值主张的特色仍需进一步彰显

哥伦比亚大学在推进慕课建设运营的过程中已经形成了传承教育世界的核心使命、改善校园学习体验和推广大学品牌声誉三个鲜明而富有特色的价值主张。这些价值主张与其"致力于吸引全世界最优秀的人才来追求更多的人类理解、开拓新的发现和服务社会"的大学使命休戚相关。然而，在当前世界高等教育的发展瞬息万变的形势之下，要实现这三个价值目标确实并不容易。首先，参与慕课建设的教学人员、管理人员、技术人员等就这三大价值主张还未能达成共识，也未能成为与之共同的奋斗目标。其次，从本质上看，这三大价值追求本质上在于提供高质量的课程内容，只有广受欢迎的慕课内容，才能吸引全球越来越多的学习者加入。但是，当前的慕课建设正越来越受经济利益的驱使，传承教育世界和推广大学品牌的价值目标有待进一步强化。最后，虽然哥伦比亚大学任命了首席数字官、新媒体教学和学习中心等部门来维护慕课的制作与管理，但如何在激烈的市场竞争中获得比较优势，实现"卓越运营、客户亲密和产品领先"的三大价值准则有待进一步挖掘。

（三）渠道通路的多元化有待进一步拓展

为了获得更加稳定可靠的客户群体，哥伦比亚大学利用各种机会积极寻找渠道通路。通过吸引传统学习客户群体，培育稳定数字学习客户群体，进而实现了收入来源的多元化。从哥伦比亚大学慕课的运营情况来看：一方面，哥伦比亚大学坚持以 Coursera、edX 等第三方平台作为主要的慕课发布平台；另一方面，哥伦比亚大学也在积极寻求与 Canvas Network、CourseBuilder、Blackboard 和 OpenClass 等学习管理系统的合作。但是，如果要说哥伦比亚大学慕课项目的渠道通路已经完全打开，可能还为时尚早。而且，经过近 8 年的发展，哥伦比亚大学的慕课建设与运营已经过了最初的"澎湃期"，越来越多的管理者和教师开始重新审视慕课的价值。正如哥伦比亚大学新媒体教学和学习中心主任马蒂兹教授所说:"参与慕课领域的大学可能不会把重点放在成本回收上,正如无论你花多少钱来制作剧本,你都知道只有这么多人来看戏。你可能在这部戏上花了很多钱,但是你可以用来制作电影的钱却远远不够。但是,如果你拍电影,你就知道你可能有数百万的观众,即使他们只支付少量的资金,你也可以收回更大的投资。"①因此,在全球慕课发展进入"幻灭期"与"成熟期"之时,哥伦比亚大学慕课建设与运营的渠道通路有待进一步拓展。

(四)客户关系的深化有待进一步挖掘

能否与客户建立紧密联系的客户关系对于慕课商业模式的可持续发展起着至关重要的作用。从哥伦比亚大学慕课的建设实际和运营过程来看:一方面,哥伦比亚大学通过增加在线学习的市场细分以增加客户覆盖面;另一方面,哥伦比亚大学专注于改善学生的学习体验来维护在线学习的客户关系,有效促进客户关系的深化。但是,也有很多学习者没有完成课程的学习,根据迈克尔·J.塞纳莫教授2014年对哥伦比亚大学在Coursera平台上运行的8门慕课的研究统计,"虽然最初有超过40万名学生参加了课程,但其中95000名学生在第二周仍留下来采访材料,有44000名学生在整个课程期间保持活跃,最后12281名学员完成了所有必要的工作,以接收并确实收到教师的成绩声明"。之所以产生这一现象,除了学习者自身的畏难情绪、时间分配或者其他特殊原因外,还有教师在教学过程中没有真正完全站在学习者的角度去考虑问题,学习者对于课程内容的学习获得感仍有欠缺等原因。因此,哥伦比亚大学慕课的客户关系有待进一步深化。

---

① Dikran Kassabian, *Massive Open Online Course(MOOCs) at Elite, Early-Adopter Universities: Goals, Progress, and Value Proposition*, Pennsylvania, 2014, p. 105.

（五）收入来源的拓展有待进一步提升

为了强化慕课项目的可持续发展,哥伦比亚大学针对市场竞争和不同的客户需求采取了一系列措施(包括雇主认可证书、学分认证、辅导服务等)来积极培育增值服务,进而不断拓展其收入来源。一方面,通过基于在职人员专业进修的现实需求,开发满足职业资格认证的电子证书成为哥伦比亚大学慕课的主要收入来源之一;另一方面,积极拓展与校内传统的学位课程相互贯通的电子课程,学习者在完成一门课程后获得学分,进而可以申请学位;再者,在推进慕课可持续运行的过程中也在逐步探索增加广告收入。而且总体来看,大多数人认为,哥伦比亚大学慕课的未来大有可期,收入来源的渠道也有待进一步拓展,如未来与商业组织合作创建赞助课程,慕课补习也可能成为比其他教育形式更为经济的途径等。

（六）核心资源的扩大有待进一步强化

核心资源是形成持续竞争优势的关键性资源,其对于慕课项目的可持续发展起着至关重要的作用。哥伦比亚大学充分挖掘其"常春藤盟校"的优质教师资源,灵活运用继续教育学院和工程与应用科学学院的潜在人力资源和有效发挥地处纽约的校园社区资源,使得哥伦比亚大学在激烈的市场竞争中不断强化现有的竞争优势。但是,随着哥伦比亚大学行政和后勤职能越来越分散,教师和学生在何时、何处以及如何与其直属部门之外的在线举措进行交流时经常感到困惑,甚至有些权力线路显得混乱而多余,各级在线计划之间缺乏战略性统一。另外,哥伦比亚大学在线学习的大部分努力发生在各个二级学院,而学校的管理大都由首席数字官、新媒体教学和学习中心、教学与学习中心和信息技术中学等教学和学习应用部门来维护。因此,如何进行核心资源的优化协调,进而逐步实现慕课内容提供方、第三方平台与客户群体等多方的共赢,降低慕课生产与管理成本。

（七）关键活动的推进成效尚需检验

哥伦比亚大学慕课建设的关键活动包括确保课程质量、扩大客户覆盖面和注重用户体验等。首先，哥伦比亚大学在慕课开发与建设过程中通过制定一系列的规章制度以确保课程的质量；其次，哥伦比亚大学注重寻求客户类型的细分和强化及与其他著名高校的合作；最后，哥伦比亚大学在慕课建设过程中特别注重推进用户的实际体验。如文森特·拉卡涅洛教授的《病毒学》课程，学生们在论坛发布的交流、讨论的帖子能够从学习者角度追加对教学内容的解读，促使教学视频更容易理解，同时通过 Google 环聊等工具进行实时会话。其他老师也在利用平板电脑、Flash 动画等方式积极探索讲座材料的视频格式和画面风格。然而，哥伦比亚大学在推进慕课建设与运营的关键活动的成效尚需进一步检验，如邀请慕课项目中的内容提供方、第三方平台等共同创建一套针对用户学习数据的分析与评价标准，以便能够创建更好的课程。

（八）重要伙伴的协作有待进一步拓展

哥伦比亚大学慕课项目的重要伙伴主要包括 Coursera、edX 和 Canvas Network。从当前的合作情况来看，无论是慕课管理人员，还是技术开发团队以及教学人员都对第三方平台给予了较为积极的评价。正如哥伦比亚大学计算机学院迈克·柯林斯教授说："作为一名教师，我制作慕课的动机是通过我的研究和教学产生积极影响并在世界上做好事。"他对 Coursera 把重点放在那些不能接受大学教育的人身上的使命非常感兴趣。[1] 哥伦比亚大学在 edX 平台建设首门慕课的埃里克·方纳教授说："这种特殊的慕课技术使我能够接触到比我整个职业生涯中更多的学生。"但是，其他同类型高校的慕课不仅通过在线的方式，也在努力寻求与传统媒体的结合，形成优势互补。因此，哥伦

---

[1]　Dikran Kassabian, *Massive Open Online Course (MOOCs) at Elite, Early-Adopter Universities: Goals, Progress, and Value Proposition*, Pennsylvania, 2014, p. 94.

比亚大学应基于在线学习的优势,进一步加强与 AMC、FX 电视台开展合作,不断拓展新的技术平台和传播路径。

(九)成本结构的优化尚需进一步推进

从慕课的建设和运营情况来看,常规的慕课成本主要由管理成本和开发成本两部分组成。哥伦比亚大学自 20 世纪 80—90 年代以来一直具有开放的办学传统,并且已在在线学习领域建立了完善的基础设施、积累了丰富的实践经验。而从哥伦比亚大学的现实情况来看,当前慕课项目的成本主要来自课程的开发投入,而课程开发的最大主体是教学人员(教学设计师、教师和教学支持人员等)。当前,哥伦比亚大学正通过加强针对教师的职业技能培训和挖掘内部人员承担更多技术人员的职责等方式来优化成本结构。但从整体情况来看,形势依然比较严峻,面对慕课建设过程中巨大的工作付出和实际经济收益之间的鸿沟,如何通过体制、机制的作用激励优秀教师积极参与慕课以及如何合理地挖掘学校内部的各类资源降低慕课成本值得进一步思考和研究。

二、哥伦比亚大学慕课可持续商业模式的启示

慕课在全球范围内的兴起与快速发展,深刻地体现了教育与技术彼此之间的巨大影响力。自 2013 年以来,在政府、高校和企业的共同努力之下,我国慕课发展已经初具规模。一方面,2015 年 4 月教育部颁布《教育部关于加强高等学校在线开放课程建设应用与管理的意见》[①],强调将慕课建设列为重点任务,并明确建设一批以大规模在线开放课程为代表、课程应用与教学服务相融通的优质在线开放课程;另一方面,包括以"学堂在线""华文慕课""上海高校课程资源共享平台""东西部高校共享联盟平台"和中国台湾与大陆 5 所交通大学推出的"在线学习联合体"等慕课平台层出不穷。另外,截至 2018 年 6

---

① 《教育部关于加强高等学校在线开放课程建设应用与管理的意见》,http://www.moe.gov.cn/srcsite/A08/s7056/201504/t20150416_189454.html。

月,我国高校共上线 5000 余门慕课课程,且有超过 7000 万人次的大学生和社会学习者选学这些慕课课程。

在完成了原始用户的积累后,面对高昂的开发成本和稀缺的经费来源,通过怎样的途径进一步推进慕课商业模式的可持续发展成为当前"互联网+"教育的重要突破口。本章梳理了久负盛名的"常春藤盟校"——哥伦比亚大学慕课项目的发展历史与发展现状,尤其是从"客户细分、价值主张、渠道通路、客户关系、收入来源、核心资源、关键活动、重要伙伴、成本结构"九个方面对哥伦比亚大学慕课可持续商业模式进行分析。作为全球慕课运动的思想引领者和早期实践者,哥伦比亚大学慕课建设的成功经验值得我们学习借鉴,基于以上分析,主要得出以下几点启示。

首先,明确产业价值链参与者的目标定位。产业价值链是由一个相互联动、相互制约、相互依存的相关企业组成的有机整体。而对于慕课项目来说,主要包括两个层面的清晰定位。一方面,慕课项目的平台运营商、内容提供者、课程制作者和课程辅助工具及服务提供者要找准位置、专心致志做自己擅长的工作,并和价值链中的其他参与者产生良性联动;①另一方面,对于高校来说,要根据自己的目标客户的需求进行市场细分,并且依据自身的资源优势进行市场定位,细细挑选合作伙伴,从而共同为目标客户提供个性化服务。

其次,注重商业盈利与办学使命的有机平衡。为了强化慕课的可持续性,必须想方设法赋予完成慕课的经济价值,比如收取证明完成慕课课程的学业证书的费用、慕课平台或相关大学开具的就业推荐的费用等。但是如何实现可持续发展,更主要是要与高校固有的办学传统、使命宣言相结合。正如哥伦比亚大学在推进慕课项目建设的过程中始终不忘"追求哥伦比亚大学教育世界和传播知识的使命,获得新的学习平台的经验、改善校园学习体验,为哥伦

---

① 董晓霞、李建伟:《MOOC 的运营模式研究》,《中国电化教育》2014 年第 7 期。

比亚大学和特定的计划建立品牌"的价值主张,进而实现商业盈利与办学使命的有机平衡。

再次,广泛寻求大学外部的运营体系。为了获得更加稳定可靠的客户群体,慕课的建设与运营必须寻求多元化的渠道通路。因此,哥伦比亚大学既坚持以 Coursera 与 edX 为主要的慕课发布平台,又在积极拓展 Canvas Network、CourseBuilder、Blackboard 和 OpenClass 等多种差异化的渠道通路。面对政府、高校和企业的利益博弈,或许未来慕课的商业模式会与互联网上新兴教育服务类别的运作机制相类似。

最后,注重基于用户体验的深层次服务开发。良好的客户体验是获取客户信任、稳定客户关系的重要的着力点。哥伦比亚大学在慕课的开发与建设过程中特别重视推进用户的实际体验,一方面通过制定一系列的规章制度和建设流程以确保高质量的课程内容,另一方面注重通过第三方平台与大数据技术来精准分析与判断用户的使用习惯、课堂反馈和改进建议。而对于中国高校来说,在经历了初期的规模扩张后,后期的深度发展必须基于慕课平台的大数据技术对第三方平台海量的数据资源进行深入挖掘,进而全面跟踪、深度掌握用户的学习行为、学习过程和学习特点,不断优化教师授课内容,强化个性化诊断与服务。

第五章　华盛顿大学慕课可持续
商业模式研究

作为网络教育早期创新者之一的美国著名的公立研究型大学,华盛顿大学(University of Washington,UW)的慕课发展迅速,通过传播优秀视频资源极大地提高了学校的知名度,同时在开发慕课项目上获得了很多收益,其慕课商业模式值得我们学习与借鉴。

第一节　华盛顿大学慕课的发展概况

一、关于华盛顿大学

华盛顿大学创立于 1861 年,位于美国华盛顿州西雅图市,是一所闻名世界的公立大学,同时也是一所享有世界顶尖学术地位的研究型大学。UW 作为美国太平洋沿岸历史最悠久的大学之一,共有西雅图主校区、塔科马校区和贝瑟校区三个校区,大约有 42544 名本科生和 16847 名研究生。UW 建校至今,已经开设了上万门课程,涉及众多学科领域。其中,医学、生命科学、计算机科学、物理学、数学、统计学、教育学、公共关系、社会工作和海洋科学等学科较为出色。在世界大学中,UW 的总研发经费长期保持在前三名,这使得该校取得了众多瞩目的科研成就。此外,优越的地理位置、美丽的校园环境、优秀的教师队伍、多样的校园活动也是 UW 所特有的。UW 在 2020 年世界大学排名中位列第 26 名。

二、华盛顿大学慕课的发展历史

作为网络教育的其中一位早期创新者，早在 20 世纪 90 年代，UW 就开始提供在线课程，并且提供的大部分课程属于研究生学位或证书课程的一部分，学生通常需要花钱来进行学习。但是自 2001 年以来，大约有十几个在线课程是免费的。2003 年，大卫·萨特玛丽（David P. Szatmary）启动了 R1edu.org，这是一个由 34 所研究型大学和美国大学协会（AAU）组成的联盟，提供在线学习机会。他还发起了 Open UW，通过与 Pearson 公司旗下的学习网络合作，开发出一系列免费的开放在线课程。大卫·萨特玛丽作为慕课开发和传播的领导者，领导华盛顿大学先后于 2012 年、2013 年成为和 Coursera、edX 签订合同的首批机构之一。截至 2013 年 9 月 3 日，UW 已经基于 Coursera 平台提供了 14 门课程，参与课程学习的用户数量超过 270000 人。

三、华盛顿大学慕课的发展现状

（一）华盛顿大学慕课的收支情况

我们在分析高校慕课的商业模式是否可行时，通常需要考虑到商业模式中包含的 9 个元素，而这 9 个元素的评判标准又各不相同，因此在分析时无法找到一个统一且有效的方法。在这种情况下，慕课所带来的经济效益则直接反映了慕课的商业模式是否可行。如果无法获得一定的收益，慕课的运营成本将无法保证，最终慕课也将无法持续下去。因此，要想分析 UW 的慕课项目是否可行，首先便是研究慕课项目的运营成本和收入。截至 2017 年 7 月 30 日，UW 慕课发布的大多是以专项课程为主的课程，累计收益达 503000 美元。根据 UW 继续教育学院对慕课的成本预算，华盛顿大学 Coursera 平台上发布一门慕课需要花费 15000—30000 美元,管理成本大约为 600 美元(第一轮)和 300 美元(第二轮)。由此开发成本和管理成本之和与课程收入基本上保持平衡。不过专项课程在进入第二轮之后,才会迎来收益的高峰期,因此,UW 慕课项目保持盈利的可能性是很大的。

(二)华盛顿大学慕课的参与程度

近些年,UW 教育推广单位为了让每个人都能得到受教育的机会,创建了华盛顿大学继续教育学院。为了更直观地反映客户参与慕课学习的情况,我们将对华盛顿大学继续教育学院提供的报告《回顾 2016 年》(2016 Year in Review)来进行分析。报告指出,UW 推出的慕课课程中,在 Coursera、edX 和 Canvas 平台上推出的免费课程吸引的人数最多,仅 2016 年就高达 525707 人,较上一年有很显著的增长;付费课程的参与人数也达到了 28705 人。可见,UW 在 Coursera、edX 和 Canvas 平台上推出的慕课在客户群体中非常受欢迎。这一年,UW 在 Coursera、edX 和 Canvas 平台上总共发布了 33 门在线开放课程,新推出了 3 个学位,截至目前,总计在线提供 22 个学位。其次,参与其他课程学习的人也在 1 万人左右浮动。由于这些课程针对的目标群体不同,因此客户群体的年龄跨度也相对较大,基本在 6—86 岁之间。其中,参与证书课程学习的人的平均年龄是 38 岁,2016 年共有 2927 名学生获得了证书,占总人数的 17.4%。虽然参与学习的人不是学生,但是他们的完成度还是相对较高的。

第二节　华盛顿大学慕课可持续商业
模式的元素分析

一、客户细分

全世界学习慕课的人群是庞大的,按照不同的标准,可以有不同的分类。

就目前学习 UW 慕课的客户来看,可以分为就职人员(商务人员、计算机科研人员、网络安全领域人员、信息技术领域人员)和学生(高中生、本科生、研究生)。拓展不同类型的课程,满足不同需求的客户是 UW 慕课的主要特征。

(一)面向商务人员的基于 Coursera 平台的技能培训慕课

近些年来,我国的经济水平飞速提升,企业为实现其生产经营的目的,开展了多样化的商务活动,因此商务工作中就需要大量专业人才。但是,对于即将开始工作或是已经身处于商务工作环境中的员工来说,他们虽然具有较强的专业基础,但是缺乏对外国人工作的方式方法以及西方企业管理的基本思想的了解,所以在正式商业场合中难免会出现缺乏沟通技巧方面的问题。针对这一情况,UW 在 Coursera 平台发布了《商务英语沟通技巧》(*Business English Communication Skills Specialization*)专项课程,该专项课程是由 4 门子课程和 1 个毕业项目组成。《商务英语:网络》(*Business English : Networking*)对这门课程进行了基本的概述,同时学习者会被要求参加一个测试,看看他们是否适合学习这门课程;《商务英语:会议》(*Business English : Meeting*)主要讲授的是参加会议的词汇和技能以及在电子邮件和演讲中使用的术语和短语,以安排、参与和结束会议;《商务英语:计划与谈判》(*Business English : Planning & Negotiating*)侧重讲成功谈判的语言和策略;《商务英语:做陈述》(*Business English : Making Presentations*)教授了相关的语言和技巧,有助于让用户用英语进行有效的演讲。《商务英语沟通技巧》专项课程旨在提高学习者在社交和专业交流中的英文写作能力,并将它运用到商务谈判、电话交谈、书面报告、电子邮件和专业演讲中。在学习时,建议按照专项课程中子课程的顺序进行学习,因为每一门新课程是建立在以前课程材料的基础上的;学习者也可以学习其中的一门课程。最后的毕业项目需要用户将在课程中学习到的技能应用到不同业务环境中。由于一些高校不会特别注重推出这些专业技巧训练的课程,因而 UW 开设该专项课程能有效地提高学习者在不同业务环境中沟通的能力,也使学习者在以后的工作中能表现得更加游刃有余。经过一段时间的学习,有不少国内外的学习者都在《商务英语沟通技巧》专项课程的讨论平台发表了意见,表明了对该课程的认可。

(二)面向计算机科研人员的基于 Coursera 平台的数据科学慕课

如今,国内外越来越多的企业对数据科学家的需求日益增长,但是依旧存在巨大的人才缺口。数据科学是一门复合型的技术学科,涉及不同学科(如计算机科学、工程和统计学)知识的综合运用。作为一名数据科学家,不仅仅需要整合各种来源(智能手机、传感器、网络等)的数据,或者处理非结构化数据,还需要使用一系列技术和工具,如统计、算法、机器学习、文本检索和自然语言处理来分析数据并解释结果。计算机科研人员作为目前该领域的主力军,还需要学习其他技能,因此 UW 发布了《大规模数据科学》(*Date Science at Scale*)专项课程,该课程体系包含 3 门子课程和 1 个毕业项目。《大规模数据处理:系统与算法》(*Data Manipulation at Scale:Systems and Algorithms*)介绍了计算机科学研究前沿衍生出的实用的系统,学习者主要能学到云计算、SQL 和 NoSQL 数据库、MapReduce 及其催生的生态系统、Spark 及其同类软件以及专门用于处理图形和数据的系统等。《实用预测分析:模型与方法》(*Practical Predictive Analytics:Models and Methods*)讲授了一套最重要的实用、高效机器学习方法和概念,能帮助学生解决一些现实世界的问题;形象化是计算机科学领域中一项相对较新的研究,该研究将感知、认知和算法相关联,以利用人眼视觉皮层的巨大带宽。在《发布科学研究成果:形象化、伦理和再现性》(*Communicating Date Science Results*)课程中,用户将设计有效的形象化,并培养识别和避免不佳形象化的能力。通过对该专项课程的学习,计算机科研人员能学习更多的实用系统并将算法形象化,有助于促进计算机科研人员学习数据科学领域中一些必要的技能。

（三）面向不同领域人员的基于 edX 平台的热门技能慕课

迄今为止,很多学校都在 edX 平台上推出过慕课,但是 UW 考虑到当下客户群体对热门技能的需求,推出了一些慕课,如《网络安全要点》《IT 项目管理》《复合材料工程概述》。

1. 面向网络安全领域人员的基于 edX 平台的网络安全要点慕课

随着互联网技术的飞速发展,我们享受着互联网带给我们的方便与快捷,但是庞大的使用群体也使得互联网成为更多个人敏感信息的载体,一些不法分子会利用这一点作出威胁网络安全的事。网络安全领域作为一个热门领域,有众多的角色和部门,专业人员如何明确自己的职业方向和需要掌握的技能类型呢? 基于这一点,edX 平台推出了《网络安全要点》(*Essentials of Cybersecurity*) 专业证书课程。这门课程总共包含《网络安全简介》(*Introduction to Cybersecurity*)、《网络安全:职业自我评估》(*Cybersecurity: Career Self-Assessment*)、《建立网络安全工具包》(*Building a Toolkit*)、《寻找您的网络安全职业道路》(*Finding your Cybersecurity Career Path*) 四门子课程。这四门课程分别描述了网络安全行业中广泛的角色和部门,解释了网络安全保护管理与技术的关系,针对不同和不断演变的威胁行为者的行为确定了适当类型的安全控制,以及指导学习者如何运用网络安全术语和基本概念评估自己的知识、技能和能力,以确定网络安全的职业发展道路。该课程介绍了不断扩大的网络安全世界,为对该领域感兴趣的学习者提供了一个深入了解的机会,同时也为他们未来职业道路的选择指明了方向。

2. 面向信息技术领域人员的基于 edX 平台的 IT 项目管理慕课

在信息技术领域中,专业人员如何开发更强大的项目管理技能,成为一名成功的项目经理是一项值得思考的事情。为此,edX 平台推出了《IT 项目管理》(*IT Project Management*),该课程体系由三门子课程组成。《IT 项目和项目管理的战略应用》(*Strategic Applications of IT Project & Program*

Management)介绍了 IT 领域中项目管理标准和框架,为 IT 项目提供切实的业务效益;《IT 项目团队的领导与管理》(*Leadership & Management for IT Project Teams*)侧重于领导和管理能力,以及不同的组织文化影响项目管理的方式;《投资组合管理与治理》(*Portfolio Management & Governance*)着重介绍了项目管理办公室(PMO)和用于监控项目的治理技术。这些课程将帮助学习者选择最适合的 IT 项目或组织的项目管理技术和策略。同时,学习者还将探索到项目管理办公室的组织方式,以及如何开发项目组合。在整个课程中,学习者将了解该领域的一些挑战,包括管理可能基于世界任何地方的各种团队和项目,最终确定自己作为 IT 项目经理的能力,并开始开发此角色所需的核心技能。

3. 面向复合材料设计人员的基于 edX 平台的复合材料工程概述慕课

当今,很多产业经常用合成材料制作高性能产品,包括飞机生产制造业、运输业、能源、建造业、体育、海运业和医疗用品。但是复合材料具有多样性,设计人员缺乏一定的物理性能知识,如力学、模具、设计、检查与维修以及制造项目。基于此,edX 平台推出了《复合材料工程概述》(*Composite Materials Overview for Engineers*)课程。该课程从工程设计、制造和维修角度介绍复合材料,为解决合成材料的关键领域而设计。具体介绍了聚合物基体复合材料的材料、制造、力学、设计和修理的基础知识;聚合物基体复合材料相对于金属的优点和缺点以及高性能复合结构的设计和制造。复合材料的部分机械性能通过层压结构进行调整以适应不同的应用,从而导致重量变化和费用降低。当成功学完该课程时,学生将能够辨别复合材料独特的性质并且能够理解高级复合材料的结构是如何设计、生产和维护的,能够把所学到的知识应用于设计与生产高性能复合材料结构中。

(四)面向本科生和研究生的基于 Canvas 平台的演讲培训慕课

本科生和研究生缺少演讲的相关技能,为了让学员成为一个更自信更有说服力的公众演说家,Canvas 平台推出了《演讲概论:即兴演讲课程》(*Introduction to Public Speaking:Impromptu Speaking*)。该课程介绍了演讲所需的写作、练习和实施过程,让学员能全面了解口头与书面沟通各自的独特特征,并学习如何准备更易于口头传达和听觉理解的演讲。完善自己演讲能力的其中一个最佳途径是仔细研究他人的演讲,这门课程将多次研究和讨论示例演讲和示例演说家。对演说家的分析结束之后,该课程还会讨论学员心目中的典范演说家,并分析该演说家能取得较好演讲效果的原因。学完该课程后,学员将能够设计和清晰地传达基本的论点、具体的介绍、复杂的论点,充满自信地发言并且富有洞察力地评估和批判演讲。

(五)面向高中生的基于 UW 自建平台的大学预备课程

为了那些想提前接触大学课程,尽快适应大学生活的高中生,华盛顿大学继续教育学院推出了大学预备课程。UW 率先培训高中老师,让他们有资格在高中教授 UW 官方课程。官方课程主要有计算机科学、人文社会科学、数学、科学、世界语言这五类课程。这些课程被列入 UW 课程目录,与 UW 校园中教授的课程相同。学生如果通过考核,便能顺利拿到该大学学分,如果以后进入 UW 进行学习,该学分是有效的。如果打算去另外一个机构,这些学分可以转移到美国的其他学院和大学。NACEP 是美国唯一的同时注册合作伙伴认证机构,一直致力于确保由高中教师授课的大学课程与大学开设的课程一样严谨,使学生能够顺利过渡到大学,教师也能从有意义的、持续的专业发展中受益。

二、价值主张

从 UW 已经发布的慕课来分析,已经形成的价值主张主要包括注重热门行业技能知识的研究、满足不同领域在职人员的需求以及加强大学课程的宣传力度和竞争优势。

（一）注重热门行业技能知识的研究

迄今为止，国内外高校在慕课平台上都推出过一些技能慕课。UW 善于从新的视角，研究一些其他高校不曾过多关注的热门行业的技能，推出相关慕课。以 UW 发布的《网络安全要点》专业证书课程为例，该课程强调了网络安全保护与技术的关系，着重介绍了应对不同的威胁网络安全行为的一些安全控制措施，同时也给学习者提供了机会来确定网络安全的职业发展道路是否适合自己。这类课程极大地考虑到用户对当下热门领域知识技能的匮乏，通过提供实用的技能知识来获得学习者的支持；此外，高质量的课程资源和教学经验丰富的老师也扩大了该课程的影响力，吸引了更多的客户群体。该课程的客户群体主要针对的是维护网络安全的人员，通过提供多样的网络安全应对办法，他们能够更好地应对网络安全威胁；同时也为那些对网络安全感兴趣以及有意进入该领域的人，提供一个了解该领域的机会，为他们未来职业道路的选择指明了方向。

（二）满足不同领域在职人员的需求

UW 一直以来致力于为不同领域的在职人员提供多样的专业化课程，以便他们能够及时了解和掌握各自工作领域新兴的技能和知识。其中 UW 提供了《大规模数据科学》专项课程、《机器学习》专项课程、《商务英语沟通技巧》专项课程等。以《大规模数据科学》专项课程为例，通过学习该专项课程，学习者不仅能习得有关大数据处理的专业性知识，还能获得可扩展的 SQL 和 NoSQL 数据管理解决方案，数据挖掘算法以及实用的统计和机器学习概念的实践经验。还将学习可视化数据和沟通结果，探索在处理大数据时出现的法律和伦理问题。课程的目标客户是复合型的技术学科人才，数据科学家需要掌握不同的学科知识（如计算机科学、工程和统计学），并且能够善于发现和协作。作为网络教育早期的创新者之一，开发出更多针对不同领域在职人员的专项课程,能够吸引更多的学习者,并对 UW 日后职业领域慕课的发展产生深远的影响。

(三)加强大学课程的宣传力度和竞争优势

华盛顿大学高中项目(UW in the High School,UWHS)中提供的课程充分加强了大学的宣传力度和竞争优势,吸引了更多学生入学,从而也为慕课项目带来了更广泛的客户群体。首先,华盛顿大学高中项目为高中生提供了一系列的课程,仅 2016 年就提供了 282 门课程,包括比较文学、微积分、全球健康和中文等,并且这些课程都是 UW 的官方课程。华盛顿大学高中项目也得到了全国并行注册合作联盟的认可,该联盟的认证确保了该项目在课程、教师、学生、评估和课程评估领域能达到或超过严格的国家质量标准。其次,华盛顿大学高中项目、美国英才教育项目(Running Start)和美国先修课程项目是高中生可以使用的几种双学分方式。在双学分课程中,学生可以同时获得高中和大学学分。如果想申请 UW,通过 UWHS 课程是能够成功进入大学课程的一种有效证明。这些学分不仅在 UW 有效,还可以转移到美国其他的一些学院和大学。最后,在 UWHS 计划中,由于 UW 与多所华盛顿州的高中都建立了合作关系,因此 UW 的官方课程有足够的高中教师来进行教授,但这些老师在授课前需要经过 UW 培训和批准。高中生不用出校门便可以学到和 UW 校园里教授的同等质量的课程。通过 UWHS 计划,不仅使学生更方便地学习到大学课程,提高了大学课程的竞争优势,还间接地提高了学校的知名度,吸引更多的优秀学生进入 UW。

三、渠道通路

适当地扩大渠道类型才能获得更广泛的客户群体,而 UW 通过基于 Coursera、edX、Canvas Network 等渠道获得了广泛的在线学习群体,也吸引了大量的传统学习群体。

（一）UW 与 Coursera 的合作

Coursera 是全球最大的开放式在线教育平台，2012 年 7 月，UW 宣布与 Coursera 开展合作，并在 Coursera 平台上发布了第一批慕课，参与的学术单位包括计算机科学学院、工程学院、信息学院和应用数学学院。目前，在 Coursera 的平台上，UW 上线的课程数量为 15 门。作为最大的在线教育平台，为了保证用户有良好的学习体验，Coursera 在界面设计、课程考核方式、教学形式上都作出了改善。虽然 Coursera 的一些功能处于不断的优化中，但是基本功能组成没有太多的变化。通常一门课程的基本模块包括总览、课程大纲、教学视频和材料、学生评价与审阅、日程表、公告、论坛、课程调查、常见问题解答、课程维基百科和聚会。同时，Coursera 中大部分课程有很多视频资源、课件资源和额外的学习资料，如果遇到问题，同学们可以在讨论区通过搜索子板块找到需要的答案，也能够订阅某个问题或者针对自己的回复的邮件，还可以与同学相互交流，互相进行评价。Coursera 平台基本功能的日益完善保证了用户有更好的学习体验，也实现了 UW 为更多人提供在线教育资源的美好愿景。

（二）UW 与 edX 的合作

2013 年 5 月，UW 宣布与 edX 开展合作。不同于 Coursera，edX 强调对学生在在线课程中的表现的研究和数据收集，这可以帮助大学研究人员了解什么类型的在线教学工作最好。edX 与很多社交平台建立了联系，如 Google、YouTube、Twitter、Meetup，学习者可以利用这些平台建立小组论坛，方便学习交流。学习者可以在该平台专门设立的新闻中心和博客空间中了解该平台的相关新闻和动态消息。除了提供教学课件之外，edX 还提供了在线测试、课后作业、在线问题、演示动画、讲座视频等丰富的补充内容。有些课程还加入了虚拟实验室、电子历史图技术、3D 建模技术，这些有利于直观地呈现知识、激发兴趣。① 学习者可以在 edX 的讨论区中互相合作,共同讨论遇到的问题。对于比较普遍、突出的问题,助教团队会在课程教学展开的过程中提供帮助。edX 平台能够记录学生学习单元课程知识的学习轨迹,这些数据可以很容易被获取从而利于教育教学研究。通过采用这些先进的技术,给用户带来了良好的学习体验,能够有效促进网络学习。

(三)UW 与 Canvas Network 的合作

自 Instructure 于 2011 年 2 月推出了基于云的 Canvas Network 学习管理系统后,UW 的三个校区便开始使用该学习管理系统。为了确保为所有用户提供无障碍、愉快的体验,Canvas 平台使用的是最现代化的 HTML 和 CSS 技术构建的,致力于 W3C 的 Web Accessibility Initiative 和 Section 508 准则。Canvas 中丰富的内容编辑器支持多种辅助功能,便于创建可访问的内容:Rich Content Editor 包含一个辅助工具,用于检查编辑器中常见的错误,同时也可以设计课程内容,如可以在 Rich 内容编辑器中嵌入来自网络的图片,也可以给上传的视频嵌入隐藏式字幕。此外,Canvas 中的几个区域也已经专门针对可访问性进行了改进。Canvas 界面使用字体的大小可以进行调整,在任何排版都会随着浏览器的缩放而缩放;日历支持议程视图,其中列出了列表或议程格式的所有分配和事件;测验允许教师对需要更多时间或需要多次尝试的人进行测验;默认(作业)成绩册和学习掌握成绩册都支持个人视图,教师可以一次查看一个学生的作业和成绩;用户设置页面托管两个功能选项以增强可访问性;高对比度用户界面,启用时,此功能在按钮、标签和 Canvas 中的其他区域提供更高的对比度;下划线链接,启用后,此功能将强调导航菜单、仪表板和页面侧栏中的超链接;聊天工具可以选择在发布新消息时启用音频通知。该系统为 UW 教师创建自己的课程提供了灵活性和易用性,教师可以随时探索、

---

① 董晓静、洪明:《美国 EDX 平台的运作方式、特点和面临的问题》,《中国远程教育》2005 年第 7 期。

浏览和了解组织课程内容。就 UW 计算机科学学院呈现的示范课程来看，这些课程都是 UW 教师在前几个季度实际课程的基础上进行的改编。当你探索这些模型课程时，请注意教师设置课程并使用"画布"课程元素的不同方式。例如，每个示范课程都显示了主页的不同用法。一些教师将这个空间用于课程大纲，其他教师则用于上课时间和位置信息。一些教师将新的教学大纲粘贴在以前存在的教学大纲中，其他教师则使用富文本编辑器直接在 Canvas 中创建教学大纲。示范课程还说明教师如何使用部分 Canvas 功能。例如，教育咨询：成果部分显示了一个扩展的课程标题。家庭和儿童护理护士助产士的高级实践：模块显示课程安排和任务清单。会计专题：该课程还使用"模块"来组织内容，教师使用"测验"来获得学生的及时反馈。学生还可以与讲师之间进行沟通、讨论并且提交作业和成绩簿。通过 Canvas 平台提供的学分课程，每学分的费用为 160 美元，教师都是来自 UW 领导的世界一流的教师队伍；还会有附加作业、阅读和退出要求，增加了师生的参与性；还提供了一些让学生向学分过渡的课程，允许学生干预和鼓励保留精心设计的课堂。

四、客户关系

保持客户群体的稳定需要进行有效的客户关系管理。UW 主要通过开发满足用户和市场实际需求的课程、充分利用讨论区来增强师生之间的交流这些方式来营造良好的客户关系，形成相应的客户群体。

（一）开发满足用户和市场实际需求的课程

为了弥补传统大学教育的不足或是学生提升自己在某个领域的技能，UW 给用户提供了一些应用性和技能性较强的课程。基于 Coursera 的慕课平台，UW 主要推出了一些课程，涉及的领域有《大规模数据科学》《机器学习》《商务英语沟通技巧》《程序设计语言》（*Programming Languages*）、《动态公开演讲》（*Dynamic Public Speaking*）。《大规模数据科学》主要用于教授学生大数据处理,思考大数据时代相关的法律和伦理问题。通过学习《机器学习》课程,用户将学习分析大型和复杂的数据集,构建可以从数据进行预测的应用程序,并创建随时间适应和改进的系统。《商务英语沟通技巧》专项课程旨在让客户在专业语境下以英文进行有效的沟通。通过扩大英语词汇量,提高客户在社交和专业交流中的英文写作能力,并学习可用于商务谈判、电话交谈、书面报告和电子邮件以及专业演示的术语和技能。《程序设计语言》课程通过使用语言 ML、Racket 和 Ruby 作为教学概念的手段,使客户更有效地编程任何语言并学习新的语言,为客户提供一个了解如何有效使用语言结构以及如何设计正确优雅的程序的框架。《动态公开演讲》专项课程面向各级演讲者,致力于提高演讲者的演讲技能。

(二)充分利用讨论区来增强师生之间的交流

客户对一门课程的理解程度直接影响客户学习成绩的好坏,因此,客户学习过程中及时的沟通是很有必要的,这时我们就要充分发挥虚拟讨论区的作用。客户不仅可以及时反馈信息、与教师实现互动,也可以与其他学生互相联系、对想法进行辩论、讨论课程材料并寻求帮助来掌握概念。以 UW 基于 Coursera 平台的《程序设计语言》为例,该课程的教学者是丹·格罗斯曼(Dan Grossman)教授,课程评价等级为 4.9(最高为 5)。作为在线学习一个重要的组成部分,讨论区发挥着极大的作用,因此鼓励客户在讨论区参与讨论很有必要。丹·格罗斯曼教授在展开教学时一般会采用两种方式来激励学习者:一是告诉学习者最终考试的考点在讨论区中,因此忽视评论区的行为是极不明智的;二是客户在讨论区反馈的信息内容与对话题的参与程度直接与总成绩相关联,分值大小与学习者参与话题的质量和活跃度挂钩。作为教学者,最大限度地利用讨论区来实现师生之间的互动是很有意义的,在一定程度上积极地参与讨论能帮助客户解决学习中遇到的问题并且能鼓励客户积极探索新问题,保持与自身研究领域相同的更新速度。

五、收入来源

慕课之所以能够吸引大量学习者,主要是因为学习者能够突破空间、时间的限制,学习到世界各地著名高校的课程且无须支付任何费用。但是发布一门慕课需要投入大量的财力、物力和人力来设计与准备,因此保持稳定的收益才是保证消费市场稳定发展的关键。根据近几年的情况,UW 主要从认证收费、渠道拓展以及基金资助来获得收入来源。

(一)认证收费

1. Coursera

在 Coursera 成立初期,其平台上的慕课课程只提供"课程修完声明"和成绩单。2012 年,UW 与 Coursera 合作后,完整学习该校在 Coursera 平台上发布的慕课课程的学习者可以获得 UW 的学分。但是学分的获得不是无条件的,除了需要支付一定的费用,额外任务的完成、与导师的合作等这些都是必需的。2013 年 1 月,Coursera 启动学分认证后大获成功,为各高校带来了"整体营收的 15% +大学指定总利润的 20%"的收益。为了保证学分的认可度,Coursera 与权威机构美国教育委员会(American Council on Education, ACE)开展合作,来对相关课程进行评价。一旦 ACE 认可了该课程,客户就可以在不同的教育机构进行学分转换。这种做法有利于调动慕课学习者学习的积极性,也有利于慕课的长期可持续发展。自此,Coursera 也一直采用这种最基本的营利模式。除此之外,Coursera 还推出了签名追踪认证服务。Coursera 平台会对参与该认证服务的学习者的打字方式、身份证件以及摄像头照相进行认证。此外,签名追踪认证服务在 Coursera 的官方网站上提供电子认证(每张证书都有自己独特的 ID,任何人都可以查证)。如果用户不想加入签名追踪项目,可以免费学习该课程。但是,仅仅依靠学分和签名认证来获得收益是远远不够的,还要寻找其他的收益来源。

2. edX

2013 年,UW 又与 edX 展开了合作。UW 在 edX 平台上提供的课程都是免费的,但是学生如果想要获得证书的话,则必须支付一定的费用。edX 提供的收费证书主要有认证证书和项目证书。认证证书主要针对的是单个课程的认证收费,学习者如果完成该课程的学习,并通过了照片和身份认证的审核,只需按照不同的标准缴纳费用就可以获得证书;而项目认证针对的是一系列课程的收费。主要包含三类认证项目,分别是微硕士认证项目、专业认证项目、X 系列认证项目。微硕士认证项目提供了一系列来自顶尖大学的研究生课程,旨在推动学习者在职业方面的发展。它们让学习者在某些特定的职业领域进行深入学习,同时被雇主认可。学生可以申请大学提供的微硕士课程的学分,如果被接受,学生可以花费更少的时间和金钱获得硕士学位。专业认证项目是由行业领导者和顶尖大学设计的课程项目,旨在建立和提高在当今热门领域取得成功所需的关键专业技能。X 系列认证项目中的课程由世界知名的专家和顶尖大学创建,旨在通过一系列课程深入了解需求领域。迄今为止,UW 推出了一门专业认证项目课程——《网络安全要点》和一门 X 系列认证项目课程——《IT 项目管理》。如果学生想深入学习这些课程,在付费之后需要进行认证。认证需要使用网络摄像头,拍摄自己的照片和政府颁发的照片 ID,并输入一行保证声明是本人学习这堂课。学习者以后每次考试、交作业都需要重新照大头照并输入保证声明。然后软件将评估照片,并确认是否是完成课程的人员。当通过课程时,学习者将收到包含“edX 已验证”邮票的证书,显示已经通过课程。

(二)渠道拓展

UW 借助 Coursera、edX 平台上签名认证所获得的收益是有限的,并且其中一部分收益还要分给 Coursera、edX 平台,那么 UW 最终获得的收益则更少。因此,只有借助自身的平台发布更多高质量的教育课程,吸引更多稳定的客户群体,才能达到缩减成本、提高收益的目的。为了让更多群体享受到高质量的课程教育,UW 成立了华盛顿大学继续教育学院。其中的课程包括早秋课程(Early Fall Start)、华盛顿大学 Osher 终身学习学院(Osher lifelong Learning Institute UW)、夏季课程、夏季青年课程(Summer Youth Program)、UW 专业与继续教育(Professional and Continuing Education)、国际和英语语言课程(International & English Language Programs)、UW 大学预备课程(UW in the High School)。在早秋课程中,进入华盛顿大学的新生可以获得学分,并在秋季开始前一个月顺利过渡到大学生活。在华盛顿大学 Osher 终身学习学院中,50 岁及以上的成年人可以参加课程和活动,以在活跃的学习环境中探索感兴趣的知识和文化话题。华盛顿大学的夏季课程为任何人提供了在世界顶尖大学之一学习课程的机会,夏季课程中包含近 2000 门课程,涉及 100 多个学习领域。夏季青年课程整合了华盛顿大学的广泛资源,在有趣安全学习环境中提供丰富的学术课程。UW 专业与继续教育学院开设的课程面向忙碌的成年人,他们可以灵活地选择学习时间。在国际和英语语言课程中,国际学生可以选择本科生和研究生两级的各种课程,以帮助提高英语语言能力,准备在美国进修,了解美国文化、商业和其他科目。在 UW 大学预备课程中,高中生可以在自己的教室里完成华盛顿大学课程,并获得大学学分。以 UW 大学预备课程为例,为了那些想提前学习大学课程的高中生,UW 事先培训高中老师,让他们有权利在高中学校教授 UW 官方课程,学生学习后,如果通过考核,便能顺利拿到该大学学分,如果以后进入 UW 进行学习,该学分是有效的。但前提是该学生有资格申请学分课程,并且每门课程需要支付 370 美元。同时,课程认证具有权威性。UWHS 完全由全国并行注册合作联盟认可,该认证确保了 UWHS 在课程、教师、学生、评估和计划评估领域达到或超过严格的国家质量标准,同时 UWHS 也是华盛顿州仅有的两个 NACEP 认证计划之一。因此,该课程能提高客户心中的认可度,为以后 UW 与更多权威机构合作打下了基础。

（三）基金资助

UW 慕课项目在发展的道路上还受到了基金组织的援助，如美国国家科学基金会、休伊特基金会和比尔和梅琳达·盖茨基金会。美国国家科学基金会是由 1950 年的国家科学基金会法案（P.L. 810-507）创建的一个独立的联邦机构，致力于确保国家有足够的科学家、工程师和科学教育工作者。国家科学基金会通过向美国各地的教育和研究机构授予赠款和合同来资助科学和工程领域的研究和教育。2013 年，美国与芬兰虚拟研究所（SAVI）合作，旨在提高各国的科学、技术、工程和数学教育。这次合作由美国佩珀代因大学（Pepperdine University）的埃里克·汉密尔顿（Eric Hamilton）和芬兰赫尔辛基大学（Helsinki University）的扎里（Jari Multisilta）协调，合作名为"学习与教育创新"，涵盖了八个不同但互补的项目，每个项目都有来自 NSF、芬兰技术与创新局（Tekes）和芬兰科学院的团队成员参加，总共获得了 400 万美元的资助。其中，华盛顿大学、俄勒冈州立大学和图尔库大学主要负责"探索学习和支持 STEM 学习所需的生产性学科"，这个项目试图建立两个美国大学之间的合作伙伴关系，通过开发创建学习环境，让学生进入专业领域，鼓励他们使用该学科的"语言"和"实践"来获得一些东西，支持学习者学习 STEM 学科。比尔和梅琳达·盖茨基金会是由比尔·盖茨与梅琳达·盖茨夫妇资助的全球最大的慈善基金会。2012 年，UW 从高等教育技术协会（Educause）与比尔和梅琳达·盖茨基金会获得了 884000 美元的赠款，用于慕课、Coursera 在线学士学位课程的项目。2013 年，UW 与 Coursera 和 edX 合作之后，马特·麦克加里蒂（Matt McGarrity）发布了他的第一门慕课《公开演讲的艺术》（*The Art of Public Speaking*），这也是 UW 的第一个免费课程。马特·麦克加里蒂幽默风趣的课堂和公开演讲课程的流行性吸引了广泛的客户群体，比尔和梅琳达·盖茨基金会也为马特·麦克加里蒂的《公开演讲的艺术》提供了 5 万美元的资助，致力于让该课程受到全球观众的欢迎。这些资助都为 UW 慕课项目的持续发展提供了强有力的支撑。

六、核心资源

　　UW 作为一所办学历史悠久的大学,其综合实力一直居于世界前列。同时,该校也拥有大量的核心资源,如学术科研实力、精品课程、优质师资等,这些也是影响慕课项目成功与否的关键所在。因此,UW 慕课项目的核心资源可以从以下四个方面来分析。

(一)优势学科资源

　　作为一所世界顶尖的研究型大学,UW 开设的课程数量多达上万门,涉及的学科领域十分广泛。在新的大学排名中,医学研究、医学护理、计算机科学、生命科学、教育学、信息管理、图书馆管理、生物工程、公共关系、公共卫生、临床心理学、社会学等众多学科在全美大学中排在前 10 名。其中,UW 借助 Coursera、edX 平台发布的较多的是计算机学科类课程,如《程序设计语言》《网络安全要点》《IT 项目管理》等。以《程序设计语言》为例,通过对函数编程的好处和技术方面的强调,该课程的重点放在了学习编程语言背后的基本概念上。使用如 ML、Racket 以及 Ruby,可以让学习者明白不同语言片段的使用可以比各部分和总和创造得更多,从而获得自学新的语言所需要的新软件技巧和知识。Coursera 中该课程分为三门子课程,即 A 部分、B 部分和 C 部分。这三个部分的内容是相互承接的,学习者需要按顺序来进行学习。A 部分先列出了课程三个部分的主题列表,接着介绍如何使用 Racket 进行编程,然后学习延迟评估的习惯用法。B 部分中介绍用动态类型语言构建数据结构,用解释器实现编程语言。最后能实现一个具有函数闭包的小型编程语言。C 部分中开始用 Ruby 进行编程,包括学习 Ruby 的函数闭包的变体以及面向对象编程的本质的"继承和重写",重点关注函数式编程和面向对象编程如何鼓励对这些"完全相反"的问题进行分解。学习者能够学到所有编程语言共通的知识,掌握与函数编程相对的面向对象编程风格。通过编程的经验,学习三种不同的语言,学习在设计和使用编程语言中的重要问题。如模块化和静态以及动态类型。本课程既非特别理论化,也不是特别偏重于编程的,而是会为你提供一个理解如何有效地使用语言构建以及如何设计正确优雅的程序。通过使用不同的语言,你会学习更深入地思考语言的语法结构。

(二)优质教师资源

UW 聘请了许多不同学科领域的杰出的教授和科学家。现任教授中有 10 位诺贝尔奖得主、252 位美国院士,院士总数在美国大学中名列第 8 位。在他们的潜心指导下,UW 在这些领域取得的学术科研成就也是非常巨大的。也正是因为这些科研成就,UW 每年都会得到美国联邦政府的资金支持、私人及企业的捐赠、基金组织提供的经费资助。近几年,UW 总研发经费长期保持世界大学前三名,一直高于哈佛大学、斯坦福大学、麻省理工学院、剑桥大学和牛津大学。巨大的资金支持给 UW 的学术科研工作人员提供了不断前进的强大动力。同时,微软公司联合创办人还出资给 UW 建造法学院大楼、计算机工程大楼,为其学术研究提供了一个舒适的环境。

(三)精品课程资源

UW 自 2001 年以来便在互联网上提供各种各样的课程和计划,致力于为全世界的人提供优质的课程。从过去的开放课程资源到现在的慕课,华盛顿大学继续教育学院通过满足不同年龄段的学习者对于课程不同的需求,扩大 UW 客户群体的覆盖面。同时 UW 通过解决地理、财务以及时间限制等方面的问题,为学习者提供了一个灵活学习的机会。同时这些学习者中有大部分人可能没有受过高等教育,这在一定程度上能消除相关受教育机会的障碍。

另外,UW 此前一直注重开发课程资源的研究,也与多所高校机构都建立了合作关系,推出了课程。因此,在内容教授方式和制作手段上,UW 都比其他高校具有更多相关方面的经验。因此,若能将运营在线教育资源的经验充分地运用到慕课项目的建设中,UW 将会比别人更具竞争优势。同时,还要积极与慕课建设团队进行探讨,尝试不同的制作思路和方法,制作出更加优质的课程,为更多的客户提供他们需要的课程。

(四)人力资源

在 UW 慕课的发展过程中,众多的人员为慕课的开发和建设投入了时间和精力。其中特别要提到的就是大卫·萨特玛丽,他为推动 UW 网络教育化作出了重大的贡献。自 1984 年大卫·萨特玛丽加入华盛顿大学以来,他就在华盛顿大学教育外联大学的继续和专业教育部门工作。在他的带领下,UW 新增了很多证书课程和学位课程。同时他还为非传统学生提供了对 UW 的接入点,其中大部分是工作人员。2013 年,UW 为超过 5 万名学生提供了教育拓展服务,开发了 6000 多门课程。该组织吸引了近 7.5 万人入学,总收入接近 1.386 亿美元。大卫·萨特玛丽积极与其他教育机构、公司和组织建立合作关系。2003 年,他启动了 R1edu.org,这是一个由 34 所研究 I 大学和AAU 组成的联盟,提供在线学习机会。① 他还与 Pearson 公司的学习网络合作开发了一系列 12 个免费的开源在线程序,发起 OpenUW。2005 年,大卫·萨特玛丽帮助推动大学合作伙伴(ASG)联盟的建立,该小组合作实施各种举措,包括制订联合教育计划。目前 ASG 课程包括与华盛顿大学和加利福尼亚大学圣地亚哥生物技术项目管理相关的证书课程,以及美国加利福尼亚大学尔湾分校与华盛顿大学联合创建的气候变化决策证书课程。自 2007 年 2 月以来,华盛顿大学教育外联在为 IBDAA 计划中为年轻求职者提供了专业证书课程。这标志着华盛顿大学第一次在国外建立了一个在本国教外国人的基地。最重要的是大卫·萨特玛丽是慕课的开发者和传播者,在他的积极推动下,华盛顿大学

---

① David D. Williams, Scott L. Howell, Mary Hricko, *Online Assessment*, *Measurement and Evaluation*: *Emerging Practices*, London: Information Science Publishing, 2005, pp. 79-82.

成为 Coursera 和 edX 的首批合作机构之一。

七、关键活动

关键活动是指能让慕课项目获得收益而作出的有效的活动,包括建设课程的活动、维护客户关系的活动、获得收益的活动等。

（一）开发多样的慕课

慕课项目做得是否成功,主要看有没有稳定的客户群体,而客户群体的多少则取决于课程是否新颖,类型是否多样,能否满足不同学习者的需要。那么就需要从以下几个方面来进行考量。

第一,优质的团队是创建课程的基础。在着手准备慕课项目之前,拥有一个优秀的团队创建精品课程是基础。UW 的慕课主要由继续教育学院的技术团队和相关学科领域的教授共同完成。以基于 Coursera 慕课平台上发布的《动态公开演讲》为例,其课程建设团队是由传播学的首席讲师以及慕课制作团队共同组成的,从而保证了课程的合理性,并在课程发布后吸引了广泛的客户群体。

第二,划分明确的客户群体是慕课成功的关键。客户群体的确定在一定程度上就决定了慕课的整体类型和内容。以 UW 现有的慕课为例,针对小学生、中学生、高中生发布的慕课主要是为了实施 STEM 项目,为国家建设培养高水平的人才。而成年人正处于不同的工作领域中,对于各领域热门的技能和知识比较感兴趣,因此针对成年人发布的慕课就比较偏向不同专业职场的知识。此外,UW 除了发布英语版本的课程之外,还特地为非英语母语的客户群体发布了中文、韩文、越南文字幕的《商务英语沟通技巧》专项课程以及《机器学习》专项课程。同时,为了吸引更多中国客户群体,UW 也在不断进行更多课程的汉化工作,在不久以后,会有更多样的课程提供给客户进行学习。

第三,结合合理的教学战略。对于不同的慕课,其教学内容也各不相同,要想让学习者有坚持学习下去的动力,就需要针对不同的教学内容采取不同的教学策略。以基于 Coursera 慕课平台上发布的《动态公开演讲》为例,马特·马盖瑞提教授讲授课程的周期为 10 周,每周 3 个小时的时间里,他有意地缩短了演讲的时间,更多地以学生提供的视频为案例,解析和传授演讲中的要点。此外,每周的课程教授仅仅通过独立的 8—12 分钟的视频讲座来传达有意义的内容,其余时间则要求他们在家里或在屏幕前练习演讲,这充分考虑到了学生的个性与感受,对于他们以后演讲技巧的提升有很大益处。考虑到非英语母语的学习群体,该课程的点击播放速度可以降低到 3/4,同时有一个隐藏的字幕,有需要的群体可以结合字幕进行观看。

第四,策划制作步骤。相较于传统课堂教与学的过程,慕课在发布前需要经过一系列复杂的准备工作,如制定教学目标、课程内容、录制视频、设计评价和完善课程。最好列一个具体制作任务的表格,接着便是按照表格制定目标、设计教学内容、录制视频、设计生成视频。同时,在课程正式发布之前,还需要保留足够的时间进行反复的测试与修改。对于 UW 而言,其课程更倾向于按照不同年龄段的客户群体来进行制作,根据他们的需要提供不同专业领域的课程。

(二)运用适当的反馈平台

慕课的课程种类繁多,学习者也来自世界各地,虽然在线学习给学习者带来了极大的便利,但是学习者们大多会保持三分钟热度,坚持不到课程结束。因此针对这一问题,首先要建立合理的互动平台,再者还要加强对参与指标的关注机制。在进行在线学习时,互动平台作为一个极其重要的平台,发挥了极大的作用。学习者如果想获得较好的学习效果,就要增强师生、同学间的沟通。以 Coursera 平台为例,该平台设有虚拟讨论区,客户可以针对某一问题来实现与教师的交流互动,也可以与其他同学进行交流,对别人进行评价。这种沟通方式能极大地提高客户的参与度,同时也有助于他们成绩的提升。在计算机科学慕课中,它们每周都会追踪参与慕课学习的人数和其他情况;同时也设有传统的参与指标,根据学习者完成测验的情况作出评判。

(三)采用不同的认证机制

作为一种开放的在线教育资源,慕课的资源主要来自全球各大高校。这些高校将优质课程以在线的形式发布在网上,全球任何想学习的人都能享受到同等的学习机会。但对于大学机构而言,如何建立完善的认证机制才是当务之急。学分认证作为一种有效的手段,既能给大学带来收益,又具有一定的权威性。Coursera 作为主要的慕课平台,其推出的签名追溯便是一种有效的认证机制。签名追溯机制有以下原理:首先,开始时可以以普通方式学习提供认证的课程,对于是否参加签名认证计划,学习者可以在课程开始日期后两到三周(具体时间取决于课程时长)内进行思考;其次,如果确定参加,需要提供身份证明(驾照、身份证、护照),并输入个人详细信息;再次,按照平时的打字习惯作为个人签名信息的一部分;最后,在完成所有课程的学习并顺利通过测试后,付款便能获得由 Coursera 颁发的电子证书。依靠签名追溯机制,UW 和 Coursera 都获得了很大的收益。

八、重要伙伴

重要伙伴可以分为非竞争者之间的战略联盟、竞争对手间的战略合作、开发新产业的合资企业以及采购商与供应商之间的关系。对于 UW 的慕课项目而言,重要伙伴则是非竞争者之间的战略联盟,包括 Coursera、edX、Canvas Network。

(一)Coursera

2012 年,美国斯坦福大学的吴恩达和达芙妮·科勒教授共同创办了一家营利性的在线教育公司——Coursera。Coursera 的发展迅速,截至 2017 年 8 月 31 日,已经与来自 28 个国家和地区的 150 个世界顶尖大学和教育机构建立了合作关系,累计提供了 2268 门的课程。目前,与 Coursera 合作的高校和教育机构十分多,UW 就是其中之一。作为一个与众多高校合作的开放教育平台,它能够为大众提供免费开放的课程。而 UW 与 Coursera 的合作,也让更多的人有机会学到 UW 提供的高质量的大学课程。

(二)edX

2012 年 4 月,麻省理工学院和哈佛大学共同创办了 edX 平台。由于该平台能够为用户提供免费、公开的大学高水平课程,吸引了很多用户和合作伙伴。截至 2020 年 7 月,华盛顿大学已经为全球 2500 万名学习者提供了超过 2800 门课程,完成这些课程最后可以拿到微硕士证书、专业证书、X 系列证书三种不同类型的证书。微硕士证书中的一系列硕士课程都由顶尖大学创立并获得相关公司认可,它们向学习者提供其需要的知识,并可帮助他们加快硕士学位的完成。专业证书由行业领导者和顶尖大学设计,以提高专业技能,培养雇主正在寻找的专业培训和专业教育的熟练程度和专业知识为目的。X 系列证书由世界知名的专家和顶尖大学创建,旨在通过一系列课程深入了解关键科目。完成该系列的课程,就能获得一个有价值的 X 系列证书,也证明了自己的能力。UW 作为其中的合作成员之一,目前上线的课程有 23 门,这些课程涉及的领域包括 IT、网络安全等。

(三)Canvas Network

Canvas Network 是由美国的一家技术创业公司 Instructure 于 2011 年 2 月推出的基于云的学习管理系统,它能与数百个应用程序无缝集成,赋予教师和学生无数工具,使教学和学习更轻松、有趣。Instructure 成立于 2008 年,由两位计算机科学研究生布雷恩·惠特默(Brian Whitmer)和德夫林·戴利(Devlin Daley)创办,专门为高校和 K-12 教师和学生设计学习管理系统。其中,UW 的三个校区使用的就是 Canvas Network 学习管理系统。Canvas 将所有数字工具和教师使用的资源连接到一个简单的地方,凭借其开放、可定制、灵活、适应性强的特性,使学习者在任何环境中都能有极强的学习能力。同时,它能够为学生提供个性化的移动和社交通知,并通过自然的云技术,保留学生提交的课程反馈信息,简化教师课程评估的时间。迄今为止,Instructure 已连接全球超过 2000 家大学、学区和机构的 1800 多万名教师和学习者。学习者们可以借助 Canvas Network 提供的平台学习任何教育者提供的开放在线课程,并能就课程内容给学习者们提供及时交流互动的平台。同时教师可以对课程进行重用、修改、重新混合,生成符合自己教学方式的视频。在 Canvas Network 的合作伙伴中,既有提供大规模在线课程的机构,也有基于院校学生的小型在线开放课程,学习者可以在这个平台上选择自己需要的课程进行学习。

九、成本结构

以《商务英语沟通技巧》专项课程的运营数据为例进行分析,该专项课程的成本大体由两个部分组成,即慕课管理成本和慕课开发成本。

(一)慕课管理成本

在 UW 慕课项目中,负责管理慕课的职位有副教务长(Vice Provost)、助理副校长(Assistant Vice Provost)、高级总监(Senior Director)、人力资源总监和财务部临时高级总监(Director, Human Resources, Interim Senior Director, Finance)。这些职位都由 UW 招募的员工担任,因此无须给他们支付太多的费用。当然,也有一些员工除了担任慕课管理工作之外,还负责教授一些课程,因此只负责部分慕课项目管理工作。以副校长助理桑德拉·雅努施(Sandra Janusch)为例,她除了需要协助副校长协调各项工作之外,还负责教授学术与国际课程,包括培训英语教师作为第二外语。再以高级总监为例,埃里克·班斯莱本(Erik Bansleben)领导了一个由董事、助理主任和计划经理组成的团队,负责制作一些广泛的课程,包括从学位和信用证书到大型非贷款组合以及 UW 夏季课程和 UW 大学预备课程。

（二）慕课开发成本

慕课开发作为慕课项目最重要的环节，慕课的制作与上线主要由开发课程内容的教学人员和负责技术开发的技术人员共同合作完成。首先需要 2 名教师负责安排慕课的教学内容；还需要 1 个项目经理（Project Manager）负责领导项目，协调所有要素的发展，联络机构内部需要的部门，管理项目时间表以及保持项目准时和预算；接着需要创建一个优秀的课程设计团队，这个团队中包括教学设计师、教学技术人员、视频制作联络人等；最后还需要视频制作团队，具体包括制作经理、摄像机操作员、设备技术人员、音频技术人员。按照UW 继续教育学院的情况来看，需要支付一定成本的主要是摄像师。对于《商务英语沟通技巧》专项课程而言，开发成本约为 70000 美元，再加上其他所需的技术劳动，课程开发的总成本大约为 100000 美元。

（三）慕课成本收益分析

《商务英语沟通技巧》专项课程主要通过两个方式来产生有效的收益，学习者可以选择用 65 美元购买一门课程进行学习，也可以支付 300 美元来购买所有的课程。根据 UW 继续教育学院提供的数据，截至最后一门课程启动，购买独立课程的人数为 2000 人，收益为 130000 美元，根据与 Coursera 达成的收益比例分配，所获得实际收益为 65000 美元；购买完整课程的人数有 450 人，收益为 135000 美元，所获得实际收益为 67500 美元。因而获得的总收益为132500 美元。由此，《商务英语沟通技巧》在课程启动期间所获得利润为30000 美元。虽然专项课程已经全部结束，但上述的收益只是一个暂时性的结果。预计在课程启动一年后，收益将高达 200000 美元，而后期课程的开发所需的费用变化非常有限。虽然专项课程获得了成功，但要想获得更高的收益，则需要开发更多相关领域的课程。

第三节 华盛顿大学慕课可持续商业模式的策略阐释

一、提供多样的课程扩大客户细分

就如今 UW 慕课的发展情况来看,明确不同的客户群体,弄清不同客户的需求,对慕课的发展至关重要。同时,针对不同的客户群体,UW 提供了多种类型的课程。当下,UW 主要推出了以下几种类型的课程。

第一,面向商务人员的专业培训课程。这类课程的开发主要是为了提高在职人员的专业技能。以面向商务人员的《商务英语沟通技巧》培训课程为例,这项课程面向的群体比较庞大,任何进入职场的人都需要与客户进行沟通,如何与别人进行有效的沟通,便是该课程教授的内容。除了这种培训课程,UW 还为其他领域的在职人员提供了相应的课程,如计算机领域和数据科学领域的课程。

第二,面向网络技术人员的热门技能课程。这类课程的开发主要着眼于计算机领域相关的或潜在的问题,旨在提高网络技术人员解决相关问题的能力。以《网络安全要点》专业证书课程为例,该课程是在当下网络安全问题受到威胁的基础上推出的,致力于让用户能根据不同的威胁行为者的行为确定适当的安全控制类型。该专业课程还包含四门子课程,通过这些课程,能给用户带来灵感,为工作人员节省了大量的时间和金钱,也为对网络安全领域有兴趣的学习者提供了了解这一领域的机会。

第三,面向本科生和研究生的演讲培训课程。这类课程的开发主要是为了提升学生的演讲能力,让学生成为一个更自信的公众演说家。以《演讲概论:即兴演讲课程》为例,该课程将揭开演讲所需的写作、练习和实施过程的神秘面纱,让学员全面掌握如何准备更易于口头传达和听觉理解的演讲。通过该课程的学习,学员将能够设计并清晰地传达基本的论点、具体的介绍、复杂的论点,从而更自信地发言并且富有洞察力地评估和批判演讲。

第四,面向高中生的大学预备课程。这类课程给那些期望大学生活并想学习大学课程的高中生带来极大的便利。高中生可以自己选择感兴趣的大学课程进行学习或者提前为大学所学的课程做准备,从而打破中学生认为大学课程比较神秘的看法。同时,UWHS 得到全国并行注册合作联盟的全面认可,确保了 UWHS 在课程、教师、学生、评估和计划评估领域达到或超过严格的国家质量标准,具有一定的价值。一方面学生通过学习,能够打下很好的基础;另一方面也起到了很好的示范作用,从而吸引更多的学生入学。

二、满足不同的需求践行价值主张

要想慕课更加具有竞争力,UW 需要充分运用运营经验、客户关系、优质课程这几个价值主张。

第一,UW 具有多年的运营开放教育资源的经验,这给慕课项目的运营带来了极大的便利。罗维·布拉农(Rovy F. Branon)是华盛顿大学继续教育学院的副教务长,他负责监督所有的 UW 专业和持续教育计划和工作人员。

第二,维持良好的客户关系是慕课顺利开展的关键。无论是基于 Coursera 的慕课,还是 UW 的在线课程,客户都能体验到一系列贴心的服务。如新消息推送、课程时间提醒、作业反馈信息等。这些服务都能为客户带来极佳的学习体验,形成稳定的客户群体。

第三,开发满足客户需求的课程才能使慕课更具优势。作为具有多年资源开发经验的机构,UW 知道如何了解客户的需求并且想办法去满足他们。UW 继续教育学院通过一定的渠道了解客户的需求,在发布课程后通过讨论区及时将客户的信息反馈回来,以保证发布的课程是否受欢迎。

三、利用不同的平台拓宽渠道通路

想要获得更稳定的客户群体,除了靠主体的渠道通路外,还需要拓展不同的渠道通路来吸引客户。在运营慕课时,UW 主要通过在 Coursera、edX 平台上发布课程,另外也会通过 Canvas Network 来发布一些课程。

第一,充分利用 Coursera 平台来发布慕课。作为全球大规模的开放在线教育机构,它一直处在研究开放教育资源的前列。Coursera 成立不久,UW 便与它进行了合作。UW 主要在该平台上推出热门领域专业性较强、适用性较强的课程,因此将 Coursera 平台作为发布相关课程的主要渠道是非常正确的,不仅能够最大限度地体现 UW 慕课的价值,同时也能够吸引更多对相关领域或对 UW 其他课程感兴趣的客户群体。

第二,适当兼顾 edX 的慕课发布平台。edX 是哈佛大学和麻省理工学院共同创立的,旨在为用户提供免费、公开的大学高水平课程。该平台吸引了很多用户和合作伙伴,UW 在 2013 年就与 edX 进行了合作。UW 目前在该平台上推出的主要是职业项目课程和 X 系列项目课程,充分反映了 UW 对该平台的信任。主要借助 edX 慕课平台发布 UW 高质量的慕课是 UW 作出的一项正确的决定,因为该平台提供的免费课程能够吸引大批用户,从而有助于让用户更多地了解 UW 课程的教育价值。

第三,积极运用 Canvas Network 的内容交流平台。自 Instructure 于 2011年 2 月推出了基于云的 Canvas Network 学习管理系统后,UW 的三个校区便开始使用了该学习管理系统。该系统为 UW 的教师创建自己的课程提供了灵活性和易用性,教师可以随时探索、浏览和了解组织课程内容。就 UW 计算机科学学院呈现的示范课程来看,这些课程都是 UW 教师在前几个季度实际课程的基础上进行的改编。学生还可以与讲师之间进行沟通、讨论并且提交作业和成绩簿。

第四,努力运营学校的课程自建平台。UW 在开发在线开放课程上具有多年经验,根据这些经验,UW 继续教育学院推出了一系列针对不同群体、不同领域的课程,也因此吸引了不同年龄段的广泛客户群体。通过这些对 UW 课程有着熟悉度的群体,他们能够将 UW 慕课的内容和资源传递给他们生活圈子中的其他人,最终 UW 能够拥有更加庞大的客户群体。

四、采取有效的方式强化客户关系

为了拉近与客户的关系,UW 采取了多种策略,以此来满足客户的需求并寻求获得更多的收益。

第一,积极与客户互动以拉近客户关系。以前采用的方式大多是先收集客户的信息,了解客户的需求,按客户需求进行分类,并为他们提供对应的服务。课程结束后还要进行回访,获得反馈信息,再作出适当改进。这种方式虽然考虑到了客户的要求,能够产生一定的效果,但是缺少与客户的及时沟通,在问题的解决上存在滞后性。由于不同类型的客户群体对于课程的需求各不相同,UW 充分利用讨论区、论坛等及时了解客户需求,同时也将自己的想法反馈给客户,由此能够与客户产生更多的共识。

第二,提供针对性服务以拉近客户关系。在校大学生和各领域在职人员作为 UW 慕课的两大客户群体,UW 为这两大群体提供了一系列课程。通过社会对专业性人才的需求,以及在职人员对热门技能的需求,有针对性地为在职人员提供相关的课程;通过加强与在职人员的沟通交流,了解如今就业市场的最新动态,进而为在校大学生提供最前沿的课程以保证日后就业具有竞争性。

五、运用合理的战略拓展收入来源

运用一定的营销策略,不但能使慕课保持成本与收益的收支平衡,还能获得额外的收益。

第一,免费课程与认证服务相结合。一方面,UW 在不同的慕课平台上发布的课程符合慕课的特征,可以供学习者免费学习;另一方面,通过签名认证服务能获得一定的收益,从而保证慕课项目持续地发展。从目前来看,慕课的一部分收益主要来自学分认证所获得的收益,但收益不大。

第二,学生可以合理选择学习方式。UW 专业继续教育(UW Professional & Continuing Education)有着丰富的开放教育资源,还推出了在线社会科学学士学位课程与儿童早期和家庭研究学位课程。UW 校长迈克尔·扬(Michael K. Young)表示:"这是一种将 UW 扩展到时间和地点受限的学生的方式,他们的家庭或工作使他们无法来到校园。这是他们完成学位,走向更好人生的一条途径。"考虑到该平台主要为未拿到学位证书的人或忙碌的成年人提供专业和继续教育,学生可以自由选择在晚上、周末或是网上自由学习。每周晚上的课程学习者只需要上 3 个小时,而且这些课程在西雅图校区、塔科马校区和贝瑟校区都有开设,学习者可根据个人情况自由选择上课地点。如果不想到校园里上课,UW 也设置了同样的在线课程。在线课程或是校园课程有一定的关联性,因此学习者选择在线课程还是校园课程具有一定的灵活性,或者还可以采用在线学习和校园学习的混合学习方式,完全不用担心跟不上进度。UW 专业继续教育学院提供的课程都是提供网上本科和研究生学位、证书和单独的课程证书的课程,能给学习者带来一定的帮助。再者,灵活的学习方式给了学习者一定的空间,也能吸引更多的学习者,带来一定的收益,是一种值得尝试的方法。

六、运用合理的方式扩大核心资源

UW 现有的资源比较有限,如何保证慕课项目的可持续发展,就需要采取手段扩大当前的核心资源,提高 UW 慕课的竞争优势。

第一,有效挖掘教师的潜在能力。在慕课的开发制作上,UW 有专门的团队来负责,但是慕课中视频的录制和制作完全可以依靠课程教授者来完成。随着现代化设备越来越广泛的投入与使用,教师也越来越具备慕课开发的能力,只要加以培训并给予一定的资金支持,就能降低慕课的开发成本,从而提高市场竞争力。

第二,充分发挥学校的影响力。为了吸引更多的学习者参与慕课的学习,UW 要采取一定的措施来发挥学校的影响力。首先,优秀的课程便是吸引学习者的根本所在,除了开发出客户需要的课程之外,还要注重课程内容的质量,以吸引更多的学生。其次,还要积极利用 YouTube 视频网站和苹果公司的 iTunesU 频道进行宣传,吸引年轻的客户群体到慕课中来。另外,还可以利用与其他机构的合作来提升自己的知名度,吸引客户群体。

第三,积极争取基金组织的赞助。由于 UW 提供的慕课有一部分是免费的,因此要想使慕课持续性发展下去,除了需要学校自身的投资外,依靠外部基金组织的资助也很重要。迄今为止,UW 从比尔和梅琳达·盖茨基金会和美国国家科学基金会获得了很多资助,总额可位居前三。2012 年,UW 从高等教育技术协会(Educause)和比尔和梅琳达·盖茨基金会处获得了 88.4 万美元的赠款。2013 年,UW 与 Coursera 和 edX 合作之初,比尔和梅琳达·盖茨基金会便为马特·麦克加里蒂的《公开演讲的艺术》提供了 5 万美元的资助。这些资助都为 UW 慕课项目的持续发展提供了强有力的支撑。因此,积极争取基金组织的支持对扩大慕课项目核心资源很有必要。

七、实施有效的策略推进关键活动

考虑到 UW 的慕课项目,为了使关键活动更有效地推进,可以采取创新课程建设、完善学习支持机制以及强化学习认证收费等策略。

第一,创新课程建设。在 UW 慕课项目中,主要推出的是一些针对热门领域的专项课程和一部分适合不同年龄段学习的单项课程。专项课程通过提供一系列子课程最终让学习者掌握当今热门领域所需的关键专业技能,这些专业技能满足了强大的市场需求,自然就能获得稳定的客户群体和可观的收益。

单项课程为不同的学习群体提供了合适的课程,有助于满足学习者的学习需求。因此,推行慕课项目必须要采用一定的策略,并不断推陈出新,满足多元化需求,才能具有竞争优势。

第二,完善学习支持机制。参与 UW 慕课项目建设的教学者都是极具经验的优秀教师,有着扎实的专业基础和先进的教育理念。为了让这些优秀的教师获得慕课开发的相关知识和技能,该校还对这些教师进行了专门的培训。慕课是一种全新的事物,在建设中要考虑不同群体的不同需求,选择合理的教学内容,从而建立一套更完善的学习机制,得到学习者的支持。

第三,强化学习认证收费,稳定收入来源。为了强化学习认证,UW 慕课项目采取了以下手段:首先,采用营销手段获得更多收入。客户在学习专项课程的时候,以《IT 项目管理》为例,该课程由三门独立的课程组成。如果只学习一门课程,认证费用为 71 美元,但如果学习了所有课程,总费用则降到170.4 美元。这种营销策略主要采用的方式是"薄利多销",学得越多,优惠越多。虽然这种方式比较常见,但确实产生了一定的效果。其次,通过权威评价机构来强化学习认证。UW 慕课成功获得了美国教育委员会的学分推荐认证,也就是说,获得该校的慕课学分认可度较高,且可以在一定的大学内进行学分转移。最后,在 Coursera 平台上学习的课程可以在学校转化为相应的学分,同时学生对一些内容的学习可以更加深入、细致。

八、拓展更多的合作关注重要伙伴

对于 UW 慕课项目而言,除了与学院内部人员进行合作之外,还与外部人员进行了深入合作。

第一,加强与 Coursera 的合作。为了确保 UW 慕课项目一直顺利地运营下去,需要找到一个能够长期稳定合作的伙伴并且能够共同承担风险与收益。目前来看,该校与 Coursera 的合作十分紧密。UW 的大部分慕课都会发布在 Coursera平台上,并且双方也很有共识地会按照一定的比例来分配学分认证所获得的收益。

同时 UW 还在 Coursera 平台上推出了专项课程,并且进展十分顺利。

第二,拓展与社会基金组织的合作。为了降低慕课的投资成本,UW 除了与 Coursera 这个主要合作伙伴开展合作,还与其他组织发展成了密切的合作伙伴,比如说休伊特基金会、比尔和梅琳达·盖茨基金会这类基金组织和美国联邦政府这些政府机构等。它们都为 UW 慕课项目的展开提供了大量的支持。

第三,深化与 Canvas Network 的合作。自 Instructure 于 2011 年 2 月推出基于云的 Canvas Network 学习管理系统后,UW 的三个校区便开始使用了该学习管理系统。该系统为 UW 教师创建自己的课程提供了灵活性和易用性,教师可以随时探索、浏览和了解组织课程内容。目前,在 Canvas Network 上的课程都是 UW 教授在前几个季度实际课程的基础上进行改编的。但 Canvas Network 上有很多类似于文本编辑器的插件,方便教师编写教学大纲,因此教授们可以尝试着创建新的课程,活用课程元素,给学生带来不一样的课程体验。同时借助该平台,学习者可以与讲师之间进行沟通、讨论,并且提交作业和成绩簿。

九、降低开发的成本优化成本结构

UW 前期就已经具备了比较完善的基础设施和齐全的硬件设备,因而慕课项目的成本主要来自课程开发的成本,因此优化成本结构便由此入手。

第一,提高任课教师的职业素养。一方面,需要提高教师的专业素养,增强教师在教学过程中的经验,熟悉教学方法和教学设计流程;另一方面,需要对教师进行技能培训,了解常见的录制视频的方法、如何编辑和处理视频和音频,并且通过培训让教师了解 Coursera 所制定的课程标准,以便于部分或全部承担技术人员的职责。由此,通过相关培训,提高任课教师的相关技能,有利于减少开发人员,降低开发成本。

第二,对一类课程进行深度开发。开发一门单独的课程与专项的课程,其耗费的成本、资源是差不多的。因此,在这样的条件下,我们可以着手开发这一类课程,争取使用一样的标准、资源、时间开发出更多的课程,获得更多的收益。这样不仅能有效地降低成本,也便于后期的管理。

第三,适当扩大课程开发的范围。目前不同客户群体对于不同领域课程的需求是各不相同的,除了为特定的群体提供必要的课程之外,还可以适当地扩大课程开发的范围。除了为在职人员提供《商务英语沟通技巧》专项课程之外,还可以专门针对一类具体职业的群体提供他们需要的课程,这类课程开发不仅不会增加额外的成本,而且有更广阔的市场。

第四节　华盛顿大学慕课可持续商业模式的反思与启示

一、华盛顿大学慕课可持续商业模式的反思

(一)核心资源的管理有待改进

人力资源作为核心资源的一部分,发挥了很大的作用。在慕课项目的建设中,包括了教学设计人员、学科教授、技术团队和管理团队。UW 慕课项目是由 UW 继续教育学院来负责的,技术和管理人员都来自学校,而学科教师则来自各个学院。因此,在推进慕课建设的过程中,双方保持良好的合作关系至关重要。但是在项目的实际运作过程中,由于 UW 继续教育学院的技术开发人员与其他学院的教学人员缺乏一定的沟通,因此出现了一定的问题。在慕课建设初期,学习者在进行线上教学时,由于没有事先进行调试,导致麦克风没有出现声音,并且学生的个人信息也被公布在网络之上。因此,在慕课发布之前,合作双方都应该事先进行检查调试,做好万全的准备,同时有任何问题也要及时沟通。

（二）关键活动的实际效果低于预期

UW 慕课项目的关键活动主要包括课程建设、学习支持和学分认证，但实际效果却存在问题。虽然慕课的教育模式吸引了广泛的学习者，但是它采用的系统评价、互动方式并不适合所有的学科。之前密歇根大学查尔斯·塞弗伦斯教授提供过一门课程《互联网历史、技术和安全》，采用同行评议的方式来评估作文。在这种方式下，参与者提交作文后，参与课程的学生都必须阅读和评估其他同学写的四篇作文。在理想情况下，这些文章被几个人审查后，这个系统应该能给学习者提供均衡和有效的反馈。然而，科洛维奇从他的采访中得出这个系统并没有在实践中发挥作用。由于慕课具有开放性、全球性，很多参与者的英文写作都有问题，如拼写错误和语句混淆。因此，采用同行评议方式反倒造成了一种更复杂的情况，一些学生无法看清技术方面的问题，而另一些学生却完全忽视了一般的一致性。此外，参与慕课的学习者能通过讨论区与同学进行互动，通过测试便可以获得该学分，但 Coursera 的课程测试大多由计算机自动评分，这也在一定程度上局限了测试题的类型，题目的答案也是固定的。慕课给学习者提供了一个初步接触该领域的机会，但如果要想深入地了解，则需要进入大学进行深入的学习。

（三）客户关系的强化有待提高

对于 UW 慕课项目而言，拥有足够多的客户群体更可能给慕课项目带来巨大的经济效益，但这不是最重要的。如何处理好与现有客户群体之间的关系，建立紧密的联系才是最关键的，这对于推广 UW 慕课也有一定的影响。然而根据实际情况，结果并不是我们所想的那样。慕课提供的在线开放课程虽然吸引了很多用户注册学习，但有很大一部分人都没有坚持学完课程。出现这种情况的原因是多方面的。一是学习者注册学习的课程大多是免费的，因而对课程的学习抱着一种无所谓的态度。一旦受到影响，比如课程考评太难、其他事情比较多顾不上，学习者会很轻易放弃。乔治·西门子作为比尔和梅琳达·盖茨基金会资助的项目"MOOC Research Initiative"的首席研究员，曾对慕课的低完成率作出回应："参与慕课学习的人出于各种个人或职业原因，不一定专注于获得学位或获得完成证书。再者，即使参与学习的人是被录取的大学生，如果因为个人原因，不得不中途辍学，他会承担巨额的费用，还会投入心理和情感成本。而当一个学生退出网络课程或慕课时，他们没有付出任何东西，也不用承担巨额的费用，所以没有必然的心理联系，放弃得很干脆。"二是制作的慕课对学习者产生的积极影响较小。UW推出的课程大多是一些专业的入门知识和功能介绍，缺乏实践部分。教学者还没有完全考虑到学习者的需求，在课程内容的安排上和难易程度上可能把握得不够充分，或是在教学方法的设计上还有所欠缺，不够生动有趣。针对这一情况，其他UW的慕课教学者也在想尽办法为不同的客户群体设计有趣的课程。虽然UW会借助讨论区、社交媒体、推送功能来深化与客户的关系，但效果一般。

（四）收入来源的拓展充满挑战

为了使慕课项目更稳定地发展下去，UW采取了一系列措施来拓展收入来源。为此，UW与Coursera、edX展开了密切的合作，推出了一些满足客户群体需求的课程，以期待获得更高的收益。但Coursera、edX创立之初，为了提高声誉，建立自己的品牌，采取推广高质量的免费在线开放课程的营销策略。虽然这样吸引了更多的捐助者、客户群体和更多的研究资金，但是这种策略得到的财务回报很小。只能通过"免费增值"模式，向那些想要进行身份认证的人进行收费。2014年，宾夕法尼亚大学对100多万名参加了自己慕课的学生进行了一项研究。他们发现，大多数学生有一个或多个学位，几乎有65%—75%的学生不在美国，而慕课的总完成率只有4%。考虑到这种情况，通过"免费增值"模式最后获得的收益很小。俄勒冈大学的宏观经济学和时间系列计量经济学家马克·托马（Mark Thoma）曾说："我主要担心的是在线课程的学位课程将会形成一种两个层次的教育体系,并将扩大不平等,而不是减少这种差距。"在线教育的兴起,可能会减少传统学院的数量,特别是国家支持的学校。州立政府也会因此削减对一些高校的投资。可见,以慕课为主题的在线教育与传统的高等教育处在一种对立面。慕课所提倡的廉价甚至是免费的课程可能会导致传统高等教育教授的课程也逐步走向廉价化。面对这一情况,UW也一直在不断尝试解决,面临的挑战是巨大的。慕课是一把双刃剑,它既带来了机遇,也存在着挑战,最后的结果如何,还要看后续慕课的发展情况。

(五)渠道通路的拓宽存在阻碍

自 2011 年慕课出现之后,慕课凭借其优势在教育界掀起了巨大的浪潮,国内外高校、机构纷纷开始重视慕课。虽然目前慕课正以一种快速的势头发展,但是其渠道通路的拓宽仍然存在阻碍。一些教育工作者担心,在线课程可能让大学管理者分心,而且很有可能会降低校内教育的质量。批评者指出,早期通信课程的热潮便是一个例子。高校在 20 世纪 20 年代曾急于扩大家庭学习计划,但最终教学质量未达到承诺的水平,只有极少部分的参与者完成了课程。1928 年,在牛津大学的一次演讲中,杰出的美国教育家亚伯拉罕·弗莱克斯纳(Abraham Flexner)发表了一篇关于函授研究的枯萎的起诉书,声称它以牺牲严谨教育为代价来推动"参与"。到了 20 世纪 30 年代,该计划失败了。如今慕课的发展已经过了当初迅猛发展的时期,其存在的问题也逐渐显现出来,人们越来越看重慕课实际存在的价值和意义。无论是教育者还是投资者,对慕课都抱有一种喜忧参半的心态。随着越来越多机构和高校对慕课项目提出更高的要求,那些缺少一定渠道通路的慕课项目最终将会被淘汰。

(六)价值主张的彰显还需加强

除了满足当下在职人员的实际需求以及发挥青年课程的示范和引领作用,慕课还要适当彰显其余的价值主张。UW 发布的慕课项目基本上偏重于

UW 具有优势的强项学科,适合于该领域的人进行进一步学习。但是针对其他领域的客户群体,可以适当开发出适合他们基本技能培训的课程。换句话说,除了彰显已有的价值主张之外,还应扩大其他的价值主张。为了吸引更多的客户群体,可以结合当前的流行元素做一个慕课,从不同的角度来分析其背后所蕴含的学科知识。如一些流行的电视剧背后所蕴含的社会学、教育学知识。通过不断的慕课实践,UW 应该建立起一套独特的、稳定且有意义的价值主张,并通过慕课平台传递给更多的顾客群体。

(七)客户细分的扩大亟待解决

虽然 UW 将客户细分得比较明确,也提供了一些满足不同客户群体需求的课程,但从现有的收益来源来看,UW 从为在职人员和在校学生提供的课程中获得收益。不过就目前提供的课程来看,虽然提供的课程有很多,但是大多数课程都是针对某一具体领域的客户群体,如计算机领域缺少多元化的课程,无法吸引更多其他领域的客户群体。再者,从 UW 开始发布慕课到现在已经5 年多了,慕课学习过程中的一些问题也逐渐显露出来,学习者对慕课的呈现方式和评价机制也愈发挑剔,开发者在现实中已逐渐失去了原先开发课程的热情。有些人甚至认为没有必要再提供多样化的课程,这势必会导致慕课在未来的发展过程中遇到阻碍。为了解决这一问题,UW 打算通过拓展面向其他领域的课程来获得收益。

(八)成本结构的安排还需优化

很多时候,教学人员不仅是课程的教授者,还是教学设计师、教学课程开发者。但是集这么多角色于一身的教学人员,付出了大量的时间和精力,却拿不到与自己的劳动量成正比的薪水,这便导致一些致力于慕课建设的优秀教师在面对廉价的劳动力费用和巨大的工作压力时而产生了懈怠心理。虽然UW 通过雇佣更多的员工也能缓解这种情况,但是这种做法极大地增加了开发成本。UW 慕课项目的管理团队虽然已经采取了一些有效措施来优化成本结构,但现实情况依旧很严峻。未来需要积极鼓励教学人员参与慕课建设,这对节约成本和开发优秀的慕课都有极大的意义。

(九)重要伙伴的合作需要加强

Coursera、edX 是 UW 慕课项目最重要的合作伙伴,UW 在这些平台上推出的课程都有着稳定的客户群体。但是,仅仅依靠 Coursera、edX 这两个平台是远远不够的,要想让慕课项目能够持续地发展下去,需要与更多的伙伴进行合作。除了 Coursera、edX 之外,UW 慕课项目的合作伙伴还有 Canvas Network 和社会基金组织。然而,UW 与它们合作推出的大多都是免费课程,只能给 UW 带来极小的收益,这对 UW 后续慕课项目的发展会产生一定的消极影响。此外,要加强与社会基金组织的合作,基金组织的资助会对慕课的发展产生非常重要的影响。虽然在过去的 20 年中,华盛顿大学的研究经费增加了 2 倍,2013 财年的研究经费达到了 12. 38 亿美元,美国国家科学基金会提供了绝大部分资金。但是 UW 的慕课项目每年从基金组织获得的资助非常有限:美国国家科学基金会对在线教育的资助仅局限于一些具体的项目,如提高科学、技术、工程和数学教育(STEM)的项目;来自比尔和梅琳达·盖茨基金会的资助只针对一门具体的慕课,并不针对所有 UW 慕课项目。

二、华盛顿大学慕课可持续商业模式的启示

"互联网+教育"作为我国国家战略的重要组成部分,加快了现代教育的进程。越来越多的企业加入到"互联网+教育"的洪流中来,这也使得该行业的竞争异常激烈。"互联网+"是一种新的经济形态,主要依托互联网信息技术实现互联网与传统产业的联合。慕课作为其中重要的一项举措,积极开展商业可持续化研究尤为重要。如今,中国在线教育市场正在极速发展,最主要

的有以 K-12 为主要受众的青少年教育；以在校大学生留学外语考试和公务员考试为主的应试教育；以 IT、金融、会计等职业技能为主的职业教育。通过收集这些用户的数据，在线教育的发展可能会逐渐转向 O2O，通过不断探索商业模式，使在线教育行业朝向更稳定持续的方向发展。

近几年，慕课在国内掀起了巨大的浪潮，中国不少高校也紧跟着国外慕课发展的步伐，建设了不同的慕课平台。如清华大学的"学堂在线"、上海交通大学的"好大学在线"等。不过考虑到慕课的开发成本和较少的资金资助，慕课很难长期发展下去。一方面，我国政府虽然给慕课提供了经济资助，但不重视经济效益；另一方面，据粗略统计，高质量的视频作品每小时成本为 4300 美元。虽然慕课提供的课程大多是免费的，但是为了长远的发展，必须要采用适当的商业模式。华盛顿大学作为早期的网络创新者之一，拥有很多的慕课制作经验，我们要学习华盛顿大学现有的慕课商业模式，结合自身的情况积极进行改革与创新。

在理论研究上，可以先了解华盛顿大学商业模式中的客户群体细分、营销策略和盈利方式等要素，再结合具体情况明确自身的客户群体，推出优质的、热门的课程；运用适当的营销策略，如学分认证等方式，实现盈利；加强与其他机构或平台的合作，吸引更多的客户群体。这一方面既能给我国高校慕课发展提供经验借鉴，另一方面也为"互联网+教育"的商业模式的发展提供了理论支持。最重要的是，在相互借鉴的过程中，推动了我国大学慕课的发展与变革。

第六章　加利福尼亚大学伯克利分校
慕课可持续商业模式研究

慕课的潮流在美国席卷。作为美国著名的公立研究型大学，加利福尼亚大学伯克利分校（University of California, Berkeley）具有前瞻性，其慕课发展迅猛，为公众提供了优质的教育资源，同时进一步提高了学校的声誉，本质上来说是伯克利分校在慕课领域取得了成功，其商业模式也值得学习和借鉴。

第一节　加利福尼亚大学伯克利分校
慕课的发展概况

一、关于加利福尼亚大学伯克利分校

加利福尼亚大学伯克利分校，简称"伯克利"或"UCB"，位于美国旧金山湾区伯克利市，是世界著名的公立研究型大学，在学术界享有盛誉，在 2020 年的世界大学学术排名中位列第五、在 U.S.NEWS 世界大学排名中位列第四。

UCB 由 130 个学术部门和 80 多个跨学科研究单位组成。截至 2018 年 8 月，伯克利的校友、教职员工和研究人员中包括 104 名诺贝尔奖得主、25 名图灵奖得主和 14 名菲尔兹奖得主。他们还获得了 9 个沃尔夫奖、45 个麦克阿

瑟奖、20 个奥斯卡奖、14 个普利策奖和 117 枚奥运奖牌。2018 年秋学期,该校的本科生人数达到 30853 人,研究生人数达到 11666 人。

UCB 是加利福尼亚大学的创始校区,也是美国最自由、最包容的大学之一,该校学生于 1964 年发起的"言论自由运动"在美国社会产生了深远影响,改变了几代人对政治和道德的看法。UCB 还是世界上最重要的研究教学中心之一,该校在世界大学学术排名中化学排名世界第 1、生态学排名世界第 5、电气与电子工程专业排名世界第 3,与旧金山南湾的斯坦福大学共同构成了美国西部的学术中心。

二、加利福尼亚大学伯克利分校慕课的发展历史

2012 年 9 月,为了纪念 UCB 在教学创新上作出的努力,伯克利在线教育资源中心成立。该中心是一个资源中心,是所有内部校园和外部资源的运作催化剂,可以为大学的在线教育计划提供咨询并起到协调和促进作用,范围从信贷和非信用课程到在线学位课程和慕课项目,还包括 MOOCLab 计划。伯克利在线教育资源中心的新 MOOCLab 是一项为期 3 年的研究计划,旨在资助和开发大规模开放在线课程,以此作为在线教育教学研究的载体。

edX 平台是非营利性的,由麻省理工学院和哈佛大学联合出资建立。该平台从 2012 年秋季开始设置哈佛大学、麻省理工学院和 UCB 的一些免费的课程。从那开始,越来越多的美国、加拿大和欧洲的高校都纷纷加入到 edX 平台中。之后,伯克利与 edX 平台合作,在全球各地的校园中开发小型私人在线课程,并促进这种课程的采用。除此之外,该校还与 Coursera、英国的 FutureLearn、中国的"学堂在线"等合作,提升国内外的教育影响力,提高学校竞争力。

三、加利福尼亚大学伯克利分校慕课的发展现状

（一）加利福尼亚大学伯克利分校慕课的开发状况

Class-Central 是一个全英文的慕课资源导航社区,起着聚集课程的作用。

截至 2020 年 7 月,UCB 通过该平台向外提供了 68 门在线课程以供学生自由学习,其中 30 门课程能够给予证书认可。与此同时,UCB 不断地开发新的课程,有 3 门课程近期即将开启。网站中的课程中包含 22 门人文课程、13 门计算机科学课程、6 门商务类课程、6 门数据类课程、4 门教学类课程。其中具有代表性的课程包括《统计学导论:描述性统计》(*Introduction to Statistics:Descriptive Statistics*)、《数据科学:用 Python 进行计算思维》(*Data Science:Computational Thinking with Python*)、《市场分析:产品、分销和销售》(*Marketing Analytics:Products,Distribution and Sales*)等。

(二)加利福尼亚大学伯克利分校慕课的实施情况

2012 年,慕课在国外各大学校中流行。作为学术界中的佼佼者,UCB 也紧跟潮流,为有需要的群体提供教育帮助。在此基础上,该校利用自身的学校优势、学院资源等,与 edX、Coursera、英国的 FutureLearn 和中国的"学堂在线"等多个平台展开合作,总共发布了 63 门在线课程。在实施课程之前,伯克利分校教务长对课程指导委员会进行了在线评估,该委员会由副校长凯西·科什兰(Cathy Koshland)主持,由学术评议会、政府、工作人员和学生组成,由他们共同负责监督在线课程评估的实施。在线课程的实施主要基于以下几个目的:第一,教师能够快速获取有用的信息,提高他们的课程及教学的效果。第二,鼓励和支持学生进行及时反馈,以此来改善教学质量。第三,提高校园数据的质量和完整性,方便进一步理解和认识教学贡献。第四,借助互联网的快速发展,利用 21 世纪的工具,让员工高效地完成工作,并且可以腾出时间直接为学生和教员服务。

虽然慕课在大量兴起,但是 2012 年的研究报告指出,慕课的退学率普遍较高。有些研究人员认为,我们不能仅仅将关注点停留在退学率高这一问题上,而应该进行深入的探究,厘清他们不能完成所有慕课课程的原因,这样才有助于慕课的长远发展。

第二节　加利福尼亚大学伯克利分校慕课可持续商业模式的元素分析

一、客户细分

根据 UCB 慕课的客户群体,该校的慕课课程可以分为面向文学爱好者的文化性慕课、面向中国用户的入门级慕课、面向专业人员的前沿技术型慕课以及面向普通公众的社会服务型慕课。

(一)面向文学爱好者的文化性慕课

edX 平台上有很多人文、文学类的慕课都是向大众免费开放的,并且大多是初级入门型的课程,学生比较容易接受。无论用户是在职人员还是在校学生,只要他们想学,不论何时何地都可以登录网站并打开课程进行学习。这种课程完全可以按照用户自己的步调进行统筹安排。在课程结束后,平台仍保持课程开放,允许学生观看课程视频和阅读课程资料来自行安排学习进度进行学习和探索,虽然用户无法获得课程里的所有功能和素材,课程内容也不会继续更新,但是新的开课时间会不定时公布,有兴趣的学生可以在此基础上再一次学习以巩固所学。

在 edX 平台上,文学爱好者的课程由 BerkeleyX 读书俱乐部组织,此类课程都是由麦琪·索科利克(Maggie Sokolik)博士担任授课教师,她自 1992 年起就在伯克利分校教授写作和技术沟通方面的课程,后又在哈佛大学、麻省理工学院、得克萨斯农工大学和北亚利桑那大学担任教师,拥有丰富的教学经验和知识储备,曾在加利福尼亚大学洛杉矶分校攻读应用语言学博士学位。博士毕业之后,在法国巴黎继续攻读博士后。索科利克博士著有 20 余本关于"以英语为第二语言"和写作方面的教科书,是公认的在语言运用方面有极高造诣的教师之一。

例如,《简·奥斯丁的〈傲慢与偏见〉:BerkeleyX 读书俱乐部》("*Pride and Prejudice*" *by Austen*:*BerkeleyX Book Club*)这门课程专门研究《傲慢与偏见》这本书。在这里,用户在授课教师的指引下理解全文背景信息,并在此基础上欣赏《傲慢与偏见》这一著作,这门课程给学员留下了深刻的学习体验。学员通过讨论区的相互交流,畅谈所思所想,阐述各自观点,在提高表达能力的基础上增加词汇量,同时语言运用能力也得到了发展。这类课程属于引导性课程,持续时间约为 4 周,每周需要有 3 小时的学习时间。为了时刻吸引用户上课的注意力,该慕课制作时采用新颖的工具、视频、小测验和类似游戏的实验室博取眼球,缓解长期授课带来的疲惫。对于一些读书爱好者来说,此类课程的发布受到了极大的追捧。关于文化性的慕课,UCB 拥有一系列课程,比如《雪莱的〈弗兰肯斯坦〉:BerkeleyX 读书俱乐部》("*Frankenstein*;*Or*,*TheModern Prometheus*" *by Shelley*:*BerkeleyX Book Club*)、《辛克莱的〈屠场〉:BerkeleyX 读书俱乐部》("*The Jungle*" *by Sinclair*:*BerkeleyX Book Club*)、《马克·吐温的〈哈克贝利·费恩历险记〉:BerkeleyX 读书俱乐部》("*Adventures of Huckleberry Finn*" *by Twain*:*BerkeleyX Book Club*)等共 12 门,在 UCB 的慕课中显然占据了很大的比例。

(二)面向中国用户的入门级慕课

由于中国拥有庞大的人口,本着"教育为先"这一理念的中国自然成了 UCB 慕课重要的对外市场。因此,该校除了在国内开拓在线学习的市场,同时与中国的学堂在线平台合作,借此来打开中国市场。基于 edX 已有课程的基础上,他们的团队经过研发创办了学堂在线平台专有的几项课程。例如《英文写作指导》系列课程、《云计算与软件工程》课程。这一举措同时还为中国用户打开了一扇窗,帮助他们了解美国课程的授课方式和教学内容。

以写作指导系列为例,这是由已有在线课程讲授经验的索科利克博士授课,专为英语学习者打造,是针对英语语言学习者的写作入门课程,包括"写作入门""科技写作"和"润色提升"三个部分。截至 2017 年 8 月,这三个部分已经分别有 5.2 万、3.2 万和 2.9 万人参与课程报名,后期应该还有增长的趋势。此系列的课程于 2017 年秋季开放,每个部分都有 5 周的课程内容,平均每周有 4—5 小时的听课时间,建议用户按照顺序来学习以达到最高的学习效率。这一课程主要是针对那些拥有较扎实的英语底子的用户,其主要内容关注短文写作、语法使用和自我检查。写作入门是第一部分。该课程从语法教授开始,指导学生撰写句子和段落,撰写引言和结论,以此循序渐进地开始撰写长文本的论文,课程结束后学生需要完成一篇完整的论文作为反馈。科技写作是第二部分,难度加大,授课内容关注不同领域的学术写作,包括理工科、人文和社会科学。润色提升是第三部分。在这一部分中,授课教师主要关注的是校正和自我检查,锻炼学生纠错的能力,以及培养学生语气的措辞和词汇的积累能力,该门课程结束后学生同样需要独立完成一篇长文本的论文。此外,还辅导如何在找工作和院校申请时写出一篇突出的作文,该门课程结束后,学生需要完成几篇涉及不同领域的短文。这一系列的课程采用阅读材料、观看视频和多种形式的家庭作业相结合的方式,学生可以将自己的文章发送到在线讨论,和其他用户互相检查,及时反馈,一方面调动用户的课堂积极性,另一方面提高教学效率。

(三)面向专业人员的前沿技术型慕课

在 UCB 与 edX 平台合作的课程中,主要用户是在校学生,本科学生占绝大部分,其次是研究生和高中生,除此之外还有一部分是来自社会的在职人员。无论是在校生还是工作人员,他们都是以扩大自己的专业知识面为目的。授课课程内容在很大程度上包含专业性知识,学习此类慕课需要具备一定的知识素养,因为慕课平台涵盖了计算机科学基础、大数据开发、物理学、量子力学、人工智能等模块,总体说来主要是一些面对特殊群体开设的具有专业性前沿技术的慕课。据统计,每年约有 600 万的学生被吸引过来学习 UCB 高年级的计算机科学课程的校园课堂版本。以人工智能的《CS188.1x》课程为例,《CS188.1x》课程的重要知识为计算机的行为(Behavior from Computation),课程将对智能计算机系统设计中的基本思想和技术进行介绍,并对统计与决策理论建模范例进行重点讲解,学生在完成人工智能这一慕课的学习后,将有能力制造出能够在随机和敌对环境中作出有效决策的自主智能体,学生的计算机原理知识得到了巩固与发展,编程能力也得以提高。人工智能黑科技正处在大放异彩的阶段,它带给我们生活和工作的改变甚至超过了水和电,从网页搜索到网络游戏,人工智能在我们的生活中随处可见。在《CS188.1x》课程中所学习到的技术,有助于提高用户解决人工智能问题的能力,该慕课的出现为人工智能的学习和发展提供了很好的基础,极具前沿性价值,对于想在该专业领域有进一步发展的人来说,学习这一课程能够为将来的深造奠定良好的基础。UCB 开放的课程也不仅为高中生和本科大学生提供专业性支持,而且任何有相关课程基础的学生也都可以加入学习。

(四)面向普通公众的社会服务型慕课

关于慕课存在的意义,实质上就是实现教育资源的共享,因此慕课团队也在社会服务这一层面不断地尝试与努力。例如,我们都希望得到快乐,并且关于什么是快乐以及如何获得快乐的理论有很多,然而这些理论大多都是没有科学依据的。《积极心理学》(The Science of Happiness)的出现打破了该领域的零纪录。《积极心理学》又称“幸福的学问”,是首门讲授积极心理学领域重大科学突破的慕课课程,主要探索的是“幸福”的真谛。这门课程由 UCB 的至善科学中心(Greater Good Science Center)制作,阐述了幸福感与拥有强社会联系和从事一些高于自身利益的事情密不可分。如今,快节奏的生活方式导致大多数人幸福感缺失。研究表明,幸福感中有 40% 取决于我们的习惯和日常活动。在这门课程的学习中,同学们每周都会学到一个培养社会幸福感和健康情绪的新方法，比如记录、正念冥想、锻炼等，并且这些方法都已经得到研究验证。此课程旨在为当代人减压，用户可以在情绪低落的时候用所学方法，给予自己正能量，从而调节不良情绪。此类具有社会意义的慕课被证实有较大的研究价值，它不需要有先修课程，即使不具备心理学的理论基础也能参与学习，比较能得到广大学习者的青睐。

二、价值主张

从目前 UCB 慕课的运营状态来看，已经形成了比较明确的价值主张，它满足了学习者的需要，解决了学习者的问题，为学习者提供机会、服务和解决方案。同时，借助 UCB 现实的社会地位及影响力，UCB 慕课也扩大了招生市场。价值主张的体现确认了 UCB 对于消费者的实用意义。

（一）满足用户的文化兴趣，提高文学素养

根据大众的喜好，UCB 推出一部分专门研究西方经典文学名著或电影的课程。在大众的意识中，学术研究通常会显得比较枯燥乏味，但是当学术研究与用户的兴趣结合在一起的时候，就会产生事半功倍的效果，这同时也是在线课程相较于传统课程的亮点之一。慕课为学习者提供学习的平台，BerkeleyX 图书俱乐部里面有各种各样的文学课程，他们在这里可以探索辛克莱的《丛林》的秘密，欣赏福斯特的《看得见风景的房间》，也可以学习马克·吐温的《哈克贝利·费恩历险记》等。这种慕课的主要目的是让用户根据自己的喜好，探求想要了解的名著文化。在熟悉内容的背景信息的同时，用户可以体会出当时英语语言的特点，增加词汇量，提高文学素质，提升自身素养。这类课程，通过高质量的在线资源的传播，UCB 的社会影响力和品牌知名度也逐渐提高。通过比较有新意的方式授课，不仅能调动公众的学习热情，也更能激发公众对于文学的兴趣。

（二）追求课程主题与学生的个人目标紧密结合

澳大利亚查尔斯·斯特尔斯大学的豪沃斯（Howarth）、亚历山德罗（Alessandro）、莱斯利（Leslie）和澳大利亚斯文伯恩技术学院的莱斯特（Leicester）在发表的《慕课注册学习者动机和作为大学品尝者的慕课的角色》一文中提出：尽管目前慕课被普遍采用，但从制度的视角来说，并没有一种商业模式能够使之实现可持续发展。将慕课作为一种营销平台具有广阔的前景，但要取得成功必须了解那些慕课用户的动机。① UCB 慕课提供服务于学生的专业课程，为大学提供新价值，在给予在校生帮助的同时将影响力扩大，推向社会。研究结果表明，大多数学生选择慕课是因为大部分课程的主题、科目与学生的个人目标紧密结合及具有吸引力的价值主张。学生带着需求来学习，有所学有所思有所获得，是对慕课价值利用的最大化。慕课不仅面向学生群体，比如高中生、大学生，甚至是研究生，同时它也提供在职人员所需要的课程，推进在职人员的事业，满足个人兴趣，提高专业素养，丰富自身内涵。

以《计算的乐与美》（The Beauty and Joy of Computing）为例，这是 UCB 推出的一项专门介绍计算机原理的课程，该课程的目的在于帮助大家扩展关于计算机的知识。这门课程的开设对于计算机专业的学生来说是极其有帮助的。用户可以熟练掌握计算机的操作，这只是其中小小的一部分，而真正的变化是对于那些学习了计算机编程的人来说，他们可以将自己的想法通过代码的方式表达出来，这种编码意识对于计算机专业的学生是至关重要的。如此一来，那些有相关专业需求的学生便会被吸引过来，课程的影响力也能够得到提升，伯克利慕课追求其课程主题与学生的个人目标紧密结合，并以此来升华其价值主张。

---

① Howarth、Alessandro、Leslie、Leicester：《慕课注册学习者动机和作为大学品尝者的慕课的角色》，《国际终身教育杂志》2016 年第 35 期。

（三）满足大众对社会状态的了解需求

慕课发挥着引导用户关注社会及自身的作用。在一个充满活力的民主国家里面,新闻和媒体应该承担着去调动公众发挥自己的政治作用和责任。实现这一目标需要深入了解当前社会存在的问题以及政策是如何制定的,还需要有陈述这些问题的方法和能力。基于人们对社会变革的探索,UCB 开设了一门名为《用新闻推动社会变革》(*Journalism for Social Change*)的慕课,授课人是 UCB 德曼公共政策学院和南加利福尼亚大学公共政策学院的讲师丹尼尔·亨佩尔(Daniel Heimpel),亨佩尔成立了一个非营利性组织——培养媒体关系(FMC),FMC 组织旨在借助新闻的力量推动社会公共和政治发展,以此改善弱势儿童的生活。通过《用新闻推动社会变革》这个在线课程,教师既可以教授学生如何通过新闻和媒体的力量去推动社会变革,也可以使学生成为变革推动者,从而直接对社会变革产生影响。这门慕课的目的是使每个学生都能参与到政策改革中,满足大众对于社会状态的研究的需求。通过此类课程的教学,学生在课堂之外,也可以凭借上课所学的经验,将理论付诸实践。不仅提高了课程的影响力,也更深层次地提升了学校知名度,吸引更多的学生进入 UCB 学习。

（四）满足用户对于高等学府的向往

UCB 是加利福尼亚大学 9 所分校中历史最悠久,同时也是最有声誉的一所院校。该校已成为全美国乃至全世界最著名的研究型大学之一,拥有强大的师资阵容及卓越的学术声望。从 1868 年的一批学术先驱到 1964 年的言论自由运动,UCB 可以说是世界上最聪明的人聚集在一起探索、提问和改善这个世界的地方。该校培养了很多著名的杰出人才,尤其是在计算机行业。在 2020 年 QS 全球大学学科排名中,该校的计算机科学与信息系统专业(Computer Science & Information Systems)排名第四。苹果公司创始人之一斯蒂夫·盖瑞·沃兹尼亚克(Stephen Gary Wozniak)、Google 前 CEO 埃里克·施密特(Eric Schmidt)、MySpace 创始人汤姆·安德森(Tom Anderson)等都毕业于该院校。此外,UCB 在物理与天文学(Physics & Astronomy)专业的排名位居世界第 6。早在 20 世纪前期,UCB 物理学教授、原子弹之父罗伯特·奥本海默(J. Robert Oppenheimer)就成立了奥本海默理论物理学中心,吸引了大批顶尖的物理学家及研究人员。凭借该条件,该校拥有相当庞大且优秀的物理教师队伍,在半导体领域中拥有较大声望,同时该校还培养了大量的商业人才和技术型人才,比如 Intel 的创始人戈登·摩尔(Gordon Moore)、高通的 CEO 保罗·雅各布斯(Paul Jacobs)、SanDisk 的 CEO 桑杰·梅赫罗特拉(Sanjay Mehrotra)等。

基于 UCB 自身的学术地位,其投入开发的在线课程在很大程度上吸引着用户,大多数用户都希望能够拥有在更高平台进修的机会,而慕课的出现为大众提供了这样的机遇。UCB 通过对在线课程的审查和批准,许多在线课程甚至可以提供大学学分,这一大特色的出现进一步打开了在线课程的市场的大门。

三、渠道通路

为了提高学校慕课的影响力和知名度,获得更加稳定可靠的客户群体,UCB 不断地寻求多元化的渠道通路。通过在 edX、学堂在线、Coursera 等多平台发布慕课,该校的慕课不仅培育了稳定的学习用户,并且不断有客户群体被吸引过来。

(一)UCB 与 edX 的合作

edX 是由麻省理工学院、哈佛大学和 UCB 联合运营的非营利性平台。edX 这一平台对 UCB 慕课的推广起到极大帮助。UCB 通过 edX 平台发布了37 门课程,其中包括社会科学、计算机科学、文学、人文学、商务管理等很多不同的类别。学习者可以在该平台上免费学习 UCB 的在线课程,同时授课教师也可以通过该平台给学习者布置作业或进行测试,以此来了解学习者的学习情况,从而更好地进行沟通交流。在特定的课程中,学生还需要采用自评和互评的方式进行评分。作为在线学习平台,edX 也可以根据课程内容,提供一些实验、虚拟仿真、阅读材料、地图等辅助资料,这样可以有效改善学习效果。最后,学习者可以根据自身情况选择考场,通过考试的学习者可以获得结业证书,若想要获得荣誉代码证书,则需额外缴费。

（二）UCB 与 Coursera 的合作

Coursera 是一家商业性独立运作平台,主要以营利为目的。UCB 与 Coursera 平台合作的课程包括《计算机软件工程》(*Software Engineering for SaaS*)、《计算机视觉基础》(*Computer Vision：The Fundamentals*)和《计算机软件服务》(*Software as a Service*),这些都是涉及计算机领域的课程。众所周知,UCB 的计算机专业在美国乃至全世界都有着数一数二的知名度,而在当时,计算机软件工程类的课程也是首次以慕课的形式出现在大众的视线中,所以这一创新在很大程度上吸引着市场用户。学习者在进入课程页面后,一般有每门课程的简介、教学大纲、教学视频、讨论区、作业和考试这几个选项。对于Coursera 平台上的视频形式,每门课程和老师都有自己的风格,有些是自己专门录制的视频,有些则是课程现场录制下来的视频,而随着慕课趋势的推动,现在的慕课都在往更加精致的方向发展。

（三）UCB 与中国学堂在线的合作

学堂在线是中国首个慕课平台,面向全球提供在线课程。目前运行的国内外一流大学的优质课程超过 2300 门,覆盖 13 大学科门类。由于地域的限制,像 Coursera、edX 平台上的视频都需要放在 YouTube 的服务器,在中国有时无法正常播放,中国用户就需要通过 VPN 翻墙,操作起来比较麻烦,往往在遇到诸如此类的挫折后,很多起初充满干劲的用户的激情会慢慢消退。而此时 UCB 与学堂在线的合作,一来方便中国用户的实际运用,而对 UCB 来说,既将课程推广到了国外,提高了其在国外的知名度,又让更多中国的用户了解 UCB 的课程内容,有益于中美文化的交流。学堂在线这一平台不仅有 edX 联盟高校提供的课程,更有专门和伯克利分校合作开放的慕课,比如在 2017 年秋季开设的《英文写作指导》《云计算与软件工程》等。学堂在线的出现为中国用户打开了一扇窗,迎合了中国用户的需求,让他们看到了中国以外的教育是什么样子的。

(四)UCB 与 FutureLearn 的合作

FutureLearn 是来自英国的慕课平台,由拥有 40 年远程教育经验的英国开放大学(The Open University)创办,截至 2020 年 7 月共有 178 个来自世界各地的合作伙伴,包括许多知名的组织,例如大英博物馆、英国文化协会、大英图书馆、国家影视学院(National Film and Television School)等。英国的 FutureLearn 平台是美国 UCB 的开放性课程走向世界的前期准备,也是美国在线课程走出国门的一步,通过这一平台不仅可以实现 UCB 课程的传播交流,也可以让英国使用开放性课程平台的用户体验美国的教育体系。UCB 通过 FutureLearn 平台于 2018 年 7 月发布了《透明开放的社会科学研究》(*Transparent and Open Social Science Research*)这门在线课程,收费 89 美元,这门课程是为从事社会科学研究的学者和从业人员设计的,任何对开放科学和研究透明度感兴趣的人也都可以从中获取专业知识。该门课程旨在探索社会科学诚信危机的驱动因素,让用户学习如何使自己的工作变得更具开放性和可重复性。加入这门课程的用户可以共同讨论主要的透明度问题,包括欺诈、出版偏差和数据挖掘,之后还可以继续探究解决这些问题的解决方案。通过学习,用户可以建立对社会科学研究中透明度和开放性的根源和系统性原因的理解,探究可以提高研究透明度的工具,将研究的透明度工具(如 p-curve.

com）应用于交互式测验或其他活动中，以此呈现出真实数据。UCB 慕课开发秉持着对外开放的理念，同英国 FutureLearn 平台的合作也是提高伯克利分校国外知名度的策略之一。

（五）UCB 与 iTunes U 的合作

苹果公司的 iTunes U 允许一部分学院和大学在其平台上发布教育音频和视频。一些大学限制了针对学生和教师的访问的通道，但是 UCB 宣布其在 iTunes U 平台上的所有慕课对其学生乃至公众都是开放的。奥巴代亚·格林伯格（Obadiah Greenberg）是网络直播网站（Webcast.Berkeley）的产品经理，他曾经这样评价 UCB："作为公立大学，UCB 一直秉持着它开放的传统。"UCB 一直在努力，目的是使其开发的慕课大部分都能通过 iTunes U 平台对外开放，截至 2012 年春季，iTunes U 上已有 86 门课程，涉及数学、经济、历史、科学、哲学、法律等专业，这些课程的介绍由浅入深，在教授的带领下，学生可以更好地参与课程学习。iTunes U 上还有很多由加利福尼亚大学电视台提供的有关讲座、线上授课视频或音频等，这一平台的使用并不麻烦，用户无须注册账号或者登录，只需要一个能下载 iTunes U 这一免费应用程序的移动终端即可，用户如果对上面的内容产生初步的兴趣，则可以转到 edX、Coursera 这样的平台寻求相关慕课进行深入学习，iTunes U 相当于为学习者提供了一个借鉴参考的平台。

四、客户关系

UCB 对于有效的客户关系十分重视，因此采取了以下方式来吸引客户的注意力、加强客户的学习体验、满足客户的需求。

（一）通过运用客户感兴趣的文化来吸引注意力

在文化潮流中，西方经典文学作品一直受到美国民众的喜爱，UCB 开设了一系列慕课,吸引着很多读书爱好者,通过这些课程,用户有机会阅读理解经典的文学作品。例如,以《辛克莱的〈屠场〉:BerkeleyX 读书俱乐部》为例,该课程由索科利克博士教授。这部作品描绘的是 20 世纪初美国工业化时期的移民们所遭受的剥削,重点描写了工人阶级的贫穷、社会保障的缺失、艰难的生活和工作条件以及劳苦大众惨淡的前景。课程材料包括作品内容的背景信息以及词汇和语言方面的支持性资料。在阅读内容的过程中,导师会对内容中出现的语法知识进行讲述,与学生一起探讨,提高学生的词汇应用能力,增强他们的写作意识。与一般的读书会一样,该课程也接受用户们在讨论区开展热烈的讨论。但是,并不能将这门课程简单地归结为是一个阅读欣赏类的课程,因为学习者在进入课程学习之后,会被以用户的身份进行调查,了解其阅读著作时的心理倾向、关注视角,学习者进入这个环境之后,就好像是那个时代的人,关注那个时代的口语、语法、思想及其影响等。这种创造性的慕课形态改变了一般用户枯燥的阅读,通过娱乐元素的渗透让学习者在学习中获得兴趣,在与同喜好的人的交流中丰富文学素养。

(二)通过发挥讨论区的功能强化用户的学习体验

慕课的讨论区是保证学习者学习质量的重要手段,也是慕课不同于传统课程的元素之一,慕课的讨论区设置了三个板块:课堂交流区、老师答疑区和综合讨论区。每个板块的功能都不一样,满足学习者不同的参与需求。而慕课的交互功能能够直接影响到客户的学习体验。以 UCB 基于 edX 平台开设的《电脑制图基础》(Fundamentals of Computer Graphics)课程为例,该课程的教学者为拉维·拉马莫尔蒂(Ravi Ramamoorthi)教授,这门课包括"概念和基础数学""转变""开放图像语言和布光""光线追踪"四个部分,持续 6 周,每周都会有一个编程任务。每部分课程包括两至三堂课,每堂课包含三到五个 10—20 分钟的视频,每节视频后都有一个小练习帮助学生理解材料。这门课的主要作业是编程,完成的编程作业会被自动评分,课程的最后分数取决于所有作业分数的平均数。编程项目必须由学生独立完成,不得抄袭他人或者使用大段网络资源或者课上的案例。不过学生可以在讨论区进行探讨与交流,但是不能分享详尽的代码,讨论区给这门课提供了讨论的机会,学生不必直接联系导师或助教,因为导师将会在讨论区监督学生的学习情况,并且会关注学生的疑难点,最后作出总结,回答最重要、最普遍的问题。在大部分情况下,很多共性的问题会在讨论区中交流,其他学生的回答会更快且充分地解决自己的疑惑。

(三)开发真正满足客户和市场需求的课程

有需求才会有市场。在慕课开发前期,调研人员需要调查市场情况,研讨出应该提供什么性质的课程来回应市场需求,尽可能开发一些能够真正满足客户和市场需求的课程,弥补传统教学内容的不足之处。

比如说,针对需要培养英语写作能力的用户群体,UCB 开发了《英文写作指导》系列的慕课。这是一个专项课程,总共分为写作入门、科技写作和润色提升三个部分。该课程专门为英语学习者打造,主要关注短文写作、语法使用和自我检查,以此提高学习者的写作能力,用户的语法知识、词汇积累、阅读理解能力也都将进一步得到锻炼。在每门课程结束前,都会布置一篇文章,将所学知识运用到实际写作中,从第一部分到第三部分,用户将会看到他们写作能力的逐步提升。学习者想要学习电子学的理论基础并进行实际操作,可以参与到《电子接口:联结物理和数字领域》(*Electronic Interfaces*:*Bridging the Physical and Digital Worlds*)中来,这门课程是 UCB 的首门电路分析课程,其特色在于边做边学,在这个亲身实践的实验室课程中分析、设计,在传感器和微控制器之间建立电子界面来建造一个机器人或自己的创作物。在授课过程中,教师不只是局限于纯粹的理论知识的传授,更注重的是用户的实际参与,让用户在做中学,能做到理论联系实际。因此,该课程在一定程度上受到了用户的好评。UCB 慕课制作团队基于市场分析的条件下,研发具有价值的课程,将广泛的受众群体考虑到研究方案中,真正发挥着"互联网+教育"的优越性。

五、收入来源

从近几年的实践经验来看,UCB 主要通过认证收费、收费课程、业务拓展等途径作为有效的收入来源。

(一)认证收费

UCB 的主要合作伙伴是 edX,绝大部分课程也是基于 edX 平台对外发布的。虽然 edX 是非营利性机构,但是不代表它不能有赚钱的手段。edX 的认证是很重要的一项策略,如果一些学生期望通过课程学习来获取认证,他们就需要为认证过程支付一定的费用,这样大学机构就有了正当的收入来源。学生在通过考试之后可以免费获得课程结业证书,但是这样的证书与收费的认证证书相比缺乏说服力。因为后者会印上专门的编号、edX 的标志以及课程开设学校的名字,对后来的求学或就业来说都是具有公信力的证明,会让用户获得安全感和满足感。FutureLearn 平台也明确表示,如果用户需要添加认证证书,那么需要支付 79 美元。对于 Coursera 来说,用户也可以花 49 美元,通过一系列验证手段拿到一张授课学校认证的 Certificate 证书。当然,学堂在线与 UCB 合作的课程也是如此。目前所有课程都是免费的,但是在认证课程的时候,需要用户支付一定的费用。根据调查,学堂在线平台上的用户如若想要申请纸质认证证书,需要额外付 199 元人民币的费用,付费后他们就会收到一张相当精美的学堂在线认证证书。大部分的用户为了寻求自我满足和心理慰藉都很乐意支付这笔费用。

(二)收费课程

虽然 edX 是非营利性组织,但是其他的慕课平台不是。学堂在线这一平台在中国的知名度提升之后,便开始逐步采用一些营利的手段。在学堂在线与 UCB 合作开设的几门课程中,如《英文写作指导——写作入门》《英文写作指导——科技写作》《英文写作指导——润色提升》《云计算与软件工程》等,都是以付费的形式呈现的。也就是说,如果用户想要学习这几门课程,就必须要支付一定的费用。当然这些费用一部分由平台获取,一部分由 UCB 获取。FutureLearn 平台提供的《透明开放的社会科学研究》这一课程特殊的地方在于它需要用户支付 89 美元的费用,只有这样用户才可以无限制地访问这门课程,包括任何文章、视频、同伴评议和测验及成绩证书,而对于没有升级课程的用户,平台只提供 7 周的开放时间,也不颁发成绩证书。当发现学习者更愿意花钱学习实用型课程之后,Coursera 和 edX 都相继推出了具有实用性的类似课程。为了保证这些课程的报名率,UCB 开设了一系列专项课程,这些课程能更有针对性地为客户群体提供有用的课程,保障系统的知识体系。专项课程以独立课程的存在为基础,因此独立课程与专项课程的内容设计之间存在环环紧扣的因素,当用户学习完独立课程之后会对接下来的专项课程产生迫切学习的需求。例如,在《学术写作与商务写作》这门免费课程的基础之上,开设了《英文写作指导》系列课程,课程开发者追求的效果是基于用户完成这门课程的学习,会更有想法对未知的内容进行深造,进一步完善自己的写作能力,那么他们就会选择更加细致透彻的课程,也就是《英文写作指导》,这样一来可以确保付费课程的报名率,产生一种连环效应。从本质上讲,任何人都可以免费注册的产品正在以不同的价格水平进行货币化,免费产品作为一种营销渠道,为客户提供其他更高价格的产品。

(三)业务拓展

为了保证平台未来的持续发展,edX 平台开辟了新的收入渠道,设计了微硕士项目,该项目中包含多门课程,学习者需要支付费用才能学习这些课程。微硕士项目属于加利福尼亚大学研究生课程系列,目的在于帮助学习者获得事业上的提升。它们在特定的职业领域提供深入学习的课程,并得到用户对其实际工作相关性的认可。学生可向大学申请获得微硕士项目证书的学分,如果申请通过,则可追求学分获取速度较快且较便宜的硕士学位。这就表明微硕士课程和校园硕士课程具有同样的价值。微硕士项目旨在为更多学生提供便利,采用线上线下混合的学习方式,极具创新意义。UCB 的微硕士项目是为促进职业生涯而开设的一系列研究生课程。关于微硕士项目,有很多成功的案例,美国微软项目的经理迈克尔·周(Michael Chow)说过:"我在微硕士项目中获得的见解和技能对我的日常工作很有用。我相信它对我现在达到的职位有一定的帮助,让我更能在微软公司胜任一个协调者和领导者的角色。"

UCB 是全美最早开设金融项目专业的学校之一,拥有自己的微硕士项目,即"成功创业"(Successful Launching Careers),这也是该校慕课盈利的重要手段之一。学习者可以免费学习慕课。如希望获得课程认证证书,或是获得微硕士认证,就必须在规定期限内进行身份认证,并支付身份认证费用(每门课程预计 150 美元)。最后的结业考试也包含一定的费用。完成整个微硕士项目预计要花费不少费用,这部分资金为 UCB 慕课的发展提供帮助。

另外,每一门课程结束后会有检测,edX 要求学习者参加有监考老师参与的期末考试,学生可以前往各大考试中心。当然,这些考试的费用由学习者支付,有时候一门监考考试的代价就高达几百美元。慕课学习者的注册人数,少则几千人,多则几万甚至十几万人,因此,收入也是较可观的。

(四)基金资助

美国斯隆基金会(Alfred P. Sloan Foundation)成立于 1934 年,主要是资助原创性研究,以及与科学、技术和经济相关的基础教育。1996 年 6 月,该基金组织为支持慕课发展提供了一笔资助基金,用于开发 100 门课程项目[1],在继

---

[1] Mary Beth Almeda, "University of California Extension Online: From Concept to Reality", *Journal of Asynchronous Learning Networks*, Vol. 10, No. 2, 1998, pp. 1-20.

续教育学院与媒体和独立学习中心（Center for Media and Independent Learning, CMIL）的合作中基金主要用来拓展课程设计和项目开发资源。这项合作将 UCB 广泛的课程设计和课程开发资源与 CMIL 在远程教育方面的经验和专业知识相结合。私人捐助者，包括渴望母校名声显赫的校友，会捐出大量款项。比如比尔和梅琳达·盖茨基金会已经花费了数百万美元来促进慕课的推广，尤其是在提倡通过慕课进行教育补救这方面。

以下将谈及 UCB 慕课当前和最近的融资机会，伯克利分校的 MOOCLab 总是乐于迎合用户的需求，并将用户的建议反映在资金的分配和资源的建设上。其学与教教学中心/参议院教学委员（Center for Teaching & Learning/Senate Committee on Teaching）拨款 3000 美元促进教学改进，伯克利卓越研究公司（Berkeley Excellence）提供了高达 4000 美元的不受限制的资金份额用于慕课的研究，如开发和评估新的干预措施或教学法，这些是来自非 MOOCLab 的资金来源。除此之外，MOOCLab RFPs（MOOCLab Requests for Proposals）以具体奖励支持慕课的发展、传播和研究，创建一个模块，MOOCLab Module RFP 将会奖励 10000 美元，针对入门级 STEM 慕课创作，edX/MOOCLab RFP 的奖励高达 50000 美元，基于谷歌的慷慨捐赠，MOOCLab Research RFP 提供高达 75000 美元的奖励用来支持创建一门慕课及其伴随的相关研究，比如该奖项资助了《针对选民的生物学》（Biology for Voters）、《公共政策中的问题解决》（Problem Solving in Public Policy）、《用新闻推动社会变革》等多门慕课。

六、核心资源

核心资源构建了商业模式中不可或缺的一部分，它能为主体创造价值和收入。UCB 慕课能够可持续发展、开展优质课程、获得实践经验和学术声誉、取得成功的一部分原因来自学校资源，一部分来自学院支持。学校为慕课的实施提供了良好的平台，学院力量则是慕课的实际开发中关键因素之一。

（一）学校资源

UCB 建于 1868 年，是加利福尼亚大学的创始校区，教学实力最强，学校的计算机、工程、信息管理、数学等专业较为突出。UCB 师资团队优秀，教学实力优越，在国际上享有很高的知名度，这些都成为其开展慕课的优势，有助于吸引更多的客户。在 100 多年的办学历史中，UCB 人才辈出，无论是在学术界还是工业界，抑或是其他领域，都有校友作出巨大的贡献。截至 2018 年 8 月，UCB 的教职员工中有 22 人获得诺贝尔奖，其中包括 7 名现任教员，此外，还有 29 名校友获得了这个奖项，其中 5 名已经成为在教职工。学校良好的声誉增加了大众的信任感和忠实度，使得 UCB 能够获得可靠稳定的资金支持，以供教学科研活动不断进行。

（二）学院支持

UCB 下设继续教育学院（UC Berkeley Extension），该学院提倡从一门课程开始，通过完整的课程学习为职业生涯增色。继续教育学院主要以在职人员的培训为主，同时还有少量提供本科和研究生学历的国际学生和专业人士的课程。该学院通过其媒体和独立学习中心，于 1996 年 1 月 22 日在美国在线中推出了在线课程，并且得到了斯隆基金会提供的资助。[①] 学院的媒体和独立学习中心负责多媒体管理方向，作为慕课的设计与开发部门，发挥着关键性的作用。继续教育学院提供的课程主要针对在职工作人员，对于在职人员来说，追求更多的教育在时间上受到了限制，但是通过进入 UCB 的继续教育学院进行在线学习，同样可以使他们获得相关的技能，还不受地点和时间限制，足以平衡工作与学习计划。目前，继续教育学院通过自身的发展，已经有 18 门课程可以供用户在线学习并得到认证。例如《会计学》（*Accounting*）、《高级

---

① Mary Beth Almeda, K.Rose, "Instructor Satisfaction in University of California Extension's Online Writing Curriculum", *Journal of Asynchronous Learning Networks*, No. 2, 2011, p. 2000.

生物科学》(*Advanced Biosciences Program*)、《临床研究行为与管理》(*Clinical Research Conduct and Management*)、《财务规划与分析》(*Financial Planning and Analysis*)、《专业写作》(*Professional Writing*)等。以《会计学》这一在线课程为例,布恩·罗作为"Spott, Lucey & Wall"的税务员,有实际的会计实践活动,负责会计学的教授工作。随着新的注册会计师教育要求以及更新后的国际财务报告准则(IFRS)的出现,对更多专业的知识的需求来实行全球标准就显得尤为重要。MOOCLab 由伯克利在线教育资源中心(BRCOE)提供支持,该校成立 MOOCLab 的目的是与 edX 合作,推动和资助慕课和小型私人在线课程,以改善校园教学,刺激在线增强型教育的研究,推动伯克利品牌和高品质的资源的传播。随着大众对大规模开放在线课程和在线教育兴趣的继续提高,有必要对其对教学和学习的产生的影响及自身局限性进行更多的研究。

七、关键活动

关键活动是指企业必须要做的使商业模式得以正常运转的重要事件,包括创造与提供价值主张的活动研究分析与扩宽市场的活动、吸引及维护客户关系的活动、赚取收益的活动等。就 UCB 慕课而言,关键活动主要是课程建设和学习支持。

(一)课程建设

如何建设一门课程对于 UCB 的慕课项目来说至关重要,因此在课程建设前需要做充足的准备。UCB 也制定了一套建设流程以保证慕课项目的质量与效率。

第一,确定目标客户。只有确定目标客户,才能围绕他们的需求展开课程建设。不同的目标客户对应不同类型的客户群体,根据客户群体的需求开设有针对性的课程,要调查客户有的知识储备,然后在这一基础上安排课程。根据用户对幸福的定义的探求,UCB 开设了《积极心理学》课程,根据心理学的角度指引当代人更加积极地面对生活,用户能够学到积极心理学的科学原理,调解心境,获得快乐,充实自己,提高社会幸福感。

第二,进行慕课设计。慕课设计一共分为三步。第一步,在正式开始慕课教学之前进行教学分析。除了一般的要求外,授课教师应在进行教学分析的时候关注在线教学与传统课堂教学的差异。第二步,在学前分析的基础上,教学设计人员初步确定教与学的目标,教的目标是指授课教师对课程结束之后应该达到的效果的预期,学的目标是学习者在课程结束后期望学到的成果。以 UCB 慕课的学习者来说,一部分是为了获得学分和证书,一部分是为了相关知识的获取,还有一部分是个人兴趣所趋。第三步,资深的教学策略设计,慕课的教学策略主要可以分为教学资源建设策略、教学活动策略以及教学流程设计。资源建设中最主要的是视频资源,视频需要由专门的团队录制及制作,其次是备课的课件、文本等。视频选择优秀的教师来录制,教师的授课内容应该经过悉心策划,内容有重点、难点和衔接点,突出教学效果,易于学生理解。设计教学活动的时候着重关注学习的交流、互动,主要是通过讨论区的运用、在线练习、小组协作、作业评改等。同时,由于慕课的学习人数过多,主讲老师不能全部兼顾,UCB 还按照一定的比例配备了助教人员。教学流程设计主要是教学实施过程中的策划。一门慕课持续的时间不宜太长,一般都控制在 8—12 周。如果持续时间过久,容易引起学生的倦怠,导致辍学率的升高。同时教学视频的发布以周为单位,每周课程发布后,提供教师精选的学习资源,并布置课后作业及自测试题。

第三,创建课程团队。这一步实质上就是将理论付诸实践的过程。慕课的建设需要技术团队、管理人员和相关课程的教学人员或专家来合作完成。技术团队可以聘请专业的慕课制作单位,为节约成本也可以招募学校里相关专业的制作团队。以基于学堂在线的《云计算与软件工程》课程为例,该课程涉及计算机知识、软件开发,由阿曼多·福克斯(Armando Fox)教授、大卫·帕特森(David Patterson)教授和山姆·约瑟夫(Sam Joseph)副教授三人共同讲授,学堂在线对此课程进行了汉化之后,还有专人提供了中文字幕、中文习题等,便于中国学生学习。同时,清华大学的助教也会进行全程的中文答疑与辅助,所以说一门慕课是一个团队的努力和合作的集合体。

(二)学习支持

由于慕课的规模逐渐扩大,加上互联网的便利性,其接触的客户群体可能来自世界各地,创建一定的学习支持机制就显得尤为重要,所以获得更全面的学习支持是慕课得以正常运转和发展的条件。

第一,规范课程,通过专门的管理系统对课程进行有序、有效的管理,为学习者和教师提供交互的平台,从而提高学生的学习效率,保证课程质量。bCourses 是 UCB 的官方校园学习管理系统,运用在开源的 Canvas 平台上。它是由伯克利法律系和 UCB 支持的丰富的学习管理系统,伯克利法律教学技术团队为所有伯克利法律课程提供创建网络课程的服务,并为所有用户提供培训和支持。这种基于网络的工具为教师和学生提供资源,丰富教学和学习经验。授课教师可以通过 bCourses 发布公告、学习任务、课程大纲等,提醒学生即将到来的课堂活动和截至日期,学生也可以通过该网站提交任务。教师可以创建新的或上传现有的课程资料,并在 bCourses 中建立分级活动,同时使用它来与学生进行交流并向学生提供反馈。它提供了各种内置的评估工具并集成外部工具来定制课程体验的机会。

第二,加强沟通交流,鼓励学习者建立虚拟学习社区、开展讨论活动。这样做的目的是增加在线课程学习的互动环节,由于在线学习的方式比较新颖,学习者不置身在真实的课堂环境中,注意力很容易分散。针对这一现象,UCB在课程学习中采用了讨论区。学习者在遇到不懂的或者不清楚的地方时可以在讨论区中与其他在线学生交流,同时课程学习中教师及配备的助教会一起参与进来,与学习者一起互动。基于此,客户不仅能够与教师及时交流,还能将自己的实时学习情况反馈给教师,同时也能对其他客户的反馈作出评价。

例如,bCourses 具有通信功能,这样能方便师生之间的实时交互,它的聊天室对全班学生开放,聊天室内的所有活动都能被记录下来,即使是那些在办公时间无法及时登录的学生,也能阅读文字记录,了解课堂进度。不同于线下课堂中学习者被动接受教师的指令,在慕课学习中,学习者更多的是主动接受知识。通过学生与学生之间、学生与教师之间的互动,学习者学习的效果明显得到了提高,同时教师根据收到的实时反馈,有助于及时调整教学结构,提高课程质量。

第三,根据授课教师弹性的办公时间,管理电子邮件的方式为师生之间一对一的交流提供了平台。通过电子邮件的来往,学生可以将课堂的问题及时反馈给教师,这样的方式比传统教学中的办公室谈话时间要长得多,也拉近了师生间的心理距离。教师也不必对所有的邮件都进行回复,在几个小时内如果有好几个学生一直问同样的问题,那教师可以着重将这个问题概括出来,然后将回馈发布到整个班级中,一来可以为学生答疑解惑,二来也可以巩固教学工作。除此之外,电子邮件可以作为提醒,比如课程的发布提示、上课提示,用来督促、提醒学生参与慕课学习。

八、重要伙伴

对于 UCB 慕课项目而言,其最重要的合作伙伴就是 edX、学堂在线、Coursera、FutureLearn 和 iTunes U 平台。

(一)edX

edX 是由麻省理工学院和哈佛大学共同创立的非营利性网络教育机构,最初由麻省理工学院和哈佛大学各注资 3000 万美元,后来 UCB 也加入进来,主要提供来自哈佛大学、麻省理工学院、UCB、清华大学、北京大学、香港大学、香港科技大学等全球顶尖高校及组织的慕课。edX 以为所有人提供高质量的教育、加强校园和网上的教学和通过研究推进教学为主旨,作为一家非营利性教育机构,其在选择合作学校和课程上有非常严格的规定,与其合作的学校大多是所在地区的个中翘楚,2014 年统计共有 28 所合作高校,随后 edX 又公布了授课合作伙伴扩容的消息,又有 12 个新组织加入这个平台,其中包括了国际货币基金组织、Linux 基金会和史密森尼学会等。截至 2020 年 7 月,edX 开设的课程已经超过了 2500 门,主要涵盖生物科学、计算机科学、化学、财经、医学等多个门类。UCB 与 edX 的合作,不仅履行了它们公共服务的义务,同时也给学习者提供了新颖、便捷、便宜且高效的大学教育。作为开放课件创始人之一,UCB 利用加入 edX 在线教育平台这一契机,全面推动课程教育改革,跨出了自己积极的一步,在一定程度上促进了全球范围内高等教育开放与低成本运营的结合。

(二)学堂在线

edX 平台上的优质课程丰富,但是很多视频课程都发布在 YouTube 上,给中国学习者的学习带来了不便。因此,2013 年,清华大学基于 edX 平台建立了学堂在线。edX 主席阿格瓦尔教授参加了学堂在线的发布仪式,并在回答新浪教育的提问时表示:"使用'学堂在线'平台的学生需要有很强的自主性,并且要有冒险精神。在线教育的学习对学生们进一步深造或职场中的发展都会有很大的作用。"目前,学堂在线已经发展成为最大的中文慕课平台,为广大学习者提供来自清华大学、北京大学、斯坦福大学、麻省理工学院等知名高校创业、经管、语言、计算机等各类 2300 余门免费课程及优质的在线学习服务,让每个学生都能享受顶尖高校的优质课程。同时,该平台进行了本土化改良,易于中国用户接受,事实上也确实吸引了相当庞大的用户群体。UCB 也与该平台展开了合作,还开设了几门只针对学堂在线这一平台开放的课程,如《云计算与软件工程》《学术写作与商务写作》等。

（三）Coursera

Coursera 是由美国斯坦福大学两名教授——吴恩达和达芙妮·科勒创办的。Coursera 提供免费在线公开课程，但是与 edX 不同的是，Coursera 是营利性的在线平台，是目前世界上最大的慕课商业机构。早在 2013 年，Coursera 已获得 4300 万美元的 B 轮融资，结合上一轮获得的 2200 万美元，在一年内合计获得融资 6500 万美元，所以 Coursera 有其发展慕课项目的强大经济优势。2012 年 2 月，UCB 在 Coursera 平台上开设了它们的第一门慕课——《计算机视觉》，包括后来开设的第二门慕课——《计算机软件工程》，也是最早以慕课形式开设的计算机软件工程课程，这在当时相当有震撼力，也让全世界各地的学习者受益匪浅。2012 年 7 月，又开设了《计算机软件服务》这一课程。

据统计，当时有将近 50000 名学生参加《计算机软件工程》这门课，虽然辍学率极高，但是也有 7% 的学生完成了这门课程的学习。在网络教育还没有盛行的时候，这样的效果还是可观的，说明慕课拥有其潜在市场。经过有效管理与宣传，在线学习的方式会被更加广泛地运用到大学课程的教育中。

（四）FutureLearn

FutureLearn 是英国大规模开放的在线课程学习平台，截至 2020 年 3 月，英国和国际合作伙伴超过 250 个，其中包括行业和政府合作伙伴。FutureLearn 于 2013 年 9 月推出了第一门课程，从那以后，有 7019182 人在这一平台上开始了在线学习。UCB 慕课开发秉持着对外开放的理念，同英国 FutureLearn 平台的合作也是提高 UCB 国外知名度的策略之一。UCB 与 FutureLearn 合作的第一门在线课程——《透明开放的社会科学研究》于 2018 年向用户开放，英国慕课市场正逐渐被打开。

（五）iTunes U

iTunes U 是一个网络公开课应用程序，使大学和学院能够在线发布音频和视频教育内容，哈佛大学、麻省理工学院、牛津大学、加利福尼亚大学等知名学校都会把自己学校课堂的音频、视频、文档等资料放在该平台上。虽然有些大学只限于专门向自己学校的学生和教职工发布内容，但是 UCB 秉持着慕课公开化的特性，宣布 iTunes U 平台上的内容对公众开放，因此，学习者可以通过 iTunes U 这款免费软件来学习相关内容。教师如果已经准备好课程所需的内容，接着只需将喜爱的教学资料，如文件、工作表、网站链接、照片和视频等导入 iTunes U，即可快速创建课程和作业。iTunes U 包含上交家庭作业、综合成绩册和私人讨论功能，可以帮助教师流畅有序地组织课堂。无论是传授课程、点评作业，还是保持联系，都可在移动终端上轻轻松松地实现。一旦教师发布了课程或者作业，学生们也可以立即获取全部资料、内容说明、截止日期和评分信息，学生也会第一眼注意到家庭作业，有利于提高教学效果。

九、成本结构

成本结构用来描述特定的商业模式运行下所有成本的集合。慕课制作成本大体由两部分组成，即慕课管理成本和慕课开发成本。据网站显示，一个典型的慕课每门课程的成本在 2500—5000 美元之间。

（一）慕课管理成本

在 UCB 慕课的项目中，慕课管理人员一般都是由学校或者学院的负责人担任的，大致有继续教育院长、远程学习中心副主任、策划总监、项目代表和行政助理。他们在完成日常学校的管理工作后，需要花费一部分的时间担负相关课程的教学工作，他们额外的工作量也是参照日常薪水之外的每小时量支付工资的，但是这部分的成本支出是有限的。有些管理职位仍然需要额外聘请专人指导支付工资。

在管理慕课方面,还需要建设一个助教团队,首席助教的主要工作是建设课程技术平台、总结学生学习中的问题并且提供技术支持、完善运营文档、招聘社区助教等。UCB 安排了"世界助教"的岗位,该岗位既可以选择自己学校的在校生,也可以选择社区学习中比较积极的学习者来担任。

(二)慕课开发成本

不管是 UCB 还是任何机构制作慕课,对人力资源的要求贯穿始终。课程设计团队包括教学设计师、教学技术人员和视频制作联络人。在制作过程中,主要任务由负责内容开发的教学设计师和负责技术开发的教学技术人员承担。由主题专家(Subject Matter Expert)确认主题,在教学设计师的参与下,与教师合作,完成慕课内容的设计任务。授课教师既是一门课程的总设计师,也是被摄主体,可谓灵魂人物。项目经理负责领导项目,协调发展的所有要素,联络机构内部需要的部门,管理项目时间表,保持项目的准时完成并常理预算。团队需要沟通确定慕课的表现方式,教师及教学设计师需要对知识点进行选择、拆分、重塑与确认,重新编排讲课的内容。授课团队分为几种不同的类型,既可以根据工种的不同来进行分工,例如有人负责实验、有人负责拆分知识点和习题等;也可以进行纵向切分,例如教师甲讲授第一章,教师乙讲授第二章。这两种方式各有利弊,教师可根据具体课程内容自行取舍。当然,也存在只有一个教师孤军奋战的情况。事实上,UCB 绝大部分的课程都是由一个主讲教师来完成的,这种方式既可以节省成本,也易于教师把控节奏。由艾科恩博士提供的数据可知,教学设计师按每小时 110 美元收费,主题专家的收费更高,基本在每小时 200 美元以上。

视频制作团队的成员包括制作经理(Production Manager)、摄像机操作员/设备技术人员(Operators/Equipment Technicians)、音频技术人员(Audio-technician)等专业人士。视频制作是慕课开发成本的主要驱动因素之一。视频越复杂,拍摄后的编辑成本就越高。低技术的操作,可能只采用一台摄像机,甚至是教员在自己的笔记本电脑上进行自我录制,只需要更少的资源。一些机构寻求更高质量的成品,这就要求聘用高水平的视频专业人员。因此,成本变化很大。从专业角度来看视频制作过程中还需要包括场记(Script Holder)、讲词提示操作员、研究助理、图书管理员以及负责处理版权问题的律师。其中最主要的工作量在前期拍摄和后期制作的身上,需要支付较多的工资,估计高质量的视频制作成本为每小时 4300 美元。

第三节　加利福尼亚大学伯克利分校慕课可持续商业模式的策略阐释

一、结合小众市场与大众市场

客户构成了任何商业模式的核心,没有客户,企业就无法生存。对于慕课发展来说,UCB 要想进一步拓宽慕课市场,就要明确客户群体的类型,悉心剖析所面对的客户的具体需求,平衡小众市场和大众市场客户的需求,既要抓住大众市场的群体,又不能忽视小众市场,追求大众市场与小众市场的和谐。具体来说,UCB 慕课项目有以下几种类型的用户需求。

第一,面向在校大学生的专业课课程。这类课程的用户群体是最为庞大的,近些年来慕课蓬勃发展,根据市场调查,在线学习的用户群体以 18—25 岁年龄段的人居多,当然也不乏一些普通职员或是中高层管理员。这一类课程为在校大学生提供帮助与支持,与专业有关的课程一方面可以强化自己的课堂知识,另一方面,还可以扩展与之相关的专业知识。例如 UCB 的《统计学入门》系列课程,每年差不多都有 1000 名学生上该入门课,该慕课相当于大学课程《统计学 2》(Stax2)的线下课程,该慕课由三部分组成,Stax2.1x 是三部分中的第一部分,重点是描述统计学,Stat2.2x 的聚焦点是概率理论,Stat2.3x

课程的重点为统计干扰,即推断。描述统计学的目的是以清晰有效的方式概括、呈现数字信息,学生能够理解计算结果的推理过程、行之有效的假设以及对结果的正确解释。在概率学的课程上,授课教师会从一些可以用精确计算来计算出概率的有趣小实验开始,通过引申及引导,学生能够尝试分辨出大的随机样本的特征,这会帮助他们粗略估计出难以精确计算的概率。第三部分将会讨论选择子集(随机方式)的方法、根据样本估计相关的数量、检验某一问题有关数值或概率的假设,学生可以熟练掌握最常用的统计技巧。通过这门完整课程的学习,学生能够更加深层次地了解统计学的原理,查漏补缺,对于在校课堂上不懂的知识,可以通过在线学习后得到理解,以期提高线下课程的学业水平。

第二,面向中学生的大学预备课程。这类课程面向中学生,满足他们了解大学课程内容的迫切需求,能够让他们提早接触高年级的课程,同时对大学生活的来临提前有个适应的过程,也能让中学生按照自我意愿,基于慕课尝试进行高级课程的学习来为大学做准备。以《AP 备考计算机科学考试》(*Preparing for the AP Computer Science A Exam*)课程为例,课堂追求的是学生轻松地学习 JAVA 编程,获得计算机基础知识,来帮助高中生为高级计算机科学考试做准备,从而轻松应对大学的计算机科学考试。如果每个中学生都可以自觉参与大学预备课程的学习,那么此类课程可以提高中学生对大学的适应能力,增强学习自信心,同时也提高入学人数和入学学生的质量。

第三,面对大众群体的文化课程。这类课程既满足了用户的兴趣需求,也有利于发挥公立大学的社会服务功能。大众群体希望在空闲之余通过慕课的平台,提升自身素养,聊以慰藉忙碌后的身心。比如,UCB 开设了一系列关于"BerkeleyX 图书俱乐部"的人文类慕课项目,用户可以深入阅读和理解柯南·道尔的《血字研究》、狄更斯的《圣诞颂歌》、斯托克的吸血鬼小说《德古拉》等。这一系列的课程将文化课程与学术研究完美地结合起来,一方面满足用户的文化需求,提高用户的文学素养;另一方面,可以借此课程的开设保护优秀的西方文学著作,也是对西方文学的一种保护和宣传。

二、维护学校已拥有的价值理念

UCB 一贯秉持自己的价值理念,在拥护其原有价值主张的基础上,不断优化发展,提升自身价值,积极探索寻求正确的价值理念,在教学过程中将正确价值观传递下去。

第一,慕课内容需满足用户的想法和兴趣点。UCB 开设的慕课可以是极具娱乐性主题的,紧跟时代潮流;可以与客户群体环境息息相关,这样更能有效抓住用户心理;也可以是极具前沿性的,由于其提供的知识可能是用户鲜有耳闻的,借此可以满足他们的好奇心。值得一提的是,从 2017 年 1 月开始,有关"人工智能"主题的慕课被评为十大最受欢迎的课程。UCB 庞大的专家团队开发制作了《人工智能》这门慕课,顺应时代潮流,为学校的专业前沿性奠定基础。

第二,课程的主题依旧要与学生个人目标结合,课程开发基于满足一切用户的需求,一切为用户服务,针对不同群体,拓展慕课的类型。针对在职人员的专业培训的课程,应该加强研究人员和企业间的联系与交流,而对于在校学生的需求,更应该开发与学校课程相关的内容,这些课程大多以提高学生的专业知识和技能为重心,旨在帮助学生更好地适应学校生活,轻松应对学习生活,提高学习的积极性。UCB 慕课以客户需求为出发点,满足市场需求,如UCB 继续教育学院以开发在职人员需要的课程为主。据调查,UCB 慕课的学生绝大部分是在校本科大学生,还有一部分是研究生群体和在职工作人员。"推进在职工作人员的事业","满足个人兴趣爱好"和"丰富学生的自身专业知识"都成了未来伯克利分校开发慕课所要考虑的因素。

第三,慕课开发需要满足大众对日益更新的社会发展的了解的需求,启发用户关注社会及其自身的状态。用户在日常的工作或是学习生活中,其精神世界需要得到慰藉,这时候有些人会关注社会新闻,了解社会变动,还有些人会渴望关注自身状态,剖析自我发展,理论性且专业化的学问就会比较吸引他们的眼球,比如《幸福的学问》和《积极心理学》等,就满足用户的这一追求。

第四,虽然 UCB 在国际上已有很大的声望,但是仍需要不断提高自己的知名度。一方面,学校需要加强宣传力度;另一方面,也应该从本质上增强学校综合实力,实实在在证明自身价值。这样一来,其创办的慕课项目可以借助 UCB 自身的宣传度得到很好的推广,对外大量吸引客户群体,提升慕课的认同感。此外,与已有客户保持良好的关系也是不可或缺的,能够最大限度地防止稳定客户的流失。

三、加强已有平台的合作,提升渠道通路

为了确保 UCB 慕课的价值主张能够准确、全面地传递给广大客户群体,UCB 在发展过程中不断加强与已有平台的合作,从而提升渠道通路,拓宽在线课程的客户群体。

第一,充分利用已有的平台资源,加强与 Coursera、edX、学堂在线、FutureLearn等各大平台的联系。UCB 在合作平台的地区性上,可以说是有很大的突破性,不仅仅局限在本土平台上,更是打开了中国和英国的慕课市场。例如,UCB 与 edX 和学堂在线的合作项目较为紧密,那么 UCB 应该在此基础上实行创新,开发特有的课程项目,利用已有的客户量,稳定培养这批客户群体,进一步拓宽在线教育的市场。将学堂在线作为一条与中国教育衔接的渠道通路是一个非常英明的决策,比较具有针对性,有利于更好地向国外用户传递 UCB的价值主张和教育理念。

第二,为了帮助客户解决登录麻烦、选择恐惧、课程导入等问题,UCB 借助 iTunes U 这一应用程序发布视频。这些视频可能是一门课程的录音、一个讲座的记录或是一门慕课的节选,学习者可以在花费少量时间的基础上,了解课程内容,基于自身的兴趣点再去指定网站参与学习,在优化渠道通路后,能够方便学习者挑选和实现课程的导入。

四、运用提高用户忠诚度的一系列策略

随着现代营销理念的不断渗透,客户关系管理工作也越来越被各行业所重视。为了深化用户关系,UCB 采用多种策略,以此来满足客户群体的实际需要并创造更多价值。

第一,建立与客户的交流来深化客户关系。UCB 通过学习社区、论坛和社交媒体与客户群体进行深入了解,在课程的在线学习中,设置了讨论区,方便教师了解学生上课的情况,教师可以将学生的问题及时反馈给他们,也可以通过电子邮件的形式进行交流,形成了一种双向互动,有利于增强客户的满意度与忠实度。

第二,加强服务性策略以深化客户关系。UCB 不断研究客户的真实需求,了解慕课目标人群的价值取向,方便更有针对性地开设相关课程,吸引客户眼球,客户可以在课程中学到他们真正需要的东西,也有助于在课程学习中教师为学习者解决问题、提供服务,从而加深客户关系,提高客户的信任感与满意度。

五、采取增值服务与营销手段来增加收入来源

UCB 慕课借助多种平台,在不以营利为前提的环境下不断蓬勃发展,实现了支出和收入的平衡,不断寻求获得收益的措施,可以作为可持续发展的成功案例。

第一,公益服务与增值服务的统一。伯克利分校的慕课发布平台以 edX、学堂在线、Coursera 为主,在做到免费提供在线课程,为广大学习者谋福利的前提下,通过证书认证和学分认证的服务获得可观的收入,得以确保项目的持续开展。尽管证书认证和学分认证的服务所获得的资金相对于整个项目来说,显得非常渺小,这就依靠各类庞大的客户群体的支持。

第二,原有课程与拓展业务的整合。通过证书认证所获得的收益相对来

说是非常有限的,而且大部分被慕课商业机构瓜分,所以需要拓展其他业务,比如与一些组织或者企业合作定制课程来收取一部分费用。根据学堂在线的计划步骤,未来 UCB 慕课以大学为中心,向招生和就业两方面拓展业务。在招生方面,课程为学校招生和学生报考提供协助,学生在考试及认证时需要缴纳费用。在就业方面,UCB 与知名企业进行合作,打造职业教育慕课平台。目前,edX 与 Google、微软等都有合作,例如微软与 edX 合作推出 IT 技能为主的职业课程,培养职场所需要的人才。在 2015 年 2 月,Coursera 也宣布与 Google、Instagram 和 500 Startups 合作,引入企业资源,为用户提供第一手的科技职场教育。UCB 的制作团队根据需要,开发满足企业需求的定制课程,是另一部分经济收入的来源。

第二,独立课程与专项课程的整合。设置一些付费的独立课程和专项课程,独立课程的费用相对来说比较便宜,因为此类课程学习时间短、内容精悍、结构清晰、便于完成。专项课程可能包含多门慕课,具有系统的内容,结构完整,知识面广泛,学习时间也比较长,由于团队制作时更加费时费力,相比独立课程而言,更有权威性,收费就会稍微昂贵一点。独立课程的价格低廉能够吸引学习者,专项课程能为学习者提供更广阔的学习空间,对于增加学分认证和证书认证都起着至关重要的作用。

六、合理发挥核心资源的重要力量

如果想要实现慕课项目商业模式的可持续化,那么必须采取措施来合理利用核心资源,彰显慕课的竞争优势,提高 UCB 慕课的价值和知名度。

第一,充分挖掘教师的自身资源潜力。伯克利继续教育学院拥有媒体和独立学习中心,具备运营慕课项目的一切软件硬件设备。慕课的发展告诉我们教育技术的重要性,那么培养教师信息素养就极为重要。教师不单单只是授课教师,比如简单的视频制作、音频制作和图文制作完全可以由教师负责,不必去请专门的制作人员。同时,具备教学设计的相关理论知识是一个优秀教师的基本素养,他们对一门课程的教学设计流程了如指掌,可以省去教学设计师的一大笔费用。如今是信息化的时代,制作一门慕课其实并没有想象中那么艰难,具备一定信息素养的教师有足够的能力来完成一门慕课的开发。UCB 对具备这种能力的教师提供奖励,提高工资,教师的价值可以得到最大限度的发挥,提高教师的积极性,有利于扩大核心资源,从而还能降低慕课的制作成本,提高市场竞争力。

第二,最大限度发挥各个学院的优秀师资潜力。UCB 在国际上享有盛誉,其师资队伍的优秀可见一斑。在运行慕课项目的过程中,最大限度发挥富有经验的优秀教师的潜力显得尤为重要,将优秀教师聚集在一起,组成慕课教师教学队伍,各持所长,向用户传授专业知识。例如,《云计算与软件工程》慕课汇集了阿曼多·福克斯、大卫·帕特森和山姆·约瑟夫三位优秀教授的专业知识,通过教授间的合作互助,将课程内容完美地呈现在用户面前。

第三,灵活调动各个学院的学生力量。在进行慕课开发的时候教师可能人手不够。在这种情况下,可以寻找具有相关制作经验的学生。为了调动学生的积极性,学校可以提供薪资报酬。一般来说,学生助手的薪资要比市场价格低很多,这也在一定程度上节省了不少成本。实际上,慕课制作的相关设备的自动化程度越来越高,学校也不乏此类专业的人才,他们也同样具备制作的经验和能力。比如,在录制《用新闻推动社会变革》课程的时候,可以在新闻专业的学生中寻找助手,一方面可以提高他们的专业素养,另一方面也可以借助他们的专业手段来制作,达到互惠互利的作用。UCB 慕课项目是属于整个学校的项目,如果给予学生团队这项殊荣,不仅能够提高学生的参与力,而且也调动了他们参与项目的积极性。

七、推进关键活动的创新与实施

根据商业模式画布的阐述,关键活动主要由产品制造、问题解决和平台或网络组成。因此对于 UCB 慕课而言,要想高效地推进关键活动,就需要创新课程建设、完善学习支持等。

第一，创新课程建设。一方面，从各平台上的 UCB 慕课来看，最能彰显这一关键活动的就是专项课程的开发。专项课程有利于学习者全面地学习某一学科体系的内容，帮助他们掌握一套完整的知识和技能，用户通过专项课程的学习，明显可以感受到知识层次的提升。在长期的学习过程中，也有利于学习者更加适应这种在线课程学习的方式，为他们长远的慕课生涯做铺垫。另一方面，着手开发优质、高端的微硕士项目，可以在提高教学层次的基础上吸引更多的客户群体，由于该项目收费较高，还可以谋取更大利益，UCB 也可以获得更多的资金来源。

第二，完善学习支持。UCB 的学习支持在提高慕课教学效果方面作出了很大贡献，比较关注师生、生生之间的交流和慕课教学管理的完善，互动通过讨论区、电子邮件和 bCourses 上的聊天室实现。对于教学管理，教授可以运用 bCourses 这一专门的网站，实现课程的发布、对学生的提醒、公告的通知、作业的发布等。bCourses 是 UCB 的官方校园学习管理系统，是学生或教师进行合作的工作区，也是一个存储和分享课堂相关材料的重要平台。

八、扩大伙伴范围，提高竞争力

对于 UCB 慕课来说，其主要的合作伙伴为 Coursera、edX 和学堂在线这几个慕课平台。所以，UCB 更应该加强与这三个平台的合作，在提高知名度的基础上，吸收更大的客户来源，开发更具市场价值的课程，以此获得利益，提高竞争力。

一方面，UCB 与 Coursera、edX、学堂在线、FutureLearn 有着广泛的伙伴关系，在基于已与这些平台建立的良好稳定的合作伙伴关系的基础上，努力将合作伙伴关系转化为重要伙伴，做到共担风险、成本，共享利益（非营利性平台除外），实施战略性合作。目前来说，UCB 与 edX 和学堂在线两大平台之间的合作已十分紧密，在此基础上，应该加强与 Coursera 的合作，在上面开设更多的课程。

另一方面,经济资助也是推进慕课发展的一大支持,美国斯隆基金会已为 UCB 实施的慕课项目提供了几笔资助资金。除此之外,慕课项目的建设也离不开 MOOCLab 基金和自筹基金的资助,有了一定的经济基础,大大减轻了 UCB 在慕课实施过程中的压力。

九、降低资源开发的成本

课程开发与制作中花费了不少成本,为了优化成本结构,可以从以下几方面着手。

第一,提高任课教师的职业素养。一方面,对任课教师进行技术培训,强化他们的慕课意识,帮助他们了解常规的文字处理、视频音频编辑、音频的录制和视频的拍摄等方面的工作,以便于授课教师可以承担一部分技术人员的职责,减少技术人员的工作量;另一方面,任课教师需要多参考其他慕课的讲解条理,争取在录制视频的时候脑海里有后期剪辑意识。此外,教师需要接受教育培训,提高他们在普通教育学和基础心理学领域的知识储备,如果授课教师能够熟悉教学法和教学设计的流程,那么他可以一个人负责主题专家、教学设计师和教师三个人的职责。这样一来,教师的职业素养提高了,那么相对而言开发人员就可以减少,即便是将授课教师的薪资提高,总体来说制作成本也能在很大程度上得以削减。

第二,提高课程的统一化和标准化。从 UCB 的专项课程中来看,有的由 3 门子课程组成,最多的一门由 8 门子课程组成。由于针对不同的课程内容有不同的限制因素,因此无法对所有的 UCB 慕课实行统一的制作规模。单单一门专项课程,如果确定好了制作方法,那么使用统一的标准、流程、思路和团队来开发其他子课程就会有流程感,不仅可以降低制作的平均时间,减少平均劳动力的消耗,降低课程开发的成本,而且可以使整个课程体系看上去更严谨、标准。

第四节　加利福尼亚大学伯克利分校慕课可持续商业模式的反思与启示

一、加利福尼亚大学伯克利分校慕课可持续商业模式的反思

(一)客户细分难以准确平衡

从理论上讲,UCB 对客户细分有了一定的准则。按照标准的客户细分平衡原则,UCB 可以满足不同客户群体的需求,开发相对应的慕课,然而多元化的社会体系并不能被准确地评定出来。一是因为 UCB 慕课项目的客户细分正在发生改变,每个个体也具有其特殊性和多样性;二是由于之前的客户细分准则在本质上也是笼统的一种解释,并不能准确地针对每一个受众,所以客户细分的原则不能一直停留在过去,而应该与时俱进。基于对客户群体的进一步认识,将客户细分出更多种类,真正做到慕课服务于每一位客户。可是不难发现一个问题,无论哪个平台,它所针对的受众都是不包括听力和视力障碍的群体,在线课程确实解决了时空上的限制性,然而对于聋哑人来说,他们依旧是被孤立的群体。在这个基础上,UCB 应该采取措施,有效增强慕课服务性,为视听障碍的人谋取福利,提供帮助。

(二)价值主张的定位亟待明确

在线课程有其开放性,受众非常广泛,具备"大规模、开放式"的特点,对学习者不设限制,用户进入门槛很低,只要拥有一台能上网的电脑即可进行课程的学习,也不像传统教学那样会受时间和空间的限制,极具便利性。然而,它能否将正确的价值观念传递到客户身上是值得探究的。

第一,价值主张的传递需要明确、清晰和正确的发展定向,模糊的发展定向很可能对客户群体产生相反的影响。由于在线课程的新颖性和独特性,有

些人害怕慕课项目会在教学过程中传递错误的价值主张。慕课这种新型模式的出现,一方面提供了新的教学方式,另一方面也对传统的教学方式提出了挑战,大众难以接受,因此慕课受到了极大的质疑。

第二,根据对 UCB 慕课的调查,该学校的一部分慕课的追求是满足用户对文化兴趣的培养需求,以此提高他们的文学素养;而课程主题与学生的个人目标紧密结合,这一点对慕课开发而言是至关重要的,具体问题具体分析,课程的主题应该尽量以用户的需求为准则,在这个基础上进一步开发拓展;紧接着,社会状态的不断变化,大众的心理或多或少也产生了不同的影响,UCB 也主张课程能支持用户进一步了解社会状态,比如新闻改革方面、社会舆论方向等,在此基础上也提倡用户更多地关注自身,培养积极的心理。

总的来说,UCB 虽然已经开设了很多的课程,但是仍然需要通过不断实践,使慕课这一概念逐渐深入人心,体现其积极的作用,提高课程的社会影响力,让更多人体会到在线学习是寓学习于快乐之中,并且能符合大多数人的要求,促进教育的普及。

（三）渠道通路有待拓展

UCB 的合作伙伴很多,在一定程度上形成了可靠的客户群体,在投入开发在线课程的道路上,也得到了许多在线平台和学院平台的支持,拥有可靠且具有影响力的渠道通路,然而其渠道通路依旧有待拓展。

第一,UCB 同 Coursera、FutureLearn 等其他平台的合作并没有特别深入。Coursera 和 FutureLearn 两大平台在国际上都有相当大的知名度和影响力,如果能够合理利用并且将这两个平台作为传递 UCB 慕课价值主张的另外的一大主要渠道通路,这将会是非常明智的选择,可以达到互惠互利的作用。

第二,UCB 与 edX、Coursera、FutureLearn、学堂在线等平台不断开展一系列合作,借助学校内设的继续教育学院的支持,同时又基于斯隆基金会、

MOOCLab、私人捐赠者等提供的资助,UCB 的慕课发展总体呈现上升趋势,但仔细分析下来我们不难发现,从本质上来讲,UCB 合作的渠道通路依旧太过单一,仅局限于与课程的发布相关,为了实现收入的多元化,获得更多的用户群体,相关领导者应该拓宽渠道通路,寻找更多的不同类型的合作伙伴,利用多种机会发掘渠道通路。

第三,学习其他院校。加利福尼亚大学欧文分校与电视台等宣传机构开展合作,巧妙地借助宣传平台来扩大自己的影响力。那么对于 UCB 来说,也应该换个角度,调整合作的对象的灵活性,提高创新价值。

第四,经济支持也是慕课得以顺利发展的另一大措施,需要项目的相关人员寻求经济赞助。比如,可以与企业合作,开发企业所需要工作人员掌握的技能培训方面的慕课,一来可以获得企业的资助,二来也减少了企业的人力劳动。

(四)收入来源的渠道急需拓展

立足于慕课的发展趋势,其原有的收入渠道是远远不够的,因此资金来源的渠道需要多元化。

第一,为了提高收入,增加收入来源的方式。UCB 与学堂在线平台进行了及时的探讨与交流,明确课程开发的目的与任务,进一步采取慕课改革的方式,以免费开放为大前提,巧妙地新增了付费课程,其中包括独立课程和专项课程的开发,课程与课程之间环环紧扣,方便学习者以一种积极主动、乐观的心态自愿承担慕课需要的费用。这种系列的课程无论是在课程设计上还是在视频制作上,都需要花费大量的人力、物力和财力。

第二,随着教育技术人才的不断提升及发展,慕课制作早已普及,且慕课的潮流一直退减不去,先进组织者担心慕课行业竞争激烈,导致 UCB 慕课只能以廉价的费用来吸引外来用户的兴趣,直接对慕课的经济收入产生影响。所以说,慕课本质上是一把双刃剑,机遇与挑战并存。

（五）核心资源的管理有待改进

UCB 拥有优秀的核心资源，如果能够得以好好利用，一定能最大限度发挥整体的凝聚力，加快慕课项目的发展速度，促进管理层对其核心资源的管理改进。

第一，慕课制作与开发大多数都借助自己师生的力量，那么如何管理一个团队，将团队的凝聚力及合作力发挥到最大，是负责人应该注意的问题。慕课开发过程中，开发人员、管理人员和教学人员的工作内容都很多，导致教师或者学生压力过大，因此需要统筹工作的任务安排，避免工作量的堆积。

第二，为了方便或者是降低成本，教学法很容易被忽视，UCB 优秀师资队伍庞大，作为教育者应该深刻认识到，一种模式比另一种模式提供更好的教学或评估模式才是符合我们的最佳利益的，产品和服务是关于时间、金钱和质量的，需要不断更新工作进度，统筹团队工作安排，实现"1+1>2"的效果。

（六）客户关系的深化成效有待提高

对于 UCB 慕课而言，无论是在 edX、Coursera 还是在学堂在线平台上，都有相当可观的慕课学习注册人数，然而这些都不是最重要的，关键是 UCB 慕课项目组能否与客户群体建立稳定、良好的关系。实际情况是一门慕课的报名人数有很多，然而实际能坚持到最后完成课程的人却寥寥无几。以 UCB 慕课为例，其开设的《软件工程》课程拥有约 50000 名注册用户，但是最终只有 7% 的学习者完成了整门课程。其用户流失的数量与流量值得深刻剖析。客户关系的恶化可能来源于以下几个方面。

第一，在线课程对用户的时间管理要求非常严格。基于互联网的课程要求用户培养个人的时间管理技能，如果没有做到恰当地管理时间，用户会发现自己淹没在看似不可逾越的课程之山下面。他们要平衡线上线下、生活与学习的节奏。在线课程需要自律，留出大量的时间来完成学业，这意味着用户在一定程度上必须要把在线学习作为优先事项,尽可能不被其他活动干扰。

第二,在线课堂会让人产生一种孤立的感觉。大多数用户都是接受传统教育机制的培养过来的,在慕课学习中,没有一个真实的同伴在身边,也不能感受到教师的威严,只有一台电脑。这样的环境会给用户一种孤单的感觉,也会使其产生懈怠心理。这时候就需要在线教师及时地意识到这个问题,帮助用户建立良好的联系,比如教师或者辅导员可以给用户发送电子邮件增加互动。

第三,在线课堂要求的时间比大学课程需要的时间多。网络环境是基于文本的,为了与教师和其他一起学习这门慕课的用户交流,学生必须输入信息回复邮件,通过打字进行交流。而我们都知道打字的效率比说话效率慢得多,在这方面必然比传统授课花费更多的时间。同样的道理,用户阅读讲课材料要比听教师讲课更花时间,当阅读材料的时候,如果错过了一些东西,用户会倾向于回顾前文,这需要时间。即使在网络环境中能够学到更多的东西,但是用户必须付出更大的努力来完成学习。

很多时候,客户群体意志的不坚定让他们放弃了慕课学习的进程,UCB应该采取措施深化用户关系,目前已创建学习社区、使用社交媒体、定时推送课程功能、实施课程计划提醒机制和进行电子邮件的交流,但是深化客户关系的成效还具有一定的局限性。

(七)关键活动的形式亟待拓宽

慕课的确是个刚诞生不久的新事物,人们对其发展效果有着质疑也是难以避免的。

第一,就以证书的认证来说,用户虽然取得了 UCB 与 edX 平台联合颁发的证书,可是其他学校或者工作单位是否承认这个证书还具有不确定性,证书的认同度还有待提升,UCB 应该进一步强化其慕课证书的社会认同感。此外,慕课的学分认定机制还不够完善,慕课的评分机制也受到了质疑,相比传统教学方式,分数都是由教师提供的,而在线课程的分数一部分通过计算机自动评分,另一部分由教学者及助教之外的学习者测评,不足以信服大众。

第二,慕课的开发或者实践都是基于正常的用户,对于残障人士方面的服务,确实做得不够全面。新闻曾报道由于 UCB 的慕课无法向听觉障碍的人提供便利,其课程将会被取消。正如新闻部所确认的那样,大多数慕课并没有给有听力障碍的人提供字幕或者手语,该部门也对 UC BerkeleyX 平台的慕课进行了回顾,发现有些视频没有字幕,即使有字幕,也是自动生成的,极不准确或不完整。此外,课程的参考文件也没有为那些使用屏幕阅读器的用户进行格式化。最后,新闻部也审查了伯克利 iTunes U 平台上抽样回来的视频资源,发现所有审查的视频都没有字幕,也没有提供视频中视觉信息的替代格式。因此,为了确保与有听力、视力或体力残疾的人进行有效的沟通,为他们提供更多的社会服务,UCB 亟须对关键活动的形式进行拓宽,比如可以先从字幕的准确性抓起,不只是局限于市场推广、宣传活动、学习支持上面,而是使那些课程资源真正做到对所有人开放。

（八）重要伙伴的规模有待平衡与加盟

UCB 的慕课项目的合作伙伴虽然有很多,比如 edX、Coursera、学堂在线、FutureLearn 等,但是就目前而言,其重要合作伙伴局限于 edX 和学堂在线,其大部分课程都是通过这两个平台进行传播的,UCB 与它们的合作确实在某种程度上提高了其慕课的知名度,有一定的积极意义,但是如果慕课项目的运营方式只注重于与这两个平台的合作,对于 UCB 慕课的发展只有反向作用。Coursera 和 FutureLearn 的发展前景相当好,有很大的影响力,但是 UCB 在这两个平台上课程的发布的数量较少,这就造成了重要伙伴规模的发展极度不平衡,UCB 可以考虑与这两个平台深化合作。

慕课在传播和发展过程中不断寻求更多互惠互利的重要伙伴不容小觑,同时寻求经济资助必不可少,尤其是在慕课项目的初始发展阶段,这是保证慕课项目的持续运作的基本条件,目前UCB已有斯隆基金会的支持,但是UCB慕课从中获得的支持还是非常有限的,寻求多方社会基金组织也显得尤为重要。只有拥有丰厚的经济基础,UCB慕课的开发团队才能有更大的动力去研发优秀的慕课。

此外,与UCB不同的是,加利福尼亚大学欧文分校还拥有其他类型的重要伙伴,比如通过AMC电视台和FX电视台的传播。在"互联网+"时代,媒体传播的力量往往有出人意料的效果。合理利用大众传媒的积极力量,更有利于提高慕课的知名度和影响力,激发潜在用户的兴趣。而UCB在这方面的措施比较单一,有待改进。

(九)成本结构优化仍需改善

成本结构分为管理成本和开发成本两方面,在实际慕课的运营过程中,成本结构仍存在很多需要得到优化的地方。

一方面,为了节省开支,很多慕课开发的主要工作人员就是教学人员,经过专业培训之后,身兼数职,他们是教学人员、教学设计师、资料整合师和后期制作人员。然而他们付出的劳动与所获薪资并不相符,导致他们失去了继续奉献劳动力的动力。低迷的工作状态直接导致工作效率和产品质量的降低,所以应该有效改善教职工的工资待遇问题,缓解因为慕课制作引起的成本结构不协调的问题。

另一方面,高质量的视频制作使得慕课的开发成本急剧增加,继续教育学院的技术人员也通过不断提升自己的教育技术能力、提高效率、降低生产成本,虽然在一定意义上取得了有效的成果,但是形势仍然比较严峻,不足以解决成本结构不完善的问题。

二、加利福尼亚大学伯克利分校慕课可持续商业模式的启示

受国外开放教育资源运动的影响,我国也自上而下地开启了精品开放课

程的建设。北京大学、清华大学、复旦大学等高校纷纷加入慕课的热潮,不少的慕课在线平台应景而生,比如学堂在线、中国大学 MOOC、好大学在线等。根据《2016 年中国慕课行业研究白皮书》研究,2014 年,国内慕课用户仅有 150 万人,2015 年,用户增长至 575 万人左右,同时增长高达 283%,到了 2016 年又翻了一番,达到了 1105 万人左右。

受国外免费课程的影响,我国国内的平台也提供免费的慕课,比如好大学在线慕课平台,就如 edX 一样,也是非营利性机构。据调查,约有 22% 的用户在慕课的学习过程中有过付费的行为,绝大部分承担的金额都控制在 300 元以内,和国外一样,为取得慕课学分或者是证书认证,用户需要支付一定费用。

第一,总结近几年"慕课"的快速发展,慕课的本质其实还是从属于课程体系,具备深刻的教育意义。从课程开发的角度来看,应该多角度建设课程,比如我国在提供专业课程、面向学生的前提下,开创职业培训相关的课程。慕课不应该是仅仅局限于传统教育领域,应该也是能够为客户的就业做准备,提供帮助。2015 年《纽约时报》就曾报道,经过多年的反复试验,Udacity 已经开创了一个职业培训模式,可以教授数百万人的技能。

第二,清华大学前任校长陈吉宁曾经讲过:"在线教育提供了一种全新的知识传播模式和学习方式,将引发全球高等教育的一场重大变革。这场重大变革,与以往的网络教学有着本质区别,不单是教育技术的革新,更会带来教育观念、教育体制、教学方式、人才培养过程等方面的深刻变化。"但是,在为期 5 年的 5 万多名学生参加的在线和面对面课程的研究中,特洛伊大学的研究人员发现,网络课程的失败率高于传统的课堂课程,因此,人们应该树立对慕课正确的认识态度,合理利用网络的便捷性。

第三,在制作问题上面,需要专业人士互相配合、团结协作,并解决经费问题。一方面,高校接到上至教育部、教育厅,下到高校教务处的相关通知后,应该积极申报慕课,申报之后上级会拨一部分的教育经费;另一方面,我国慕课建设也得到了政府的支持,能解决一部分的经费问题。通过深入剖析客户群体、产品或者服务策略,变革课程类型以及运用多样化的盈利方式,从长远角度来看,中国慕课需要根据我国实际情况,构建出一套属于中国模式的可持续性商业模式。

第七章　普林斯顿大学慕课可持续商业模式研究

自 2012 年以来,慕课在世界顶尖高校中掀起了一场教育风暴。Coursera、Udacity、edX 作为目前世界上最出名的三大慕课平台,纷纷与世界一流的大学和机构展开合作,向社会公众免费提供优质、开放的在线网络课程。这样开放式、个性化的在线教学,打破了传统大学的围墙壁垒和时间限制,为学习者提供了更多的学习可能,普林斯顿大学(Princeton University,PU)也是其中的合作者之一。

第一节　普林斯顿大学慕课的发展概况

一、关于普林斯顿大学

普林斯顿大学成立于 1746 年,位列 8 所常春藤盟校之一,是美国一所享誉世界的私立研究型大学。与学生众多、学科覆盖面广的大部分世界一流大学相比,普林斯顿大学是一所袖珍型大学,该校学生人数较少,且学校设置的学科门类并不齐全。其教育规模虽小,却始终致力于质量而非数量上的追求。① 普林

---

① 董泽芳、王晓辉:《普林斯顿大学本科人才培养模式的特点及启示》,《高教探索》2014 年第 2 期。

斯顿大学一直是学者、科学家、作家、政治家成长的家园,开设的主要专业有人类学、天体物理科学、化学、土木与环境工程、比较文学、计算机科学、东亚研究、经济学、电气工程、英语、地球科学、历史、数学、分子生物学、音乐、近东研究、哲学、物理、政治、心理学、宗教学、社会学等。包含兼职、访问学者在内,该校现有教职员工 1289 人。其中,有 27 位诺贝尔奖获得者,76%的教师是学院终身教授,1576 位教师获得了研究资助奖(Research Funding Awards)。2019—2020 年间,该校本科生招生人数为 5267 人,研究生招生人数为 2946 人,生师比为 5∶1。

二、普林斯顿大学慕课的发展历史

2012 年,普林斯顿大学宣布加入开发慕课的行列。2012 年 4 月,该校与 Coursera 开始建立合作关系。同年 6 月,该校在 Coursera 平台上线了第一门在线网络课程《社会学导论》(*Introduction to Sociology*)。这门课程由普林斯顿大学的社会学教授米切尔·杜为尔讲授。刚开始,他们对通过互联网能否给世界各地的学生提供优质的教育也提出过怀疑,但伴随网上论坛和在线研讨会的现场直播式讨论的出现,杜为尔教授团队表现出了极大的自信与支持。据后台数据统计,杜为尔教授的在线课程有来自 113 个国家的 40000 多名学生参与学习,并通过 Google Hangout 视频聊天等手段在网上实现了实时网络互动。

历史学家杰里米·阿德尔曼(Jeremy Adelman)也是普林斯顿大学首批在 Coursera 平台上探索利用技术在校内促进学习、拓展大学资源走出校门的 7 位教授之一。2013 年秋,阿德尔曼在 Coursera 平台上开设了《公元 1300 年之后的世界史》(*A History of the World Since 1300*)课程,通过 Coursera 平台向普林斯顿大学的 50 多名学生和世界各地的 80000 名学生授课。阿德尔曼坦言:"利用慕课平台所开展的翻转课堂式教学,能够极大地调动学习者学习的积极性,大大减少了在演讲大厅里闲聊的时间,从而预留出更多的时间和来自世界各地的学子们进行交流。"

普林斯顿大学在 Coursera 上的课程,不以学分和证书为目的,首批在 Coursera 平台上开设课程的还有计算机科学系教授罗伯特·塞奇威克(Robert Sedgewick)、威廉·贝克(William O. Baker)开设的《算法分析》(*Algorithms*),塞奇威克与凯文·韦恩(Kevin Wayne)、菲利普·戈德曼(Philip Y. Goldman)合作的《算法 2》(*Algorithms Ⅱ*),心理学高级讲师安德鲁·康韦(Andrew Conway)讲授的《网络:朋友、金钱和字节》(*Networks*:*Friends*,*Money*,*and Bytes*),电气工程教授蒋濛(Mung Chiang)、电气工程助理教授大卫·文茨拉夫(David Wentzlaff)执教的《计算机体系结构》(*Computer Architecture*)等。自此,普林斯顿大学的越来越多的教师开始致力于在慕课平台上开展网络教学。

三、普林斯顿大学慕课的发展现状

随着互联网技术的长足进步和大数据的广泛应用,大规模的在线课程不再是梦想。无时间无地域要求的强大优势也极大地增强了人们的学习动机,借此优势,慕课平台课程数量在近几年呈现几何级数的增长,市场规模之大不言而喻。免费的慕课,秉承课程开发、教育公平的理念,发端于过去的资源发布、学习管理系统与网络资源综合而成的课程开发模式。慕课拥有丰富而庞大的教学资源作为支撑,它不是传统的面对面的教学模式,而是面向大众、面向全世界、免费的开放的社会所需的高等教育课程,其目的是实现在线学习和分享。慕课教学模式具有人人平等的特性,这主要是依赖于其大规模和开放性的特点。

普林斯顿大学的慕课课程免费向大众开放,不以学分和证书为目的。据统计,普林斯顿大学在 Coursera 在线教育平台开始尝试发布课程的最初 3 年,其制作一门课程的平均花费预估在25000—35000 美元,这些钱一半用于大学广播中心的视频制作,一半用于课程开发。一方面,本部大学会预想从中收回一部分收益;另一方面,企业管理机构则提出,如果课程产生了收益,学校将给予其一定补偿。这样的现状使得教师对管理机构不免提出一些问题,例如谁拥有课程的管理权、课程的支付等原则应当如何处理。

第二节 普林斯顿大学慕课可持续 商业模式的元素分析

一、客户细分

对慕课而言,学习者是客户,课程是产品,客户的类型根据课程的受众来划分。"小而美"是普林斯顿大学的办学特色与宗旨,从普林斯顿大学开设的慕课课程看,该校的慕课课程具有明显的技术导向。

(一)面向人文爱好者的艺术性慕课课程

慕课在线教学模式不仅是一种新的教育和学习模式,同时也为广大学习者提供了更为高效、高质、便利的教学资源和学习机会。人们对艺术的追求从未停止,随着物质生活的提高和数字技术的发展,普通大众开始更为广泛地借助互联网来进行兴趣拓展和学习。互联网上的艺术学习资源平台纷繁芜杂,但大多只专注于某一个领域或分支,缺少一个完整的整合性艺术学习平台。Kadenze 平台的出现大大填补了这一空缺。Kadenze 平台上的课程涉及视觉艺术、创意计算、计算图像、历史与文化、设计和音乐等多个领域。

钢琴仍然是乐器设计的伟大成就之一,长期以来一直是全世界音乐家的主要创作工具。普林斯顿大学的众多知名音乐教授与表演团队在 Kadenze 平台上联合开设了《重塑钢琴》课程。音乐拥有着充满矛盾而又非常神奇的旋律,艺术家们利用它跌宕起伏、温润细腻的特点,在艺术的殿堂里追求变幻莫测、令人难以预想的艺术效果。在传统的教学中,学钢琴主要依赖于教师的手把手教学,在知识与技能之间的关联方面,重知识而轻技能,不能做到一对多模式,从而形成高成本低效率的局面。Kadenze 平台上汇集了国内外顶尖级名师,学生可有幸一睹名师风采,近距离与音乐大师互动。

在《重塑钢琴》这门课程中,课程开发团队将钢琴设计学习划分成一系列不同的主题,例如,如何影响并激发音阶和钢琴表演时的创造力;如何识别各种键盘乐器设计之间的表达关系;如何在出现喜欢的音色套组时,通过仔细聆听各种间隔音阶,来调整选择适合自己的键盘乐器。整个板块课程主要是由三大部分组成。第一,讲课。所谓讲课是指老师针对所要教授的曲目进行分析讲解并通过录制在网站上呈现。第二,实时授课,也可理解为是互动授课。讲授老师演示一段,学生模拟演奏一段,以此重叠进行学习。第三,线上点评。在互动论坛区域,可以实现师生、生生互评,老师可针对学生线上弹奏逐一进行点评,从而使学生能够在时间、空间等方面缩短周期,也便于其他学生通过线上平台进行互动学习。学习者在学习完这门课程后,对初级钢琴课程形成良好的认知与整体感观。

(二)面向普通大众的社会生活性慕课课程

社会技术互联网与我们的日常生活息息相关,它们存在于丰富繁杂的生活中,连接起点滴小事。不同地区的教育发展之所以会表现出不同的差异性和各具特色的民族性、地方性,是因为教育受制于不同地区的社会经济发展,但是无论何种教学方式,在其经历本土化的过程中都需要数据化建设和教师的智力支持。慕课教学模式的出现使得这些问题的解决出现了转机,伴随其教学模式的运行与管理的日渐完善,大众获取知识的途径与方法将更为宽泛。诸如"是什么促使家庭无线网比咖啡厅 Wi-Fi 的速率更快""又是什么促成谷歌搜索能够从数以万亿计的互联网网页中搜索到有效信息"等生活性的社会话题课程。普林斯顿大学克里斯托弗·布林顿(Christopher Brinton)教授和蒋濛教授在 Coursera 平台上开设了《图解网络:无微积分的原理》(*Networks Illustrated:Principles without Calculus*)课程,旨在通过对图形案例进行阐释,说明"分享困难""群策群力""网网互通"等常见的社群网络行为,以此理解互联网社区的核心特点,帮助学习者建立基础的互联网社群概念。

(三)面向特殊群体的专业技术型慕课课程

1. 面向信息技术人员的基于 Coursera 平台的网络算法课程

在大规模开放在线课程的浪潮中,Coursera 作为最具影响力的机构之一,以其迅速发展之势受到大众的密切关注。为了妥善利用信息技术来丰富大学学术经验,为全校师生打破校门壁垒,普林斯顿大学于 2012 年 9 月加入 Coursera,决心借助这一崭新的在线平台来开发本校在线课程的线上延伸与拓展部分。在校师生可以借助这一平台来探索新的教学模式,不仅将课堂延伸到了世界各地,更打破了校园空间的限制,给予学生更多的自主学习机会,满足他们对于知识的渴望。

伴随大数据、云计算等信息技术的应用与推广,如何利用精准的算法和数据来优化网络环境,成为网络信息专业人员值得思考的一项职业技能。为此,普林斯顿大学在 Coursera 平台上推出了《算法 2》课程,该课程由计算机科学系教授凯文·韦恩讲授。该课程着重介绍了 IT 领域中的算法和数据结构,对应用程序和 JAVA 科学绩效进行了深刻的系统分析。完成该课程的学习后,学习者能够选择最合适的算法和数据结构,来对网络环境进行优化与升级。在整个课程中,学习者将对 JAVA 有着更为数据化的理性理解,对应用程序具备更深层的体验感触。

2. 面向数学应用人员的基于 Class-Central 平台的微积分课程

Class-Central 平台,又称慕课聚合,是目前最知名的慕课搜索引擎。Class-Central 平台由达瓦沙于 2011 年年末创办,是一个免费的大型在线课程聚合社区,旨在聚合不同高校优质的在线网络课程,帮助在线课程用户查询并跟踪在线网络课程。每一所参与慕课制作的高校都会在 Class-Central 平台上拥有属于自己的独立页面,上面会向大众公开列出院校开放的慕课课程。Class-

Central 平台多以列表的形式,将绝大多数名牌院校线上对外开放的在线课程聚合在一起,对学习者公开,方便他们进行筛选学习。每一门课程都会有星级打分和用户课程评论显示,德沃更是亲切地称 Class-Central 平台是一个聚集所有志在深造获取学识的学习者的慕课生态区。

微积分作为数学的一门基础学科,对应用数学的发展具有重要意义。普林斯顿大学的罗伯特·塞奇威克教授在 Class-Central 平台上开设了《分析组合数学》(*Analytic Combinatorics I*)课程。该课程主要教授微积分知识,它能够大规模地组合结构,并以此进行精确的定量预测。该课程包括生成功能和渐近性曲线,具体阐述介绍了基于算法、排列、树、字符串、词等基本结构来分析和应用程序的符号方法和映射作用。学习者在完成本门课程学习后,能够熟练应用数学的应用组合,并付诸数学其他领域项目。

二、价值主张

从目前的运营状态来看,普林斯顿大学慕课已经形成了比较明确的价值主张。一方面,它满足了学习者的学习需求,解决了学习者日常生活中的学习困惑;另一方面,又为学习者提供了就业机会,拓宽了就业渠道。

(一)满足用户对文化兴趣的培养,提高艺术素养

普林斯顿大学根据大众的兴趣喜好,推出了一系列艺术类慕课,满足了社会大众对文学素养的追求与培养。以往在大众的潜意识里,学术课程大多枯燥乏味,如果将个人兴趣爱好与理论研究相结合,就会产生事半功倍的学习效果。网络在线课程打破了传统一对一或者一对多的封闭学习空间壁垒,大大拓展延伸了学习者的学习空间和时间。Coursera 平台上开设的《佛学和现代心理学》(*Buddhism and Modern Psychology*)课程,向佛学爱好者阐述佛教教义与现代心理学的关系与影响,理解禅修精髓;Kadenze 平台上开设的初级钢琴课程,为琴艺爱好者讲授基础音阶知识,了解琴谱琴键等钢琴基础应用。

这种类型的慕课旨在让大众根据自己的喜好,选择兴趣课程,通过一定阶段的在线视频学习,丰富学习者知识,提高其艺术文化素养。此类课程多元且较为灵活,设计开发要求有一定的艺术指导性。普林斯顿大学通过快捷方便的传输渠道、高质量的精品课程传授,进一步扩大其社会影响力和课程知名度。

(二)满足不同领域在职人员的需求

普林斯顿大学提供的在线网络课程涉及领域宽广、学术造诣深厚,为不同领域的在职人员提供了丰富多样的专业化课程,吸引了来自各行各业的专项人才,产生了深远影响,比如,网络算法课程、全球史课程、高等微积分课程、结构工程桥梁设计课程、统计学课程、社会学应用课程、雾状网络课程等。

以《结构工程的艺术:桥梁》(*The Art of Structural Engineering: Bridges*)专项课程为例,该课程的目标学习群体是复合型的工科技术学科人才,重点考察了工业革命以来建成的一些著名的桥梁,说明了为什么工程设计是一门创造性的学科和一门艺术。通过学习该专项课程,学习者能够明白受力、应力的基本运算、桥梁建设的经济效益以及基于工程原理而非基于装饰的桥梁外观设计。同时,他们还能了解到经济和社会背景对于桥梁设计的影响,以及受力与形式之间的相互作用。

(三)满足普通大众对高等学府的向往

信息网络时代改变了传统课堂的教学模式,互联网信息化对大众的思想和观念产生了深远的影响,简单总结起来就是具有解放思想、消解神圣、强化个性、提倡民主的作用。具体来说,其对教育界的积极影响主要体现在为学习者提供了更为广阔的学习渠道,使得学生获取知识的途径不再仅仅局限于课堂上、校园内,学生开始主动参与到网络学习中来,与全世界的学习者共享一个学习空间。

普林斯顿大学作为全美乃至全世界最著名的研究型大学之一,拥有强大的师资力量与较高的学术声望,是全球莘莘学子向往的学术殿堂。随着数字媒体日渐多元、多屏移动时代的到来,慕课满足了人们希望足不出户、随时随地浏览课程的知识需要。大众可以利用自己的碎片化时间,借助移动终端即可获取心仪课程的学习资料,完成在线学习。普林斯顿大学严谨的课程制作要求,完善的课程学分制度,进一步拓宽了普通大众求学的途径与方式。基于普林斯顿大学的学术声望,其投入开发的慕课课程吸引了来自世界各地学习者的关注与追捧,大多数用户都抱有进入名校学习的梦想,渴求获取名师教导的机会,在线课程的出现为大众提供了这样的机遇。

三、渠道通路

高校想要获得稳定而多渠道的慕课课程客户群体,必须尽可能多地开辟宽阔的渠道通路。普林斯顿大学目前主要的线上教育合作平台有 edX、Coursera、Kadenze 等,吸引了全球大批的网络在线学习群体,也不断获得传统媒体使用客户的关注与参与。

(一)普林斯顿大学与 edX 平台的合作

edX 是由麻省理工学院、哈佛大学和加利福尼亚大学伯克利分校联合运营的非营利性组织,旨在“为在任何地方的所有人增加获得高质量教育的机会,提升校内和在线的教与学的水平,通过研究促进教与学”。2014 年,普林斯顿大学开始寻求与 edX 平台展开深度合作,通过专业教师的教学课程设计,在 edX 平台上发布了《全球史研究室》(*Global History Lab*)、《艰难环境中的政府工作》(*Making Government Work in Hard Places*)和《写作案例研究:科学交互》三门课程。edX 除了提供每门课程的教学课件,还提供了在线测试、课后作业与课程反馈等内容,实时记录学生每单元课程知识的学习成果,课程授课教师可以轻松获取每位学生的课程反馈,调整教学计划。edX 平台上开发的视频课程界面分为左右两个栏目,左边是课程视频播放页面,右边是外挂字幕界面。这种设置较为人性化,一方面,能够集中学习者的注意力,另一方面,还能够促进学生对于知识点的理解,从而提高教学效果。另外,针对学习能力不同的学习者,该平台还可以自主控制视频播放的快慢,学习者能够根据自身的学习情况快进或跳过熟悉的知识点,大大节省了学习的时间成本。[①] 此外,edX 平台上的讨论区、Wiki 等板块可以方便学习者进行知识互动与交流。诸如此类的互联网数字技术,给用户带来了良好的学习体验,大大提高了学习者的在线学习质量。

(二)普林斯顿大学与 Coursera 平台的合作

2012 年,教育界掀起了全球慕课的知识大运动,引起了广泛的关注与重视,作为慕课平台中的领头羊,Coursera 是全球最大的开放式在线教育平台,旨在同世界最顶尖的大学和机构合作,提供在线免费的网络公开课程。Coursera 平台在不断迭代的过程中修正与完善之前的不足,满足了学习者更多契合实际的需求。"自主学习"(On-Demand)的课程运行模式,允许学习者自主选择学习时间,自由选择章节和进度进行学习。

2017 年,普林斯顿大学在 Coursera 平台上总计发布了 14 门课程,涉及的领域包括历史学、应用数学、哲学、天文学、佛学、计算机学等。普林斯顿大学几年来与 Coursera 展开了广泛而密切的合作,开设课程受众范围广、专业程度高。Coursera 平台无论是在界面设计,还是在课程设计反馈系统方面,都给用户带来了极佳的使用体验。Coursera 界面设计简洁明了,各个学科都会存有标签,每个标签下都有下拉课程清单,方便网络用户抓取选课。

---

① 贺嫒婧、袁亚兴:《基于用户学习体验的 MOOC 学习模式对比研究 ——以 Coursera 和 Edx 为例》,《中国信息技术教育》2015 年第 9 期。

(三)普林斯顿大学与 NovoEd 平台的合作

除了大众所普遍熟知的 Coursera、Udacity、edX 慕课平台外,近年来,在线教育网站 NovoEd 的注册用户已逾 50 万人。首先,NovoEd 负责课程维护的团队会与大学对接,负责审核课程的质量。经过筛选的课程会被专业团队"重新设计",旨在平衡网站与学校之间的关系。其次,NovoEd 平台将课程内容分成不同项目让学生完成,鼓励学生之间彼此学习和协同工作。学习者在注册 NovoEd 并选择完课程后,由计算机通过学习者兴趣和专业方向等算法计算,进行自动分组。分组完成后,学习者会根据课程要求,在小组内完成课程要求项目,每个项目都有起始时间和截止时间。普林斯顿大学在 NovoEd 平台上开设了 4 门课程,范围涵盖政治学、历史学、新闻学等。NovoEd 平台增强了在线学习者的协作能力,拓宽了在线学习深度与宽度,给用户带来更为直观的学习体验。

四、客户关系

良好的客户关系管理能够提高客户的满意度,为企业带来或保持稳定的客户源,因此在商业运营中始终占据着十分重要的地位。普林斯顿大学通过发挥讨论区功能,时刻关注学习者课程使用的满意度与忠实度,开发出真正满足大众需求的精品在线课程,形成良好稳定的客户群体。

(一)通过发挥讨论区的功能来增强学习者的学习使用体验

在线教育网址的讨论区板块是保证学习者学习质量的重要手段,也是在线课程不同于传统课程的重要元素之一。以普林斯顿大学在 NovoEd 平台上发布的《全球史研究室》课程为例,该课程的教学者是杰里米·阿德尔曼教授。该课程着重培养学习者的历史分析观和应用知识的能力,按周分配讨论话题任务。这门课程的核心在于锻炼学习者与学习伙伴利用历史观来解决问题,并探索教师所提供的历史素材之间的联系。作为在线学习一个重要的组成部分,讨论区发挥着极大的作用,激发并促进了学习者的求知欲,有利于通过协作讨论的方式碰撞出思想的火花。

(二)开发满足客户和市场需求的课程

普林斯顿大学为用户提供了不同领域的满足不同专业人士的专业性课程。在慕课开发前期,教师与专业人员会根据客户的学习需求和市场调研情况来选择开发的课程类型。以普林斯顿大学在 Coursera 平台发布的《比特币和数字货币》(*Bitcoin and Cryptocurrency Technologies*)这门课程为例,伴随大数据、云计算等互联网技术的发展,数字虚拟支付逐渐成为人们生活中不可分割的一部分。比特币是一种 P2P 的数字货币,是电子现金系统新的呈现模式。学完这门课程的学习者,能够深入了解比特币的运作流程、形成原因、安全系统设置、拟定价格标准等,满足人们对便捷支付生活的追求与希冀。

五、收入来源

在线教育的消费模式目前主要分成两类。一类是传统教育资源的在线消费,如与升学相关的入学前的考试培训、纸质材料的电子书等均可以通过互联网扩大原有教育资源的影响和消费范围,实现优质教育资源的线上消费。而基于付费的教育模式要想获得成功,这种模式必然是建立在完善的监督、学分、学历、证书认证的基础上。另一类是依托于信息技术的发展,促使教育模式发生变化,衍生出新的教学模式,它加强了课程的碎片化教学、互动讨论等功能,在改变传统大学课堂的同时,也在改变着付费课程的模式。从近几年普林斯顿大学的慕课经营情况来看,其盈利方式主要是学分认证收费、业务拓展以及基金资助。

（一）学分认证收费

从与普林斯顿大学合作的几大平台来看，Coursera、edX 等非营利性机构，尽管课程大多是免费的，但是获取证书则需要收取一定的费用。Coursera 平台在继承"开放共享"的核心理念之下，又引入了商业运作模式，以此构筑了一种全新的线上运营模式。Coursera 目前授课形式主要分为旁听制和课程购买两种形式。旁听制仅供学习和观看授课视频，不能做课后作业，也不能参加结业考试，因此也无法拿到课程证书；而购买了课程的用户，则可以参与到课程学习的各个环节，完成学习任务，最后即可拿到证书。此类证书由 Coursera 平台与授课的大学联合发布，每完成一门课就会有一张证书。每一个完成专项课程的学生，都会被授予一个项目认证。此外，Coursera 推出了签名追踪项目收费认证服务。不同课程的收费认证服务的价格略有不同，大多设置在 40 美元左右。但并非所有的签名证书都需要支付费用，有些证书是完全免费供学生使用下载的，但此类免费的证书仅由 Coursera 平台颁发。这种收费形式能够保证平台更加长久地运营下去。

（二）基金资助

慕课平台具有极大的发展前景，但是目前还没有建立成熟的商业模式。高昂的慕课课程开发成本单纯依赖学校是难以为继的。在线课程教育要想持续稳定地发展下去，离不开资金的支持。教育基金会是高校学术发展筹集资源的有效途径，不断扩大基金规模成了众多美国名牌院校生存和发展的必备条件。普林斯顿大学的慕课建设还得到美国国家科学基金会的资金援助。

美国国家科学基金会是一个独立的联邦政府机构，成立于 1934 年，旨在改进科学教育、发展科学信息和增进国际科学合作。美国国家科学基金会每年都会为普林斯顿大学的优秀科研项目投注资金支持，在 2013 年总计提供了 10 万美元的学科基金援助，资助学科涉及计算机科学、应用数学、天文学、人文学等。

六、核心资源

普林斯顿大学作为美国顶尖级的研究型综合大学,其在线网络课程能够在近几年始终占据慕课的市场份额、获得如此长足的进步与可持续的发展,学校资源的供给和精品课程的建设起到了相当重要的推助作用。

(一)学校资源

衡量核心资源的第一个维度是用户价值。用户价值主要包括用户数量、用户信息以及用户黏性,应用在在线课程方面则体现为学习者注册人数、学习者个人信息以及学习者的使用忠实度,而首先能够吸引大众注册课程的很大因素是开发院校的学术排名与综合实力。[①]

普林斯顿大学作为8所常春藤名校之一的世界顶尖研究型大学,目前以本科生和博士生培育为主,拥有着实力雄厚的科研能力,培养了2位美国总统、18位诺贝尔奖获得者。2020年,普林斯顿大学在世界大学学术排名中位列世界第6,其基础数学、理论物理学、商学、经济学等专业在世界学科排名中都名列前茅,师资雄厚,教学实力强大,在学术界和民间都享有较高的知名度。良好的学校声誉增强了普通大众对普林斯顿大学办学信任感,吸引了众多实力雄厚的企业家和公共科学机构的慷慨资助。

(二)精品课程建设

品牌价值是衡量核心资源的重要维度之一,包括知名度、知晓度和美誉度,要想将课程打造出具有学校特色、现代教育思潮的品牌,离不开对精品课程的关注与重视。精品课程是指具有特色和一流教学水平的优秀课程,其水平、质量和成果是衡量学校学术水平和教学质量的重要指标,具有科学性和先

---

① 程勇、黄建华:《多元化还是归核化? ——一个基于企业核心资源视角的研究》,《科学学与科学技术管理》2009年第5期。

进性的特点。打造精品课程建设,离不开优秀的课程开发教师团队、完善严谨的课程体系与教学内容、优秀的课程资源与网络教学平台。

普林斯顿大学致力于为全世界的学习者提供优质的在线网络课程。在线课程从立项到策划,再到最后的课程投放,均由专业的校内教师团队与专家全程把控。教材内容是精品课程建设的重要组成部分,普林斯顿大学在教学设计开发、课程录制方面都有着丰富的制作经验。从过去的开放课程资源到现在的慕课投放,无论是在课程标准、教学大纲、课件库或是在辅助资料指导书方面,都遵从着明确的开放性与指导性原则,课程内容不仅契合学习者的学习特点与本校的学术特色,更是从时代角度与媒体发展趋势出发,既注重理论性又注重实践的科学性,受到了世界各地学习者的一致好评。此外,普林斯顿大学始终注重课程开发的研究,与 Coursera、edX、NovoEd 等多个慕课平台、教育网站建立了良好的线上线下合作关系。

七、关键活动

关键活动是指在商业模式的运营中,使商业模式得以正常运转、帮助企业项目运营成果产生效益的直接影响因素。这些活动因素是企业得以成功运营、创造和提供企业价值主张、维系客户关系并获取盈利的基础。普林斯顿大学慕课项目主要通过课程内容建设、客户关系活动、学习资源支持等关键活动来获得可持续的项目收益。

(一)课程内容建设

随着数字化多屏时代的到来,普通大众拥有更广泛的渠道与手段来获取数据与信息,用户接触的信息内容被无限扩大,使得垄断的成本变得越来越高。课程内容是学习者真正追求的东西,内容的好坏直接影响服务结束后的用户留存度。慕课课程是否成功,最终取决于该课程是否具备稳定的客户群体,而是否具备稳定客户群体的关键在于课程产品的质量。为此,普林斯顿大学制定了一套完整客观的课程建设流程,以确保慕课项目的质量与效率。

(二)客户关系活动

普林斯顿大学通过对目标学习者进行分类,针对不同的客户群体开发满足其不同需求的课程内容,来精准定位课程用户,实现差异化竞争。一方面,课程开发者根据不同的课程类型、学习者的学习需求,划分每门课程的每个课程环节,对课程目标、课程内容、课后习题反馈都进行了详细的信息化提取,以确保教学设计始终围绕目标客户的兴趣痛点;另一方面,运用大数据与数据挖掘技术,针对已开发的校内在线课程,对后台收录的数据进行分析预估,针对不同的目标客户群体需求创办具有普林斯顿大学特色的课程。

(三)学习资源支持

慕课课程项目要想获得成功,除了需要一支优秀精悍的教师团队,也离不开校内其他优质的学习资源支持。以《分析组合数学》这门课程为例,该课程是由计算机科学系的带头人罗伯特·塞奇威克教授以及普林斯顿大学在线课程技术小组共同设计完成。该团队发挥学校师生的支持力量,充分平衡专业讲师及学校其他学习资源的作用,既保证了课程的专业性,又为课程的包装和运营打下了坚实的硬件保护基础。慕课不是一个人或是几个人的专属设计,而是群体合力的项目果实。一门课程的成功开发运营,离不开技术团队的包装支持、教学团队的精心设计、管理人员的精准投放与维护。

八、重要伙伴

(一)edX 平台

edX 平台是由麻省理工学院和哈佛大学于 2012 年 4 月联手创建的非营利性、大规模开放性在线课程平台。edX 平台上的课程大多选自哈佛大学、普林斯顿大学、麻省理工学院等世界一流大学的优质课程,涵盖范围广,涉及计算机科学、应用数学、法学、生物科学、天文学等多个门类。用户可以足不出户,只需轻点鼠标或点击移动设备屏幕,通过简单的在线注册,便可享受名校老师的虚拟在线课堂。作为目前应用范围最广的三大慕课平台之一,edX 平台为普林斯顿大学的在线课程起到了良好的推广与宣传的作用。此外,普林斯顿大学严谨雄厚的学术研究实力,也增强了 edX 平台的学科专业实力,为慕课在全球范围内的传播提供了极大的援助。

(二)Coursera 平台

Coursera 是一个免费、大型的公开在线课程项目,由美国斯坦福大学两名计算机科学教授吴恩达和达芙妮·科勒创办,是目前世界规模最大、涉及范围最广的慕课平台,旨在为大众提供在线免费课程,普及全世界最好的教育,让每一个普通人都能享受到世界顶级大学的优质教育。学习者可以在学习 Coursera 视频课程的过程中在讨论区提出自己的观点或者是疑问,同时他们的学习轨迹也会被平台记录下来。这样既有利于授课教师及时了解学习者的学习情况,同时也方便学生了解自身的学习进度与概况。Coursera 平台上的课程内容丰富、学科专业水准高,具有广泛的社会认可度。[①] 作为一个免费开放性的在线课程项目,Coursera 中的每门课程都有单独的讨论板块,不同国家或地区的学生都可以凭借互联网在论坛上探讨课程问题,授课教授与助教团队也会在讨论区答疑解惑。Coursera 在某种意义上延伸了高等教育的范围,完成课程学习的学习者,只需要支付几十美元,便可获得结业学分认证证书,拓宽了就业渠道,一定程度上缓解了大学生的就业压力。

[①]　贺媛婧、袁亚兴:《基于用户学习体验的 MOOC 学习模式对比研究——以 Coursera 和 Edx 为例》,《中国信息技术教育》2015 年第 9 期。

（三）Kadenze 平台

Kadenze 平台的创始人是来自加利福尼亚艺术学院的副院长阿杰伊·科普尔（Ajay Kapur）教授，他在普林斯顿大学获有计算机科学本科学位，并在音乐机器人设计和电子音乐设备设计上都颇有建树。Kadenze 是一个以人文艺术课程为主攻方向的专业型艺术类在线教育慕课平台，旨在培养学习者的艺术素养和人文创造力。在每一门课程页面下都有该课程的星级评价，课程参与者可以在学习本章节的内容后，依据学习感受与课程感知在上面打分。分数和星级评价是对外开放的，可以让其他尚未注册报名的学习者参考筛选。在课程方面，目前平台涵盖的课程涉及视觉艺术、创意计算、计算图像、历史与文化、设计和音乐等专业领域。普林斯顿大学在 Kadenze 平台上发布的《重塑钢琴》这门课程，一上线就获得了注册用户的广泛好评。

（四）NovoEd 平台

除了大众所普遍熟知的 Coursera、Udacity、edX 慕课平台外，近年来，还有一个叫作 NovoEd 的在线教育网站。NovoEd 平台致力于开发启发性思考的线上课程，希望借由同侪压力来提高每位学生的参与度，解决多数在线课程中学生完成度低的问题。目前，NovoEd 有两类课程来源——大学的课程和专业组织的授权内容，按课程内容划分为免费和付费。NovoEd 课程注重三点：第一，透过课程和同学建立人脉网络，未来也可以以前辈的身份回访；第二，学习领导组员，透过团队合作找出有创意的解决方法；第三，以世界为教室，和 150 个不同国家的同学讨论，迸发出新的火花。这种由组内学生互评的机制，可让学生因同侪压力而不敢懈怠，大大提升了课程学习效果与质量。

九、成本结构

以普林斯顿大学在 Coursera 平台上投放的《算法分析》这门课程为例。

这门课程由计算机科学系的罗伯特·塞奇威克教授讲授,制作这门课程的成本大体由慕课开发成本和管理成本两部分组成。

(一)慕课开发成本

慕课是一种大型公开的免费在线学习资源,能够借助在线教学,让学习者真正感受到是在与教师进行面对面的教与学,它将传统的碎片化信息进行整合,依托互联网技术,以系统化的社区互动学习呈现给用户。因而,慕课的制作要求是非常高的,开发一门优秀的慕课课程,离不开精心的前期准备、录课过程和后期编辑。

"凡事预则立,不预则废",在决心开始制作慕课到录制课程期间需要做很多的工作,前期准备必不可少。慕课开发作为慕课项目运营中最重要的环节,其制作与推广离不开专业系统的制作团队。首先需要成立一个课程制作团队,职务具体包括课程制作、摄制、授课、课程反馈、课程运营等。慕课制作前的准备总计包括课程选定、课程规划、知识点选取、教学设计、制作拍摄大纲和拍摄脚本、PPT 制作等。

第一,课程的选定需要有专业的市场调查人员审时度势地考察市场现状与用户需求,结合本校教师的情况进行综合考虑。为了保证课程的时效性与新鲜性、教师讲授的专业性,要注意选择本课程专业技能过硬的教师,要选择网上尚未出现或线上发布领域较少的课程。此外,由于慕课不同于一般的网络公开课,授课教师需要在课程制作完成后,每周定时定点地上线为学习者进行专业解答以及作业批改,这对前期的授课教师选择提出了较高的要求,一般一门课程配置两位教师,一位为主讲教师,另一位为辅助讲师。普林斯顿大学的《算法分析》这门课程,由本校的计算机科学系教授亲自进行讲授,不论是从专业角度还是学术严谨性都具备一定的保证。第二,课程的规划需要授课教师在课程录制前细致地规划出每一章节的重点、难点部分,要有具体的授课方案,经过反复斟酌修订后再定稿。第三,制作拍摄大纲和拍摄脚本,需要教师在教学设计完成后,与专业工作人士或者信息技术老师商议拍摄事宜,制定出拍摄提纲和拍摄脚本,脚本的制作与编写要符合学习者的听课习惯与喜好,要注重趣味性与理论性相结合,敲定后方进入录课阶段。

录课室的装修与设备安装,都需要有一定的金额储备,操作简便、灵活的录播软件,可以大大提升最终的录课效果。一般的录课室都需要配置电脑、话筒、摄像头、音箱、灯光、摄像机等,需要按照拍摄要求进行全面的安排与部署。录课完成后,需要将视频与课程方案交由专业的后期剪辑师进行编辑操作,后期编辑流程主要包括导入素材—声画对位—粗剪—镜头衔接—精剪—后期包装—字幕特效—转码生成。

(二)慕课管理成本

从慕课的开发过程来看,一套完整的慕课课程制作需要相当大的人力资源,慕课课程的制作团队,从专业性角度来看,大体可以分为制作人、授课讲师、摄像师、剪辑师、编剧、动画设计师、场记、讲词提示操作员、研究助理以及图书管理员等。每个个体都需要在制作开始前,明确规划好各自的分工与职能,课程制作,并非独立完成,而是需要组员不断地进行交叉调整,优化合作。

在普林斯顿大学的慕课制作项目中,慕课管理人员一般都是由学校或者学院的负责人担任,其组成人员除了专业的慕课技术小组团队外,还包括课程录制的各学院的学科带头人。学科带头人具有专业的知识储备与授课经验,可以为慕课的课程制作提出许多宝贵的意见,他们往往在完成每日学校的教学工作后,还需要花费一部分时间担负相关课程的教学工作,这些都需要付出一定的人力成本。

第三节　普林斯顿大学慕课可持续商业模式的策略阐释

一、平衡客户细分：大众市场与小众市场相结合

从普林斯顿大学慕课的开发情况来看,明确不同的客户群体对慕课的发展至关重要。为不同的客户规定不同的价值,有利于连续不断地为企业创造价值和利益。在对使用群体的基本特征进行细分之后,需要对使用者进行高价值到低价值的区间分格。目前,普林斯顿大学主要推出了以下几种类型的课程。

第一,面向在校大学生的专业课程。这类课程的用户群体庞大且稳定,属于高价值的客户群体。慕课依托于互联网而生,大学生作为网络信息媒介使用的群体大户,使用慕课的频率与概率都要远远大于其他年龄层次的群体。在线网络课程满足了他们对大学课程的学习渴求,能够让他们接触不同学科的课程。此外,形式多样的慕课讲授方式,打破了传统面授课程的时间和空间壁垒,完善的交互式社区练习,不仅提升了大学生自身的信息素养,还丰富了其专业综合素质。

第二,面向拥有文化艺术兴趣的用户。这类课程使用者虽属于小价值用户群体,但凭借丰富的教授模式和灵活的测验方式,在慕课市场上同样拥有不可取代的市场份额。以普林斯顿大学在 Kacenze 平台发布的《重塑钢琴》课程为例,通俗易懂的音阶展示与讲解,让对钢琴艺术拥有浓厚兴趣的使用群体可以对钢琴这个乐器有着基础的认知与使用常识,满足其学习兴趣与艺术素质的培养。

第三,面向在职人员的专业类课程。这类课程着眼于专职人员专业技能的培养。专职人员根据自己的学习需求,利用碎片化时间,通过互联网或者移

动客户端来进行知识的抓取与技能的提升。比如,普林斯顿大学在 Coursera 平台上发布的《畅想另一个地球》(*Imagining Other Earths*)这门课程,着重天文系专业人员对天文学、生物学和行星科学中的核心概念,以此科学思考地球与太阳系之间的恒定关系。此类课程专业性比较强,适合已参加社会工作的科研人员。

第四,面向社会大众的知识普及课程。这类课程将社会大众关注的社会热点与学术科研相结合。比如,普林斯顿大学在 edX 平台上发布的《实用伦理学》这门课程,讨论堕胎、捕食动物、贫穷等社会关注的伦理问题,通过一系列案例阐释与图解,大大增强了课程的趣味性,又从学术的角度给予大众合理的解释与应对措施,获得了社会大众与同行专业院校的一致好评。

二、彰显并维护学校的价值主张:追求课程与时代发展相结合

互联网的普及与信息技术的发展,使得来自世界各地的学习者能够有机会选择世界上最优质的教学资源,与名校老师来场面对面的"学术风暴"。作为计算机技术与教育深度融合下产生的新教育模式,慕课以其独有的魅力迅速风靡于各大院校。普林斯顿大学是最早一批加入慕课项目的名牌大学之一,不断发挥"名校名师"效应,把最好的内容展现给学生。

普林斯顿大学始终坚守本校的价值理念,在拥护其原有价值主张的基础上,提升自身价值,不断探索寻求正确的价值理念,既注重学习者的学习需求,又将课程紧贴实际,考虑学生学完课程后的长足发展,其慕课制作具有"小而美"的特点。

以普林斯顿大学在 NovoEd 平台上发布的《写作案例研究:科学交互》课程为例。该课程由政治与国际关系学院的詹妮弗・韦德(Jennifer Widner)教授讲授,从属于职业伦理范畴,旨在帮助学习者通过"交付科学"的案例研究,来了解本行业的从业者如何处理复杂的政策和方案实施的挑战。

从学习者的学习需求来看,《写作案例研究:科学交互》这门课程通过

一个个具体形象的例子来为应届生或从业者提供生动的案例,既符合从业人员短缺的现实需要,又满足了从业者迷茫的渴求之心。从课程进度来看,这门课程匹配有详尽的课程进度提醒、课表安排,每门课程的每个环节都设计了一套详细人性化的服务体验,不论是课程进度提醒、课表安排还是最后的作业批改与习题反馈等,学习者都可以从完备的平台设计中获得使用满足感。

三、提升渠道通路,获得多方面收益

课程开发者利用好渠道通路,可以帮助注册用户提升对课程产品和服务的认知,可以帮助未报名课程的其他学习者评估课程的价值,并协助他们选取心仪的课程。普林斯顿大学的合作平台有 Coursera、edX、Kadenze、NovoEd 等。在运营慕课的过程中,合作频率较多的是 Coursera 与 NovoEd 平台,另外在 edX、Kadenze 平台上也会有少量的课程发布。

Coursera 平台目前支持的移动终端有 iOS、Android 系统,其运营机制总体上没有 edX 平台那么严格,与高校合作的课程审核流程较为简便,其合作对象主要为世界顶尖学府,同时为合作高校源源不断地提供免费的优质课程建设指导,并积极主动配合课程的制作。

相较于其他在线课程平台,NovoEd 平台的优势在于注重课程网页的设计与强调学生之间的互动学习。NovoEd 平台有一个专门负责课程维护的团队,他们会主动与确定合作的大学进行对接,商讨课程开发,衡量课程品质。经过筛选的课程会被该团队进行重新设计,整体的设计风格更加贴合大学的在线课程页面,改善了用户的在线教育体验。

edX 平台的评估系统与学术完整性相较于其他平台更加完善,目前开发的功能除了基于软件的作业和考核外,还有基于 Wiki 的协作式学习、在线实验室等。edX 平台在选择高校时有着极其严格的规定,对于上线课程要经过严格的审核流程,并收取相应的课程建设服务费,这让课程的建设起步比起

Coursera 平台等显得较为缓慢。①

对于像 Coursera、NovoEd 这样已然建立了良好合作关系的慕课平台,为了平衡、稳定现有的客户流量、开拓新的慕课用户市场,普林斯顿大学要继续保持其课程发布的主要渠道,最大限度地体现普林斯顿大学慕课的价值,吸引众多专业领域人士对普林斯顿大学课程的兴趣与青睐。而对于 edX、Kadenze 此类课程合作发布较少的慕课平台,普林斯顿大学应当积极主动地寻求合作突破口,进一步寻求合作契合点,扩大平台合作与交流,推出适合市场需求与平台特点的特色课程,增强合作机会。

四、深化客户关系,获得更多支持

客户关系对于稳定企业与目标客户的长足合作起到了重要的引领作用,它是企业或机构为了达到生产预期而主动与客户建立起的某种联系。在深化用户关系方面,普林斯顿大学采用多种策略,致力于满足客户群体的实际需要,以创造出更多的实体价值。

第一,建立与客户的交流来深化客户关系。普林斯顿大学通过在线讨论区、课程论坛和社交媒体来实时掌握学习者的学习动态与课程诉求。讨论区的使用,使得教师能够深入了解学生上课的进度与情况,这样一种双向互动有利于增强学习者的课程满意度与忠实度。

第二,提供差异化服务来拉近客户关系。普林斯顿大学在对慕课进行设计开发时,针对不同年龄层次、学习者的专业知识诉求,有针对性地开发适合不同人群的慕课课程,让基于不同学习需要的客户群体有着差异化的课程服务感触。

---

① 贺媛婧、袁亚兴:《基于用户学习体验的 MOOC 学习模式对比研究——以 Coursera 和 Edx 为例》,《中国信息技术教育》2015 年第 9 期。

五、拓展收入来源，创办增值业务以拓宽收入来源

对于目前普林斯顿大学开发的慕课而言，虽然大多数慕课平台是非营利性机构，没有特别多盈利的手段，但通过使用恰当的营销手段，也可以寻求到产品所可能具备的增值业务，促进可持续发展。

第一，免费课程与增值服务相结合。慕课一直以开发免费的课程服务而受到大众的广泛好评与追捧，为用户提供了大量的免费课程。但企业想要获得长足发展，必须具备一定的盈利项目来维持日常的课程运营，签名认证服务在一定程度上给慕课带来收益，从而保证慕课项目的正常运营。

第二，免费基础课程与精英专项课程相结合。基础课程内容简单，完成难度低，大多数向公众免费开放。而专项课程可能包含多门慕课，结构完整，知识面广泛，系统化高，完成难度较高，相比基础课程而言，更具权威性，有专业学习需求的人员可以选择付费来获取难度较高、体系相对完善的精英课程来学习。

六、扩大核心资源，合理利用校内教师与学生资源

普林斯顿大学想要保证慕课课程项目的可持续发展，就必须采取必要措施来扩大其核心竞争力，提高知名度与竞争优势。

第一，充分挖掘普林斯顿大学教师的自身资源。作为常春藤名校，其师资力量可见一斑。但在信息网络时代，教师不再局限于知识的讲解与传授，还应当具备一定的信息素养。普林斯顿大学应该对兼具学术能力与信息技术的教师给予一定的奖励，以此将教师的价值最大限度地发挥出来，提高教师的积极性，扩大校内核心资源，从而合理降低慕课的制作成本，提高市场竞争力。

第二，充分调动各个学院的学生力量。课程教授教师承担了慕课制作的绝大部分环节，但在时间紧迫的情况下，却很难顾及课程制作的各个方面，出现人手不够的情况。此时，可以利用校内现有的诸如学院学生等人力资源进

行援助。对于院系学生来说,参与本专业的慕课制作,不仅可以巩固自身的专业技能素养,还能在制作过程中互相促进学习、吸取知识。

七、推进关键活动,强调课程的价值、质量和效益

根据商业模式画布的描述,关键活动能够对企业的运营产生直接的效益影响。慕课对于传统的教学模式来说,的确是个新兴事物,普通大众对其发展前景持有质疑是难以规避的。对于普林斯顿大学而言,在建设慕课课程的过程当中,为了高效地推进关键活动,需要对其课程内容进行创新建设、强化学习支持机制等。

第一,课程建设创新。在普林斯顿大学的慕课项目中,专项课程与职业课程的开发为学习者提供了一系列的课程服务。专项课程适用于对某一领域有学习诉求的人群,旨在满足兴趣的发展。相比而言,职业课程可具实用性,拥有更加稳定的客户群体。职业课程的开发旨在培养符合市场求职需求和用户专业需要的关键专业技能,这些专业技能满足了强大的市场需求,具有稳定的客户群体和收益展望。

第二,强化学习支持机制。参与普林斯顿大学慕课制作的教学者都是专业且极具教学经验的教育工作者,有着扎实的理论基础与专业素养。学校通过对这类优秀教师的专业培训,深化其先进的教学理念,培养掌握基本的开发知识和技能,以此服务于慕课的开发。

八、关注重要伙伴,开展多元化活动

在商业运营中,单一组织的有限资源难以满足产业的长足发展和创新,良好的合作关系能够对产品的后期推广起到巨大的助推作用。普林斯顿大学目前的主要合作平台有 Coursera、NovoEd、edX 与 Kadenze。在慕课的开发与推广中,从课程的投放数量来看,与 Coursera、NovoEd 平台的合作较为密切,而在 Kadenze 平台上则投放不多。为了进一步拓宽客户来源,获取差异性竞争,普

林斯顿大学可以采取以下几步措施。

第一，进一步加强巩固与 Coursera、NovoEd 等平台的合作，建立长期稳定的合作伙伴关系。慕课平台上的课程是慕课产业价值链共同作用的成果，所以优化与合作平台的深入联系对于大学在线课程的持续稳定发展尤为重要。现今，普林斯顿大学已然与 Coursera、NovoEd 平台建立起了密切且较为长期的合作，不论是课程投放数量还是平台效果反馈，都显示出良好的态势。

第二，注重深化与 Kadenze 平台的合作。Kadenze 平台以艺术类专项课程为主。普林斯顿大学此前投放的《重塑钢琴》这门课程，获得了极大的反响，可以以此课程的成功开发作为案例，寻求机会，开展更多的专项课程合作性活动。

第三，提供多元化的客户端服务。伴随计算机通信的长足发展，智能移动终端越发普及，多媒体呈现和应用程序安装等功能，使得在线课程的传播有着极为宽广的传播渠道。普林斯顿大学应进一步优化其在线呈现界面，使得学习者可以更为便捷地找寻到普林斯顿大学的课程学习，良好的平台渠道可以促进课程用户的留存与增加。

九、运用多种策略降低资源开发成本

慕课的制作开发到最后的市场投放，都需要大量的人力、物力、财力，在优化慕课课程成本方面，普林斯顿大学目前可以从以下三个方面入手。

第一，提高任课教师的职业技能素养。一门成功的慕课课程离不开优秀的授课教师，课程的教学设计需要教师的精心备课、反复修改，独特的教学风格和专业的讲授内容并非一朝一夕形成，而是通过其长期实践、不懈探索的结果。对于青年教师，一方面，学校可以多加举办信息技术培训讲座，完备授课教师的慕课理论和专业知识素养；另一方面，由于慕课的录制需要教师站在镜头前，需要多加训练任课老师的镜头感，在授课拍摄期间尽量避免不自然、拘谨的授课状态。

第二,适当拓宽课程的开发范围。目前,不同客户群体对于不同领域课程的需求各不相同,线上课程服务对象主要还是具有特定需求的特殊群体,课程选定范围较为局限。除了为专业人士和在职人员等特殊群体提供课程以外,还可以在此基础上进一步细化职业范围,扩大课程开发的范围,针对某一类职业群体提供他们所需要的专业类课程,使整个课程体系看上去更标准化、系统化,以最少的成本占据最广泛的市场份额。

第三,针对某一类课程形成产业链效应。以往开发设计的课程多为单一门类,后续效应难以发挥出来。对此,普林斯顿大学可以就已然开放成功的课程,拓展其同等门类的子课程,发挥产业链优势,将其效果发挥到最佳限度。

第四节　普林斯顿大学慕课可持续商业模式的反思与启示

一、普林斯顿大学慕课可持续商业模式的反思

(一)客户关系需要进一步平衡细分

普林斯顿大学在开发慕课课程时,已经在客户细分方面制定了一定的准则和标准,但目前平台提供的免费在线课程虽然吸引了众多用户注册,但由于对注册者的细分标准大多笼统且模糊,大部分的注册学习者都难以坚持学完整套课程。由于每个学习者的学习需求不尽相同,对此普林斯顿大学可以基于不同客户群体的需求,开发社会群体广泛、课程划分精细的慕课课程。目前,学校开发了相应的数据算法,对学习者的学习习惯与反馈数据进行分析,根据不同的聚类算法来进行客户细分并对收集到的原始数据进行处理,以此获得客户群体的量化数据,并对此进行评估筛选,可以在极大程度上保证细分数据的准确性与稳定性。

（二）价值主张的定位亟待彰显

在线课程具有开放性、连接性、广泛性、共享性等特点，用户准入门槛低，对学习者不做过多外部限制。普林斯顿大学除了开设满足专职领域在职人员实际需求的课程外，还理应适当彰显课程以外的价值主张。目前，普林斯顿大学在慕课平台上发布的慕课课程多偏重其优势学科，多着重于某一领域的专职人员，却鲜少有拓展旁支领域的课程。开发的慕课课程主题理应与当下学习者的个人目标紧密结合，以用户的需求为准则，拓展开发满足客户需求的课程。除了专业课程外，还可以适当扩大其他的价值主张，结合当前流行的话题元素作为慕课主题，从多种不同角度来对其进行学术解释，并通过慕课平台传递给更多的顾客群体。总的来说，普林斯顿大学虽然已经开设了众多慕课课程，但仍然需要通过不断的课后调研实践，建立起一套独具特色且具有社会价值主张的课程，传播慕课的积极作用，并通过慕课平台传递给更多的顾客群体，提高课程的社会影响力，满足大众的学习需求，增强教育的普及性。

（三）渠道通路有待拓宽

普林斯顿大学与众多慕课平台建立了良好的合作伙伴关系，在一定程度上收获了可靠的客户群体，在投入开发在线课程的道路上，也得到了在线平台和学院平台的支持，拥有可靠且具有影响力的渠道通路。目前，普林斯顿大学与 edX、Coursera、NovoEd、Class-Central 等平台开展了一系列合作，同时基于校外基金会的资助，其慕课发展总体呈现上升趋势。虽然当前慕课的发展速度很快，但是其渠道通路的提升仍然存在不确定性。伴随慕课的不断普及与扩大，慕课不再是名校的专属项目，越来越多的普通院校也加入到慕课的开发制作上来。普林斯顿大学理应不断挖掘和开发新的合作渠道，单纯依靠建设与课程发布相关的内容，难以在广泛的慕课市场上获得差异性竞争的优势，为了在市场占领更大的份额，实现收入的多元化，获得更多的用户群体，学校应当审时度势,寻找更多的不同类型的合作伙伴,拓宽渠道通路,促使多元化课程的发展。

(四)收入来源的渠道急需拓展

为了提高收入,使慕课稳定地发展下去,普林斯顿大学采取了一系列措施来增加收入来源。普林斯顿大学与 Coursera 开展了丰富而密切的合作,推出了众多满足市场需求的专业课程,以期待获得更高更稳定的收益。此外,普林斯顿大学还在免费开放慕课课程的大前提下增设了付费课程,除了以往的证书认证收费外,普林斯顿大学开始寻求企业合作,新增独立课程和专项课程的付费课程开发,扩大课程开发的市场需求,以便更有针对性地为客户群体提供有用的课程。

(五)核心资源的管理有待改进

慕课的制作与开发大多数都借助自己师生的力量。慕课课程项目的开发团队中包括教学设计人员、技术团队和管理团队、专业学科教授等,其中技术和管理人员均来自本校,而各专业学科老师则来自校内各个学院。在慕课开发过程中,教师所承担的任务最为繁重,因此在统筹团队管理时,可以分化教师的部分任务,统筹工作任务安排,避免教师工作量的堆积造成工作效率低下,要尽可能地让团队内的任务分工更为人性化、合理化。

(六)客户关系的深化成效有待提高

普林斯顿大学作为常春藤联盟的成员,在全世界享有知名的学术名声,就目前普林斯顿大学开发提供的慕课而言,无论是在 edX、Coursera 还是在 NovoEd 平台上,都有相当可观的慕课学习注册人数。但与此同时,由于部分课程考核难度高,教学设计考虑不足,学习者难免会出现半途而废的现象,用户流失的数量逐日剧增,每门开设课程的结业数据远比注册报名的人数低,慕课制作过程中如何保住留存率也是值得反思的一个问题。

(七)关键活动的效果面临大众质疑

普林斯顿大学目前对于慕课项目建设的关键活动主要包括课程建设、学习支持和学分认证。但是对于已然通过课程学习获得慕课证书的学员来说，学习者虽然取得了普林斯顿大学与慕课平台联合颁发的证书，但是由于目前学分认定机制还不够完善，导致其社会认可度具有不确定性，证书的认同度与社会接受度还有待提升。此外，其平台的课程测试大多由计算机自动评分，其反馈数据和成果也只能由参与课程学习的用户能了解到，缺乏专业教师的评定与认证，导致慕课的评分机制受到了质疑，不足以使大众信服。

(八)重要伙伴的规模亟待平衡与加盟

目前，普林斯顿大学慕课项目的合作伙伴虽然有很多，比如 edX、Coursera、NovoEd、FutureLearn 平台，但是就目前课程的投放比例来看，主要局限在 Coursera 与 NovoEd 平台上。而仅仅依靠 Coursera、NovoEd 这两个平台是远远不够的，要想让慕课项目能够持续地发展下去，还需要开拓更多的合作途径。除了 Coursera 与 NovoEd 平台之外，普林斯顿大学慕课项目的合作伙伴还有 FutureLearn 和 Kadenze，但其课程投放比例却不高，产生的利益、效益较少，普林斯顿大学如果想要进一步扩大课程影响力与客户覆盖率，则应当寻求更多合作平台，积极开拓资助渠道，尽可能多地寻找新的合作伙伴。

(九)成本结构优化仍需改善

目前，普林斯顿大学慕课项目开发的主力军是教学人员。换言之，他们不仅是课程的教授者，更是课程体系的开发者和设计师。这些教学人员在经过专业培训之后，身兼数职，同时担任着教学人员、教学设计师、后期制作人员等职务。但如此高强度的工作量却难以换来与之对应的工资数额，这在一定程度上削弱了优秀教师的工作积极性,不利于课程质量的提升与开发,导致他们失去了继续工作的动力。因此,还应进一步优化慕课课程的制作结构,积极鼓励教学人员参与到慕课建设的过程中来,人力资源的合理分布对节约成本和优秀慕课课程的开发都有极大的促进作用。

二、普林斯顿大学慕课可持续商业模式的启示

互联网技术的发展与各种移动终端设备的不断进步,催生出了慕课这一新生事物,慕课具有开发性、多样性、融合性的特点。近两年,众多优秀且具有广泛影响力的慕课平台应运而生。随着开放教育资源的普及与影响的逐渐扩大,我国也开始加入精品课程的建设中来。慕课是互联网时代的产物,积极开展商业可持续化研究对其在教育行业扎实稳步发展有着重要的意义。如今,中国的在线网络课程平台飞速发展,学堂在线等本土慕课平台的发展,为慕课教育资源的共建共享起到了极大的助推作用。2013年是中国慕课的起始之年,慕课在中国教育界不断掀起研究浪潮,北京大学、清华大学、复旦大学等名牌大学的挺身参与,带动越来越多的院校开始加入其中,推行适合不同学生、不同专业要求与课程需要的慕课课程。

慕课对教育方式的变革、教育资源在全社会的流动分配产生了重要的影响,为教育界提供了一种全新的知识传播模式和学习方式。目前,慕课主要是被当作营销工具受到资助,只有很小一部分以考试、获取文凭等活动的形式被资助。慕课课程具有资源整合化的特点,同时还能突破时空限制,利用互联网向世界各地的用户提供国内外名牌大学的课程。慕课开放至今,有着广泛的受众人群,不受到人数的限制,还大大解决了高校升学率低的问题。可以说,慕课的兴起是教育界一场深刻而久远的变革,有着无可估摸的价值与影响。

近几年来,国内也开始顺应慕课发展潮流,根据本国学生的学习需求,开设了诸如学堂在线、中国大学 MOOC、网易云课堂等独具中国特色的在线课程平台,课程提供方多为国内一流大学。从目前运营的几个慕课平台的使用情

况来看,其提供的课程主要还是面向特定专业的学习者,课程类型较为单一,高校理应在此基础上多加开设利于学生未来步入职业岗位的课程,增加其功能利用性。此外,从平台的使用实践数据来看,国内学生对于慕课平台讨论区的使用力度还不够,互动性不强,缺乏线上课程以外的互动与反馈。对此,高校可以开办同城学术交流等活动,将线上的学习知识与线下的实践活动相结合。总之,从长远角度看,中国的慕课建设需要深入剖析本土的市场与客户群体,探索出一条符合本土学生学习特点的慕课商业发展模式。

第八章　威斯康星大学麦迪逊分校慕课
可持续商业模式研究

慕课以全新的、公平的教育模式,体现了每个个体和社会现实的迫切需求,彰显了终身学习和自主学习的教育价值取向,促进了高等教育大众化和国际化的进程。为了使我国高等教育的发展和变革与世界名校保持同步,本章分析威斯康星大学麦迪逊分校慕课的运作模式,探索推动慕课在我国教育领域的商业化发展之路。

第一节　威斯康星大学麦迪逊分校
慕课的发展概况

一、威斯康星大学麦迪逊分校概况

威斯康星大学麦迪逊分校(University of Wisconsin-Madison,简称 UW-Madison),创建于 1848 年,位于美国威斯康星州的首府麦迪逊,是一所世界一流的著名公立研究型大学。该校是威斯康星大学系统的旗舰学府,是北美顶尖大学学术联盟美国大学协会的创始会员之一,也是美国知名的十大联盟的创始成员之一,被誉为"公立常春藤"大学,与加利福尼亚大学伯克利分校和密歇根大学安娜堡分校等代表了美国公立大学的最高水平。在世界大学学术排名中,威斯康星大学麦迪逊分校位列第 32 名,由此可见威斯康星大学麦迪逊分校整体的学术水平处于一个较领先的地位。威斯康星大学麦迪逊分校是美国最受尊敬的名校之一,在各个学科和领域均享有盛誉,该校的校友和教职工中有 20 人获得了诺贝尔奖,41 人获得了普利策奖。由国家科学基金的统计可知,威斯康星大学麦迪逊分校的研究经费常年高居全美前四,近几年来每年更是高达 11 亿美元。威斯康星大学麦迪逊分校发展至今已经对美国和世界的教育、科技、经济及社会的发展作出了杰出贡献,并依靠其卓著的学校声誉、浓厚的学术氛围、一流的科研实力、强大的校友网络、多元的文化生活和优美的自然环境吸引着世界各地的优秀学子到此深造。

二、威斯康星大学麦迪逊分校慕课发展的历史和现状

从威斯康星大学麦迪逊分校的官网出发,我们不难发现,大规模在线开放课程为我们提供了独一无二的虚拟教、虚拟学和虚拟研究的特殊经历,但它不是为了让学习者获得学分,而是旨在为全球的学习者免费提供学习机会,并且对学习参与者的数量不做任何限制。早在 2013 年秋天,该校通过 Coursera 平台提供了 2 门慕课课程,分别为《视频游戏和学习》(*Video Games and Learning*)和《有摩擦的市场》(*Markets with Frictions*),这些课程由威斯康星大学麦迪逊分校工程学院的退休院长保罗·皮尔西(Paul S. Peercy)负责,皮尔西既是全球工程学院院长委员会成员,也是技术促进全球 STEM 教育的支持者。在 2013—2014 年间,威斯康星大学麦迪逊分校与 Coursera 公司合作,提供了 4 门慕课试点课程,通过视频学习、讨论区、学习活动等,使得来自 50 个州、141 个国家的 135600 名学习者通过慕课这种崭新的方式,与该校产生联系。基于 4 门慕课试点课程的发展势头,2015 年该校启动 6 门新的慕课课程,内容主题从莎士比亚戏剧到数字人文,从理解奥尔多·利奥波德(Aldo Leopold)的国土伦理到气候变化、政策方针、公共健康的相互关系,这些新启

动的慕课课程旨在从全球范围和视角以人类与自然环境的关系为基础,探索彼此的联系、挑战以及和谐共处的方法。2015 年,又吸引了 75000 名学习者,并且有 3500 名学习者通过参与当地的活动和讨论投入到慕课的学习活动中。但不知出于何种原因,从 2016 年 4 月 21 日起,该校的慕课课程不再对公众开放和使用。

第二节　威斯康星大学麦迪逊分校慕课可持续商业模式的元素分析

一、客户细分

从 UW-Madison 慕课的运营情况来看,该校主要和 Coursera 公司合作,同时也在自己学校的网站上推广慕课。在 Coursera 平台上一共推出 10 门左右的课程。下面笔者就 Coursera 平台上的慕课做一些简单的分析。

(一)面向大众市场的基于 Coursera 平台的科学性慕课

UW-Madison 在成就和声望方面早已被公认为是美国最好的大学之一。它提供全面的文科研究、专业课程和学生活动。它的许多课程被誉为世界教学、研究和公共服务的先锋。在 Coursera 平台上推出的科学性慕课主要有 5 门,分别是《土地伦理的再生:感知性狩猎、奥尔多·利奥波德和保护》(*The Land Ethic Reclaimed：Perceptive Hunting，Aldo Leopold，and Conservation*)、《改变大湖地区的天气和气候》(*Changing Weather and Climate in the Great Lakes Region*)、《能源和地球》(*Energy and the Earth*)、《森林和人类:从中西部到马达加斯加》(*Forests and Humans：From the Midwest to Madagascar*)、《气候变化政策与公共卫生》(*Climate Change Policy and Public Health*)。课程开始前,客户可以通过电子邮件获得新课程的信息,课程结束之后,考试合格者每门课程都可以获得相应的证书。任何想学习这门误的人都可以注册课程,点击课程页面上的"Register"按钮,将会跳转到相关的网站,在此可以注册该课程的相关信息。这些课程完全可以按照客户自己的步调来制订学习计划,在课程结束后,可以做一些相应的测试,客户可以多次重复做这个测试,所有的检测要达到75%的正确率才能获得成绩,这就要求客户在回答问题的时候要仔细阅读题目。但目前遗憾的是,该课程已经不再对外公开开放和使用了。例如,《森林和人类:从中西部到马达加斯加》让客户探究气候对植被的影响,森林对全球气候的影响。在这里,客户可以对该课程进行评价,同时可以相互交流、进行讨论。该课程主要分为四大部分,利用4周时间完成授课,每周1—2个小时的学习时间。为了吸引用户,缓解上课的枯燥,该课程通过一些视频来调动学习氛围,从而达到更好的学习效果。这几门课的侧重点都是在环境科学和气候变化上,主要让客户了解环保的重要性。威斯康星思想一直是 UW-Madison 重点提倡的内容,面向大众市场的科学性慕课的推广有助于威斯康星思想的传播和发展。

(二)面向大众市场的基于 Coursera 平台的社会人文性慕课

UW-Madison 的慕课主要集中在 Coursera 平台上,在此平台上推出了几门基础性的社会人文类型的慕课。比如《社区口的莎士比亚》(*Shakespeare in Community*)这门课,这是一个大规模的公众数字人文学科活动。该课程向广大学习者介绍莎士比亚,通过课程的学习共同阅读、观看和参与《罗密欧与朱丽叶》《仲夏夜之梦》《无事生非》《暴风雨》这四部莎士比亚戏剧。最终,该课程将侧重于围绕莎士比亚研究建立一个全球社区。该课程的中心目标之一就是将莎士比亚戏剧作为一个重要的交流语言、交流文化和地理位置的场合。每周推出的课程是一系列简短的纪录片,学习该课程的学生也将增强他们的数字素养以及学习阅读、写作、批判性分析和协作的能力。该门慕课要求当代莎士比亚的读者在面对技术革新时,考虑他们的人性是如何变化的。该课程的目标就是展示莎士比亚的艺术成就,同时也将思考在数字时代发现和揭开莎士比亚戏剧的意义。这门课程的主讲教师有着丰富的教学经验,并且主讲教师团队由来自世界各地的专家组成,慕课团队每周推出新的系列慕课帮助学习者深入了解莎士比亚,旨在提高客户的文学素养。

(三)面向特殊群体的基于 Coursera 平台的专业性慕课

在 Coursera 平台上,UW-Madison 还推出了几门较为专业性的慕课,这几门专业性的慕课就是比较有针对性的课程。涉及经济学、人类学、教育学和文学等。《有摩擦的市场》这门课程主要介绍了一些经典的市场经济理论不能解释的重要的问题,如失业与职位空缺并存、信贷市场配给或资产价格泡沫。该课程将探讨有摩擦的市场,揭示这些问题以及其他基本问题,例如什么是银行? 为什么要用钱? 这种有关经济学的课程有助于客户掌握一些市场经济知识,从而有助于他们的工作和生活,在一定程度上体现了威斯康星思想。如今在 Coursera 这个平台上已经无法看到《人类的进化:过去与未来》(Human Evolution: Past and Future)这门课程了,但是有教师将这门课程的视频上传到了 YouTube 上。该课程涵盖了人类七百多万年的进化历史,从猿的起源到今天仍在发生的生物变化。只要客户注册该课程,就会看到科学家们如何使用古代牙齿的微观证据和化学特征来了解古代人的饮食习惯。大家将一起探索过去十年令人兴奋的化石发现,这些发现激发了人类探索文化的起源和我们自己属性的欲望。客户可以了解基因组学是多么神奇,可以通过基因组学从根本上了解我们进化的方式,在许多方面为我们打开历史的直接证据。该课程特别关注了近一万年来人类的快速演变,客户将了解人类转向农业的后果,以及工业化国家人民今天仍在演变的方式。最后,我们还可以预测未来可能为人类所采用的演化变化,用我们的历史知识和科学理解来验证我们的猜测。这种专业性的课程一般而言难度都是比较大的,从对课程的评价而言,选修这门课的学生认为课程比较难,耗时比较长,应对市场需求方面可能要认真考虑课程的难度。

二、价值主张

不知道出于什么原因，UW-Madison 的慕课在 2016 年已不再对外公开开放，从之前的运行状况来看，其已经形成了比较明确的价值主张，不仅满足了学习者的学习需求，解决了学习者的困难，为学习者提供了学习的资源、途径和解决方案，同时这些课程对威斯康星思想的传播也十分重视。

（一）满足文化需求，提高用户的文学素养

UW-Madison 根据用户的需求，推出一些人文类的课程，来提高用户的文学素养。比如在其开设的《社区中的莎士比亚》这门课中，用户可以通过各种智能设备，比如说计算机、平板、智能手机等参与这门课程的学习。通过各种问题体会莎士比亚的不同含义，同时让阅读莎士比亚作品的当代读者在面对技术革新时考虑他们的人性是如何变化的。该课程的目标就是发现莎士比亚，同时也是在让当代读者体会莎士比亚的意义。该课程将莎士比亚的戏剧作为连接文化、语言和地域的重要桥梁。此类课程具有全球性的影响力，通过高质量的在线学习资源的传播，UW-Madison 的社会影响力和品牌知名度也在逐渐提高。主讲这门课的教师有 60 多年的教学经验，该课程汇集了来自威斯康星大学麦迪逊分校、麦迪逊戏剧社区、Folger 莎士比亚图书馆以及世界各地的众多专家。同时，该课程每周都会推出一系列简短的纪录片，通过有新意的传播方式，激发学习者对各种文化学习的兴趣，进一步提高了用户的文学素养。

（二）满足时代发展需求，提高全民环保意识

威斯康星大学麦迪逊分校强调威斯康星思想，主张高等学校应该为区域经济与社会发展服务。UW-Madison 的研究、教学和服务受到威斯康星思想的

影响,这个传统是由威斯康星大学校长查尔斯·范·海斯(Charles Van Hise)在 1904 年首次提出的,当时他宣称:"直到学校积极的影响遍及州内的每个家庭,我才会感到满足。"直到 1912 年,威斯康星思想才被真正确立。威斯康星思想认为,大学的边界应该是国家的边界,在威斯康星州进行的研究应该用来解决问题,改善健康状况、生活质量和环境,为所有国家的公民提供帮助。威斯康星思想渗透到大学的工作中,帮助大学师生之间、国家的行业和政府之间建立密切的工作关系。从威斯康星大学麦迪逊分校在 Coursera 平台上开设的 10 门课程来看,有 5 门课程是有关环境保护科学或者气候变化的。由此可见,威斯康星大学麦迪逊分校十分重视环保意识。人类与环境生活紧密相关,人类为解决一些已有的或未知的环境问题、协调人类与环境的发展关系以保证社会经济的持续发展而采取的一系列行动称为环保。其方法和手段多种多样,有工程技术层面、行政管理层面、创新研发层面的,也有法律层面、经济层面、宣传教育层面的。威斯康星大学麦迪逊分校在环境保护这方面就做了一些宣传教育的活动,通过慕课的开展向广大的客户群体展示环保的重要性,同时呼吁他们要重视对环境的保护,不能等到无法挽救的时候再来悔恨当初没有采取行动。

三、渠道通路

为了增加可靠稳定的客户群体数量,扩大该学校慕课课程的影响力和提高知名度,UW-Madison 也在不断寻求多元化的渠道通路。通过 Coursera 平台的推广,该校慕课吸引了来自世界各地的学习者参与课程的学习,同时学校自建的平台上也推出了一系列慕课,吸引了众多居民和学生参与其中。多元化的渠道通路不仅培养了大批量的网上用户,而且吸引了大量传统学习的客户群体。

(一)Coursera 平台

Coursera 是世界上最大的慕课商业机构和建构平台。在 2013—2014 年间,威斯康星大学麦迪逊分校与在线教育公司 Coursera 合作,推出了四门试点课程。通过视频、讨论论坛和学习活动,来自世界各地的超过 135600 名学习者拥有了学习威斯康星大学麦迪逊分校课程的经历。在这四门试点课程的基础之上,威斯康星大学麦迪逊分校在 2015 年又推出了六门全新的慕课。课程涉及莎士比亚戏剧、数字人文、理解奥尔多·利奥波德的土地伦理、气候变化以及政策与公共健康之间的关系。这些慕课探索了人类与自然世界、人类相互之间以及整个国家和世界各地之间的关系与连接、挑战和挫折。第二轮推出的慕课更多地针对当地学习者,课程时间缩短,涵盖的主题减少,主要针对威斯康星州。

百年来,威斯康星大学麦迪逊分校一直致力于威斯康星思想的传播,为改善人们的生活服务,为威斯康星州的家庭、企业和社区提供必要的服务。通过 Coursera 平台,UW-Madison 不仅推出一系列免费慕课,许多 UW-Madison 的教员和教学学术人员还提供公开演讲,并分享他们在各种公共研讨会、讲座或节目中的演说。在 Coursera 平台上,学员可以免费注册账号参加学习,每个课程约为 4 周的时间,从课程开始的日期开始,课程内容通常会以"块"的形式每周发布给参与者。一旦发布了本周的内容,参与者就可以在自己有时间的情况下参与其中。发布的内容不会一周消失一次,这还是比较人性化的,可以让学习者合理地选择自己的时间来完成课程。

(二)威斯康星大学麦迪逊分校自建平台

威斯康星大学麦迪逊分校在自建平台上主要开设了关于环境保护问题的和有关莎士比亚的课程,其中有关环境保护问题的课程数量较多。由此可以看出,威斯康星大学麦迪逊分校对于环境保护的问题尤为重视。威斯康星大学麦迪逊分校每个月提供新的科学叙述,免费的视频和音频故事以及可以在家里和家人、朋友做的活动。在这个平台上,客户可以提前预览慕课的预告片,包括对于该课程的建设和一些基本信息都可以提前预览。同时,该平台还为客户解决了一些常见的疑难问题。在慕课的工作原理这个模块,客户可以了解到慕课的组成部分,包括一些常见的课程介绍。该平台还提供了一些讨论慕课的论坛,用户可以进入这些论坛交流该慕课的一些相关信息。UW-Madison 自建的平台主要是本校的学生和当地居民参加的比较多,网站能链接到该学校的主页和尼尔森环境研究所等,有助于信息的传达与交流。与其他平台相比,学校自建的网站平台能吸引更多的本校学生学习慕课课程,同时在一定程度上也节约了慕课的成本。

四、客户关系

客户关系管理是 UW-Madison 管理慕课的一个很重要的部分。有效的客户关系管理能够提高企业的知名度,并为企业带来完整的、可发展的持续的综合性客户群体。威斯康星大学麦迪逊分校十分看重客户的满意程度。该大学所坚持的威斯康星理念致力于改善人们的生活,为威斯康星州的家庭、企业和社区提供必要的服务。威斯康星大学麦迪逊分校通过文化的交流碰撞、讨论区功能的发挥以及大数据的分析真正满足了学习者的需求,营造了良好的客户关系,形成了稳定的客户群体。

(一)通过文化的交流碰撞来拉近与客户的距离

UW-Madison 的学员来自世界各地,通过 Coursera 平台,学员可以进行各种交流,不同文化的相互碰撞创造了绚丽的火花。威斯康星大学麦迪逊分校一直注重威斯康星思想,这也是我们前面一直提到的思想。一项研究表明,在 Coursera 平台上,注册账号参与威斯康星大学麦迪逊分校慕课的学员来自世界各地。全球性的文化交流拉近了客户之间的关系,稳定了客户群体。除了这种全球性的文化交流,威斯康星大学麦迪逊分校开设的《社区中的莎士比亚》这门课程以文化交流为基础,这种交流和前面所提及的多国文化之间的交流形式又不一样。《社区中的莎士比亚》这门课程不仅仅是一门慕课,同时也是一个大规模的公共数字人文事件。在这门课程中，围绕莎士比亚的四部戏剧展开，让客户通过阅读、观看等方式体会莎士比亚戏剧内涵，旨在建立一个全球社区。最终，该课程将重点围绕研究莎士比亚建立一个全球社区。所以该课程的中心目标之一就是将莎士比亚的戏剧作为创造文化、语言和地域的重要对话的桥梁。课程中的学习者还将增加他们的数字知识，学习阅读、写作、批判性分析和协作的新工具。该课程涉及莎士比亚和数字人文学科，鼓励学生批判性地思考如何使用数字工具来研究文学作品。该慕课表现的不仅仅是单一的课程学习，更多地强调课程本身的一种文化和交流，客户注册学习之后可以体验不同的文化带来的冲击力，摆脱了传统课堂的单一模式和框架束缚，更多地强调文化的交流，使学习者获得了不一样的感受，进一步稳固了客户群体。

（二）发挥讨论区的功能来强化客户的学习体验

慕课基于 Coursera 平台的交互功能直接影响客户的学习体验，充分发挥讨论区的功能是十分必要的。教学者可以在讨论区发布一些及时的信息，客户可以在这个区域相互讨论，教学者也可以通过观看讨论区的一些信息及时与客户交流反馈。通过讨论区这个功能使用，可以使得师生和生生之间的交互更有价值、更加高效，在线的讨论形式在一定程度上以其及时性和无障碍性优于传统的讨论形式。以《森林和人类：从中西部到马达加斯加》这门课程为例，该课程主要介绍了世界森林生物群落的地理、生态和经济的重要性。通过该课程的学习，客户将了解气候如何影响植被，森林如何影响全球气候，明白森林生态系统惊人的生物多样性和生态复杂性，以及这些生态系统如何支持人类的生活。在学习该课程的过程中，学习者之间会讨论世界各地对森林生态系统的威胁，并听取人们尝试着保护森林的意见信息。该课程主要是通过讨论的形式来完成的，除了授课教授和客户的讨论交流，客户还可以与该课程的合作伙伴进行交流。比如说和奥尔多·利奥波德自然中心或者尼尔森环境研究所等进行交流。由此可以看出,讨论交流是课程环节的一个很重要的部分。通过讨论,客户不仅能学到基本的知识,还能拓展自己的视野,丰富自己的学习体验。讨论区本身作为在线教育的重要环节之一,对课程的推进起到了不可磨灭的作用,可以鼓励学习者去阅读各种与之相关的知识内容,进而和课程紧密地结合起来,优化客户的学习体验。

(三)开发真正满足客户和市场需求的课程

为了突破传统大学上课的局限性或者提升客户在某个领域的技能,UW-Madison为用户提供了一些有针对性和技能性比较强的课程。基于Coursera 平台,UW-Madison 提供了一些专业课程,涉及范围有经济学、人类学、教育学以及文学等。比如经济学领域的课程《有摩擦的市场》,该课程向客户介绍非经典市场经济理论可解释的问题。再如人类学领域的课程《人类的进化:过去与未来》,该课程向客户讲述人类进化历史,旨在探索人类文化起源。从 UW-Madison 开设的慕课情况来看,虽然 UW-Madison 开设的课程数量不多,但是涉及的层面十分广泛。由此可见,UW-Madison 十分注重客户和市场的需求。根据一系列大学报告,在注册参与 UW-Madison 慕课的 135602人中,只有 3.2%的用户完成了课程,参与客户在 4 周之后有所下跌。在对用户做了相应的调查之后,UW-Madison 针对第二轮慕课做了相应的调整,第一轮课程一般课长都在 6—8 周左右,第二轮课长就做了相应的缩短,将课长改为 4 周左右,课程的针对性也更加明确了。

五、收入来源

为了保持消费市场和客户群体的相对稳定,威斯康星大学麦迪逊分校的慕课主要通过"证书认证""教育创新计划""小额捐赠计划"来获得有效的资金来源。

（一）证书认证收费

在 Coursera 成立初期，慕课只提供"课程修完证明"和成绩单。UW-Madison 的主要合作伙伴是 Coursera，绝大部分的课程也是基于 Coursera 平台对外发布的。Coursera 的联合创始人达芙妮·科勒说："提供法语课程的洛桑联邦理工学院（EPF Lausanne）为非洲一半的学生提供了便利。每所大学都设计和制作自己的课程，并决定是否提供学分。"Coursera 的证书认证是很重要的一项策略，一些学生期望通过课程学习来获取认证，那他们就需要对这个认证的过程承担一定的费用，这样大学机构就有了收入的来源。学习者在学习完该课程之后可以选择测试，学习者有机会重做每一个测试。正确率至少得在 75% 以上，这就要求学习者仔细阅读每一道题目。需要 Coursera 认证证书的学生需要在课程的早期阶段发出信号，表示他们打算参加签名追溯，而加入签名追溯需要预先支付一笔 30—100 美元的资金。UW-Madison 和 Coursera 合作的大部分课程在学习的时候都是免费的，但是在证书认证的时候，就需要学习者付出相应的资金支持。

（二）教育创新计划（Educational Innovation）

UW-Madison 的慕课项目在发展道路上还受到了教育创新计划的援助，教育创新计划对 UW-Madison 慕课的支持，旨在激发学习者的兴趣，丰富他们的学习体验。强化和扩大在线学习是学校和教育创新计划的一个重要关注点，尤其是它们都在努力使用技术来推进个性化学习策略，并扩大传统学生和新学生的受众群体。教育创新计划与学校、学院和其他校园单位合作，旨在帮助在校园内提供高质量的在线学习体验。教育创新计划的使命是通过丰富的学习资源来吸引和激励学生。为了完成这个使命，将通过大规模使用技术来实现个性化学习体验，扩大传统和新学生受众的访问权限。慕课在教育创新计划的支持下，无论是课程建设还是后期的维护都得到了比较完善的发展。

（三）Give(Make a Gift)

在 UW-Madison 的官网上有一个名为"Make a Gift"的小链接。客户可以通过这个链接给威斯康星大学麦迪逊分校捐赠小额资金。捐赠金额为 50—1000 美元不等,不强制捐赠。在捐赠的时候可以选择资金的用途和捐赠的次数,并留下捐赠者的信息。威斯康星大学麦迪逊分校会给捐赠者邮寄一些小礼物作为支持的回报。客户不仅可以在网上捐赠,也可以通过电话、银行或者基金会等其他方式捐赠。

六、核心资源

UW-Madison 的慕课能够获得可持续发展、开展优质的课程并获得成功的原因一部分来自学校资源,一部分来自学院的支持。

（一）学校资源

UW-Madison 通过各种计划,企业、创业部门通过技术部门的帮助,在咨询、培训、数据分析、资源方面与其他服务相联系,从而帮助企业家、企业和经济发展专业人员实现其目标。UW-Madison 遵循协作模式,与当地组织和其他机构合作,为该州所有计划领域的客户提供最佳服务。UW-Madison 与威斯康星州的人们合作解决他们最紧迫的问题,并通过全州数百个计划和举措揭示他们最有希望解决的问题。由于与威斯康星大学系统、县和部落政府以及其他公共和私人组织的重要伙伴关系,UW-Madison 的广泛举措每年影响 150 万人左右,向他们提供大学资源,让人们无论身在何处都能学到优质课程。威斯康星大学系统是美国最大的公立高等教育系统之一,每年为超过 170000 名学生提供服务,威斯康星大学系统由 13 所四年制大学、13 所两年制分校和全州UW-Madison 组成。这些机构一起为威斯康星州、美国和世界提供了巨大的学术、文化和经济资源。威斯康星大学系统入学人数超过 17 万人,每年的经济预算大概为 60 亿美元,其中国家还资助 10 亿美元左右,礼品、赠款和合同在 15 亿美元左右,所得的经济效益每年大概为 500 亿美元,这为 UW-Madison 的教学科研活动提供了源源不断的充足动力。财政资源始终是慕课开展的坚实后盾,大量的经济预算保证了慕课项目的可持续开展。

(二)学院支持

UW-Madison 的成就和威望使其早已被公认为是美国最好的大学之一。它提供全面的文科研究、专业课程和学生活动。它的许多课程被誉为世界教学、研究和公共服务的先锋。学院支持在这里主要表现为提供了大量的人力资源,创办了具有 UW-Madison 特色的慕课课程,发挥了各学院优秀的师资力量,组建了一支慕课开发团队。他们收集教学资源,从搜集过去的开放课件开始,到录制慕课、后期制作,都亲力亲为。优质慕课的诞生离不开专业的团队。团队间的合作配合、各学院间的师资力量调动配合,都起到了关键的作用。这个时代是大学的新时代,在过去的 167 年中,UW-Madison 通过致力于教学、研究和推广工作,提高了学院的知名度和科学高度,学校对于慕课项目建设高度重视。

七、关键活动

关键活动是指要使商业模式得以正常运转,企业必须要做的重要的事情,包括创造与提供价值主张的互动、研究分析与扩宽市场的活动、吸引及维护客户关系的活动、赚取收益的活动等。就 UW-Madison 的慕课而言,关键活动主要是课程建设、学习支持和学习讨论。

(一)课程建设

课程建设对于慕课项目而言是十分关键的活动,UW-Madison 按照规范的流程来制定课程以此来保障课程质量。

第一，创建优质的课程团队。慕课课程的建设离不开技术团队、管理人员、相关课程教学人员、专家的合作。技术团队可以是专业的慕课制作公司，为了节约成本也可以是学校的相关专业人员。以基于 Coursera 平台发布的《视频游戏和学习》课程为例，电子游戏是媒体、教育和技术领域最热门的话题之一，跨科学、识字、历史、视觉处理、课程和计算机等不同领域，对于课程的建设就需要有关的课程专家给出相应的指导意见，多学科教学人员和技术人员共同组成课程团队，从而使得课程的设计更科学合理。

第二，确定目标客户。只有确定了目标客户，课程建设才更能满足客户的需求，吸引客户的目光。不同的目标客户对应不同类型的客户群体，要根据客户群体的需求来开设具有针对性的课程。比如说，为了满足客户对人类进化史的好奇心，UW-Madison 开设了《人类的进化：过去与未来》这门课程。该课程特别关注近一万年来人类的快速演变。客户将了解人类转向农业的后果，以及工业化国家人民今天演变的方式。最后，该课程预测未来可能为人类所采用的演化方式，用我们的历史知识和科学理解来验证我们的猜测。UW-Madison 推出了第一轮课程之后，对用户做了一些小调查和数据收集，进而对第二轮课程做了相应的调整，使之更加适合客户的需求。

第三，进行慕课设计。在慕课设计的过程中有包括课前分析、学习目标制定、课程制作等几个方面。设计人员根据客户的需求制定授课内容，对教学目标进行初步制定。教学目标指的是教学活动实施的方向和预期达成的效果，教学目标是一切教学活动的出发点和最终归宿。和传统课程的制作不一样的是，慕课的制作具备更多的复杂性。在项目开始之前就必须制定相应的安排表，如撰写目标、撰写讲稿、视频拍摄、评价设计等。还有一项很重要的工作，就是在投入使用之前要进行测试来保持课程的稳定程度。对于 UW-Madison 而言，最大的特色就是模块化这个概念，例如，将为期 15 周的莎士比亚课程转化为诗歌、喜剧、悲剧和历史剧这几个模块，从而最大限度地适应客户的学习。

（二）学习支持

UW-Madison 于 2013 年 2 月加入 Coursera，计划开发 4 门慕课课程。同年秋开设了 2 门慕课课程，分别为《视频游戏和学习》和《有摩擦的市场》。随着注册人数的逐渐增多，课程的规模逐渐扩大，制作的内容量也越来越多。面对来自世界各地的客户，非常有必要构建一定的学习支持机制。

首先，发挥全校师生的支持力量。慕课的制作是一个庞大的工程，这需要建立慕课制作团队，充分发挥师生的集体力量，为慕课资源收集具有价值的课件资料、视频影像等，增强慕课的丰富性与价值性。

其次，加强沟通交流。慕课学习者来自世界各地，彼此之间进行沟通能够增强学习的效果。从一个活跃度较高的慕课看来，讨论区是整个课程学习活动的中心环节。和传统教学相比，在线教学有个明显的优势就是可以进行在线实时讨论。学习者可以根据所学习的内容在讨论区和其他学员进行实时交流，同时，教师也会在这个区域为学员解决疑难问题，和学习者一起互动。基于此，客户可以在得到老师的反馈的同时评介其他客户的反馈。不同于线下课堂学习者被动接受教师的指令，这是学习者主动接受知识的形式，在互动过程中，对于学习者学习效果的提高有显著帮助，同时教师也可以收到实时反馈，有利于调整教学结构，完善课程质量。

（三）学习讨论

威斯康星大学麦迪逊分校可持续发展办公室为 UW-Madison 的教师、工作人员和学生组织了一个或多个慕课讨论组，以加强他们对课程材料的参与，并创建一个以课程为中心的学习体验区。慕课的免费性使得所有学习者，包括 UW-Madison 的教职工，都能参与学习。讨论组适合校园教员、工作人员以及注册参加一个或者多个 UW-Madison 慕课的学生。他们将利用同行协助，并在每门慕课开课期间每周举行一次会议。讨论的有关材料都是参与人员自行收集讨论的,任何校园成员均可以免费参加慕课和讨论组,参加者将会获得由终身学习副教授和持续研究院长颁发的完成证书。通过学习讨论可以从多个角度进一步加深对学习内容的理解。

八、重要伙伴

重要伙伴是商业模式画布九大要素中的一个,它可以是非竞争者之间的联盟,也可以是竞争者之间的合作。对 UW-Madison 的慕课而言,重要伙伴的类型为非竞争者之间的联盟,伙伴主要是 Coursera 平台和学校自建网站。

(一)Coursera

Coursera 是一家在 2012 年创办的营利性的在线教育公司,由美国斯坦福大学两名计算机科学系教授吴恩达和达芙妮·科勒创办,提供在线免费公开课程,但是与 edX 不同的是,Coursera 是营利性的在线平台。早在 2013 年,Coursera 已获得 4300 万美元的 B 轮融资,在一年内就已经融资了 6500 万美元。根据官网最新更新显示,目前该平台已经有超过 200 所顶尖大学和公司提供了 4313 门课程。UW-Madison 于 2013 年 2 月加入 Coursera,并计划开发 4 门慕课课程。同年秋,该校开设了 2 门慕课课程,分别为《视频游戏和学习》以及《有摩擦的市场》。Coursera 是一个十分具有前景和市场的平台,在 Coursera 上推广慕课是一个十分明智的选择。

(二)学校网站

除了和 Coursera 平台的合作之外,UW-Madison 自己也有一个专属自己的慕课平台,学校自建的网络平台有助于吸引本校和当地居民中对慕课感兴趣的客户参与其中。UW-Madison 自建平台上的课程包括《土地伦理的再生:感知性狩猎、奥尔多·利奥波德和保护》《改变大湖地区的天气和气候》《社区中的莎士比亚》《能源和地球》《森林和人类:从中西部到马达加斯加》《气候变化政策与公共卫生》等。这些课程中大部分是关于环境和能源保护的。由此可以看出,UW-Madison 十分注重环境保护这方面的知识。学校的自建平台有助于本校学生进行学习交流。在这个平台上,学生可以链接到 UW-Madison 主页等其他校园页面。学校网站的开发有助于慕课面向校内师生的推广。UW-Madison 特别注重威斯康星思想,UW-Madison 慕课最主要的目的不仅仅是让参与慕课的客户获得证书,更多的是要让客户去做他们力所能及的事,从学习转向在社区中做一些力所能及的事情,UW-Madison 推出的第二轮慕课尤其注重面向本地学习者。

九、成本结构

慕课开发是资源密集型的工作,慕课一旦启用就需要机构内部的多个部门投入大量的时间和精力。作为慕课主题专家的教员(或多个成员)需要一个团队,每个团队都有不同的专业领域,以支持他们将优质内容带入课程,并创造一个能容纳成百甚至上千的客户进行学习的环境。UW-Madison 通过 Coursera 平台提供了慕课课程,该校与 Coursera 公司的合作,使得来自 50 个州、141 个国家的 135600 名学习者通过慕课这种崭新的方式,与该校建立了联系。但不知出于何种原因,从 2016 年 4 月 21 日起,该校的慕课课程不再对公众开放和使用。在 2017 年,UW-Madison 计划推出 EI 在线课程计划(即上文所说的教育创新计划),下面就 EI 在线课程计划对慕课的成本结构进行一些简单的分析。加强和扩大在线学习是学校和 EI 计划的一个重要关注点,尤其是它们都在努力使用技术来推进个性化学习策略,并扩大传统学生和新学生的受众群体范围。EI 与学校、学院和其他校园单位合作,旨在帮助在校园内提供高质量的在线学习体验。

(一)慕课管理成本

加强和拓展在线学习是学校和 EI 计划的重点,尤其致力于利用技术推进个性化学习策略,并扩大对传统学生和新生群体的访问。EI 在线课程计划于 2017 年推出,允许教师在任何时候申请在线课程开发支持,为教师提供在秋季学期通过年度征集建议申请在线课程开发资助的机会。在 UW-Madison 慕课项目中,慕课的管理人员一般都是由学校或者学院的负责人担任,他们在完成日常的校园工作之后,还需要花费一定量的时间来负责相关课程的教学工作。UW-Madison 对这部分工作的承担者提供了一定的补助金。

(二)慕课开发成本

无论是 UW-Madison 自己制作慕课还是由机构制作慕课,制作过程中的主要任务由负责内容开发的教学人员和负责技术开发的技术人员承担。要制作一个慕课项目,首先要确定一个制作团队,制作团队包含主题专家、教学设计师、教师及技术人员等,这几者之间没有明确的界限,有时候一个人甚至可以承担多个角色,这就取决于教学人员的职业素养。一个慕课项目的展开,需要主题专家确认选题,在教学设计师和教师的共同努力下,完成慕课的教学设计,接下来由技术人员进行慕课的拍摄及上传等操作。授课的教师是这门慕课的主体,教学设计师可以配合教师设计教学内容和教学方式,对教学知识点进行选择、拆分、重塑和确认。

课程制作的技术团队,从专业角度来看包括制片人、编剧、摄像师、动画设计师、摄影师、场记、讲词提示操作员、研究助理、图书管理员以及负责处理版权问题的律师。其中最主要的工作量在前期课程的设计、前期拍摄和后期制作的身上,需要给这些工作人员支付较多的工资,而对于其他工作人员,工作量并不大,有些岗位可以一个人兼顾,所以不需要支付太多的费用。或者说可以让对这方面比较在行的老师或者同学来承担其中的部分工作,这样会减少相应的费用。

第三节　威斯康星大学麦迪逊分校慕课可持续商业模式的策略阐释

一、平衡客户细分：大众市场与本地市场的结合

从 UW-Madison 之前开设的慕课经验来看，客户群体的明确是运营慕课的重要一步。客户是任何商业模式的核心，对慕课课程来说也同样适用。要充分考虑到所有客户的需求，要平衡大众市场和本地市场的需求。具体说来，UW-Madison 慕课项目有以下几种类型。

第一，面对大众群体的文化课程。这类课程在满足客户对文化追求的同时，也有利于威斯康星思想的发展。UW-Madison 一直致力于奉行威斯康星思想，即大学课堂应该改善人们的生活，并为威斯康星州的家庭、企业和社区提供所需的服务。基于威斯康星思想，UW-Madison 开设了《社区中的莎士比亚》这门课程。在这门课程中，学习者集体阅读、观看和参与《罗密欧与朱丽叶》《无事生非》《仲夏夜之梦》《暴风雨》这四部莎士比亚戏剧。此类课程的开设将文化课程与学术研究完美地结合起来，一方面，该课程可以满足用户的文化需求，提高用户的文学素养；另一方面，该课程的开设可以保护优秀的西方文学著作，对西方文化进行宣传。

第二，面对本地居民的环保型慕课。UW-Madison 开设的慕课有许多是有关环境保护的，这部分课程主要是第二轮推出的慕课。由此可以看出，UW-Madison 对于环境保护问题是十分看重的。随着时代的发展，越来越多的人意识到环境保护的重要性。UW-Madison 开设环保型慕课有助于激发大众对于环保的意识，提高全民对环保的关注度。UW-Madison 一直注重威斯康星思想，认为大学课堂应该改善人们的生活，并为威斯康星州的家庭、企业和社区提供所需的服务。此类慕课的开设有助于威斯康星思想的传播，同时也向客

户宣传了环境保护的重要性。

第三,面对特殊群体的专业性慕课。从 UW-Madison 在 Coursera 平台上开设的慕课课程可以看出,UW-Madison 开设了一些具有专业性的课程,涉及经济学、人类学、教育与教学等。这些课程面向的客户主要是那些需要接受较为专业性知识的客户群体。这类课程的开设更加切合威斯康星思想,教育要为生活服务。通过这些专业性较强的慕课的学习,客户可以掌握一些专业的知识,从而为自己的生活创造更好的条件。

在 Coursera 上推出了第一轮课程之后,UW-Madison 对第一轮慕课进行了审查,并提供了更短的新课程,涵盖的主题也减少了。UW-Madison 将课程模块化,例如,为期 15 周的莎士比亚课程中包括诗歌、喜剧、悲剧和历史剧多个模块。UW-Madison 教职员制作慕课,目标是让威斯康星州居民受益,坚持当地政策,坚持威斯康星思想。第一轮慕课中 95% 以上的学生来自该州以外,因此新一轮的慕课课程希望吸引更多的麦迪逊人参加。在对整个课程的设计中,要想慕课项目可以长久地运行下去,就要充分考虑市场的需求。

二、彰显价值主张：满足不同客户的需求

为了在市场中占据一定的优势,要充分发挥运营经验、客户关系、优质课程这几大优势。

第一,UW-Madison 在运营慕课项目上有充分的运营经验,这为慕课的开发设计提供了极大的便利。EI 在线课程计划组织为慕课的资金支持、课程的设计开发、投入运营都提供了充足的条件。从 UW-Madison 在本校网站推出的慕课课程来看,这些条件不仅仅表现在合作单位的支持上,还表现在对工作人员的支持上。对于 UW-Madison 推出的 EI 在线课程计划而言,加强和扩大在线学习是学校和 EI 计划的一个重要关注点,尤其是它们都在努力使用技术来推进个性化学习策略,并扩大传统学生和新学生的受众群体范围。EI 与学校、学院和其他校园单位合作,目的是在校园内提供高质量的在线学习体验,

其中对 EI 课程开发的补助金可达 15000 美元,还包括丰富的课程设计和技术支持。从课程建设来看,每一位参与人员都有明确的分工,保证慕课项目的良好运营,发挥了良好运营经验的优势。

第二,维系好良好的客户关系对于慕课的开展起着至关重要的作用。无论是基于 Coursera 平台上的慕课课程,还是学校自建平台上的慕课课程,拥有充足的客户资源是慕课顺利展开的关键。UW-Madison 推出的慕课具有交流平台良好、作业反馈及时等优势,为客户提供了极佳的学习体验。UW-Madison 定期发布相关项目信息和活动简介,营造了良好的学习氛围。学校每个月都会提供新的免费视频和音频故事,客户可以与家人和朋友分享一些活动,如收听故事、科学和秘密,了解世界上最大的研究型大学之一幕后发生的事情。参与到慕课课程学习的客户会享受到一系列贴心的服务,诸如上课时间提醒、新消息推送、作业反馈等,当学习者的学习时间与其他安排产生冲突的时候,学习者可以利用自己的空闲时间补上课程。由此所建立的良好的客户关系将会带动相关慕课的发展,从而获得一定的经济效益,这些效益将远远大于投入。

第三,开发适合市场的优质课程,这样慕课才能体现其价值,确保获得竞争优势。作为具有多年资源开发的组织机构,UW-Madison 通过多种沟通渠道来获得学习者的反馈、了解学习者的需求,并且能够据此开发出满足客户需求的慕课。同时该校也针对当下比较重要的问题开设相应的慕课,比如说环境保护就是一个值得所有人重视的问题。此类慕课的开设使得更多的学习者被吸引过来,从而体现它们的价值所在。另外,UW-Madison 还会对参与课程的客户做一些小调查,以便进一步对课程结构作出调整,推出更适合市场的课程。

三、拓宽客户渠道: 发挥平台优势获得多方面的收益

总的来说,组织机构需要一个主要的渠道通路作为其传播途径,但同时又

要涉及多种多样不同的渠道通路,以此来确保价值主张可以广泛而全面地传播到客户群体当中。多样化的渠道通路,对于一个学校慕课项目的生存发展有一定的优势。在慕课运营时,UW-Madison 主要通过在 Coursera 上发布课程,另外也会通过学校自建的网络平台发布一些慕课课程。

第一,充分利用 Coursera 的慕课发布平台。作为全球大规模的开放在线教育机构,Coursera 一直位于研究开放教育资源的前列。在 2013 年秋,该校通过 Coursera 平台提供了 2 门慕课课程,分别为《视频游戏和学习》和《有摩擦的市场》。在接下来的时间里,UW-Madison 一共在 Coursera 上推出了 10 门左右的慕课课程。将 Coursera 作为发布慕课课程的主要渠道是十分明智的选择,Coursera 广泛的客户资源不仅能最大限度地体现 UW-Madison 慕课课程的价值,同时也能够吸引更多相关领域的对 UW-Madison 课程感兴趣的客户群体。

第二,努力提高学校自建平台的传播效果。UW-Madison 具有多年的资源开发和在线教育的经验,许多学习者参加了各种各样的虚拟教学活动。比如,UW-Madison 近期推出的 EI 在线课程计划的使命是通过丰富的学习体验来吸引和激励学生,大规模使用技术来实现个性化学习体验,扩大传统受众和新学生受众的访问权限,提供一个创新、可访问和包容的学习环境,培养高度参与的学习者,以应对现代世界的挑战。这样有助于将 UW-Madison 的信息和资源传递到社会的各个角落,有利于不断扩大客户群体和传播威斯康星思想。同时,学校自建平台有助于形成一个稳定的学习者群体。威斯康星大学麦迪逊分校可持续发展办公室为参与者组建了慕课讨论组,以加强学习者对课程材料的参与度,并创建一个以课程为中心的学习体验区。讨论组适合校园教员、工作人员以及注册参加一个或者多个 UW-Madison 慕课的学生。自建平台提高了本地居民的参与度,有利于将课程的相关信息传递到社会的各个角落,在无形中扩大了客户群体。

四、增强客户关系：加强客户联系获得更多支持

随着现代营销理念的不断渗透,客户关系管理工作也越来越被各行业所重视。为了深化客户关系,UW-Madison 采用多种策略,致力于满足客户群体的实际需要,从而创造更多价值。

第一,加强服务型策略以深化客户关系。各领域的在职人员是 UW-Madison 慕课课程的较大客户群体,UW-Madison 为这个大群体提供了一系列课程。通过当今社会对专业性人才的需求,以及在职人员对专业领域知识的需求分析,有针对性地为在职人员提供相关课程;通过加强与在职人员的沟通交流,了解现今职业发展的相关知识和最新动态,进而为在职人员提供最前沿的课程以保证专业知识的权威性。通过一些专业性的课程,为在职人员提供可持续发展的动力,同时在一定层面上带动经济的发展。

第二,建立交流型策略以深化客户关系。UW-Madison 通过学习社区、论坛和社交媒体等对客户群体进行深入了解,在课程学习过程中设置讨论区,方便教师了解学生上课的情况。教师可以将学生的问题及时反馈给他们,形成了一种双向的互动,有利于提高客户的满意度与忠诚度,为 UW-Madison 慕课课程的发展赢得更多的支持。而课后讨论组的创建,包括论坛交流平台的使用,使客户的交流更加方便,也更加深入,会炎及一些课程中没有涉及或者涉及程度不深的内容。总之,交流型策略服务的建立,使得该校慕课收获了相对稳定的客户群体。

第三,加强个性化服务策略以深化客户关系。UW-Madison 推出的 EI 在线课程计划是通过丰富的学习体验来激励和吸引学生。为了完成这一使命,该校慕课将通过大规模使用技术实现个性化学习体验,扩大传统受众和新学生受众的访问权限。EI 将为大学提供一个创新、可访问和包容的学习环境,培养高度参与的学习者以应对现代世界的挑战。通过与社会人士之间的交流

了解到社会劳动市场的真实需求,进而有针对性地开设相应的课程来满足客户的需求,为在校学生制定完善的个性化学习体验,以提高学生的参与度,扩大慕课的影响力。

五、增加收入来源：威斯康星思想与营销手段的运用

对于 UW-Madison 而言,慕课是独一无二的虚拟教学、学习和研究经验,此类课程对学习者没有限制,并向全世界的学习者免费开放。而为了慕课项目的可持续发展,该校慕课必须要增加收入来源。

第一,公益服务与增值服务的统一。UW-Madison 的慕课平台以 Coursera 为主,在做到提供免费的在线课程、为广大学习者谋福利的前提下,为了保证慕课项目的可持续开展,有时候不得不通过一些营利手段来做支撑,比如说通过证书认证和学分认证的服务获得相应的收入,进一步支撑 UW-Madison 慕课课程的发展。

第二,威斯康星思想与生活的结合。UW-Madison 一直致力于威斯康星思想的传播。该校推出了一些有关经济学、教育教学之类的专业性慕课课程,这些课程的推出帮助在职人员学习到一些新知识,从而进一步提高他们的工作效率,创造美好的生活。这与威斯康星的思想宗旨相契合。UW-Madison 推出的课程中有一门课程研究大湖地区的气候,这门课程的内容很少涉及威斯康星州,但是开发和制作过程中会和威斯康星州的人员和组织合作,比如采用威斯康星州的公司合作拍摄相关的纪录片等。这些在一定程度上促进了社区经济的发展以及威斯康星思想的传播。

第三,开放教育资源。UW-Madison 将开放教育资源的采用和生产确定为 EI 倡议中的一个优先事项,并与该大学的联合努力相结合。开放教育资源在教学中的应用越来越多,这些资源的应用带来了不少的益处,包括学习成果的改善、学习灵活性的提高、学生获取学习资料的途径更加多样化、教师定制教学材料的灵活性更高、课程材料成本更低等。

六、扩大核心资源：努力发掘新的资源

要维持一个慕课项目的可持续化发展，那么就必须采取相应的措施来扩大核心资源，提高 UW-Madison 慕课的价值性和创造性。

第一，充分调动学校的教师资源。教师在一门慕课中并不仅承担着授课的职责，也可以承担一些简单的工作，比如说，视音频的制作或者讲稿的撰写。这部分内容可以由教师负责，不必再去请专门的制作人员。同时，教师对该门慕课比较熟悉，对教学设计也有自己独特的见解，这样还可以省去教学设计师的费用。随着信息时代科技的发展，制作一门慕课变得越来越简单和人性化，具备一定信息素养的教师拥有足够的能力来完成一门慕课的制作。UW-Madison 对具备这种能力的教师提供了奖励政策。2017 年，该校推出 EI 在线课程计划，为教师提供在秋季学期申请在线课程开发资助的机会。通过一些基金组织或者一些小额捐赠计划的赠款为任何学期教授的课程提供在线课程开发的支持。教师将接受工具、培训和资源，并与教学技术人员配对，作为设计、开发和生产过程的一部分。补助金一般为 15000 美元。这样，教师的价值可以得到最大限度的发挥，教师的积极性得到了调动，有利于扩大核心资源，从而还能降低慕课项目的制作成本，提高市场竞争力。与此同时，各个学院的学生也是慕课开发与制作的重要力量。教师在进行慕课开发的时候可能人手不够，可以在学校中寻找具有相关制作经验的学生。为了调动学生的参与感与积极性，学校可以为其提供薪资报酬。一般来说，他们的薪酬比市场价格低很多，这样就节省了不少课程开发的成本。实际上，慕课制作的相关设备的自动化程度越来越高，学校也不乏此类专业的人才，他们也同样具备制作的经验和能力。

第二，充分发挥学校的影响力。为了吸引更多的客户参与慕课课程的学习，UW-Madison 需要采取一定的措施来发挥学校的影响力。UW-Madison 是在威斯康星州建立的第一所公立大学，同时现在也是该州历史最悠久、规模

最大的公立大学。该校在 2012 年研究经费超过 11 亿美元,位居美国大学第三位。由此可见,UW-Madison 自身的影响力还是很大的,但同时也要努力寻求新的资源,以便吸引更多的客户群体加入慕课课程的学习。比如说 UW-Madison 对环境保护问题十分重视,其推出的慕课课程中大部分课程是与环境保护相关的。在当今时代,环保问题是全球关注的热点,UW-Madison 抓住这个热点,吸引了更多的客户群体和基金组织来支持该校慕课的发展。为了扩大慕课项目的核心资源,获得外部组织的协助是非常有必要的。比如,UW-Madison 和尼尔森环境研究所合作,在开发和制作环境保护、生态构建方面的课程时就可以充分借助这些机构的资源。

七、推荐关键活动:提高课程的质量和品质

根据商业模式画布的阐述,关键活动主要由产品制造、问题解决和平台或网络组成。因此,对于 UW-Madison 慕课而言,要想高效地推进关键活动,就需要创新课程建设、完善学习机制等。

第一,创新课程建设。UW-Madison 的慕课课程项目中包含一些比较具有专业性的课程。专业性的课程通过介绍一些专业性的知识来让学习者更好地胜任自己的职位,满足学习者的工作需求。职业课程的建设旨在提高在当今热门领域取得成功所需的关键的专业性技能,这些专业性技能满足强大的市场需求,自然就能获得稳定的客户群体和可观的收益。由此可见,慕课课程的推行必须要采用一定的策略,并不断推陈出新,满足多元化市场的需求,才能具有竞争优势。创建新的课程项目需要一个分工明确和团结协作的课程制作团队,EI 在线课程计划为教师提供了一个良好的平台,有助于教师更完美地完成慕课的建设。

第二,完善学习机制。从 2017 年推出的 EI 在线课程计划可以看出,UW-Madison 对于课程的质量和品质还是十分重视的。在 EI 在线课程计划中,该校对高年级学生入学的课程做了一些相应的计划,预测高入学率或解决当前

未满足的课程需求;努力扩大对传统学生的接触并吸引新的学生观众;创建扩大传统学生接触的课程,如大学预备生、其他大学的访问学生、国际学生等,为学生提供更好的学习体验,尤其是在他们的专业或职业领域;通过先进的教学理念,对课程创建人员进行培训,从而建立一套更完善的更切合市场需求的学习机制,得到更多学习者的支持。EI 的使命是通过丰富的学习来吸引和激励学生,为了完成这个使命,学校将大规模使用技术实现个性化学习体验,扩大传统和新学生受众的访问权限。

八、关注重要伙伴:开展更多的合作

UW-Madison 慕课项目除了与学院内部人员进行合作之外,还与外部人员进行了深入的合作。

第一,加强与 Coursera 平台的合作。为了确保 UW-Madison 的慕课项目能一直顺利地运行下去,需要寻求一个稳定的合作伙伴关系,以此共同承担慕课的风险和收益。而 Coursera 平台就是最好的选择。截至目前,该校与 Coursera 平台的合作都十分默契,几乎所有的慕课课程都是通过 Coursera 平台发布的,而且利益分配也十分合理,这种合作关系未来应该得到进一步的强化。

第二,拓展学校自建网站的慕课平台。UW-Madison 专门建立了一个平台用于慕课的发布。学校自己的网站有利于提高在校学生和本地居民的参与度,更好地掌握学生的学习情况。学校自建的平台有助于访问 UW-Madison 主页、教育创新主页、尼尔森环境研究所,对于学生的学习十分便利。

第三,努力寻求与其他平台的合作。从 UW-Madison 推出的几门慕课来看,该校慕课的主要合作伙伴为 Coursera。不可否认,Coursera 是一个很稳定的合作平台。但是为了寻求更好的发展,该校还是需要寻求与其他平台的合作,并以此来提高 UW-Madison 慕课的知名度和影响力。

九、优化成本结构：提高课程标准降低课程开发成本

UW-Madison 前期就已经具备了比较完善的基础设施和硬件设备，所以慕课项目的成本主要来自课程开发的成本，因此优化成本结构便从此入手。

第一，提高任职教师的专业素养。一方面，对任课教师进行专业的技术培训，培养他们制作慕课的能力，让他们学会文字设计、视音频剪辑等常规技能，以提高教师的专业素养；另一方面，需要对教师进行教学方面的培训，增加教师在教学过程中的经验，熟悉教学方法和教学设计流程。了解常见的录制视频的方法、如何编辑和处理视频和音频，包括一些简单的图片处理技术，并且通过培训让教师了解 Coursera 的课程标准，以便于部分或全部承担技术人员的职责。由此，通过相关培训提高任课教师的专业素养，有利于减少开发设计人员，进一步减少开发成本。

第二，对一类课程进一步开发。从 UW-Madison 现有的慕课课程来看，该校主要推出的是一些单独的课程，而系列课程却很少见。UW-Madison 应该促成课程的统一化和标准化，开发几门同类型的慕课，然后由多门子课程组成一个比较大的慕课项目。在开发系列课程的过程中，制定一个标准化的慕课建设流程，这样可以在子课程设计的时候按照这个标准来进行，不仅可以降低制作的平均时间，减少平均劳动力的消耗，降低课程开发的成本，而且可以使整个课程体系看上去更严谨、标准。

第三，适当扩大课程开发的范围。目前不同的客户群体对于不同领域课程的需求是各不相同的，除了为特定的群体提供必要的课程之外，还可以适当地扩大课程开发的范围。除了为在职人员提供一些专业性较强的专项课程之外，还可以专门针对一类具体职业的群体提供他们需要的课程，这类课程的开发不仅不会增加额外成本，而且能开拓更加广阔的市场。同时，在扩大课程开发范围时，也应该考虑到本地居民的需求，开发一些适合本地居民学习的课程项目。

第四节　威斯康星大学麦迪逊分校慕课可持续商业模式的反思与启示

一、威斯康星大学麦迪逊分校慕课可持续商业模式的反思

(一)客户细分难以平衡

从之前 UW-Madison 慕课的发展情况来看,UW-Madison 对客户细分有了一定的准则。按照标准的客户细分平衡原则,满足不同客户群体的需求,开发相对应的慕课课程。随着社会的发展,多元化的社会体系并不能完美地对客户群体作出划分。因此,客户细分的原则不能停留在过去,也要随着时代的发展作出相应的创新。UW-Madison 结合 Coursera 平台做了一项调查,调查项包括性别、年龄种族、教育水平、就业状况等。该调查表明,男性占58%,平均年龄是34岁左右。在这项调查中,男女比例相差无几,74%的被调查者教育水平都是本科以上的水平,只有9%的是高中及以下,大部分的客户都是有工作的。从这项调查中可以看出,UW-Madison 的客户涉及的层面还是很广的,对于客户的细分想要有一个完美的分类还是有一定的困难。因此在针对客户进行课程开发的时候有一定的难度。UW-Madison 在对第一轮推出的慕课做了一些小调查后,发现在注册参加 UW-Madison 的客户中只有极少部分客户完成了课程,参与的人员数量在课程开设4周之后下跌。UW-Madison 对第二轮慕课做了相应的调整,缩短课程时间,覆盖面也减少了,更多地针对威斯康星州本地居民。在对客户的整个细分过程中既要照顾到州外的客户,又想在本地居民中普及,难免有些困难。

(二)渠道通路有待拓展

在对之前的 UW-Madison 慕课的发展进行观察之后,我们发现,

UW-Madison 的慕课渠道比较单一。除了在自己学院有一个平台之外,就只和 Coursera 合作了。为了实现收入的多元化,应该拓宽渠道通路,寻求更多的合作机会。在与 Coursera 平台合作的基础上,也可以和 edX 或者学堂在线这些平台合作。要善于调整合作对象,提高创新价值。慕课从 2012 年兴起后就以一种蓬勃的状态发展,对这种乍然兴起的在线教育形式,人们一直惊叹于它可能会改变教育形式。慕课的 Google Trends 显示,2016 年 Coursera 的新增用户是 600 万人,2017 年达到了 700 万人,2018 年则是 800 万人左右,与 2015 年的涨幅大致相同,用户规模达到 2300 万人,另外一家代表性平台 edX 的数据也在 400 万人左右。随着近几年的发展,慕课平台的表现参差不齐,人们开始思考慕课的价值,思考慕课的真正意义所在。面对严峻的市场考验,相信会出现更多的渠道通路来改善目前慕课发展遇到的问题。

(三)收入来源的拓展有待加强

由于慕课的免费政策,UW-Madison 的收入来源相对减少。为了提高收入来源、增加收入,UW-Madison 和 Coursera 展开了密切的合作,及时推出一些满足市场需求的课程,以期获得更高的效益。不过面对庞大的慕课课程市场,UW-Madison 也在不停地探索和尝试,寻求更多的收入来源来支撑慕课项目的展开。在面对崭新的时代挑战面前,慕课的发展势头似乎有所减缓。以慕课为首的在线教育和传统高等教育之间的摩擦也越来越明显。慕课的免费政策使得传统的高等教育受到了挑战。UW-Madison 的主要客户群体是社会人员、在校生和本地居民,为了获得更高的效益,无论目前慕课的发展如何,一些高校教师都致力于慕课的开发。大批量的慕课上线,导致慕课质量参差不齐。为了缓解这一现象,UW-Madison 于 2017 年推出了 EI 在线课程开发补助金。除了慕课课程与 Coursera 合作共同享有的一些经济效益之外,UW-Madison 通过"Make a Gift"向大众寻求援助,捐赠者可以选择要支持的内容,有相应的网页链接可以捐赠。捐赠者在捐赠时需要填写个人信息和付款信息,可以选择礼物选项,也可以选择其他捐赠方式,比如说通过 UW 基金会或者其他途径。筹集的资金将由 UW-Madison 分配投资。除了基金捐赠之外,UW-Madison 还需极力拓展其他的收入来源,以确保慕课项目的正常运行。

(四)关键活动实际效果面临质疑

不知出于何种原因,从 2016 年 4 月 21 日起,UW-Madison 的慕课课程不再对公众开放和使用。该校慕课项目的关键活动由三部分组成,分别是课程建设、学习支持和学习讨论。这三者构成了慕课项目中比较关键的部分,但是实际效果却受到了质疑。相较于传统课堂,慕课对于学习者而言是一个全新的体验,对于这个出现在人们视野中不久的事物,人们对它有一定的质疑在所难免。虽然慕课的学习最后也可以获得相应的证书,但是这个证书的有效性和能不能被大众和社会所接受还具有一定的不确定性。证书的认同度还有待提升,学分认定机制还不够完善。慕课的评分机制也受到了质疑,相比传统教学的由教师打分的计分方式,在线课程的分数一部分通过计算机自动评分,另一部分由教学者及助教之外的学习者测评,不足以让大众信服。UW-Madison为本地学习者组建了讨论小组,用来交流讨论课程学习内容。讨论小组的活动基本每周都会举行一次,任何人都可以参加讨论,这就使得参与讨论的人员质量不一,对讨论的质量和效果的把握也不是很明确,获得的效果也有待商榷。慕课旨在通过网络进行大规模参与和开放访问的在线学习体验,允许来自世界各地的人们上网观看教学视频、参与讨论、阅读文章、参加测试或者完成教学活动。只要连接互联网,任何人无论何时何地都可以参与到慕课的学习中。但是 UW-Madison 慕课不适用于任何形式的大学学分,这使得客户对于 UW-Madison 慕课的课程建设和学习支持产生质疑。

(五)成本结构的优化尚需努力

在慕课项目成本中占最大比例的应该是教学人员,为了节省开支,由教学的工作人员担任慕课开发的设计者,往往都是身兼数职,他们既是教学人员、教学设计师,还是资料整合和后期制作人员。2017 年推出的 EI 在线课程计划为教师申请在线课程提供资助的机会。这些资助为在任何学期教授的课程提供在线课程开发的支持。教师将接受该课程计划提供的工具、培训和资源,并与教学技术人员配对,共同设计、开发在线课程。如果教师申请到这个计划的名额,就可以和指定的教学设计团队合作,教学设计人员将与教师进行合作,使得课程开发目标与教学设计标准保持一致。这个计划的实施,使得教师的福利得以改善,工作压力也得到缓解。这样开发人员就会有更多的精力投入到高质量的慕课建设当中来,在一定程度上优化了成本结构。

(六)重要伙伴的关注亟待加强

Coursera 是 UW-Madison 慕课项目的主要合作伙伴,UW-Madison 在该平台上推出的课程都有相对稳定的客户群体。但是,仅仅依靠 Coursera 这个平台是远远不够的,想要让慕课持久地发展下去,就需要与更多的伙伴进行合作。除了 Coursera 之外,UW-Madison 学校自己也建了一个网站作为慕课的推广平台。学校自建的平台主要吸引了当地居民参与学习,其他客户群体就相对比较少了。由此可以看出,还是要与一些平台进行合作,扩大慕课的知名度。如果慕课的运营模式只注重 Coursera 这个平台的话,对于慕课的多样性发展有一定的阻碍。寻求更多互惠互利的合作伙伴以保证慕课项目的持续运作,这一点不容小觑。不可否认的是,社会基金的支持对于慕课项目的发展至关重要。目前 UW-Madison 从社会基金获得的支持也是有限的,"Make a Gift"获得的资金支持不能完全用于慕课项目的开发,获得的资金将由 UW-Madison 分配投资,EI 小额赠款计划支持教师和教学人员努力尝试新技术和新的学习方式,除此之外还需寻求更多的合作伙伴。

（七）价值主张的彰显需要明确

UW-Madison 一直注重于威斯康星思想的传播。UW-Madison 的研究、教学和服务受到威斯康星思想传统的影响，这个传统由威斯康星大学校长查尔斯·范·海斯在 1904 年首次提出。威斯康星思想认为，大学的边界应该是国家的边界，在威斯康星州进行的研究应该用来解决问题、改善健康状况、生活质量和环境，为所有国家的公民提供力所能及的帮助。威斯康星思想渗透到大学的工作中，帮助大学师生之间、国家的行业和政府之间建立密切的工作关系。UW-Madison 基于威斯康星州的民粹主义历史，继续激发教师、职员和学生的工作，他们的目标是通过跨学科和人口统计学的方式共同解决现实问题。从 UW-Madison 推出的几门慕课不难看出，大部分的课程都是与环境保护相关的，契合了威斯康星思想，但是这些慕课所起到的效果不是用肉眼可以观察到的，不是能用考试成绩来衡量的。所以在价值主张的彰显方面还需要进一步的加强。

（八）核心资源的发挥有待加强

学校和学院资源是慕课开展的核心资源，要充分发挥核心资源的优势来带动慕课的发展。慕课项目的组成人员主要来自学院，包括开发人员、设计人员、维护管理人员、学科专家，以及一些合作公司的工作人员。良好的合作关系是慕课项目能够稳定开展下去的关键，UW-Madison 推出的一些慕课课程就算没有面向当地居民，也会和当地一些公司合作，比如说一起拍摄课程视频等，还有一些研究所的资源也可以充分发挥其优势。

（九）客户关系的深化成效有限

对于 UW-Madison 的慕课项目而言，稳定的客户关系是获得收益的重要因素之一。根据一系列大学报告，在签约参加 UW-Madison 慕课的 135602 人中,只有 3.2% 完成了课程。慕课的免费政策使得所有人都可以报名参加课程的学习,但是真正能坚持到最后的客户数量是很少的。免费政策使得学习者并不珍惜学习机会,也可能由于整个课程的建设太过冗长,使得学习者失去了学习的兴趣。面对不同的客户群体,深化客户关系显得尤为重要,UW-Madison 通过一系列的活动力图改善这一状况,无论是学习讨论小组的创建、社交媒体的推广、论坛的使用,还是定时通过邮件通知课程进度,建立提醒机制,从完成课程的人数来看,获得的效果还是比较有限的。

二、威斯康星大学麦迪逊分校慕课可持续商业模式的启示

2008 年,慕课发源于美国高校,当时只有 2300 个人注册了第一门慕课。近几年来,慕课发展的速度、扩展的范围出乎人们意料,现在的慕课平台在世界范围内已有数百万的注册用户。

慕课运行过程中有几个不可缺少的部分,分别是教师、课程中心平台、学习者和教育资源。每一门慕课的运行都离不开课程中心平台的支持,维护和管理好课程平台是至关重要的事情。在慕课运行的过程中,运用了多种计算机技术,充分发挥了 Web 2.0 时代的思想特征,体现了当今时代互联网思维的精妙之处。目前比较流行的大数据分析也在逐步加入慕课的教学过程之中。通过大数据分析学习者的学习特征、学习行为特点等,可以提前预测教学活动的实施。在慕课的发展过程中,深入分析慕课的运营模式是了解和运行慕课的关键。

受国外开放教育研究的影响,国内不少高校也开展了慕课平台的建设。2013 年,慕课在国内的发展势头强劲。5 月,清华大学、北京大学相继宣布加盟 edX,清华大学于 10 月 10 日上线在线教育平台——学堂在线,这也预示着大学的"围墙"被打破,非本校生也可以享受本校同等的教学资源。北京大学则同时与 edX 和 Coursera 签订合作协议。2014 年,果壳网发起了一个《2014年慕课学习者调查报告》,报告显示,选择慕课学习的动力有三个,61% 的用户

是出于兴趣、获取新知;22%的用户是为了在当前行业领域内提升职业技能;13%的用户是为了提高英语水平或者出国;另外还有 4%的用户是出于其他原因。由此可见,学习新知识和提升自身各项技能水平是大多数慕课学习者的学习动机。但是,不同的学习者对于不同知识、不同技能的需求不一,这就导致了学习者在选择慕课平台时会考虑到各种因素,大部分都会偏好于知识内容更全面的平台进行学习。

虽然国内慕课发展前景一片光明,但是长期的慕课项目需要庞大的资金支持,这需要学校对慕课课程的建设做一个详细的规划。从 UW-Madison 慕课发展可以看出,该校对于慕课的制作还是有一定的基础的,但为了长远地运营慕课,还是得注重慕课的商业模式。要结合自身的一些优点将商业模式进行改革和创新。在理论研究上,可以从 UW-Madison 的商业模式中解读出它们对于客户群体的细分、营销策略和盈利手段,这可以为我国的慕课的开展提供一些建议和指导。

慕课平台作为一种崭新的教学平台,具有开放性、灵活度高、课程质量有保障、免费性等特点。[①] 目前,世界上几个慕课平台的教学内容都在逐渐趋向于职业教育,从面向高校的慕课圈拓展到企业生态圈,目标客户从高等教育爱好者向职场终身学习者转变,但是中国的几大慕课平台并没有如此,中国慕课的聚焦重点依然是高等教育,将慕课大量运用于职业教育这方面可能还需要一个长期的发展。从目前国内几个知名慕课平台可见,高等教育相关课程所占的比重远远大于职业教育。纵观发展历程,之所以产生这一现象,在很大程度上是因为中美两国高等教育体制存在差异。放眼看去,排名靠前的两个中国慕课平台,都带有浓厚的体制色彩和学校特色,都与民资企业有合作。中国大学 MOOC 是高等教育出版社和网易公司携手推出的在线教育平台。清华大学为学堂在线提供了大量的数据课程资源。这种现象导致慕课在中国的生

---

　　① 胡涛、余忠、陈思桦:《中国慕课平台发展面临的困境与对策——基于国外"三大主流"平台的经验借鉴》,《湖北民族学院学报(哲学社会科学版)》2015 年第 5 期。

存变得很简单,当前的这种环境在一定程度上促进了中国慕课的发展,也给中国高等教育的改变提供了机会。慕课具有鲜明的网络基因,在课程资源开放方面,中国慕课依然坚持提供大量免费的课程,而在商业化方面,中国的慕课平台也在做相应的调整。中国大学慕课在 2015 年推出了学校云计划,将一些高质量、专业的课程纳入其中,包括语言类、计算机类、生物科学等一些课程。这些课程将单独被有需求的高校或者企业个人学习利用,从而获得一定的经济效益。我国大学慕课的发展想要长久地运行下去,就需要借鉴一些可持续性的商业模式,从而推动我国慕课上升到一个新的阶段。

在理论和实践教学中不断探索线上和线下相结合的教学模式,可以借鉴威斯康星州对于当地居民的政策适当推出一些带有当地历史文化的特色慕课课程,将先进的教学模式和教学经验与传统文化相结合,逐步实现国内的行业模式的发展,进一步扩大我国慕课的影响力。

第九章　芝加哥大学慕课可持续
商业模式研究

　　慕课具有高质量、低成本、开放性的特点,适应了信息化教育变革,催生出全新的课程形态、课堂教学环境与创新评价模式,给高等教育带来了深刻变革。然而,随着慕课教学实践的深入推进,却鲜有慕课平台可以实现真正的商业盈利,只有建立一个清晰的商业模式,才能确保慕课平台的健康长久发展。作为美国著名的研究型大学,芝加哥大学一直秉持开放包容的教学理念,开设多项独具特色的精品优质课程,在慕课的时尚浪潮中扮演着积极主导的角色。

第一节　芝加哥大学慕课的发展概况

一、关于芝加哥大学

　　芝加哥大学(The University of Chicago),简称"芝大"(UChicago),由石油大王约翰·戴维森·洛克菲勒(John Davison Rockefeller)于1890年创办,位于美国国际金融中心芝加哥,是世界著名的私立研究型大学,是世界经济学、法学、社会学最重要的研究教学中心之一,常年位列世界各个大学排行榜前十。芝加哥大学目前有本科生5971人,研究生和其他学生10045人,全球校友 169000 人。芝加哥大学是一所年轻和中等规模的教育研究机构，教师和学生比例始终保持在 1∶6 以内，然而芝加哥大学自建校起便对世界学术界作出了卓越的贡献。截至 2019 年，芝加哥大学先后有 92 位校友、教师和科研人员获得诺贝尔奖。芝加哥大学强调"宏观与实验"精神，着重对纯粹理论学和大师经典学习研究学的教学方法，以开放包容的精神，兼收并蓄地建构了卓越的教学理念，奠定了其在美国教育史上独特而重要的地位。

二、芝加哥大学慕课的发展历史

数字化媒体和互联网技术的不断发展，给许多领域带来了无可估量的变革与进步，教育亦是如此，教与学的模式正悄然发生变化，开放大学在全世界纷纷成立，在线教育促使高等教育不断推陈出新。远程教育迄今已有 120 多年的历史，美国是世界上最早进行远程教育的国家之一，芝加哥大学是世界上最早设立远程教育部门的大学。

2012 年被称为慕课元年，以 Coursera、edX、Udacity 平台为代表，初步形成了三足鼎立的格局。慕课，即大规模开放式在线课堂，以数字互联网时代为背景，以关联主义学习理论为基础，是一种面向广大学习者、广大社会公众的一种新型在线学习方式。伴随慕课的潮流化，美国的名牌大学开始逐步加入慕课的项目实验。2013 年 6 月，芝加哥大学成为全美 10 所最后一个宣布加入慕课项目的研究型顶尖级大学。

Coursera 平台是由美国斯坦福大学两名计算机学教授创办的在线的公开课程项目，免费向公众提供网络公开课程。芝加哥大学于 2013 年宣布加入 Coursera 平台，最先开设了《全球变暖：气候变化的科学与建模》（*Global Warming：The Science and Modeling of Climate Change*）和《资产定价》（*Asset Pricing*）两门课程。之后，芝加哥大学先后在 edX、Class-Central 平台以及芝加哥大学本校的 AlumniU 平台上开设在线课程，供校内外学习者有需求地进行在线学习。

三、芝加哥大学慕课的发展现状

（一）芝加哥大学慕课对外的开设情况

慕课,简称"MOOC",也被称作"MOOCs",是一种在线课程开发模式,具有广泛的开放性、课程定制的透明性以及优质教学资源的易获取性特征,受到国内外大学的一致追捧与好评。与以往的网络教育不同,慕课平台云集了一大批国际上的一流名校,随着慕课在全球的兴起,支撑慕课的平台供应商也开始展开角逐。截至 2013 年年底,Coursera、edX 和 Udacity 依然是其中最具影响力的三大平台。Coursera 是目前最大的在线网络平台。edX 是三者中唯一一个非营利性的慕课平台,开设的课程涵盖了社会科学、历史、法律、工程、商科等多个领域。芝加哥大学作为美国著名的研究型大学,自 1890 年创办伊始,就一直走在知识创新、科学教书的前列,自然不会错过慕课这场盛世之宴。迄今为止,芝加哥大学主要合作的在线网络学习平台有著名的 Coursera、edX、Class-Central 平台以及中国的学堂在线平台。

此外,作为全美开设的首批继续教育院校之一,芝加哥大学的格雷厄姆继续文学与职业研究学院（The Graham School of Countinuing Liberal and Professional Studies）对外开放了包括学分制和非学分制的不同学科的学习。2012 年 4 月,学院决定开设网络课程,其学位证书完全通过远程在线教育获取。2016 年秋季,学院联合校友会合力开办了 AlumniU 平台,线上内容包含文学、哲学及商学等多种课程体系。

（二）芝加哥大学慕课的运行情况

格雷厄姆继续文学与职业研究学院的在线课程公开向学习者开放,就一系列话题按季度上线。每门课程总计 10 周,每周开设 1.5 小时。学员可以在各自的客户端,通过摄像头和话筒,就课程学习内容实时进行在线社区讨论,阐述观点、展开辩论,并就每课的阅读问题进行讨论测验。学院于 2018 年开设了 4 门课程,分别为爱德华·吉本(Edward Gibbon)的《罗马帝国衰亡史》、詹姆斯·乔伊斯(James Joyce)与尤多拉·韦尔蒂(Eudora Welty)合著的《英国短篇小说集》,还有《第一哲学录》《所罗门之歌》。此外,芝加哥大学与 Coursera、edX、Class-Central 等慕课平台积极合作,设有专门的课程平台,供公众搜索学习。

第二节　芝加哥大学慕课可持续商业模式的元素分析

一、客户细分

芝加哥大学研发设计的慕课课程,基于不同年龄层次、专业背景、学科特征,开发并推出了紧贴时代前沿又符合不同受众需求的差异化品质课程,广受社会业界好评。

(一)基于 edX 平台的面向普通大众的社会话题课程

伴随互联网的深入发展与移动产品的平民化、平价化,大众有了更多的渠道与手段来获取时下瞬息万变的信息与新闻。新兴名词与现象层出不穷,却鲜有专门的渠道供公众去获取深度的知识与解读。如何从海量数据中筛选出为己所用、细分准确的信息,成为普通大众时刻关注的问题。在线网络学习社区的出现,为社会大众创建了一个兴趣相关、开放便捷的知识社区。

edX 平台于 2012 年启动,是一个大规模开放型在线课程平台,免费向大众提供专业性、趣味性的名校课程,目前平台上包含来自 140 多所机构的超过 2500 门在线课程。在信息喷薄、资源共享成为网络环境学习常态的情况下,edX 平台精细受众人群,向普通大众提供来自优秀顶尖大学的学者对时下热点问题的见解与剖析,可以让普通大众只需通过一个鼠标、一个网址,便可接触到全球顶尖大学的教授。edX 平台上有众多大众关注的社会现象和切合公众生活的课程,每门课程都由来自各国知名大学的教师团队精心挑选,他们负责课程的整体设计,对课程内容严格把关,整个设计环节囊括授课形式、视频内容呈现、教学方法选择、课后作业反馈及学生交互等。在视频内容的选择与设计上,edX 平台会将提供的课程分割成一段段微视频,每段视频约估 5—10分钟,每门课程的报名时间周期大多设计为两周。同时,edX 为学习者设计了大量的交互板块,在网站菜单栏上有专门的讨论区和 Wiki 供学生讨论互动。

例如,芝加哥大学于 2015 年投放的《城市教育中的关键性问题》(*Critical Issues in Urban Education*)课程,正是将当初为公众所关心的城市教育问题,以更为深刻而科学的方式,作为一门完整的课程向公众展示。这门课程由芝加哥大学 UEI 学院高级主管萨拉·雷·斯多琳娜(Sara Ray Stoelinga)教授讲授。在课程内容设计方面,她以美国城市的学校改革作为课程的讨论中心,着眼并深入挖掘该领域中产生争议和两极化观点的部分,从公共教育和学校改革的历史大背景出发,以学生多样的角度为参考点,结合各个学校领导、老师以及家长等相关人群,就学校改革中的联邦政府政策、择校制度、美国公立学校问责制,来帮助学习者深入了解美国公立学校的形成、美国民众独特的情景因素对公立学校的影响以及美国公立学校的改革政策、对教育界政策和实践所产生的影响等。在教学活动和反馈方面,edX 平台上的"课程进度"(Progress)板块,贴有学员对城市教育课程存留的问题及教师对该课程补充的相关资料。这样的一系列严谨而精致的教学体系与模式,可以帮助大众全方位地了解城市教育的特点,在现实生活中为大众就择校等社会问题提供参考与帮助。

(二)基于 Coursera 平台的面向特殊群体的专业性课程

芝加哥大学自加入慕课以来,一直与慕课三大巨头之一的 Coursera 平台保持着高效而紧密的合作。2020 年 8 月,Coursera 平台上的芝加哥大学慕课课程共有 6 门。Coursera 平台主要面向企业精英人士和在校大学生,学生可以根据自己的学习习惯和喜好选择不同的专业课程。学习者可以免费学习课程,也可以支付一定的费用参与毕业实践项目,获得院校和企业签署的联名证书。以芝加哥大学的《互联网巨头:媒体平台的法律和经济》(*Internet Giants: The Law and Economics of Media Platforms*)这门课程为例,该课程由芝加哥大学法学院的兰德尔·皮克尔(Randal C. Picker)教授讲授,该课程时长为 7 周,课程着重探讨欧美国家媒介技术的使用与法律的关系,政府如何通过媒介与公众进行互动连接、管理国家事务,公众如何在法律规定的权利范围内使用媒介表达人权。它以微软公司、谷歌技术以及流媒体等新兴产业科技为话题案例,讨论在媒介技术的不断发展与渗透中,如何避免法律的触犯等一系列问题,这些在课程当中均有所呈现。通过这门课程,学生可以了解到目前媒介平台的技术使用有可能会触及的法律和经济学常识。在完成《互联网巨头:媒体平台的法律和经济》这门课程的学习后,学习者将有能力权衡媒介经济与媒介法律之间的界限并作出正确的选择与判断,学生的媒介法律知识与媒介经济原理也得以巩固和提高,媒介技术的应用在学习过程中也得到进一步的了解与进步。丰富的互联网公司案例,更是让学生了解到当下媒介巨头公司的运作流程,为未来就业提供一个良好的选择渠道。

(三)基于 Class-Central 平台的职业技术类课程

Class-Central 平台是一个大型免费的在线课程聚合社区,又称为慕课聚合。Class-Central 平台多以列表的形式,将各所名牌大学所提供的在线教授课程提供给学习者进行选择学习。2016 年总计吸引了 300 万名使用者,成为最知名的慕课搜索引擎。平台上收录了大量经济、商业类慕课课程,平台的使用对象不仅仅是在校大学生,更为企业员工培训、毕业生求职提供了良好的学习路径,大众可以根据自己的兴趣爱好,在平台上选择自己感兴趣的课程进行学习。Class-Central 采用了多种数据分析和呈现方式,每季度都会作出详细而科学的职业指南。其开发的"基于教育设计的按钮"(Follow Button for Education)功能,可以让学习者追踪学校或是教师的开课主题,接收到最新的课程消息与课程推荐。

2015 年,芝加哥大学在 Class-Central 平台上发布了《资产定价》课程,目的在于探讨资产背后的消费模型,就当下金融领域中的一些经典问题,来衡量经济均衡下的资产定价。这类课程的服务对象主要是企业经济类的职员,他们可以通过学习这门课程,来进一步精练商业产品知识。而来自商学院的学生则可以在选择学习前,通过 Class-Central 平台作出的职业培训数据后,评估课程的有效性,来决定是否参与学习。

二、价值主张

如何利用价值主张画布去理解和分析产品服务的客户,是使得产品生产价值与投放市场相配对的重要环节,是让价值主张设计能够戳中客户需求痛点的关键。从目前芝加哥大学慕课的运营状态来看,该校慕课已经形成了鲜明的价值主张。一方面,深切贴合课程使用者的学习需求,将课程理念与市场需求相结合,既满足学习者的学习需要,又紧贴时代发展;另一方面,延伸了求学办学的途径,给予学生更多的自主权,为学校提供更多样宽泛的招生渠道。同时,芝加哥大学完备细致的课程整合设计、格雷厄姆继续文学与职业研究学院"网络教学在线领证"的课程开办模式,也给社会办学起到了示范与引领作用。

(一)追求课程设计与时代发展相结合

芝加哥大学开办创建的慕课课程,从城市教育问题到全球气候变暖的问题研究,无一不紧贴时下热点,以现实生活中人们关注的问题作为研究理论依据,辅以完整科学的教学课程设计,由专业领域的研究人员进行讲授,将社会热点话题与学术科学研究相结合。注册学习这种类型课程的用户，既能从中获取科学、严谨的理论基础知识，又能从中找到契合现实生活现象、为真实世界的决策作出参考性的意见与指导。以《全球变暖：气候变化的科学与建模》课程为例，这门课程由芝加哥大学地质学院推出，主要介绍全球变暖现象并阐述人类活动会对全球气候所带来的影响与变化。该课程的目的在于阐述气候变化的原理以及应对气候变暖等气象灾害可能的措施。一方面，对于地质专业类的学员，可以进一步巩固有关气象与地壳运动的知识储备；另一方面，对于普通大众来说，可以缓解灾害现象的恐慌，并对这一问题作出力所能及的应急措施。此外，《全球变暖：气候变化的科学与建模》这门课程的讲授完全模拟了城市气候的现象，可以让学习者在课程学习过程中，将理论知识与现实客观现象联系在一起，引导学习者关注社会现象并提供出相应的应对措施。

（二）拓宽课程形态，延伸办学求学的途径

慕课作为一种在线课程开发模式，是网络开放课程的最新形态。在互联网遍布全球、人人手持移动终端设备的时代，慕课满足了人们希望足不出户、随时随地进行学习的社会需求。人们不仅可以使用电脑在网页上在线学习，多屏时代的到来，还使得人们手持移动端即可进行课程学习。慕课应用软件上的课程内容丰富，视频打开速度较快，视频播放界面甚至提供有变速和语言选择的按钮，这些都大大拓宽了传统的课程形态。

作为世界著名的顶尖私立研究型大学，芝加哥大学在各行各业都占据着重要的地位。其经济学、法学、社会学等学科，更是世界公认的最重要的教学研究中心之一。芝加哥大学素来盛产诺贝尔奖得主，截至2020年，总计92位诺贝尔奖获得者在芝加哥大学工作或学习过。

芝加哥大学严谨而优异的学术氛围，使其投入开发的在线网络课程，吸引了来自世界各地的慕课使用者。目前，由于升学压力、资金紧缺等原因，很多学生难以拥有进入名校学习的机会。慕课平台的出现与推广，给广大有志向

在学术方面得到长足进步的学生提供了一个更便捷、更高层次的进修机会。人们只需打开网页、选择自己感兴趣的课程,就能拥有与名校、名师对话的机会。这在很大程度上缓解了学生升学的压力,拓宽了办学求学的途径,使得学生能够自主决定自己想学的课程与院校,学习更为主动化、开放化。

(三)满足特殊群体对专业知识技能的了解需求

芝加哥大学根据学习者的学习需求,推出了一系列专业类在线视频课程。芝加哥大学在与 edX 平台合作的课程当中,推出课程的服务对象以大学生为主,其中本科学生和研究生占绝大部分,除此之外还有一部分是在职人员。授课课程内容涵盖了法学、地质学、金融学、生物学、医学等模块,授课对象主要是渴求专业性前沿技术的特殊群体。这类课程具有一定的专业性,大多是各行业的专业知识与技能。

服务对象包含三个方面,首先是与本校本科课程专业相匹配的线上专业课程;其次是面向研究生阶段的专业技能课程与考试;最后一项是面向社会工作人员的在职课程教育。芝加哥大学开设的生物科学课程《了解大脑:日常生活中的神经生物学》(*Understanding the Brain : The Neurobiology of Everyday Life*)详细地介绍了神经组织的构成以及人体神经的运作机能。授课对象既包括具有生物科学工作经验的专职人士,也包括渴求在生物科学领域取得专业证书的大学生。从在校学生的角度来说,通过《了解大脑:日常生活中的神经生物学》这门在线课程,学生可以获取神经学的相关理论知识,并通过缴纳一定的费用获取生物科学这门课程的学分与证书。从本校的本科生与研究生阶段的学习者方面来说,通过学习这门课程,可以将其学分纳入本校的成绩中来。从从事生物科学专业的人士方面来说,这门慕课能够帮助医学专职人员深化职业技能知识、拓宽职业发展渠道,满足了职员对于神经生物学研究的需求。通过此类专业课程的教学,学习者可以将线上所学的理论知识与线下的实践活动相结合,将学术研究与现实生活相结合,使得课程更为人性化,更符合学习者的现实专业需求。

三、渠道通路

从商业模式的角度来说,渠道通路是指从生产者到经销商、再由经销商转移到消费者的过程,也是客户接触点,对于影响客户体验有着极大的作用。应用到高校慕课课程建设中,高校想要获得稳定而宽泛的客户群体,必须尽可能多地开辟宽阔多元的渠道通路。芝加哥大学通过 edX、Coursera、Class-Central等渠道获得了众多的网络在线学习群体,也不断吸引着传统媒体使用客户的关注与参与。

(一)芝加哥大学与 edX 的合作

2014 年 5 月,芝加哥大学宣布与全球最大的慕课平台之一的 edX 开展合作。edX 是由麻省理工学院和哈佛大学联合运营的非营利性机构,其目的旨在"为任何地方的所有人增加获得高质量教育的机会,提升校内和在线的教与学水平,通过研究促进教与学"。edX 平台目前拥有超过 140 个合作机构、2500 多门课程、2000 万学习者。

2015 年,edX 推出了属于自己的应用程序,上市至今获得了稳固的客户使用源。在客户端上,每门课程均包含了课程视频(Courseware)、课程通知(Announcement)与课程功能目录(Handouts)三个板块。完备的课程内容与系统化的学习体系,可以让学习者自主选择学习视频、安排学习任务,观看学习进度。

此外,edX 提供的在线讨论、Wiki 等模块,为学习者提供了一个天然的互动讨论社区,用于解答疑难疑惑,交换学习心得与知识补充,而对于一般普遍的教学问题,edX 上的助教团队会在课程开设期间提供相应帮助。在线测试、课后作业与课程反馈等内容板块,能够实时记录学生每节单元课程知识的学习成果,授课教师可以轻松获取每位学生的课程掌握情况,及时巩固学习者的课堂学习效率。提交反馈（Submit Feedback）部分可以直接与使用者的邮箱链接，用户可以通过邮箱发送对 edX 应用程序使用的建议，不断优化在线网络应用程序的使用体验。新媒介技术与教学方法的紧密结合，给学习者带来了良好的学习体验，有效地促进了在线网络社区学习，为芝加哥大学的课程在线推广起到了良好的助推作用。

（二）芝加哥大学与 Coursera 的合作

2020 年 8 月，Coursera 平台上共有 6 门芝加哥大学慕课课程，涉及领域包含金融学、地质学、神经医学、计算机学等。Coursera 是一个免费大型的公开在线课程项目，旨在同世界最顶尖的大学和机构合作，在线提供免费的网络公开课程。截至 2020 年 8 月 22 日，Coursera 平台上已有超过 4300 门课程，超过 320 个项目，学习者人数已经达到了 660 万人。Coursera 界面设计简洁明了，左侧板块主要是各个学科的标签，每个标签下都会有下拉课程清单列表。Coursera 的课程会按照内容分成 4—12 周不等，每周网站上会放出几个视频讲座的视频，通常每个视频在 10—20 分钟左右，授课的教授还会为每门课程提供额外的阅读材料。学习完成后，还包含着每周测试环节，测试结束系统会立刻自动给出反馈，并对学生的知识掌握程度作出一个量化的评估。在课程结束前一周，还会设有期末测验以进行全方位的课程检验。

（三）芝加哥大学与中国学堂在线的合作

学堂在线作为中国目前较为出名的在线教育平台，是由清华大学研发办的网络开放在线课程平台，于 2013 年正式启动，面向全球提供。学堂在线上发布的课程，其组织方式主要是课程—章节—小节—单元—模块，师生可以在这个平台系统中创建、编辑和管理自己的课程。学堂在线是基于 edX 开放源代码研发而成，并已初步完成平台国际化与中文本地化的融合与接轨。作为教师，可以在进入 Studio 后，创建自己的账号并开始创建属于自己的课程，登录后可以点击进入课程创建面板,填写课程名称、组织、课程代码内容等,以同等的操作完成章节、小节、单元的创设后,教师可以在模块处按课程需要增设讨论模块、网页模块、问题模块、视频模块等。作为学习者,学生可以在注册登录账号后,按照自己学习需求,选择相应课程,并可以借助页面上的公告更新和课表等查询自己的课程进度。

目前学堂在线采取与高校合作的方式,由高校选派课程,并没有直接面向教师或与其他社会机构进行合作,其优异性主要体现在课程学习资源上。学堂在线的课程学习资源主要包括视频资源、演示文稿和拓展阅读资料、参考文献三部分。

第一,视频资源。学堂在线的教学视频较为简短,时间一般控制在 5—15 分钟,学习者可以充分利用自己的空余时间进行学习。同时学习者在视频课程进行到关键的时候必须回答出现的问题,在答题后还能继续观看。以往慕课课程多在国外 YouTube 播放器进行播放,对于中国用户来说,在资源的获取上有着极大的限制。学堂在线上的视频可以供注册登录的中国学生免费下载,还可以让学习者按照自己的喜好调节播放速度,并根据配上的字幕快速跳转到视频相应位置。

第二,演示文稿和拓展阅读资料。在学堂在线每门课程每个章节的结尾,都有该课程教师所提供的教案文稿、相关习题以及补充阅读材料,学生可以根据需要进行下载阅读。

第三,参考文献。在部分理论性特别强的在线课程下面,教师会放有本章节所用到的参考文献,但目前学堂在线只设定在部分课程,并没有普及全体课程。

此外,学堂在线具有丰富的平台互动功能。除了常用的讨论区外,学堂在线还设置了 Wiki 模块,供师生进行课程互动。学堂在线作为本土研发开办的慕课课程平台,为中国的慕课学习者提供了极大的便利渠道。2017 年,芝加哥大学在学堂在线上开放了《城市教育中的关键性问题》课程,将开课渠道拓展到中国地区,让更多的中国用户可以感知并学习课程。

四、客户关系

良好完善的客户关系管理,能够提高客户的满意度,吸引和保持更多的客户,为企业带来盈利与生产的长足发展。芝加哥大学注重学习者体验的差异性,不断地追踪分析客户与市场环境的变化,充分发挥讨论区的功能,时刻关注学习者课程使用的满意度与忠实度,以开发出真正满足大众需求的精品在线课程,从而形成良好稳定的客户群体。

(一)通过结合时下热点问题来吸引客户注意力

媒体融合时代的到来,给高等教育带来了极大的变化,原有的课程体系以及人才培养模式已经无法适应快速变革的教育发展需要。在传统教育中,教学的主要手段是课堂教育,即师生面对面地连续地进行教学,师生身处在同一个物理时空,教本内容也多流于程式化。而线上教育,由于其具有跨地域、标准化程度高、学习个性化、移动设备便携式、内容复用性强等特点,给教育传播和应用带来了更多的可能性。不同于早期的理论课程机械线上复制,芝加哥大学的在线课程,以学生的认知特点为基础,并结合时下热点信息,传输的都是大众关注的热点话题。气候变化、全球变暖、教育升学、地区资源分配等都是人们在日常生活中所面临并且亟待解决的社会热点话题。为此,芝加哥大学开设了一系列学术性和热点相结合的慕课课程,受到社会大众和相关领域专业人士的青睐。对于普通大众来说,通过学习这些课程,他们有机会了解这些社会问题产生的原因并从中参考可以解决问题的方案与意见;对于在职人员来说,他们可以提高并丰富其专业知识和素养。以《全球变暖:气候变化的科学与建模》这门在线课程为例,该课程有两个版本,均由大卫·阿奇(David Archer)教授开设。通过这门课程的学习,学习者将了解到全球气候变暖形成的原因以及人类活动对地球气候变化所产生的影响。气候专业的专职人员还可以选择学习加深版,主要教授学生了解并使用气候模拟的仪器,搭建其产生的过程,其中还会链接应用到物理学、大气学、化学与地质学等知识。

(二)通过发挥讨论区的功能来增强学习者的学习使用体验

客户反馈环节在产品的运营中始终起着优化产品、检验成果的关键作用。与传统课程相比,慕课作为数字时代的产物,其讨论区的开发建立是保证学习者学习质量的重要手段,也是学习者反馈课程学习信息、与授课老师实现在线互动、与其他学习者产生思想碰撞的重要板块。学习者可以通过参与讨论区和 Wiki 参与课程互动,此外学习者还能够通过课程进度板块看到每章节的学习完成进度。课程作业主要是通过预先录制好的视频和课程项目进行考察和测验。在每周的课程作业下方都会有视频、阅读项目及讨论提示。注册购买课程包的学生可以根据每周授课进程所提供的学习视频展开学习,并对授课老师给予的讨论提示与在线学习伙伴展开讨论、交换意见、提出疑问。以芝加哥大学基于 Coursera 平台的《营销策略:掌握销售流程》(*Sales Strategies: Mastering the Selling Process*)课程为例,该课程的教学者为克雷格·沃特曼(Craig Wortmann)教授,课程评价等级为 4.8 分(最高为 5 分)。这门课程学习周期为 5 周,每周有 3—5 小时的学习量,运作方式包括课程作业、来自同学的帮助以及证书获取。以《营销策略:掌握销售流程》为例,每周课程任务所提供的讨论提示问题具体包括:第一周:你来学习这门课程的目的是什么(Why are you here)?第二周:如何进行交易(Bartering a Pen Questions)?第三周:了解交易工具(Sales Toolkit-Tool)。第四周:什么时候会让你考虑到交易的影响因素(When do you hear Impact Questions)?第五周:即最后一周,会对整学期的课程进行综合测验。学生可以通过教师所提供的讨论提示,展开当堂课程的话题讨论。讨论区的目的在于沟通交流、传播思想,是一种很好的信息交流方式,为注册这门课程的学生一个头脑风暴、群策群力的机会。学生可以在讨论区中互相交流、共享信息,解决自己在课程学习中遇到的各种问题,同时也可以通过讨论区来为其他学习者答惑解疑。跳出硬件产品的维度,讨论区之间的无私分享精神无形拓展了产品的使用维度,给学习者提供了一个开放的、互动的、有利于知识构建的学习平台。随着讨论区功能的日趋完善,用户体验的不断提高,反馈数据的日益增多,从另一个方面也促进了精品课程的不断精细。借助这些数据的挖掘,甚至可以整合成一门新的话题课程。学习者在其中交换思想,又能够体现出新的市场需求,在做慕课的后台反馈时,可以对此作出一些有针对性的创新,不断地良性循环,推动慕课课程的发展。

五、收入来源

互联网技术的推进与各种终端设备的不断演进,催生出了慕课这一学习平台。慕课,作为一种免费或低费用的在线课程,改变了以往一对多的封闭式课堂教学,也大大优化改进了在线学习的网络教学,具有开放性、连接性、广泛性、共享性等特点,广受高等学府和大众群体的接受与喜爱。① 但是设计开发一门慕课课程,从内容成本到平台成本和运营成本,需要投入大量的人力、物力和财力。因此为了保持慕课客户群体的稳定性、市场的占有性,获得稳定的课程收益是其关键的因素之一。根据近几年的情况,芝加哥大学主要从课程认证证书收费、收费课程以及基金资助来获得收入来源。

(一)课程认证证书收费

从芝加哥大学合作的几大平台来看,Coursera、edX 等平台带有一定的公益性,但是庞大的慕课制作费用,也让其开始寻求新的生存之道。尽管课程大多是免费的,但是获取证书则需要收取一定的金额。

Coursera 的授课形式主要分为两种。第一种是旁听制,旁听制形式只能

① 曹素妨:《Coursera 的中国慕课计划》,《中国传媒科技》2015 年第 7 期。

看授课视频,不能做作业也不能考试,最后也不能拿到课程证书;另一种是购买课程,可以参与到课程作业和考试,最后可以拿到证书。证书是由 Coursera 平台与授课的大学联合发布的,每完成一门课程就会有一张证书,这样的证书对于一些要求选修先修课的大学来说,可以使学生提前完成课业的学习要求。此外,Coursera 的证书与领英相关联,在领英上可以绑定学习者曾经学习过的课程,给毕业生的企业求职面试增添了不少色彩。Coursera 平台上推出了非常多的专业专项课程,将许多门课程综合起来,对某一个领域的知识更系统、深入地学习,这种证书认证大多是与社会知名企业合作的项目结果。每一个完成专项课程的学生,都会被授予一个项目认证,获得项目认证的学生会比普通人更有机会进入到名企业的面试、参与实习,但目前的推广范围主要在欧美发达地区。

同时,Coursera 平台推出了签名追溯项目。在 Coursera 的选课界面的左侧选择"证书验证"(Eligible for Verified Certificate)一栏,就会显示所有签名追溯的课程项目。目前签名追溯证书主要通过摄像头照相、打字的节奏、官方身份证件三种途径来共同认证学习者的身份。注册时,学习者需要将这三样证件一同上传至客户端或者网页;在每次提交作业时,使用者需要重新输入一段文字以及线上视频头像来确认作业者身份。如若不符合这三项要求,在签名追溯证书的底部会明确注明:学习者的身份未受认证。签名追溯在 Coursera 的官方网站上提供的电子认证,每张证书都会有学习者独特的专属 ID 并向任何人开放查证途径,只需点击"加入证书验证"(Join Signature Track)选项,就会被带入一个要求确认自己视频头像、键盘、官方证件的页面,不同课程的签名追溯的价格略有不同,但大多设置为 49 美元。但这并不代表所有的签名追溯都需要支付费用,有些签名证书是完全免费供学生使用下载的,但此类免费的证书仅由 Coursera 平台颁发。而那些与企业和机构合作开放设计的收费课程项目,其认证证书以学校或企业的名义颁发,上面不仅有 Coursera 平台的签名,还有企业或机构的认证签名。这种收费形式有利于更好地为用户服务,也有利于平台更加长久地运营下去。Coursera 平台实行这种方案,既可以使学习者免费获得全部服务,即免费学习、免费听课,甚至不用交钱也会获得学习证明书,又为那些想得到进一步发展,将证明书与个人真实身份相结合的求职人员提供了一个便捷的收费获证渠道。

(二)收费课程

仅仅依靠 edX、Coursera 等慕课平台获取的微薄的证书收益,是不足以支撑芝加哥大学开设慕课的成本运作的。芝加哥大学的格雷厄姆继续文学与职业研究学院主要面向成人教育,致力于将先进的教学理念传播给尽可能多的受众群体。自建院以来,学院在人文科学、商业等专业学科方面已向个体学习者、私人运营、非营利性机构以及公共部门等组织提供了众多具有创新性的战略学习方案。学院开设了包括学分制和非学分制的不同学科的学习,于 2012 年 4 月开始创办远程在线教育课程项目。格雷厄姆继续文学与职业研究学院目前提供的在线网络课程需要收取一定的费用,强调培养学生的批判性思维、团队讨论的素养以及项目工程实施的能力,包括《临床实验管理法规证书》(*Clinical Trials Management and Regulatory Compliance Certificate*)、《新闻编辑证书》(*Editing Certificate*)、《医学写作证书》(*Medical Writing and Editing Certificate*)、《商业分析证书》(*Business Analytics Certificate*)、《项目创建管理证书》(*Foundations of Project Management Certificate*)等,主要面向社会工作人士。注册报名了线上网络课程的在职人员,将会享受到与格雷厄姆继续文学与职业研究学院学生同等的信息知识资源。学院通过 Canvas 平台,向学习者提供课程所需要的课件、学堂任务和课后测验。

(三)基金资助

高等教育是一个竞技场,私立大学依赖多年积累的雄厚基金,让多数仅依靠政府投入的公立学校望尘莫及。因此不断扩大捐献基金规模成了众多美国高校生存和发展所必备的条件。芝加哥大学的慕课建设在一定程度上,还受到美国国家科学基金会的援助。美国国家科学基金会成立于 1934 年,是一个独立的联邦政府机构,旨在改进科学教育,发展科学信息和增进国际科学合作。芝加哥大学在 2013 年总计收到 4.5 亿美元的学科基金援助,其中有五分之一的基金援助是由美国国家科学基金会资助的,资助学科涉及计算机科学、化学工程、数学、放射性学、天文学等研究项目。

六、核心资源

核心资源是指帮助企业创造价值、提高竞争力的关键因素。芝加哥大学作为美国顶尖级的研究型综合大学,其教学科研一直位居世界前列。其开发的在线网络课程能够在近几年始终占据慕课的市场份额,除了其优质科学系统化的课程内容设计、芝大教师团队严谨的教学态度和与时俱进的学科嗅觉外,学校资源的供给和学院的强力支持也起到了相当重要的助推作用。芝加哥大学慕课项目的核心资源可以从如下几个方面来分析。

(一)学校资源

芝加哥大学建校于 1890 年,位于美国国际金融中心芝加哥,是世界经济学、法学、社会学最重要的教学研究中心之一,创建有美国第一所国家实验室——阿贡国家实验室,奠定了芝大在自然科学界的重要地位。其法学、医学、商学、经济学等专业在世界学科排名中都名列前茅,师资优秀,教学实力强,在学术界和民间都享有较高的知名度。2020 年,芝加哥大学在世界大学学术排名中位列世界第 10。良好的学校声誉增强了普通大众对芝大办学的信任感与学科教学的忠诚度,吸引了众多实力雄厚的财阀企业和国家学术公共科学机构的慷慨资助。

（二）学院支持

芝加哥大学面向成人职业教育的格雷厄姆继续文学与职业研究学院，从2012年开始陆续在学校线上慕课课程平台发布在线课程。2016年推出的《数据分析与应用》(*MSc in Analytics*)项目课程，获得了美国国家科学基金会2500美元的援助。这门课程主要面向数据分析行业的从业人员，训练在职人员分析数据、应用数据的能力。这对于平日忙于工作的在职工作人员来说，有了更为宽泛、简便的学习渠道。随时随地的移动在线学习，既不耽误日常工作，又能够获取专业技能的进一步发展，工作时间和学习时间得到了良好的平衡，获得了大众广泛的认可度和支持。

七、关键活动

关键活动是指在商业模式的运营当中基于企业生产目标，能够对企业项目运营成果产生效益的直接影响因素，是创造和提供企业价值主张、维系客户关系并获取盈利的基础。企业关键活动主要分为产品制造、问题解决和平台建设三部分。芝加哥大学慕课项目为能够获得可持续的项目收益而采取的关键活动，主要有课程内容建设、客户关系活动、组建课程开发团队等。

首先，在课程内容建设方面，随着数字互联网时代的到来，用户接触的信息内容被无限扩大、渠道距离无限缩短，使得垄断的成本变得越来越高。以用户消费为主导的商业经济活动，产品内容才是顾客真正追求的东西，内容的好坏决定着用户服务结束后的留存度，只有依靠内容留住客户才能实现产品的流量变现。在推动芝加哥大学慕课课程项目发展的过程当中，优质的精品课程内容设计显得至关重要，它会直接关系到大学慕课项目做得是否成功。

其次，精准定位课程用户，对学习者进行分类，并制定学习者的差异化服务，针对不同的客户群体开发满足其不同需求的课程内容，这在后期维护学习者的关系活动中显得尤为重要。一方面，要根据课程的门类、投放后可能的课程反馈,细分每一个课程设计的环节,从课程目标到课程内容设计再到课后习题反馈,都要进行详细的信息化提取。确保在明确目标客户兴趣痛点的基础上,围绕课程使用者的学习需求展开教学设计。另一方面,针对校内课程平台试讲的情况,对后台收录数据进行分析预估,对不同的目标客户群体需求创办设计具有针对性和芝加哥大学科特色的课程,在进行教学设计的过程中,审视手中已然开发的资源正好契合了哪些客户群体的需求。以芝加哥大学目前开发的慕课为例,既有面向普通大众的关于城乡教育发展问题的《城市教育中的关键性问题》慕课,又有面向在校学生专业学科知识较浓的《互联网巨头:媒体平台的法律和经济》慕课,以及为在职人员储备职业技能知识的《了解大脑:日常生活中的神经生物学》慕课。

最后,良好的课程推广与应用离不开优秀的课程组建开发团队。芝加哥大学的慕课课程建设主要是由格雷厄姆继续文学与职业研究学院的技术团队和不同学科学院的精英佼佼者联合制作而成。以《互联网巨头:媒体平台的法律和经济》这门课程为例,其课程由芝加哥大学法学院的学科带头人兰德尔·皮克尔教授以及芝大开放课程技术小组共同组成。这样,一方面保证了课程的专业性;另一方面,计算机媒体技术也为课程的包装和运营打下了坚实的硬件保护。目标统一是人心所向的重要来源,一门慕课的成功开发,离不开技术团队的包装支持、教学团队的精心设计、管理人员的精准投放与维护。慕课不是一个人的功勋工程,而是团队合力、明确分工后的项目果实。

八、重要伙伴

(一)edX

edX 是麻省理工学院和哈佛大学于 2012 年 4 月各自出资 3000 万美元联手创建的非营利性慕课平台。2012 年秋,edX 成立。2013 年 5 月 21 日,北京大学和清华大学同时宣布加入 edX 项目。

与其他慕课教育网站不同的是,edX 是一家非营利性质的慕课平台。edX 平台上的课程大多选自哈佛大学、麻省理工学院、芝加哥大学等著名高校的优质课程,涵盖计算机科学、化学工程、商学、法学、生物科学等多个门类,用户只需经过简单的注册,便可以与名校老师来一场虚拟的"学术对话"。edX 的课程采用"免费增值"(Freemium)的模式,学习者学习任何一门课程都是完全免费的,但如果还希望获得该门课程的认证资格证书,则需要交纳几十美元,在完成规定的作业和测试后,便可以获得这些高校认证的结业证书。芝加哥大学于 2014 年开始与 edX 平台展开合作,edX 平台作为应用范围最广的三大慕课平台之一,为芝加哥大学的网络课程起到了推广与宣传的作用;芝加哥大学批判性、创造性的学术研究风格,也给 edX 平台注入一股清新的学术之力,不遗余力地为大众提供了高质量的精品在线课程,对慕课在全球范围内的发展与进步作出了极大的贡献。

(二)Coursera

Coursera 是由美国斯坦福大学两名计算机科学教授吴恩达和达芙妮·科勒创办的,一个营利性的、大型的公开在线课程项目。2013 年,芝加哥大学宣布加入 Coursera 平台,并开设了其线上第一门慕课课程。Coursera 平台致力于为大众提供在线免费课程,让每一个普通人都能享受到世界顶尖级大学的优质教育。Coursera 上的课程具有课程内容丰富、课程水准高、互动社区完善、可免费蹭课、社会认可度高的优点。具体表现如下:在课程内容方面,其线上课程从高中水平的基础课,到研究生难度的专业课,乃至职业技术人员的课程应有尽有。在课程水平方面,授课老师大多来自全世界的知名学府,教学资源丰富且成熟。在听课时间方面,并不做硬性的上课时间限制,完全可以抽取碎片化时间,观看十几分钟的视频课程,学习时间是完全自我掌控的。Coursera 平台是一个开放型在线课程项目,遇到感兴趣的领域与课程即可免费蹭课。每门课程都有单独的社区论坛,不同国家不同语言的学生都可以借助互联网在论坛上讨论问题,课程的授课教授与助教团队也会在论坛里答疑解惑,收取反馈意见。在社会认可度方面,Coursera 平台不仅仅是一个课程聚合平台,在某种意义上它扩大了高等教育的范围。目前 Coursera 课程不收取学习费用,但在认证时收取小额费用,如果学习者期望获得课程证书,只需要支付几十美元,这样的课程证书在越来越多的大学与企业里被给予认可。

(三)学堂在线

学堂在线于 2013 年 10 月 10 日正式对外开放,是由清华大学研发开办的网络开放在线课程平台,学堂在线是目前最大的中文慕课平台,为广大学习者提供来自清华大学、北京大学、斯坦福大学、芝加哥大学等知名高校的商学、法学、生物工程学、计算机工程学等学科的免费课程。以往慕课课程多在国外 YouTube 播放器上进行播放,这对于中国学生来说,在资源的获取上产生很大的限制。

从网络课程建设情况来看,学堂在线向课程发布者提供课程模板,可以添加任课老师,但目前还无法增加助教,教师可以编辑可视化文本、添加图片、文档、音频、视频、Flash 等。插入的视频资源可以进行在线播放。从讨论板块来看,学堂在线所有的课程集中成一个大论坛,下设各课程子论坛,论坛中可以观察到实时在线客户,并且师生可以实时观察到讨论区排行、文章排行以及用户排行数据。从课程资源来看,学堂在线支持学习者在线测试,课程发布者在注册并登录后,可以进入后台并提前导入试卷。目前其考试与作业的发布方式主要有四种:标考模式、自测模式、随堂小测、自定义。功能简便、上手简单。从教学数据统计来看,学堂在线很好地发挥和利用了大数据功能,教师可以在后台观察到学习者的登录次数、进入课程次数、课程讨论区发表话题次数、课程讨论区回文次数、课程讨论区被回文次数、阅读课程通知栏次数、学生上交课程作业次数与参与课程调查问卷次数。这些庞大的数据统计可以帮助教师协调课程的设计与安排,进而优化课程品质。

学堂在线的产生有一定的时代意义,也离不开人们的求知需求,产生的原因可以总结成以下三点:第一,顶尖高校巨大的品牌优势,保证了授课品质与师资稳定性;第二,顶尖高校在国际高校中具有极大的号召力,促使了高校慕课联盟的创立;第三,学分、学位等认证促使了学历教育的发展。学堂在线作为本土设计开发的慕课聚合平台,面向全球提供在线网络精品课程,其优质的在线学习服务与丰富的课程学术资源,吸引着越来越多的中国学子注册参与其中,为中国的慕课学习者提供了简易便捷的学习渠道。

九、成本结构

一门慕课的制作,从项目设立到最终的成品投放,都需要巨额的资金投入。慕课的制作过程就是把知识进行图文可视化的转化过程,它不同于一部长篇的电视剧,而是经历了重重考核的精良电影。慕课的优点在于帮助学习者节省时间,在尽可能短的时间内学习到最重要的知识。因此,我们可以说慕课的成本在理想状态下是没有尽头的。通过分析课程的成本结构,可以帮助课程开发者寻找进一步优化降低成本的途径。以芝加哥大学《互联网巨头:媒体平台的法律和经济》这门专项课程为例进行分析,该课程的成本大体由两部分组成,即慕课管理成本和慕课开发成本。

(一)慕课管理成本

芝加哥大学计算机学院设有专门的数字慕课制作小组。专业的慕课制作管理团队不仅在课程质量上起到巨大的监管作用,后期的课程开发与制作质量也得到了良好的技术保证。其组成人员除了芝加哥大学的数字技术开发学习小组(Digital Teaching Team)外,还包括课程录制的各学院的学术带头人。参与课程录制的学院教授也会抽取额外的时间来参与慕课的课程录制,在课程开放后,还会有讨论区的慕课助教,这些都需要支出一定的人力资源经费。

（二）慕课开发成本

在探讨慕课的制作成本之前，我们先来分析一下慕课的本质。众所周知，慕课是一种大型公开的免费在线课程，是一种特殊的在线学习资源，它将传统的碎片化教学资源进行整合并依托互联网，以系统互动的形式呈现给普通大众。慕课的制作过程就是由专业的制作人员把书本化的文宣知识进行图文可视化的转化过程。一门慕课的制作，需要先成立一个慕课制作团队，团队职务包括课程制作团队、摄制团队、授课讲师、运营团队、助教、制作人等。在这里我们可以将其归纳为两个部分，即内容开发人员和技术包装人员。慕课不是将传统的课堂移至网络上，而是将优秀的教师团队、制作团队聚拢在一起，共同为在线学习重新设计课堂。其制作流程大致可以概括为课程选题、课程规划、知识点设计、课程拍摄及技术包装、辅助资料、课程上线等环节。慕课课程的选题由团队内主要制作人结合行业专家、课程市场调研数据结果综合确定而成，是课程的发起与开端；在确定完选题后，由授课讲师依据课程规划与知识点设计进行课程的讲解，是慕课制作的中心与关键；课程拍摄及技术包装人员贯穿整个课程制作的始终，摄像师需要时刻关注屏幕，对授课老师的状态进行监督与提示，保证录制画面的自然和过渡完整，拍摄录制完毕，由剪辑师进行后期制作与包装。除此之外，还有编剧、动画设计师、场记、讲词提示操作员、研究助理以及图书管理员。

第三节　芝加哥大学慕课可持续
商业模式的策略阐释

一、精准客户细分：提炼高价值目标客户群体

企业的竞争是对客户的竞争，客户细分是企业参与客户竞争的核心竞争

力。传统的高校课程都有确定的学生群体,教师们也了解学生所处的年级、专业与已有的知识基础情况。但在此基础上改成的慕课,则需要重新考虑学习者的层次和基础,这样才能确定教学内容、进行教学设计等。从芝加哥大学慕课的开发情况来看,为不同的客户规定不同的价值,有利于连续不断地为企业创造价值和利益。而在经过基本特征的细分之后,需要对客户进行高价值到低价值的区间分格,即产生效益大的客户与产生效益一般的小客户。目前,芝加哥大学主要推出了以下几种类型的课程。

第一,面向在校大学生的专业课课程。这类课程的用户群体最为庞大和稳定,即可划为我们所寻求的高价值目标客户群体。慕课是依托于互联网和移动客户端平台的,在校大学生作为网络信息媒介使用的群体大户,使用慕课的频率要远远大于其他年龄层次的群体。另外,与传统的一对一或一对多的面授课程相比,慕课的讲授形式多样,在线课堂有大量穿插于微课视频中的交互式练习,不仅提升了大学生自身的计算机信息素养和综合素质,还丰富了其专业技能储备。以芝加哥大学开发颁布的《互联网巨头:媒体平台的法律和经济》课程为例,此课程以移动互联网时代为研究背景,探究媒体平台在数字时代的应用以及使用中存在的法律界限。

第二,面向在职人员的技术类课程。这类课程满足了工作人员渴求提升专业技能、服务求职与工作的心愿。上班族通过闲暇碎片化的时间来进行知识的抓取与技能的提升,伴随近几年 Coursera、edX 等平台推出应用程序,更方便学习者随时随地地进行在线网络学习。比如,芝加哥大学在 Canvas Network 平台上发布的《资产定价》慕课,着重培养学习者对投资、商业购买等经济学知识的概念,专业性比较强,适合已然参加社会工作的金融类从业者。

第三,面向社会大众的知识普及课程。这类课程将社会大众关注的社会热点与学术科研相结合,既满足了用户的课程兴趣点,也有利于发挥公立大学的社会服务功能。比如,芝加哥大学在 edX 平台上发布的《全球变暖:气候变化的科学与建模》这门课程,对全球气候变化这一热点现象作出了学术解释,并在后续的课程当中添加了气象模拟的实验环节,大大增强了课程的趣味性,又从学术的角度向大众解释这一气候灾害及应对措施,获得了社会大众与同行专业院校的一致好评。

二、凸显价值主张:追求课程与时代发展相结合

随着信息社会的发展,大数据时代已经到来,对社会的政治、经济、文化、日常生活等各方面都带来深远影响,教育也在发生变革,追求由标准化教育逐渐向个性化教育的转变。在线课程能充分体现个性化教育的额外需要,其个性化的共享学习平台、学习氛围等,无不紧紧贴合时代的发展。芝加哥大学在慕课开发与推广方面,一直彰显其鲜明的价值主张,注重将课程设计当中提倡的价值理念与当下的市场需求相结合,既考虑课程使用者的需要,又不忘初心、紧贴时代发展。在这过程中不断优化课程体系,提升自我竞争价值,在繁杂而庞大的慕课市场当中占据一席之地。

第一,从课程使用者的需求角度出发,维持良好的客户关系。不论是与芝加哥大学合作的 Coursera、edX、Canvas Network 平台,还是本校格雷厄姆继续文学与职业研究学院的在线网络课程,每门课程的每个环节都有一套详细人性化的服务体系。芝加哥大学的课程平台使用者主要还是面向学生,尤其是有针对性的专项课程建设是专门服务于课堂和学生的。在使用的过程中,课程的设计与建设需要从受众的心理需求出发,这样的课程才是学习者想用、可用、好用、易用的课程。在线课程的设计需要能够调动学习者的积极性,吸引学习者能够去消化、感知网络在线学习的方式,自行地进行探索与发现。芝加哥大学开发设计的慕课课程均设计有课程进度、课表提示、作业批改、讨论社区、课后习题反馈等模块,用户体验可以在完备的平台设计中上升到最佳状态。

第二,始终确保课程内容的严谨性与优质性。信息化的核心使命是运用现代信息技术来优化教育、教学过程。课程建设是提高教学质量的关键环节,

课程内容是体现教学质量的中心之举,在线教育促进了教学内容结构与表现形式的转变,高校优秀教师在慕课平台上共享优质的课程资源,学习者尤其是基础性较为薄弱的学生可以通过慕课学习共享名校的优质教育资源。慕课平台上的课程多种多样,这样的网络平台学习突破了传统课堂对于时间和空间的限制,学生可以在规定的时间段内自主地选择学习的时间空间进行学习。然而,这样的碎片化学习对课程内容有着较高的要求,如何对课程内容进行合理化的设计,让学习者既能节省时间,又能在短期内通过简短的视频获取到尽可能多的知识,这离不开精心、严谨的课程内容设计。芝加哥大学严谨的办学态度在其课程的开发与制作中体现得淋漓尽致,除却课堂知识小视频与课后资料补充,讲授老师还提供了讨论提示,为学生讨论区问题互动提供参考。慕课讨论区是保证学习者学习质量的重要手段,也是其优于传统课堂的表现之一。此外,课程的各科老师都会匹配有在线课程助教,除了本课主讲教师外,课程助教也会在讨论区和反馈区根据学习者提出的疑惑作出及时的解答与帮助。

三、拓宽渠道通路,着眼多方面收益

芝加哥大学目前合作的平台有 Coursera、edX、Canvas Network、学堂在线等。为了平衡、稳定现有的客户群体,开拓新的客户市场,需要在进一步巩固与已合作平台的联系基础上,开发寻找新的市场份额。目前芝加哥大学在运营慕课中,合作课程较多的是 Coursera 与 edX 平台,另外在 Canvas Network 以及学堂在线上也会有少量的课程发布。

与 Coursera、edX 这类较为成熟的慕课平台展开合作,可以进一步精化其课程内容反馈环节、应用程序用户体验环节,提升老客户存留率,并在此基础上不断开拓创新,挖掘新的客户市场份额。对于 Canvas Network、学堂在线此类课程合作发布较少的慕课平台,寻求合作契合点,推出适合平台开办当地市场相适应领域的专业课程,促进合作。对于芝加哥大学本校格雷厄姆继续文学与职业研究学院的在线课程,可以根据已合作平台的搭建经验,完善本校课

程自建平台的建设。芝加哥大学在成人继续教育方面,一直有着相当不错的学术科研成绩,近几年,格雷厄姆继续文学与职业研究学院相继推出了一系列针对不同领域、不同客户群体的专业类课程,吸引了不同年龄层段的客户群体,大大拓宽了慕课服务对象的使用范围。

四、提升客户关系,寻求更多支持

客户关系指的是企业或机构为了达到生产预期而主动与客户建立起的某种联系。在深化用户关系方面,芝加哥大学致力于采用多种策略来满足客户的需求,以此创造出更多的价值。

第一,增强与客户群体的反馈互动环节。想要获得客户关系,首先要从客户的需求角度出发,通过产品使用的反馈数据了解其使用偏好,并作出积极反馈与应对。芝加哥大学通过慕课平台讨论区、学习社区板块,对课程使用者进行深度的剖析与了解,这样每节课结束,授课讲师都能够及时了解到学生的知识掌握情况,并可就讨论区的问题作出补充讲解。这样双向互动的学习氛围,不仅传播了专业技能知识,也有助于课堂师生情感的建立。

第二,提供差异化服务以拉近客户关系。不同的客户群体有着不同的课程需求与服务感触。芝加哥大学在对慕课进行设计开发时,从学习者不同的年龄层次、知识存储差异性以及学科与现实世界的维度差异出发,有针对性地开发适合不同人群的慕课课程,有的放矢地培养出社会岗位需要、专业技能优异的在线课程毕业生。学习者可以从课程中吸取到真才实学,有利于加深客户忠诚感与满意度。

五、运用营销策略、创办增值业务以拓宽收入来源

营销策略对于市场的生存和发展具有特别重要的作用,营销策划能够为企业确定未来理应实现的目标。免费模式能够利用免费基础模块快速聚集人气、沉淀用户并牢牢抓住用户,然后通过增值部分进行收费盈利。增值部分的

服务利用差异化的服务营销优势,向有额外需求的人群收取服务费用,在特殊人群中做特殊服务,有着较为宽广的发展空间,能够为企业创造盈利价值。在推动慕课的开发应用中,芝加哥大学理应采取恰当的营销手段,寻求产品所可能具备的增值业务,来尽可能地扩大产品的收入来源。

一方面,做到免费课程服务与增值服务的统一。芝加哥大学与 Coursera、edX 等公益性在线课程平台建立了深厚的合作关系。Coursera、edX 上大部分在线课程是免费提供的,但学习者若想进行将学业成果与个人身份相认证,则需要支付一定的金额,以获得课程结业的电子证书。

另一方面,做到免费基础课程与精英专业课程相结合。一些联动课程会采取免费与付费相结合的运营方式,基础课程全权向大众群体开放,用户可以免费学习这类基础性课程,有学习需要或者感兴趣的学员可以选择付费来获取进一步高深一层的专业课程学习。

六、充分发掘整合现有资源

芝加哥大学现有的课程资源比较有限,想要保证慕课课程项目的可持续发展,就必须采取必要措施来扩大其核心竞争力,提高芝加哥大学慕课的知名度与竞争优势。

第一,充分挖掘芝加哥大学教师的潜在资源。作为名校的指导教师,其自身的教学素养与科研能力自是不必言说。以往开发制作慕课,芝加哥大学会聘请专业团队联合校内来负责制作,完全依托第三方来完成。以往,教师很难将自己想要表达的课程内容与技术制作者的成品效果相匹配,但伴随数字化信息技术的不断更新,教师信息素养的不断提高,我们完全相信,教师将越来越具备慕课开发制作的能力。这样,人力成本将在很大程度上得到节省,从而将教师的潜在能力进行充分挖掘,提高市场竞争力。芝加哥大学可以相应地对具备慕课制作能力的教师给予物质奖励,提高其积极性,这样不仅有利于扩大核心资源,还能降低课程的制作运营成本,大大提高了整体实施效率。

第二,充分发挥学校影响力。讲师是慕课制作的灵魂与关键,教师将承担慕课制作的绝大部分环节,有时候在时间紧迫的情况下,很难顾及课程的各个方面。此时,可以利用学校现有的人力资源进行援助。比如教师所在专业的学院学生,对于本院学生来说,参与本专业的慕课制作,一方面既可以提高他们的专业技能素养;另一方面,也可以在制作过程中互相学习、吸取知识,比如视频剪辑、后期包装等。

七、推进关键活动的实施

在商业模式的运营当中,关键活动能够对企业的运营产生直接的效益影响。其关键活动包括产品制造、问题解决和平台建设三部分。因此对于芝加哥大学而言,在建设慕课课程的过程当中,为了高效地推进关键活动,需要对其课程内容进行创新建设、强化平台搭建等。

一方面,创新课程内容。在芝加哥大学的慕课项目中,最具代表性的就是专项课程与职业课程的开发。专项课程通过众多子课程的逐步演进与渗透来加深学习者对该项课程与专业领域的了解。职业课程更关注专业技能的发展,这些专业技能能够满足人们现实生活中的求职需要、专业需要,比较容易获得稳定的客户群体。

另一方面,完善学习支持机制。参与芝加哥大学慕课制作的教学者都是各个专业极具教学经验的教育工作者,有着扎实的理论基础与专业素养。学校通过对这类优秀教师的慕课制作培训,培养其先进的教学理念,服务于慕课制作开发上来,建立出一套完整的学习机制,已获得客户群体的稳定支持。

八、巩固重要合作伙伴,开展多元合作

在商业运营中,单一组织的有限资源难以满足产业的长足发展创新,良好的合作平台会对商品的推广起到强烈的促进作用。芝加哥大学在慕课的开发与推广中,与 Canvas Network、edX 等慕课平台,在多年的良好合作中建立了亲

密的合作友谊。但从课程的投放数量来看,芝加哥大学与 Coursera、edX 平台的合作较为密切,却仅在 Canvas Network 上投放过一门课程。

为了进一步拓宽客户来源,获取差异性竞争,芝加哥大学应进一步加强巩固与 Coursera、edX 等平台的合作,建立长期稳定合作的伙伴关系,降低运营制作风险。同时,深化与 Canvas Network 平台的合作,增加合作的可能性,投放更多的慕课课程。

九、降低资源开发成本

一门优秀的在线课程,除了着眼于课程的设计与框架,更需要从学习者体验、教师专业技能多加考虑。制作开发一门慕课,需要投入大量的人力、物力、财力,芝加哥大学在优化慕课课程成本方面,可以从以下几个方面酌情入手。

第一,提高任课教师的职业技能素养。一方面,学校可以开展技术培训课程,以提高任课教师的慕课理论知识与操作技术;另一方面,训练任课教师的镜头感,在授课拍摄期间尽力避免不自然、拘谨的授课状态。

第二,拓宽课程开发范围。对于不同课程领域,服务的客户群体课程需求不尽相同,除了为专业人士和在职人员等特殊群体提供课程以外,还可以在此基础上进一步细化职业范围划分,适当地扩大课程开发的范围,专门针对某一类职业群体提供他们所需要的专业类课程,以最少的成本占据最广泛的市场份额。

第四节 芝加哥大学慕课可持续
商业模式的反思与启示

一、芝加哥大学慕课可持续商业模式的反思

(一)客户细分需要进一步细化

芝加哥大学对于目标客户群体的分类授课虽然具备一套完整的应对机

制,也认识到分级服务、分类营销,但是其划分依据多按大学科大体系进行划分,在特定职业领域的投入力度尚显不足。目前多采用聚类技术来进行客户细分。常用的聚类方法有 K-means、神经网络等。芝加哥大学在客户群体细分方面应当从横向到竖向进行转移更新,将服务涉及领域更为细化、精准,应该与时俱进,及时创新。可以根据不同聚类算法来进行客户细分,同时将收集到的原始数据进行预处理,对客户群体进行量化认识,最后进行评估筛选,得到有效的客户群体,以便保证细分数据的准确性与稳定性。

(二)价值主张的彰显亟待明确

在线网络课程依托于互联网技术,慕课具有开放性、连接性、广泛性、共享性等特点。数据时代流量的革命性变革,打破了传统信息传播的时空壁垒。信息传播渠道的变化,大大降低了用户准入门槛。优质慕课对大学及其慕课平台起到很好的推广作用。而优质的课程内容理应体现出一定的价值主张和观念,如何向客户传播正确的价值观念,是课程开发者需要正视并关注的问题。芝加哥大学虽然在社会公众话题方面开设了众多符合时代需要、受众学习需求的慕课课程,但在情感文化方面却鲜有涉及。在未来的慕课课程开发中,可以在这一领域不断进行实践数据分析,从不同的角度来分析其背后所蕴含的学科知识,对这一空白进行补缺。

(三)渠道通路有待提升

芝加哥大学与 Coursera、edX、Canvas Network、学堂在线等均有良好的合作关系,一直以来也在积极寻找各种渠道通路来实现其收益的多元化。但是,伴随慕课的不断普及与扩大,慕课不再是名校的专属项目,越来越多的普通院校加入慕课的开发制作,想要在庞大的慕课市场上保持市场占有率,芝加哥大学更需要不断提升慕课渠道通路,寻找更多类型的合作平台,利用多种机会挖掘渠道通路,实现收入多元化。

（四）打破收入来源障碍壁垒

众所周知，慕课的退学率较高，庞大的注册人数和学分认可缺位之间的矛盾造成了学习者中途放弃现象严重，单纯依靠证书与精英课程的收入，难以维系芝加哥大学慕课的可持续发展。为了增强慕课发展的稳定性，使其持续发展下去，芝加哥大学也开始寻求更为宽泛的收入来源渠道。不仅从内部圈层扩大在线课程的发展，除了以往的证书认证收费外，芝加哥大学逐步开始寻求外部企业合作，针对有专业精英课程需求的企业平台，新增独立课程和专项课程的付费课程开发，扩大课程开发的市场需求，以期获得更高收益。

（五）核心资源的管理有待改进

芝加哥大学凭借其学科、学校优势，拥有一大批稳定的客户群体，在 edX、Coursera 等平台上，都有较多的课程注册人数。但不难发现，课程结业的数据要远比注册报名的人数低，留存率也是慕课制作当中值得反思的一个问题。出现这个问题的原因，一方面在于课程考核难度高，教学设计考虑不足，学习者出现半途而废的现象；另一方面，随着时间的推移，由于没有硬性压力实施，学习者可能会遗忘或者放弃继续学习。

（六）关键活动的实际效益存在问题

芝加哥大学慕课项目近几年的确对社会产生了一定影响，但实际效益却存在问题。从证书认证方面看，缴纳一定金额的用户可以获取慕课平台与芝加哥大学联合颁发的课业证书，但并不是所有的企业和院校都认可这一电子证书，在社会认可度方面，院校还应做进一步努力。从课程建设方面看，慕课由于是依托互联网的产物，其评分机制大多由系统自动打分给出，不像传统教师可以及时就学习环节出现的问题延伸知识、疑难解惑，在线反馈系统所给予的解答都较为基础单一，所以该校在开发慕课时应该注重课程的互动性，从而提高授课教师评价的针对性;从课程内容来看,选取的内容要能吸引学生的注意,激发学生的兴趣,并接触到更多的学科前沿知识。

（七）重要伙伴的合作需要进一步加强

芝加哥大学慕课项目的合作平台虽然涵盖 edX、Coursera、Canvas Network、学堂在线等,但是就目前课程投放情况来看,以 Coursera 和 edX 为主,Canvas Network、学堂在线等平台上的课程数量却不多。芝加哥大学若要进一步扩大课程影响力与受众普及率,应当寻求更为宽泛的合作平台。此外,还应着眼于社会公益基金组织。目前,芝加哥大学的金融资助主要来源于美国国家科学基金会,慕课的制作成本相当昂贵,芝加哥大学还应当积极开拓其他的资助渠道,尽可能多地寻找新的合作伙伴。

（八）优化成本结构

芝加哥大学慕课项目的开发主体是本校的教职人员,在慕课的开发团队当中,教师承担着最重要的角色。但是高强度的工作量却很难与可观的薪水相挂钩,这在一定程度上削弱了优秀教师的工作积极性,不利于课程质量的提升与开发。芝加哥大学应当精化慕课制作团队,将费用多用于课程内容与在其中付出最多心力的教职工身上,优化慕课制作成本,提高制作团队积极性,以保证课程内容的质量。与此同时,教师也应该进行自我审视,对自己课程的质量进行反思,客观衡量自身的教学水平。

二、芝加哥大学慕课可持续商业模式的启示

从最先的 E 时代,再到现如今的大数据时代,信息技术一直促进着社会的改革和进步。海量的信息、云计算技术的发展、信息通信技术的不断成熟,不仅促进了技术的更新进步,更为世人提供了新的视角来观看世界。在互联网技术的不断推进与各种移动终端设备的演进下,慕课这种新型的教学模式正在冲击

着传统公立、私立学校,提高高等教育质量已成为世界高等教育改革与发展的重大课题。世界一流大学具有顶级的师资队伍和一流的教学水平,移动互联时代具有融合、开放、合作的特点,其核心是互联网,面对这样的时代契机,我们更应当将眼光立足长远,提高自身的社会适应性,促进本土教育的创新与进步。

第一,慕课教育资源的共建共享对于促进社会教育资源公平、均衡教育资源分配、推动国家整体教育水平具有重要战略意义。2013 年是中国慕课的起始之年,从北京大学与清华大学正式宣布加入 edX 平台开始,慕课浪潮开始影响中国教育界,越来越多的院校开始加入其中,推行符合各个地区、各个院校特点的慕课课程。

第二,根据 Class-Central 2016 年慕课平台整体发展数据来看,共有 2300 万新用户首次在慕课平台上注册上课,其中有 25%的用户是通过区域性慕课平台报名的,例如由清华大学和中国教育部联合开发的学堂在线,主要针对中国本土学生。国内慕课发展情况就国外而言,仍有一定的差距。我国仍需不断扩大国内慕课平台建设,鼓励支持更多的院校探索慕课教育,不仅从数量上,更要从质量上抓紧建设。此外,国内的慕课收费机制与国外大致相同,平台会提供免费的慕课课程,但若要获取相关的证书认证,则会收取小额的费用。

第三,国内目前几大慕课平台包括学堂在线、中国大学 MOOC、网易云课堂等,课程提供方主要是国内一流大学。国内的慕课教学目前尚处于摸索阶段,中国的国情不同于国外,不能完全照搬国外已有模式,而要根据我国国情,具体问题具体分析,开发出符合本国特色同时又具有创新性的慕课课程,从而吸引更多国内外学习者的目光。

第四,从国内几个慕课平台使用实践来看,中国学术对于讨论区的使用力度还不够,互动性不强,对此目前可行的解决方法是希望通过线上线下相结合来推行慕课,即线上教学、线下交流活动,比如召开学术交流会等。总之,中国的慕课建设还有很长的一段路要走,我们要深入剖析市场与客户群体,探索出适合本土学生学习特点的慕课平台。

第十章　大学慕课可持续商业
模式的革新

　　作为一种提高参与度、强化学习效果和改善现有课程质量的有效方式,慕课在高等教育领域的应用日渐成熟,但慕课所面对的市场远远没有达到成熟的水平。当慕课的发展进入第七个年头,有关教育机构最初参与慕课运动的狂热逐渐冷却下来,开始思考慕课的长久生存问题,毕竟仅仅依靠热情和活力是无法让慕课存活下去的。从整体上而言,美国研究型大学的慕课项目是成功的,所采用的商业模式也体现出一定的可持续性,部分学校实现项目收支平衡更是非常难得。不过,如果从可持续发展的角度来看,只有持续推进大学慕课可持续商业模式的革新,才有可能使慕课进入健康稳健的发展轨道,从而为互联网时代加快高等教育信息化进程提供强大动力。

第一节　未来可持续商业模式的革新之路

　　面对快速变化的或颠覆性的市场环境,商业模式革新是通过反复试验来获取新的策略和理解,进而摆脱旧模式以重新实现成长和盈利的实践。无论大小,当组织面临发展的十字路口时,必须要确定实行组织再造的策略。为了避免身陷困境,对于商业模式层级的变革进行积极主动的精心策划是一种非常有效的手段。成功的商业模式革新依赖于创造性、科学的实验,以及组织过程的转化。我们的研究将主要关注商业模式革新的初级阶段,更准确地说是生成商业模式理念的创造性阶段。

一、商业模式革新的背景

在管理学文献中,商业模式通常都被视为商业理论的内容,因而有关商业模式的讨论很多时候便会沦为"盈利模式"(Revenue Model)的讨论,或者探讨如何通过商业手段获取利润。这种将商业模式等同于"盈利模式"的情况源于有关组织行为创造价值的误解,如果从狭义上来看,价值等于经济利益无可厚非,但如果从广义上来看,价值就不仅仅是经济利益了。因此,商业模式应该包含获取经济利益的内容,但绝对不能将两者等同起来。21世纪初,有关商业模式的研究方兴未艾。澳大利亚麦考瑞大学管理学院(Macquarie Graduate School of Management)教授内马尔(Najmaei,2011)在回顾了以往相关文献,并对商业模式定义进行对比分析之后得出结论,认为经过多年的发展商业模式的概念体系逐渐形成,但业界对于什么是商业模式尚未形成一致意见。[①] 在奥斯特瓦德(Osterwalder,2004)的博士学位论文中对商业模式定义进行了阐述,"商业模式是一种包含一系列元素和元素之间的关系,体现企业赚钱逻辑的概念工具,描述了企业为一种或多种类型客户提供的价值、企业的组织架构,以及企业创造、营销和传播价值与关系资本的伙伴网络进行描述,而最终目的是为了生成利润和保持可持续的收益流"。在此基础上,经过完善与创新,一个更具综合性和实践意义的定义在《商业模式新生代》(Business Model Generation)中呈现,"商业模式是描述一个组织创造、传播和获取价值的

---

① Arash Najmaei, *Dynamic Business Model Innovation: An Analytical Archetype*, in IEDRC, *The Proceedings of 2011 3rd International Conference on Information and Financial Engineering*, Singapore: IACSIT Press, 2011, pp.165-171.

基本原理"(Osterwalder 和 Pigneur,2013)①。由此,笔者将可持续商业模式定义为描述一个组织同时创造、传播和获取经济、环境和社会等各种形式价值的基本原理。早在 30 年前,布伦特兰委员会(Brundtland Commission)就提出,可持续发展呼唤将环境和社会因素整合到经济建设与社会进步的决策中去,无论这些决策是由公共部门还是私立机构作出的。尽管对于相关概念的理解是非常清楚的,但布伦特兰报告还是经常对可持续发展的预期造成误解,狭义地将其等同于一种特定的经济发展形式,但实际上可持续发展的本质是指在现有的地球资源禀赋和生态系统能够保持的情况下,如何实现社会财富、国民健康与教育,以及其他社会福祉的共同发展。当然,可持续性发展的实现并不如想象的那么容易,即使要实现迈向非常有限的可持续性经济,也需要经济目标进行根本性的转变。②

二、三重底线的重要价值

谈到可持续性,我们一般都会引用布伦特兰报告的定义,"满足当前的需要,又不损害未来一代满足自身需要的能力"。如果从不同的可持续策略来看,英国学者约翰·埃尔金顿(Elkington,1991)的三重底线理念可以视为影响商业决策的重要突破,他认为一个企业如果要实现可持续发展不能只是追求盈利的最大化,而是要始终坚持三重底线原则,即企业盈利、社会责任、环境责任三者的统一,这意味着为经济指标之外增加了新的性能指标。③ 通过保持社会价值、环境价值与经济价值的同步发展,能够对组织行为产生刺激,进而

---

① Alexander Osterwalder, Yves Pigneur, *Business Model Generation: A Handbook for Visionaries, Game Changers, and Challengers*, Hoboken, NJ: John Wiley & Sons, 2013, pp. 36-37.

② N. M. P. Bocken, S. W. Short, P. Rana, S. Evans., "A Literature and Practice Review to Develop Sustainable Business Model Archetypes", *Journal of Cleaner Production*, No. 1, 2014, pp. 42-56.

③ John Elkington, "Partnerships from Cannibals with Forks: The Triple Bottom Line of 21st-century Business", *Environmental Quality Management*, No. 1, 1998, pp. 37-51.

形成一个更为深远和广泛的可持续发展策略。面对复杂的可持续问题,三重底线并不是一个完美的解决方案,甚至仍然存在将复杂的可持续性简化为三个部分的缺陷。不过,三重底线事实上具有很好的启示意义,对于商业模式应用实践也具有很强的指导意义,因而全球报告倡议组织(Global Reporting Initiative,GRI)已经将其视为商业活动的一种标准化性能指标。将生态嵌入哲学应用于管理可以帮助找回一种本地化意识和连通性。无论一个组织如何处理可持续模式,我们都应主张深入地分析其目的和所提供的价值,以便于对未来的社会、地球和自身产生积极的促进作用。关于组织的可持续发展,我们已经塑造了拥有广泛三重底线策略的工具。我们作出这一选择的原因是,我们相信走向更具可持续性的商业模式应该在具体问题具体分析的基础上进行定义。因此,每个组织都应该创建和测量面向多种价值类型的性能指标,并且这一举措实际上是与商业模式画布的结构化设计理念相一致的。

在业界,商业模式的持续改革与创新是一个共识。巴塔哥尼亚(Patagonia)始于一个小型的金属锻造车间,却最终成为世界顶级的户外奢侈品牌。IBM将计算机制造业务卖给了联想而关注咨询服务,但蓝色巨人在业内的地位却丝毫未受影响。施乐(Xerox)经历从复印机制造商向文件印刷服务提供商转型的阵痛,却通过企业联盟(Corporate Alliances)实现了业绩的持续增长。回顾这三家大型企业经久不衰的发展历程,可以发现一个共同点,即同时面向经济、环境和社会价值来推动商业模式的改革与创新。由此,将三重底线作为一个基准,以商业模式画布为基本框架,可以有效地推动商业模式的革新以强化其可持续性。对于一个组织的商业模式而言,采取持续的创新策略理所应当,关键是采用何种创新策略。通过研究发现,三重底线具备更强的创新意义,能够更加有利于商业模式的可持续性。三重底线要求我们关注商业模式理念生成的概念层级和创新工具的精确使用,灵活地运用结构化的商业模式画布,为致力于改革当前商业模式和创造可持续商业模式提供支持。

三、三层商业模式画布的提出

三重底线为可持续商业模式的革新奠定了坚实的理论基础，一些学者就此对可持续商业模式进行重新诠释。在博肯等（Bocken et al.，2013）的研究中，对面向可持续性的商业模式革新进行了定义，"通过改变组织方式和价值网络创造、传播与获取价值的手段，为环境或社会带来重大的积极影响，抑或是显著减少对于环境或社会负面影响"[1]。此外，博肯等人还提供了一个价值映射工具，关注采用了利益相关者观点的价值主张。这种建模工具的独特性在于引入价值毁灭（Value Destroyed）和价值错过（Value Missed）术语。我们继续使用这种建模工具，提供一个具备多种元素的完整商业模式视图，以便于创建更适合可持续发展的价值主张。戴维斯（Davies，2013）通过比较强可持续性（Strong Sustainability）商业模式画布与弱可持续性（Weak Sustainability）商业模式画布，尝试从和谐自然与人类关系的角度寻找一条中间路线（A Middle Ground）。[2] 强可持续性寻求负面影响的完全消除，弱可持续性只要求减少负面影响，但并不创建可持续的积极影响，而中间路线希望两者兼顾。实际上，很早以前美国著名的生态经济学家戴利（Daly，1995）就提出了类似的看法，"强可持续性确保未来一代的幸福，而弱可持续性倾向于减少负面影响而非消除所有负面影响"[3]。不过，戴维斯的模型建构已经远离了最初的商业模式画布，创建了一个崭新的商业模式画布本体论。如今，戴维斯和他的研究团队又建构了一种流行性的商业模式画布，用于简化中间路线可持续商业模式画布，使其更具实践意义。由于这种商业模式画布的建构抱有嵌入经济问题、社

---

[1] N.M.P. Bocken, S.W. Short, P. Rana, S. Evans., "A Value Mapping Tool for Sustainable Business Modeling", *Corporate Governance*, No. 5, 2013, pp. 482–497.

[2] George Randal Davies, "Appraising Weak and Strong Sustainability: Searching for a Middle Ground", *Consilience: The Journal of Sustainable Development*, No. 1, 2013, pp. 111–124.

[3] Herman Daly, "On Wilfred Beckerman's Critique of Sustainable Development", *Environmental Values*, No. 1, 1995, pp. 49–55.

会问题和环境问题的目的,因而具备广泛的应用前景。自此,我们探讨了致力于使用商业模式画布进行商业模式革新的组织。只是为了克服这种创新工具过分关注经济价值的缺陷,我们引入了三重底线策略,将社会价值和环境价值融入架构,通过精心设计而创建出一种能够更加持续地促进组织发展的"三层商业模式画布"(The Triple Layered Business Model Canvas)。基于三重底线的主要理念,我们构建和探讨三层商业模式画布,进而确保商业模式能够创造、传播和获取多元价值。换句话说,便是在第一层经济价值的基础上,增加包含九个元素和遵循生命周期法的环境价值,以及增加包含九个元素和遵循利益相关者原则的社会价值。由此,我们寻求改革商业模式画布的分析架构,挖掘可持续商业模式的创新策略,从而构建面向未来的更具可持续的商业模式。

四、基于三层商业模式画布的商业模式革新

面对不断增长的不确定性、复杂性和危险性,商业模式革新是保持组织创造力的一种重要手段,而同时兼顾经济、环境和社会价值的新商业模式便是商业模式革新的愿景。当前的工具和方法缺乏一种系统性策略,无法综合考虑多元利益相关者的价值和面向可持续的商业模式革新。为此,引入商业模式画布成为一种选择,呈现出一种包含各种关键元素和反映元素之间互动关系的系统框架。从本质上而言,商业模式就是一种系统,作为一种系统工具的商业模式画布便是应用于引导可持续商业模式的概念化过程,而最终的目标是为组织提供系统化工具来反思当前的商业模式和创造可持续商业模式的愿景。不过,关于商业模式画布的批评意见也一直存在。有的学者认为,商业模式画布依靠九个格子以浓缩的形式来表征商业模式,这种表征方式反映了一种革新的倾向性,但并未将组织管理的其他方面展示出来,如企业结构、商业目标、绩效测量、战略管理和竞争性分析[①];有的学者认为,商业模式画布没有

---

① Hong Y. Ching, Clemens Fauvel, "Criticisms Variations and Experiences with Business Model", *European Journal of Agriculture and Forestry Research* No. 1, 2013, pp. 26-37.

进行广泛的竞争性分析，也没有考虑到竞争性框架，并且没有把关键性能指标和绩效衡量纳入其中，因而不具有显著的革新价值；还有的学者认为，商业模式画布将经济视为第一哲学，并按照严格的经济学规则来分析画布所包含的九个元素，但不一定适用于市场情况。尽管商业模式画布最初是将广义的价值理念视为商业模式分析的核心，但在实践中唯一考量的却只是经济价值。上述的批评意见是非常中肯的，这也反映了商业模式画布的实际运营存在一定的偏差。为此，需要将可持续性与组织的运作进行充分的整合，确保商业模式能够为各种利益相关者创造、传播和获取多元价值。为了更好地达成这个目的，依托商业模式画布的系统框架和三重底线的基本理念，我们将经济、环境和社会价值的综合考量融入其中，形成三层商业模式画布。因而，我们可以更加科学地分析各种商业元素的互动关系和更具创造性地推进商业模式革新。

采用三重底线策略，创造、传播和获取的就不仅仅是经济价值了，通过融入环境和社会价值来实现组织更高程度的可持续发展。那么，到底如何将环境和社会问题纳入一个商业模式画布中呢？

首先，尝试将环境和社会的指标体系添加到底线。最初的商业模式画布在经济层提供了一种手段来权衡成本和收入的平衡，那么对环境层和社会层可以采用同样的方式。不过，在环境层和社会层，使用"付出和收获"要比"成本和收入"更加合适。在理想情况下，可以运用量化指标来测量环境和社会价值，而在实践中至少定性指标是可以运用的。在最初的商业模式画布中添加三重底线是研究方法的核心。不过，我们认为，仅增加其他两种获取价值手段来理解经济、环境和社会问题之间的关系是远远不够的。因此，我们需要精心设计商业模式画布来支持更加结构化的方法，为新元素与画布原有元素直接的交互作用创建一个空间。

其次，尝试在原有的商业模式画布中添加新元素，这个想法的确立是以可持续性理念的嵌入或嵌套为基础，即将经济问题嵌入到社会环境，同时将经济问题又嵌入到生物圈。在这种探索性研究中，尝试开发了多种具有嵌入观点的商业模式画布模型。不过，相关模型似乎有些不切实际，因为它们离开了原有的商业模式画布和脱离了现有方法的可持续性。因而，我们确定了最适当的方式来说明环境和社会问题，为添加了新层的商业模式画布创建新的关系结构。该解决方案确保在捕捉不同形式价值时每一层都有自己的底线来衡量绩效。不过，当我们尝试分析面向创造、传播和获取环境与社会价值的崭新结构时，我们仍然需要回到每一个新层级中，以便于将原有的商业模式画布的结构投射到两个新层级上。

最后，商业模式画布是以创建了额外两层的结构存在。按照新层级的主题为每一个原有结构赋予一个新的元素，从而确保纵向的一致性。第一，这个处理过程始于理解为如何在三个层级中作出不同的价值解释。第二，在每一个新层中，画布的价值创造（左）和画布的价值传播（右）转化为一组相关联的元素。第三，我们回到画布的价值获取（底部），确保其可以前后一致地转化为测量绩效。第四，我们现在得到了两个新层级：环境生命周期商业模式层级和社会利益相关者商业模式层级。

参考加拿大康考迪亚大学（Concordia University）学者亚历山大·乔伊斯（Alexandre Joyce）的研究成果，三层商业模式画布是由经济商业模式画布、环境生命周期商业模式画布和社会利益相关者商业模式画布组成，这是一种更具可持续的商业模式。经济商业模式画布是由关键活动、核心资源、重要伙伴、价值主张、客户细分、渠道通路、客户关系、成本结构和收入来源等九个元素组成；环境生命周期商业模式画布（Environmental Life Cycle Business Model Canvas）是由功能价值（Functional Value）、原材料（Materials）、生产（Production）、供应与外包（Supplies and Outsourcing）、配送（Distribution）、使用阶段（Use Phase）、生命终结（End-of-Life）、环境影响（Environmental Impacts）、环境收益（Environmental Benefits）等九个元素组成；社会利益相关者商业模式画布（Social Stakeholder Business Model Canvas）是由社会价值（Social

Value)、雇员(Employees)、管理(Governance)、地方社区与供应者(Local Communities and Suppliers)、社会文化(Societal Culture)、业务拓展(Scale of Outreach)、终端客户(End-Users)、社会影响(Impacts)、社会收益(Social Benefits)等九个元素组成。三者相互独立,同时相互依赖,成为一个完整的三层可持续商业模式系统。由此,我们应该致力于从四个方面来对可持续商业模式开展研究。第一,在奥斯特瓦德经济价值商业模式画布的基础上,创建面向经济、环境和社会的三层商业模式画布。第二,通过将三重底线策略应用于可持续性研究,重新定义商业模式的价值创造过程。第三,在概念化可持续商业模式的基础上,对于商业模式画布的三个潜在应用领域进行分析。第四,明确商业模式画布不同层级之间的新动态关系:纵向的一致性与层级之间的系统思考。正是这些努力,为可持续商业模式的创新发展提供了良好的契机。

第二节　面向环境价值的慕课可持续 商业模式分析

一、可持续商业模式的环境策略与环境生命周期方法

最近的研究工作已经明确了从环境的角度如何能使一个商业模式更高效,一个名为"北欧创新"(Nordic Innovation)的研究团队将其称为绿色商业模式(Green Business Model),此类模式对环境的影响要远低于传统的商业模式,支持能够获得环境效益的产品与服务开发,资源使用和浪费也大大减少,这在经济上是完全可行的。[①] 不过,要得出这样的结论,需要有一种方法来衡量环境影响和收益。在20世纪90年代,一个被称为"生命周期评估"(Life Cycle Assessments,LCA)的研究领域发展迅速。该研究领域的目的是系统地衡量人

---

① Tanja Bisgaard, Kristian Henriksen, *Markus Bjerre*, *Green Business Model Innovation*, Oslo, Norway:Nordic Innovation Publication,2012,pp. 4–5.

类活动的影响。当时,相对于制造业和服务业,这个领域还处于起步阶段。如果采用这种生命周期评估方法,商业模式革新可以持续地监控环境,并帮助改善环境问题,因而完全可以采用生命周期评估方法作为战略来设计更具可持续性的商业模式。

在 ISO 14040 家族,生命周期评估是一种标准化的方法,根据多元环境影响指标来测量所有阶段产品或服务对于环境的影响作用。生命周期评估被认为是一个健壮的环境评价方法,这是由于其具有多阶段和多指标两个特点。[①]多阶段是指综合考虑产品的生命周期的所有阶段,包括提取原材料、生产、分配、使用和处置,是生命周期评估的第一个特点。当试图提高产品或服务的环境绩效时,必须考虑到它的生命周期的所有阶段,并且确定没有将环境负担转移生命周期的其他地方。多指标是指使用若干不同的指标来计算环境的影响,这些指标集合了大量的环境影响数据。例如,气候变化指标使用二氧化碳等价物作为甲烷、硝酸盐、氟等的公分母。在生命周期评估中需要使用五个常见的指标:气候变化、生态系统质量、人类健康、资源枯竭和水资源利用。生命周期评估的两个特征有助于从环境的角度更加广泛地理解商业模式,以下可以部分呈现如何在原有商业模式画布中使用生命周期方法来处理环境影响。通过评估商业模式画布中的影响减少量,我们将能够超越概念和直觉,建立一个坚实的基础来设计更可持续的商业模式。

二、基于环境生命周期商业模式画布的慕课项目分析

(一)功能价值

功能价值是代表系统输出的量化术语。在三层商业模式画布中,功能价值是属于生命周期评估的功能单元。当生命周期评估开始时,第一个任务是

---

① Jeroen B. Guinee, "Handbook on Life Cycle Assessment, An Operational Guide to the ISO Standards", *The International Journal of Life Cycle Assessment*, No. 5, 2001, pp. 311-313.

建立在研究声明中明确要求的功能单元。功能单元(Functional Unit)是用于衡量有关产品系统性能或调查产品系统需求落实情况的,它通常以量化和足够精确的形式呈现,可作为参量用于对两个不同的关键系统进行比较。例如,在慕课项目的生命周期评估中,一个时长 10 分钟的课程视频可以被称为慕课的功能单元。功能价值可以反映功能单元的内容,并将其扩展至商业模式水平。在上述案例中,功能价值可以表现为一个时长 10 分钟的课程视频乘以每天观看视频的客户数量。由此,慕课项目所拥有的客户数量越多,那么功能价值就会越大。相比于传统的课堂教学,慕课所面对的客户群体是如此庞大,甚至扩展至全球任何一个角落,那么其所产生的功能价值是无法想象的巨大。此外,一方面功能价值是可以进行测量的,另一方面功能价值可以作为基线来与其他商业模式进行比较。当然,现实生活中是很难找到能与慕课进行功能价值进行比较的教育教学形态的。

(二)原材料

生命周期评估的原材料是指组织购买和使用的任何以生物形式或物理形式存在的库存。在原有的商业模式画布中,原材料是关键资源。不同的组织所使用的原材料不尽相同。对于制造商而言,主要是购买物理形式的原材料,通过改造后传递给客户,进而为客户创造更多的价值。不过,对于服务提供商而言,原材料并不一定传递给客户端。当然,服务提供商也消耗各种形态的原材料,有些是以消耗品的形式存在的,如纸张、水、电等,还有一些是以固定资产的形式存在的,如电脑、车辆和办公大楼等。对于慕课项目而言,大学机构实际上既是产品提供商,主要以在线课程形态呈现,又是服务提供商,包括学习支持服务、学分认证服务、系统管理服务以及各种类型的附加服务。由于慕课项目的产品是以数字形式存在,所提供的服务是以在线形式进行的,因而并不需要实物形态的原材料,主要通过消耗智力、体力和精神来赋予产品价值,而所谓的原材料实际上是以消耗品和固定资产形式存在。从环境价值的角度来看,慕课在原材料消耗方面的优势是非常显著的,除了一些基本的办公用品消耗和基础设施与设备折旧之外,几乎不再损耗任何物质的原材料,因而对于生态环境极具友好性。

(三)生产

在原有的商业模式画布中,关键活动所描述的是组织开展的创造价值的行为,而在生命周期评估中,关键活动便转化为生产元素。对于制造商而言,生产是一个非常简单的概念,就是通过工业过程的管理将各种原材料或组装部件转换为最终的产品。对于服务提供商而言,生产是一个完全不同的概念,生产主要存在于组织运用各种原材料所开展的行动中,如运行 IT 基础设施、驾驶汽车、对办公室空间进行加热或通风,以及提供其他各种服务。对于慕课项目而言,相关的生产活动内容非常丰富,包括项目的常规管理、课程的设计与开发、音频视频材料的制作以及各种在线学习支持服务等。一般而言,按照生产要素的投入性质,可以将产业划分为劳动力密集型、资本密集型和技术密集型。慕课项目属于典型的技术密集型行业,或者说是知识密集型行业,需用依靠复杂而又尖端的信息技术和前沿科学的教育理念与教学方法才能进行产品生产和提供服务。

由此,慕课项目的主要特点为:相关基础设施、电子设备和产品开发工艺都是建立在先进的科学技术和教育理念基础上,资源消耗低;科技人员在员工中所占比重较大,劳动生产率高;产品和服务技术性能复杂,更新换代的速度较快。因此,慕课项目的生产过程对于环境的依赖性较小,资源的消耗和污染的排放也非常有限,环境价值非常高。

(四)供应与外包

所有不同的原材料供应和非核心业务的三产活动都是以供应和外包元素为基础建立的,这与原有的商业模式画布是类似的。不过,在涉及有关资源或活动采取外包形式,还是内部处理方面,存在显著的差异。外包是指组织动态地配置自身的功能和服务定位,利用组织外部的资源为组织内部的非核心生产和经营服务。供应是组织根据自身的生产或服务要求,直接获取原材料来为组织内部的生产和经营服务。同样的差异也存在于环境生命周期画布中。例如,作为消费品的水可以直接取之于当地的一条河流的供应,只需进行简单的内部处理即可使用,但作为另一种消费品的电通常却无法通过直接供应的形式获取,而是由其他组织进行加工处理后提供的。因此,水资源由于可以依靠自身直接获取便是一种供应,电资源由于无法依靠自身直接获取,而是依靠其他组织处理后提供便是一种外包。当然,这只是一般情况,就水和电的例子也可能出现例外的情况,不过无论是从环境效益,还是从经济效益的角度来看,以供应的方式使用水和以外包的方式使用电都是最适宜的。对于当地的公用事业单位而言,这种情形也是非常常见的,但组织也可以更加独立和弹性地利用风能或太阳能,这时候的能源是以供应形式出现的。

对于慕课项目而言,除了相关的水、电和各种基础性服务都可以采用类似的方式之外,一些项目内部的事务也可以采用供应或外包的方式处理。例如,音频视频材料的制作,相关的设计工作因为属于核心业务无法外包,但技术层面的加工处理完全可以外包给专业的公司,这样有利于降低成本和提高效率。再比如,在涉及具体课程的开发事项时,如果任课教师自身具备一定的技术水平,除了负责教学设计和提供经过数字化处理的课程内容之外,能够独立完成有关课程开发的技术流程,如视频拍摄、视频编辑和图片处理等环节,那么也可以采用外包的形式交由这些任课教师来处理。由于当前相关电子设备的自动化程度很高,价格也非常便宜,因而采用这种方式,不仅可以节省劳动力成本和降低能耗,减少对环境的影响,也有利于确保课程资源可以更加全面地彰显任课教师的教学理念和教学策略。

（五）配送

一旦确定功能价值，并完成相关的生产过程之后，需要采用不同的运输方式和包装解决方案来将产品或服务配送出去。在配送元素考量的范围中，运输方面所涉及的有运输类型、运输距离以及运输的重量或体积。对于包装解决方案，由于包装也具有一定的生命周期，如果与配送存在相关性，应该纳入考量的范围。以奶粉的配送为例，将 100 千克的奶粉以纸板盒包装的形态，通过轮船跨越 1000 公里运送给一定数量的客户。如果是服务提供商，那么员工可以通过直接面对客户或采取邮寄信件的方式来进行服务的配送。

对于慕课项目而言，所涉及的配送包括产品和服务，但两者都是采用在线方式进行。产品的配送采用两种方式，一是利用教育机构自身的技术平台对外公开发布；二是利用第三方商业机构的技术平台对外公开发布。对于大部分教育机构而言，都会选择第三方商业机构，这有助于减少基础设施重复建设的费用，提高社会资源的利用效率，同时第三方商业机构也具有普通教育机构所缺乏的市场营销与广告宣传优势。在慕课项目中，服务的配送表现为学习支持和相关常规管理事项，所采用方式更为多元，较为常见的是通过网页内容呈现和发送电子邮件方式，但更多的是基于论坛、电子布告牌和虚拟社区来完成服务的配送。由于几乎所有的产品和服务都是通过在线方式配送，因而慕课项目具有极高的环境友好性，只需产生一定的能耗，就能以最快的速度将根据市场需求将课程资源和学习服务传递给目标客户群体。

（六）使用阶段

产品的使用阶段发生在客户分享产品的功能价值之时。在大多数情况下，产品的使用需要耗费一定比例的物质和能量。如驾驶汽车需要耗费汽油，观看电视机需要耗费电能，使用餐具烹饪美食需要耗费各种原材料等。因而，在诸如汽车、冰箱、电饭锅等各种电器上都会标明相关的能耗标准。此外，产品的使用阶段还包括有关维护和维修等方面的内容。作为服务提供商,使用阶段同样也需要物质和能量的消耗,尽管很多时候以一种离散的形式存在。我们确实认识到,一些产品或服务提供者已经模糊了生产阶段服务与使用阶段服务的界线。一直以来,企业组织都是自动化地进行设计产品、开发产品、制作营销信息以及在与客户甚少发生影响的情况下控制销售渠道。如今的客户正在寻求对商业系统的任何一个部分施加影响,在对有效选择不满意的情况下,客户通过先进的技术工具武装,客户希望与企业进行互动,进而共同创造价值。①

对于慕课项目而言,既要发布数字产品,又要提供在线服务,但无论是观看课程视频,还是参与学习讨论,都必须依靠计算机终端进行,还需要一定的场地或空间,也就必然会耗费相应的物质和能量。不过,这还不是使用阶段所体现的最重要的价值,最重要的是在产品或服务提供过程中的分享行为,也可以描述为一种共同的价值创造。通过免费提供海量的数字化资源和在线的学习支持与管理服务,教学人员、管理人员和学习者一起致力于知识的开放传播、自由共享和共同创造。在此过程中,资源的利用率大大提高,而对于环境的负面影响降到了最低,实现了环境价值的最大化。

(七)生命终结

当客户选择结束产品或服务功能价值的消费,那么产品或服务就开始进入生命终结阶段。对于有形产品而言,存在多种生命终结的选项,如再生产、再利用、回收、拆卸、焚烧或废弃处置。对于服务提供商而言,生命终结适用于有形资产的管理,这在前面几个元素中已经有所描述。环境生命周期的生命终结是与原有商业模式画布的客户关系相关。于是便强化了这样一种想法,即组织应该对产品或服务功能价值的生命终结负有一个更大的管理责任。相

---

① C. K. Prahalad, Venkat Ramaswamy, "Co-creating Unique Value with Customers", *Strategy & Leadership*, No. 3, 2004, pp. 4–9.

关的规则也随即被制定出来,如拓展生产者的责任,强制要求制造商创建回收程序,以确保在产品处于生命终结阶段时从客户手中回收自己的产品。以苹果公司的回收政策为例,生命终结阶段的手机可以根据实际状况折算成相应的费用以购买新产品,这一措施有利于减少碳排放。

对于慕课项目而言,生命终结阶段应该发生于课程结束之时,但相关的课程资源完全可以通过简单的修改循环使用,大大提高资源利用率。不过,慕课与普通产品存在着本质的差异,尽管慕课作为一种产品也会存在生命终结阶段,但作为一种知识集合体则永远都不会消亡,也就不会面临生命终结。换句话说,以慕课为表现形态的知识不会消失,只会通过或改编、或重组、或加工、或传承的方式以其他各种形态展现在世人面前,而其中所涉及的资源消耗则是微不足道的。可以毫不夸张地说,生命终结阶段慕课资源的处理是最具环保价值的,对于其他领域也有很强的示范意义。

(八)环境影响

根据 ISO 14001 的定义,环境影响是由一种或多种环境因素的部分或全部影响所导致的环境改变,一种环境因素可能对环境产生直接和决定性的影响,也可能只是一种重大环境改变的间接和部分影响。在社会生活中,环境影响主要体现为人类活动(经济活动、政治活动和社会活动)对环境的作用和导致的环境变化。一般情况下,环境影响既可以是环境因素给环境造成的任何有害的变化,也可以是有益的变化,但在本书中则是指负面的影响。从经济的角度来看商业模式,单一的货币指标便是底线。当转变为从环境的角度来看商业模式,就会采用多种指标来论证人类活动对于地球的影响。研究生命周期评估有助于创建一个公分母,为各种不同指标的分组归类和生成元指标提供支持。以米饭为例,对于环境的影响可以归结为三个方面:一是来自原材料的工业加工过程和运输过程;二是来自水稻种植与供应;三是来自客户使用机器制作米饭。

对于慕课项目而言,其性质属于服务业,但对于环境的影响要比一般服务业更为隐秘,主要来自慕课课程的设计与开发过程、传输过程、互动交流过程,以及维护管理过程。尽管这些过程大多是基于网络平台开展的,但仍然需要耗费人力资源、电力资源、水资源以及各种电子设备资源,因而必然会对环境产生影响。当然,慕课项目的环境影响存在显著的特殊性,无论是原材料供应、生产环节、供应与外包、配送环节,还是在使用阶段和生命终结阶段,几乎都是采用在线方式进行,对于环境的影响已经降到最低限度,与传统产业相比具有无可比拟的优势。因此,慕课项目在先天上便具备了巨大的环境价值优势,有利于保持商业模式可持续性。

(九)环境收益

环境收益是通过保护环境和减少环境伤害的行动在环境服务或其他生态平衡等领域所取得的进展,环境收益代表着地球上的生存条件的改善与蓬勃发展,任何负责任的组织机构的未来愿景是希望能够更新生态系统和按绝对价值来计算现在的环境收益。然而,必须要指出的是,很少有人类活动对环境产生积极的影响作用。因此,我们形容环境收益更多地是从相对的角度来考察,至少通过节省能耗或减少使用对环境产生影响的相同元指标。还是以米饭为例,通过对电饭锅的重新设计,有可能降低能耗和水资源的利用量。

对于慕课项目而言,尽管在进行资源开发和提供学习服务的过程中也需要消耗一定的资源和能量,但与传统产业相比,这些资源和能量的消耗对于环境的负面影响几乎可以忽略不计。数字化形态的资源和服务不仅大大降低印刷成本,还减少了运输成本,而开放共享的理念还避免了资源的重复建设,实现了资源的循环使用,这些都有助于减少人类活动对于环境的负面影响。由此,相对于微乎其微的环境影响,慕课项目的环境收益是非常显著的,代表着未来产业发展的一个方向,也代表着一种人与自然和谐相处的典型案例。

第三节　面向社会价值的慕课可持续商业模式分析

一、可持续商业模式的社会策略与基于利益相关者理论的方法

引领组织的可持续发展之旅,可以采用许多社会策略,如企业的社会责任、创造共享价值、自觉的资本主义、社会企业家。现有的商业模式研究往往植根于经济和环境的可持续发展,但也有学者在讨论运用商业模式开拓新市场的同时,阐述社会商业模式如何成为满足人类需求和改善社会财富积累的手段。[1] 赛洛斯和梅尔(Seelosa 和 Mair,2005)提出了"社会企业家"(Social Entrepreneurship)一词,用于指代那些致力于创造高效商业模式以满足人类基本需求的组织机构,社会企业家结合了传统企业家的智慧和改变社会的使命。这两位作者是在检验贫困地区如何运用企业家策略改善卫生保健服务和移动通信基础设施时,首先开始探索社会商业模式的。[2] 不过,对于社会商业模式的理解仍然存在较多的混乱,因为该概念的建构基于两个相互对应的维度。于是,格拉斯尔(Grassl,2012)尝试摆脱非此即彼的二分法,由关注所有利益相关者,取代关注价值最大化利益相关者,基于企业本体论实现了社会商业模式相关元素的重构。[3] 为了将相关社会事件纳入商业模式,我们选择利益相关者理论(Stakeholder Theory)。利益相关者理论首先由弗里曼(Freeman)和里德(Reed)于 1983 年提出。1984 年,弗里曼出版了《战略管理:利益相关者

---

[1]　Muhammad Yunus,Bertrand Moingeon,Laurence Lehmann-Ortega,"Building Social Business Models:Lessons from the Grameen Experience",*Long Range Planning*,No. 2-3,2010,pp. 308-325.

[2]　Christian Seelosa,Johanna Mair,"Social Entrepreneurship:Creating New Business Models to Serve The Poor",*Long Range Planning*,No. 3,2005,pp. 241-246.

[3]　Wolfgang Grassl,"Business Models of Social Enterprise:A Design Approach to Hybridity",*ACRN Journal of Entrepreneurship Perspectives*,No. 1,2012,pp. 37-60.

管理的分析方法》(*Strategic Management : A Stakeholder Approach*),对利益相关者理论进行了更加深入的研究。利益相关者理论是以社会价值观为中心的组织管理理论,该理论与传统的股东至上主义有所不同,认为任何一个组织的发展都离不开每个利益相关者的投入或参与,组织所追求的是所有利益相关者的整体利益,而非部分主体的利益。①

2010 年,弗里曼出版了同名著作,对利益相关者理论进一步完善。作为一种组织管理理论,利益相关者理论的最高目标是寻求所有利益相关者的利益最大化,而内部的利益相关者为雇主、客户、员工和供应商,外部的利益相关者为政府机构、竞争者、消费者保护团体、环境保护主义者、特殊利益集团和媒体。② 由于利益相关者的定义存在多种类型,没有在业界达成基本的共识,所以随之而来的争论是到底谁应该确认为利益相关者。例如,因为竞争对手的能力影响组织和其他利益相关者,那么竞争对手是一个利益相关者吗? 尽管如此,我们仍然选择建立一种基于利益相关者理论的方法,这是因为它具备三个典型特征。唐纳森和普雷斯顿(Donaldson 和 Preston,1995)认为,基于利益相关者理论的方法的特征为描述性的精度、工具性的力量和规范性的效度。③在实践中,我们可以看到目前的工具,如社会生命周期评估和 ISO 26000 标准都是基于利益相关者理论的方法。2009 年,贝努瓦等(Benoît et al.,2009)与联合国环境规划署(United Nations Environmental Program,UNEP)合作,开发出涉及五种利益相关者的社会影响指标和相关应用指南,包括员工、消费者、当地社区、社会、价值链的参与者。随后,该研究小组对此方法进行了详细的分析,并在实践应用的基础上提出在进行社会生命周期评估时所使用指标分

---

① R. Edward Freeman, *Strategic Management : A Stakeholder Approach*, Bloomington, in : Pitman, 1984, pp. 53−54.

② R. Edward Freeman, *Strategic Management : A Stakeholder Approach*, Cambridge : Cambridge University Press, 2010, pp. 8−22.

③ Thomas Donaldson, Lee E. Preston, "The Stakeholder Theory of the Corporation : Concepts, Evidence, and Implications", *Academy of Management Review*, No. 1, 1995, pp. 65−91.

类和注意事项。① 博塔(Bota，2014)在其硕士学位论文中对衡量社会可持续
发展的五个关键性指标包括正直、影响力、竞争力、公正和意义，进行分析，并
依据此指标收集相关数据来证实其理论假设。② 尽管存在很多指标可以满足
利益相关者的需要，但这些工具或指标都还在起步阶段，他们的实践应用只能
适应于各种特定的组织环境。

　　简而言之，基于利益相关者理论的方法意味着经济价值并不是唯一的衡
量组织绩效的单元。通过创建特定的指标，不同的个人或群体对于商业模式
影响的满意度是可以成功测量的。类似于生命周期商业模式，利益相关者商
业模式的开发也是以原有的商业模式画布为基础的，商业模式画布中原来的
经济价值概念和观点将被利益相关者理论所代替，形成一种面向利益相关者
的商业模式画布。当然，对于有效反映可持续商业模式的社会价值，基于利益
相关者理论的方法存在一个限制性因素。由于利益相关者群体的多样性，面
向利益相关者的原有商业模式画布改造缺乏一定的牢固性。与其他两层不
同，社会利益相关者层应该保持更高程度的灵活性，确保所有关键利益相关者
都会考虑到。如前所述，社会生命周期评估的科学尚处于发展之中，随着它的
逐渐成熟，将可以应用于可持续商业模式社会价值的分析。

二、基于社会利益相关者商业模式画布的慕课项目分析

(一)社会价值

　　价值创造一般是指企业通过产品或服务来满足目标客户需要的一系列业

---

① Catherine Benoît-Norris, Gina Vickery-Niederman, Sonia Valdivia, Juliane Franze, Marzia Traverso, Andreas Ciroth, Bernard Mazijn, "Introducing the UNEP/SETAC Methodological Sheets for Subcategories of Social LCA", *The International Journal of Life Cycle Assessment*, No. 7, 2011, pp. 682-690.

② Erica Bota, *Social Sustainability: Exploring the Role of Social Enterprises*, Karlskrona, Sweden: Blekinge Institute of Technology, 2014, pp. 4-5.

务活动,主要包括三个过程,即物理学过程,关注商品的物理属性变化和使用价值的创造;工程学过程,关注成本和利润,以占有、契约、命令服从等工程学过程实现价值创造;社会学过程,关注对人性和社会的充分理解,以整个社会健康发展为目的引导价值创造。

不过,最初价值创造更多地是从经济角度来阐述的,波特(Porter)于 1980 年首先对价值创造作出了狭义的解释,基于产业结构从五种竞争性力量阐述价值创造的过程。① 在此基础上,2003 年,哈特(Hart)和米尔斯坦(Milstein)从可持续性价值的角度来解释价值创造概念,他们呼吁进一步扩大价值创造的概念,由获得主要经济收益的利益主体的活动扩展至包括一系列广泛的利益相关者,他们的活动都致力于创造财富。② 2010 年,波特(Porter)和克莱默(Kramer)在《哈佛商业评论》上发表《大理念:创造共享价值》(*The Big Idea: Creating Shared Value*),再次对价值创造的含义进行扩展,提出了"共享价值"的概念,认为共享价值可以定义为政策和操作实践,它能在增强公司的竞争力的同时促进社区的经济发展和社会条件改善。由此,共享价值将经济发展与社会进步紧密地联系在一起。

我们对社会价值的解释与这些对价值的看法十分类似。社会价值表达一个组织如何有目的地为它的利益相关者提供利益,组织的使命要远大于确保自身的经济生存,组织的使命应该是致力于使世界更美好。有很多方法可以处理利益相关者层级的问题,但一切都始于一个如何解释所提供的社会价值。如果以某种食品品牌作为分析对象,通常食品公司的使命会表明其社会价值的传递,如通过食物和饮料为用户提供全球领先的营养、卫生和健康。当然,这种社会价值的传播并不一定与实际相符合。

---

① Michael E. Porter, *Competitive Strategy: Techniques for Analyzing Industries and Competitors*, New York:The Free Press,1980,pp. 191–295.

② Stuart L. Hart, Mark B. Milstein, "Creating Sustainable Value", *Academy of Management Executive*, No. 2,2003,pp. 56–69.

对于慕课项目而言,大学机构纵然需要考虑经济价值的问题,因为这是实现确保慕课项目可持续性的前提条件。不过,无论从慕课项目的本质属性,还是实施慕课项目的最初动因来看,显然更倾向于通过为全世界的学习者提供开放免费的数字化资源来传播其社会价值。并且,与其他组织机构传播社会价值不一样的是,慕课项目具备较强的公益性质,在很大程度上其社会价值甚至远高于经济价值。

(二)雇员

雇员元素主要用来表征为组织机构工作人员的工作条件和个人成长计划。为了确保雇员能够生活在一个积极乐观的工作场所中,可以采用许多不同的人力资源策略,如工会和社会团体。不过,所有组织都应该尊重人权,为雇员提供基本的健康保障和安全措施。对于工作在一线生产车间的雇员而言,确保工作环境的健康和安全是最基本的要求,科学的时间安排也能有效地提高工作效率。对于工作在服务行业的雇员而言,面对客户的服务态度和效果都会对组织形象产生至关重要的影响,因而必须要合理分配工作任务并采取必要的激励措施以确保雇员的工作热情。当然,如果组织机构是一个跨国企业,那么还需要尊重雇员的多样性和文化差异。

慕课项目的运营是由大学机构这样一种服务型组织负责的,雇员通常由教学人员、开发人员和管理人员组成,所提供的服务表现为课程教学、资源开发和沟通交流。由于提供服务的网络环境充满了太多的复杂性,时间空间的一般形态被彻底打破,并且这些雇员大多以兼职的形式存在,因而保持雇员积极乐观的心态和对所从事工作的热情是非常关键的。当然,也正因为慕课项目的兼职雇员来源比较多元,大多在不同的专业学院担任教职,在进行统一管理时存在诸多的困难,一旦出现管理问题就很容易导致管理方与教学人员之间的冲突。因此,有必要针对兼职教师的特殊性制定相应的管理条例,确保能够通过双方顺畅和稳步的合作持续推进慕课项目。此外,为了缓解全天候的在线工作压力和预防职业疾病,需要制订科学合理的雇员健康计划,旨在提高雇员的生活质量和健康水平。

(三)管理

管理是一个很大的主题,主要涉及组织结构和领导策略。一种私人的合作性商业组织与在证券交易所上市的公众性商业组织完全不同,尤其是致力于完成自身使命的组织结构和领导策略。前者是一种由相对较小数量的利益相关者构成的,以利益为基础的和具备相对平等性结构的非政府性商业组织。后者是一种所有权分散于一般公众,大部分股份可以交易所或场外市场进行自由交易的组织。与合作性商业组织相比,公众性商业组织最大的特点在于可利用证券市场进行资本筹集,广泛吸收社会上一般民众的闲散资金,进而迅速扩大企业规模和增强产品或服务的竞争力与市场占有率。此外,它们的管理架构也是丰富多彩的,从扁平式到权力主义都会有所存在。不过,相对而言,公众性商业组织的管理机制比较规范,拥有明确的政策战略和管理制度,要求设立完善的董事会和行政管理层级,信息的制定与发布也高度透明与公开。

对于慕课项目而言,如果是由一般商业机构运营的,尽管涉及风险资本的投入,但由于仍处于发展初期,还未成为公众性商业组织;如果是由大学机构运营的,那么基本上是属于合作性商业组织,且为集体而非私人所有。另外,大学机构运营慕课项目并非只是以营利为目的,甚至不少大学机构负债运营,因而在管理机制和运作模式更加倾向于为广大学习者提供优质资源和学习支持服务,而非赚取更多的利润。由此,在管理元素方面体现社会价值,大学机构的慕课项目拥有天然的优势,这也是由慕课本身的性质所决定的。

(四)地方社区与供应者

在商业模式中,组织附近的地方社区是重要的利益相关者。作为一个商业组织,都会有一个实体的总部(建筑物),总部的正常运行需要与总部所在地的社区保持良好的关系,这是因为地方社区扮演着供应者的角色。所供应的内容包括各种食品、办公材料、日常生活设施以及公共服务(水、电、天然气等)。此外,地方社区还可能为组织提供所需要的人力资源,这在人力资源管理上存在地理空间上的优势,也有利于促进当地就业率的提高。无论从经济发展的角度,还是从社会发展的角度,组织与地方社区的良好合作关系都非常有益。当然,要实现这种相互支持相互帮助的合作关系,需要拥有相同或相似的利益关注点,这就要求组织转换以经济利益为中心的价值导向,更多关注地方民众和地方发展的需求。以农产品加工企业为例,通过与当地农户签订购销合同,既有利于稳定的原材料来源,也有利于保障农户的收益。不过,当商品市场发生巨变(如原材料价格暴跌),或者遭遇突发情况(如灾害性天气),使得农业生产受到严重影响时,企业就不能只从经济价值角度考虑了,而是要从社会价值角度采取一些措施,如提供保护价、安排保险理赔等。一方面,企业这样的行为可以保证农户的收益不受大的损失;另一方面,也有助于树立良好的社会形象,赢得当地民众的信任,这对于企业的未来发展来说无疑是大有裨益的。

尽管慕课项目采用的是一种面向全世界学习者的电子商务形态,但作为运营主体的大学机构仍然具备实体的机构,也就必然与地方社区发生联系,因而一般组织所担负的社会责任大学机构理应承担。并且,由于大学机构的慕课项目带有公益性质,所以这些慕课项目应该承担更多的社会责任,相应地也会带来更多的机遇。以加利福尼亚大学欧文分校(UCI)的慕课项目为例,因为该校的毕业生在当地,乃至加利福尼亚州都有着良好的口碑,与地方企业的合作交流也比较频繁,因而在慕课项目实施过程中,通过业务拓展来提供在线学习与实地培训相结合的方式,不仅可以提高当地学习者的学习效果,而且还可以使大学机构获得更多的经济利益。最为重要的是,通过这种拓展服务使组织机构和地方社区与供应者的关系更为紧密,也有利于更好地彰显慕课项目的社会价值。

（五）社会文化

由原有的商业模式画布转化为社会利益相关者商业模式画布,那么客户关系便转化为社会文化,主要反映组织对于社会的影响作用。社会文化是关于如何思考与行动的特定社会假设或观念体系,反映了一定阶级或社会集团的利益和要求,由基于一定的社会群体所形成的正面或负面的信仰与价值和为这种信仰与价值提供支持的一系列正式或非正式的实践活动组成。① 一个组织的社会文化可以充满积极的贡献,如促进多样性和问责制,也可以带来负面的影响,如不公平政策的实施或短期策略的运用。对于一个商业组织而言,良好的社会文化体现组织对于社会的积极作用,也体现组织与各种社会群体或成员之间的紧密关系。商业组织的社会文化既是一种个性的文化,也是共性的文化,而共性的文化必须包含一些责任和承诺的内容,这是商业组织得以生存的根本。无论是对于消费者群体,还是对于供应商、合作商,只有具备一种明确的、符合社会发展规律的文化,才能使商业机构在市场中获得竞争优势。

从根本上来说,大学慕课项目的社会文化便是一种大学文化、一种课程文化,或者一种教学文化,这种文化中蕴含着处理大学与各种利益相关者(个人、群体、社会)关系时所秉持的价值和理念,也体现着慕课项目的社会影响力。面对众多的慕课参与机构和激烈的市场竞争,只有那些拥有独特而又先进的社会文化的慕课项目,才能吸引客户的兴趣和形成稳定的客户群体,也才能真正实现可持续发展。当然,社会文化的营造需要经历一定的历史阶段,并不是由慕课项目直接生成的,而是由实施慕课项目的组织机构传承的。因此,在策划慕课项目时必须充分考虑组织机构自身的文化独特性和文化优势,并

① Angelo Kinicki, Robert Kreitner, *Organizational Behavior: Key Concepts, Skills & Best Practices*, New York: McGraw-Hill Irwin, 2008, pp. 66-67.

将其准确地传达至一门门独立的课程中,让学习者在潜移默化中感受不同的社会文化,彰显慕课项目的社会价值。

(六)业务拓展

业务拓展所描述的是组织基于利益相关者所建立关系的深度,这与渠道通路是密切相关的。业务拓展会受到特定时间和空间的限制,但仍然可以打破伦理和文化上的障碍,或者创建心理层面的产物。对于商业组织而言,相关的业务绝不能局限于组织本身所生产的产品或提供的服务,必须将业务拓展到更深层面。例如,通过实施一些慈善项目来帮助弱势群体;通过在教育机构设立奖学金来促进人才培养;通过制定种子基金项目来鼓励优秀人才创新创业。显而易见,这些举措都是与组织应该承担的社会责任相关的,但同时也会组织提供更大的发展空间和更多的发展路径,所带来的收益有时是无法通过金钱来衡量的。

作为公益性质的慕课项目,业务拓展的策略和方法更为多元,除了免费提供数字教育资源之外,还可以为基于翻转课堂的混合学习提供支持服务,为企业培训提供点对点服务,为有特殊需要的学习者提供附加服务,为寻求就业的客户提供人力资源信息和指导服务。以 UCI 慕课项目为例,最为典型的业务拓展就是流行文化慕课的推出。为了向公众进行有关疾病防治、公共健康和幸福等方面的科学知识,UCI 分别与 AMC 电视台和 FX 电视台开展合作,推出了基于系列美剧的流行文化慕课,通过提供教育材料来鼓励公众参与感兴趣的科学主题活动。这一基于慕课的扩展项目为公众提供了一次难得的机会,可以使他们日常所关注的话题与科学研究建立联系,体现了社会与科学的发展交集。作为一项公益性项目,所推出的慕课不产生任何收益,但却产生了巨大的社会价值,让普通民众利用流行文化的传播渠道接触到实用性的科学知识,为社会发展与进步带来福祉。

（七）终端客户

终端客户是最终消费产品或服务社会价值的人,这个元素是有关社会价值如何满足终端用户的需求和促进生活质量的提高。根据特征的相似性,客户可以划分成不同的群体,如青年客户、老年客户、家庭客户等。在原有的商业模式画布中,很多时候购买产品或服务的人并不消费,而是产品或服务传达给他人,因而客户与终端客户并不都是同一个人。由于终端客户是最终获得社会价值的人,因而终端客户的体会、感受和反馈至关重要。为了更好地提升产品或服务的质量,有必要深入分析终端客户的实际需求,根据不同终端客户的需求来设计和开发不同的产品或服务。以鲜花的消费为例,在很多情况下客户与终端客户并非同一人,鲜花带给终端客户的经济价值是其美丽的外观和芬芳的味道。不过,除此以外,实际上鲜花还给终端客户带来社会价值的消费,即传递给终端客户某种情感,如温暖、关怀、体贴、爱慕等。

对于慕课项目而言,由于绝大部分的学习者并不支付费用,因而课程资源的社会价值要比经济价值更为突出。如果只将完成支付行为的学习者视为客户,那么课程资源带给客户或终端客户的也不仅仅是经济价值,毕竟慕课相对于普通课程所付出的代价要便宜许多。因此,在慕课项目中,终端客户能够获得的社会价值包括公共服务理念、资源共享理念、知识开放理念、先进文化理念、利他主义理念和生态哲学理念等。

（八）社会影响

在原有的经济价值商业模式画布中,采用单一的绩效指标(经济收益)和严格的货币策略来计算成本结构。在环境生命周期商业模式画布,采用有五个绩效指标(气候变化、生态系统质量、人类健康、资源枯竭和水资源利用)来衡量对于环境的影响。在社会利益相关者商业模式画布中,社会影响并不是一种很容易识别的指标,更不用说将其量化了。马津(Bernard Mazijn,2010)

提出社会生命周期评估(Social Life Cycle Assessment),其中包含了 31 个社会影响指标,如工作时间、文化遗产、健康和安全、社区参与、公平竞争、知识产权等。根据实际选择的研究对象,可以在上述影响指标选择一个或若干个绩效指标,也可以重新创建新的绩效指标体系以提高测量效果。甚至创建测量在这方面的进步。以汽车的消费为例,尽管汽车为人们带来了很多的便利性,但也导致对社会产生负面影响,如对于奢侈品牌汽车的攀比心理、由于运动减少对于健康产生的影响、由于驾驶习惯对于安全的影响等。

对于慕课项目而言,大学机构除了要投入经济成本之外,还需要担负一定的社会成本,如健康问题(由长期在线学习所导致的)、知识产权问题(由数字资源免费共享所导致的)、安全问题(由个人信息泄露所导致的)、浪费问题(由低质资源重复建设所导致的)等。

(九)社会收益

根据国际公共部门会计准则委员会(International Public Sector Accounting Standards Board,IPSASB)的定义,社会收益是现金或实物或服务形式提供给个人和家庭的用于减轻社会风险影响的福利,包括社会援助和社会保险。很显然,这一定义更多地是从经济价值的角度来描述的。[①] 如果单纯从社会价值的角度来描述,社会收益表现为人们生活质量改善的一种集合,意味着在健康状态、营养水平、情绪状态、幸福指数、自由程度等方面所取得的进步。如同社会影响一样,社会收益也需要根据组织目标设计的多元指标体系来衡量,但无法进行量化操作。IPSASB 提供了三种衡量社会收益的策略,即负有责任事件策略(Obligating Event Approach)、社会契约策略(Social Contract Approach)和保险策略(Insurance Approach),所涉及的具体价值指标有生存、工作、期

---

① IPSASB, *Recognition and Measurement of Social Benefits*, New York:The International Federation of Accountants,2016,pp. 6–7.

望、责任、安全、资源、税收等内容。① 以汽车制造商为例,企业所带来的经济价值是可以量化的,如税收、雇员工资、当地经济发展等,而带来的社会收益是无法进行量化的,但仍然可以进行非量化描述,如为劳动者提供教育机会、提升劳动者职业水平、促进慈善事业发展等。

慕课项目带来的社会价值是非常显著的,甚至在一定程度上超越经济价值,如营造知识开放共享的虚拟环境、为低收入人群提供受教育机会、倡导先进的学习方式、促进文化交流与国际合作等。

第四节　慕课可持续商业模式的发展愿景

一、三层商业模式画布在慕课项目中的应用价值

作为一种商业模式画布的创新运用方式,三层商业模式画布有助于指导组织机构设计和创建更具可持续性的慕课项目商业模式。通过对奥斯特瓦德商业模式画布进行内涵的拓展和延伸,可以从环境价值和社会价值角度来分析说明更多的商业模式关系。具体地说,三层商业模式能够帮助组织采用生命周期方法对慕课项目的环境可持续发展进行分析和采用利益相关者的方法对慕课项目的社会可持续发展进行分析。此外,参照原有商业模式画布的结构,创建了相对应的慕课项目环境生命周期商业模式画布结构图和慕课项目社会利益相关者商业模式画布结构图,以便于在运用新层级商业模式时降低理解难度。这意味着,如今的慕课项目商业模式画布不仅在横向维度具有一定完整性(包含经济、环境和社会三个层级),在纵向维度也具有高度的一致性(每一个层级都包含九个元素)。慕课项目的商业模式画布中两个新层级的创建带来诸多新的想法和理念,也带来了更加复杂的关系类型和系统结构,

---

① IPSASB, *Recognition and Measurement of Social Benefits*, New York: The International Federation of Accountants, 2016, pp. 3-5.

这对于慕课项目商业模式持续革新是非常有益的。与此同时，慕课项目商业模式画布的新图层也为三重底线策略的运用提供了足够的空间，每一个元素都可以更加科学高效地发挥作用。不过，与采用普遍单一量化金融货币指标衡量经济价值不同的是，环境价值和社会价值的衡量需要采用多元绩效指标，并且更多地是以定性形态呈现，这就会导致在衡量存在一定的误差。当然，如果从另一个角度来看，这意味着为组织开展慕课项目商业模式的创新留下更多的空间，以便于组织机构根据自身实际情况选择或创建一套绩效指标体系，从而更好地应对未来有关可持续发展的挑战。

通过综合分析与研究，可以发现三层商业模式画布工具应用于慕课项目可以达到三个目的。第一，它可以作为表征方式来确保所有的元素都考虑到，以便于从整体上来理解慕课商业形态。从视觉形式上来看，三层商业模式画布支持慕课项目新商业模式的设计过程，并且特别适合应用于组织当前状态沟通交流的初始创造性过程。慕课项目商业模式的出现并不是偶然的，这是由其复杂的发展历程所决定的。自诞生之日起慕课便具备了知识共享和自由传播的特征，这种本质性的特征意味着慕课项目始终以彰显社会价值为核心。作为一种在线教学形态，慕课可以将自然资源的消耗降到最低，具有高度环境友好性，因而阐释其环境价值完全适得其所。为了使公益性质的慕课项目生存下去，相关组织机构不得不通过项目拓展和增值服务来获取一定的利润，用于维持项目的日常运行。由此，运用三层商业模式画布可以全面地分析和衡量慕课项目的价值，实现慕课项目的可持续性发展。

第二，三层商业模式画布可以作为衍生工具通过改变各个元素，并通过叠加的效果来呈现整个连贯的新途径。这种理解和描述商业模式的视觉化方法有助于关注元素之间的关系。三层商业模式画布的应用不仅可以从经济价值、环境价值和社会价值三个角度分别分析慕课项目可持续商业模式，还可以基于单个元素同时从三个角度来分析其可持续性。以"关键活动—生产—管理"为例，三者指向同一个元素，但又从三个角度体现可持续性。在加入后两层之前,我们对于关键活动有着诸多的假设和推断,但当加入后两层之后我们会发现任何可持续商业模式的关键活动其实都是生产和管理,不需要再进行额外的假设和推断了,三个角度在同一元素中完全了合二为一。再以"核心资源—原材料—雇员"为例,这种三位一体的结构让我们可以非常方便地理解慕课项目的核心资源,了解到只要把握原材料和雇员两个环节,就能确保慕课项目在核心资源方面的可持续性。这种纵向的三位一体分析,让我们对于慕课项目可持续商业模式的分析更加深入、全面和透彻,也有助于精确地掌握可持续商业模式的精髓所在。

第三,它可以作为验证工具。无论是采用定性方式或定量方式,任何人都可以通过三层商业模式在平衡成本与收入的关系的同时,来平衡影响和收益的关系。作为第二种形式的验证,可以从更广泛的系统角度出发,通过观察所有这些隐含的关系来确保双赢的局面。如果要从全面的角度来考量可持续发展理念,必然需要在经济价值之外加上环境价值和社会价值。仅仅能够实现经济价值的商业模式无法视为可持续商业模式,而仅能实现环境价值或社会价值的商业模式也并非可持续商业模式。换言之,要衡量一种商业模式的可持续性,必须要能够同时实现经济价值、环境价值和社会价值才能满足。慕课是一种崭新的教育形态,慕课项目所采用的更是一种前所未有的商业模式,要判断其可持续性存在诸多的现实困境。三层商业模式的出现解决了这一困境,让我们清晰明了、有根有据地对慕课项目商业模式进行可持续性分析,彻底摆脱了虚幻的假设和繁复的推断。

二、三层商业模式画布的应用策略

处于商业模式画布不同层级的相同元素在纵向维度保持一致性,提供了一种在以前完全不可能的崭新分析形式。通过将每一层的元素进行纵向连接,可以观察到一些新的关系。例如,在大学机构的慕课项目运营中,我们可以关注客户关系、生命终结和社会文化之间的关系。一方面,处于不同层级的三者之间能够保持一定程度的一致性。客户关系是在信任的基础上由教学人员或管理人员与学习者所建立的关系,双方之间关系的持久性不仅取决于教学过程的有效管理,也与课程资源的科学处理密切相关(即生命终结阶段资源的循环使用降低了项目经济成本,有利于保持稳定的客户关系),还与慕课项目所秉持的价值理念联系紧密(即慕课项目所宣扬的知识开放、资源共享、利他主义等社会文化是引领者客户关系的走向)。由此,基于经济价值所形成的客户关系所反映的是人与人的关系,基于环境价值所形成的生命终结所反映的是人与环境的关系,基于社会价值所形成的社会文化所反映的是人与社会的关系,因此三者之间组成了一个完整的系统。另一方面,如果对于三个层级的元素关注程度出现偏差,那就会导致系统的不稳定性,慕课项目的可持续发展状态就会被打破。假如过于关注经济价值的客户关系,忽视慕课所具备的社会文化特征,就会导致慕课本质的改变,完全与开放教育资源运动的倡议背道而驰;假如过于关注社会价值,忽视作为慕课项目经济基础的客户关系,也会导致项目根本无法持续运营。由此可见,经济价值、环境价值和社会价值只有保持一致性,才能确保商业模式的可持续发展。

除了对处于不同层级的相关元素进行纵向一致性分析之外,也可以从系统思维的角度对三个层级进行整体的比较分析。例如,大学机构的慕课商业模式的运营主要基于两点:一是免费发布拥有知识产权的课程资源;二是为完成课程学习的客户提供学分认证。从经济价值层级来看,该模式通过免费发布资源来形成稳定可靠的客户群体,通过学分认证来获得经济收益;从环境价值层级来看,该模式通过提供数字化课程资源和促进课程资源的循环使用来体现对环境的积极作用;从社会价值层级来看,该模式通过为任何人提供免费课程资源来倡导知识共享理念和履行大学机构的社会责任。

三、商业模式革新与应用的注意事项

对于可持续商业模式而言,关注生态效益和生态设计,推进产品和服务的创新都是非常重要的,但这还远远不够。这些策略在短期内也许可以有助于减少能源和资源消耗,也可能产生显著的社会效益,但也可能为了确保能够支付得起或者能够获取而提高相关产品和服务的消费,进而产生反弹效应。①因此,需要采用发展的眼光来看待商业模式的革新和各种新型可持续商业模式的应用。首先,越来越多的企业将社会、经济、技术和生态当作一个完整的运行系统来看待,而非仅仅视作提供产品和服务,或者是追求更加绿色的产品和服务。其次,可持续商业模式的设计应该能够让企业为了社会和自身,充分明确价值的意图,抓住价值的核心。再次,需要在企业与其他社会成员之间进行科学合理的安排,从而认识到生态系统的缺陷,在发生环境和社会问题时提供支持。这一过程需要社会成员的广泛参与,也需要参与者拥有更加宽广的价值视野,并通过崭新的合作形式和学习安排来实现。最后,寻求一种能够反映新技能、素质和制度安排的价值传播手段,或者说是采用新奇的方式创造、获取和传递价值的能力。一方面,普通的商业模式通过公司、客户以及与价值链条(发生经济价值创造和获取)的相互作用来提供统一的样式;另一方面,可持续商业模式则具有更加显著的多面性和复杂性,它倾向于采用各种不同的方式和与不同的伙伴开展合作来创造价值。对于三层商业模式画布而言,在具体的应用实践中也需要尽力避免各种缺陷。

---

① N.M.P. Bocken, S.W. Short, P. Rana, S. Evans, "A Literature and Practice Review to Develop Sustainable Business Model Archetypes", *Journal of Cleaner Production*, No.3, 2014, pp.42-56.

后　记

　　作为"互联网+"战略背景下的一种新型在线教学模式,慕课是高等教育从"有限时空"向"无限时空"形态的巧妙转变,慕课的异军突起引发了在线教育发展的新高潮。面对全球性慕课运动带来的巨大冲击,美国研究型大学采取了多样化的商业模式应用于慕课平台,以此来解决具体商业运作过程中的一些关键问题。"商业模式"的引入有助于平衡慕课发展中预期效果与现实状况的差距。对于那些致力于改进或创造商业模式的先驱来说,亚历山大、奥斯特瓦德的九大画布完整地描述了商业模式创新所需要的各种元素,因而被用作本书的理论基础。在此基础之上,本书从可持续发展的视角入手,通过对美国研究型大学慕课的发展历史和现状进行分析,明确美国研究型大学慕课商业运作的现实基础和指导理念,了解其目标群体定位、产品或服务策略以及盈利方式运用,并探寻美国研究型大学慕课商业化运作中的一般性规律,为中国大学慕课可持续商业模式的构建提供理论支持和实践向导。

　　高等教育是衡量一个国家发展水平和发展潜力的重要标志,随着互联网技术的大规模普及和应用,慕课逐渐成为高等教育领域角逐的对象。本书通过理论阐释和案例分析相结合的方式,论述美国研究型大学慕课如何在可持续发展理念的作用下推进商业模式的变革和创新,进一步有效地发挥其育人功能,从而促进先进教育教学理念的传播,推动大学教育教学的改革创新和数字教育资源的高效管理。基于此,本书对于案例的挑选尤为慎重:第一,案例学校需要为国际开放课件联盟(OCWC)的会员机构,以此来保证其具有慕课项目运作的经验;第二,案例学校需要发布大量得到用户广泛认可的高品质慕课,并能积极投身慕课建设运动中;第三,为了凸显可持续发展的主题,最重要的就是案例学校能做到收支平衡,如果能产生固定利润即为最佳。在对美国研究型大学进行长期的分析与探究后,特选取哈佛大学、斯坦福大学、麻省理工学院、华盛顿大学、加利福尼亚大学伯克利分校等九个世界一流研究型大学作为案例,对其可持续商业模式进行细致深入的案例研究。

本书作为南通大学钱小龙教授主持的 2017 年国家社科基金重点项目"'互联网+'战略背景下美国研究型大学慕课可持续商业模式的借鉴研究"(项目号:17AGL025)的最终成果,在写作过程中对美国研究型大学慕课项目可持续商业模式的现状和问题分析是辩证客观的。美国研究型大学慕课项目可持续商业模式的运营情况整体上是成功的,无论是从课程的受欢迎程度,还是从收支情况看,都能反映出非常乐观的形势,但问题仍然层出不穷。三重底线的理念和原则能够为可持续商业模式的革新奠定坚实的理论基础,进而对可持续商业模式进行重新理解和诠释,也就是说,需要在原先关注经济价值的基础上,增加环境价值和社会价值维度,形成一种三位一体的可持续商业模式。通过面向环境价值的慕课可持续商业模式分析和面向社会价值的慕课可持续商业模式分析,大学慕课可持续商业模式革新的价值导向和元素构成有了质的突破。当然,面对这样一种崭新的可持续商业模式,在未来的实践应用中还会遇到各种不确定性,需要在不断的探索中提升其科学性和有效性,这仍有很长的一段路要走。

本书在写作过程中得到了南通大学和南宁师范大学领导的大力支持和帮助,并且直接承担了规定的项目研究任务,为本书的顺利完成奠定了坚实的基础。顾金春教授、李强教授在整体框架设计、文献收集与整理等方面提供了许多建设性的意见。韦家朝博士在写作思路、研究方法运用等方面进行了指导。

钱小龙教授作为项目的主持人,负责项目研究的推进和主要写作任务,协调安排相关研究人员参与该书的部分章节写作,统一写作风格和格式规范,最后统审全稿。导言由钱小龙执笔;第一章由钱小龙、朱瑶执笔;第二章由钱小龙、李源执笔;第三章由钱小龙、黄蓓蓓执笔;第四章由吴东照、钱小龙执笔;第五章由钱小龙、顾天翼执笔;第六章由钱小龙、杨茜茜执笔;第七章由钱小龙、葛越执笔;第八章由李红美、冒晖执笔;第九章由钱小龙、葛越执笔;第十章由钱小龙执笔。参与研究的人员还包括孟克、黄新辉、王周秀、蔡琦等。钱小龙初审了全稿,朱瑶负责全书的校对、修改和编辑工作。在本书的写作过程中,我们参阅了国内外不少学者的研究成果,尤其是在案例研究中引用了相关大学的网站信息,对所有使用的文献资料我们都一一做了标注,但也可能有所疏漏,内容上如有任何不当之处,敬请读者批评指正,在此一并表示诚挚的感谢。

本书的编写和出版,得到了人民出版社领导的大力支持和帮助,在此表示深切的谢意。还要特别感谢郑海燕编审,她在本书的编辑和出版过程中付出了辛勤的劳动,提供了非常细致和周到的服务,为本书的按期出版贡献了自己的智慧。

项目组

2020 年 8 月